中国近代人物日记丛书

张廷银 刘应梅 整理

王伯祥日记

第三册

中华书局

第三册目录

1931 年（民国二十年）

1929 年(民国十八年)

1 月 1 日(戊辰十一月二十一日　丙午)星期二

微阴,晨光好。上午 42°,下午 46°。

晨起看报讫,翼之诸友来,由瀋儿入校之便,导之往观立达。

午后,愈昭、君谋偕来,因与打牌六圈。傍晚归去。

翼之晚归,其友张君亦来。晚饭后,张君去。予与翼之谈至十一时乃各就寝。

1 月 2 日(戊辰十一月二十二日　丁未)星期三

上午晴,下午阴霾。上午 43°,下午 46°。

今日照常到馆,接编《本国史参考书》下册。下午子玉见过,留谈移日,遂未入馆。子玉以浦江状况相告,知甚瘠苦,县长亦正复不易为也。入暮后,与小饮。谈至八时始去,明日即遄返浦江矣。

翼之竟日出外,至夜九时半乃还。又谈至十时许始寝。

1 月 3 日(戊辰十一月二十三日　戊申)星期四

晴寒。上午 43°,下午 47°。

依时入馆,仍编《参考书》。答人贺年片五。

翼之于十二时四十分车归苏。予托其带银三元还怀之,并以所藏古汉璧及小灵璧石各一事属之,求在苏配红木座子也。

傍晚,鑫昌号木工来,讲定做书橱四幢,每幢十四元半,约三星期交货。盖前在雪村所,见橱样甚合予意,漫托之,今乃遣来说定也。如不走样,当无疵矣。

夜注《吴大帝纪》六百言。十一时寝,两足冷甚。

1月4日(戊辰十一月二十四日　己酉)星期五

晴,较昨温和。上午44°,下午46°。

依时入馆,仍编《参考书》。

夜注《吴大帝纪》一千二百言,十时许停笔,两足又寒及膝下矣。

预计旧历过年,止少需二百元特别支出始可度岁,故不得不努力注书,俾求应付。瞻念前途,每为寒心,开销日增而砚田所入不增,如之何可以久揩乎!

予同受丏尊托,为弘一法师募资奉养,今日以启文示予,属量力输助。当书应五元,俟有钱时再缴款。

1月5日(戊辰十一月二十五日　庚戌)星期六

晴,早起见浓霜如雪。上午45°,下午53°。

依时入馆,重订《地理教科书》。

未到馆前,颉刚挂号寄书五包来。归饭时启视,则陈芳绩《历代地理沿革表》十五册、王鸣盛《十七史商榷》十四册、洪颐煊《诸史考异》三册、《读书丛录》一册,都三十三册。盖即前托续购之广雅《史学丛书》也。书根已写好,但未见信,不识值几何也?一俟检页完竣,当作书询之。

散馆后,云彬约予及予同、圣陶、文祺、振铎、仲云集饮。五时出,仍觅言茂源酒楼止焉。仲云未到,馀俱至。狂谈纵饮犹昔,不觉又至十一时。亟求车遄返,到家已夜分矣。

今日家庭大扫除,临时雇人相帮。

1 月 6 日 (戊辰十一月二十六日　辛亥　小寒) 星期日

晴,有风甚烈。50°,入夜降至46°。

上午看报及整理室中布置事。下午检查昨得广州书有无缺页。结果,《沿革表》卷三十一《县表十三》缺第五页,《史权》卷九缺第三页,卷九十一缺第十八页,卷九十二缺第十四页。拟写信与颉刚,烦求一补之。

夜小饮。饭后注《吴大帝纪》三百言。九时许即寝。

1 月 7 日 (戊辰十一月二十七日　壬子) 星期一

晴,风较昨缓。上午45°,下午47°。

上午照常入馆。下午以本所职工会开改选大会,依往例不往,不愿无谓参加也。二时出,过鑫昌木作,先付书橱定金十元。旋赴开明编译所,与均正、君匋谈。不久雪村至,即以前取酒款九元二角还之,并转介尚公教员王志成《爱的教育实施报告》稿。适调孚来,因与同赴大光明戏院看电影《甜蜜之夜》。院为新设,盖就卡尔登跳舞场改装者。

五时许观毕,遇圣陶于门外,乃三人同行,乘公共汽车由北四川路归。

夜小饮。饭后续注《吴大帝纪》六百言。

1 月 8 日（戊辰十一月二十八日　癸丑）星期二

晴和。上午 48°，下午 53°。

依时入馆，校订《地理》清样及校《南明野史》卷下印样。

散馆顷，乃乾见过，因与共归。谈至六时许乃去。

夜小饮。饮后续注《吴大帝纪》五百馀言。写信两封。

弘一法师捐款，今日交予同。

1 月 9 日（戊辰十一月二十九日　甲寅）星期三

晴，晨有浓雾。上午 45°，下午 49°。

依时入馆，续校《南明野史》。印刷所工人又有罢工讯，今日上午已实行怠工矣。瓜蔓再摘，势将不支，必欲同归于尽耶！

写信寄颉刚请补缺页，并致硕民寄所购《古今说部丛书》去。

夜注《吴大帝纪》五百言。

留声机发条为翼之弄坏，今饬钟表匠修好矣。

1 月 10 日（戊辰十一月三十日　乙卯）星期四

晴和。上午 48°，下午 55°。

依时入馆，看外稿《太平天国与国民革命》。

接梦九信，乞本馆所赠之日历等。

印刷所罢工风声甚紧，明日殆必不免，且有协令编译、发行两所一致关门说。予惟无钱是虑，设发行所波及者，虽有存款，亦未由支取矣。因与散馆时赴发行所支款，备不时需。盖我家日用不可一日停顿也。

夜注《吴大帝纪》六百言。十一时始睡，而邻右叫门声喧，扰不能安,至十二时后乃合眼。

锦文堂书贾送《鲒埼亭集》求售,予以十元易之。钱尚未付。

挂号寄《续词品》与绍虞,并谢其前所赠书。

1 月 11 日 (戊辰十二月初一日　丙辰) 星期五

晴和,晚地润。上午 50°,下午 58°。

依时入馆,续看昨稿。印刷所工潮以得市党部及市社会局之调解,允再协商,故从缓罢工。今日仍得照常入馆者此也。

夜六时在振铎所聚餐,到调孚、东华、仲云、济之、六逸、云彬、予同、文祺、景深等,凡十一人。谈至十时半乃归。

1 月 12 日 (戊辰十二月初二日　丁巳) 星期六

晴暖,地润。上午 54°,下午 60°。

依时入馆,审毕胡衡之《太平天国与国民革命》稿。钞《枭林小史》。

散馆归,知清儿发热头痛,即出购阿司匹灵药片于永安公司。匆匆赶返,急投之。

夜饭后续注《吴大帝纪》八百言,至十一时半始寝。

午饭时写信寄仲弟苏州,嘱挈眷归寓度岁。

1 月 13 日 (戊辰十二月初三日　戊午) 星期日

阴霾湿润,午前后放晴。上午 58°,下午 64°。

晨起看报讫,即续注《吴大帝纪》,至下午四时半止,共得千八百言,全纪乃毕。

夜小饮。饮后点数所注第四批稿字数,计自《诸葛亮传》至

《吴大帝纪》（页三九一—五二四），凡一百三十四页，三万三千八百五十六字。明日将送交叔迁一为转出，核支酬资。

清儿热已退，惟咳嗽颇剧。

1 月 14 日（戊辰十二月初四日　己未）星期一

阴润，傍晚雨。上午 57°，下午 56°，晚 53°。

依时入馆，编《参考书》外，手钞《枭林小史》。

夜小饮。饮后注《孙皓纪》五百馀言。昨核数之稿于今日径送林家深复数，以叔迁今日未见也。日内如能开单支款，则年头岁底之用度有着矣。

报载杨宇霆、常荫槐为张学良所诱杀，东三省问题竟有此结局，前途情形正有下文看也。

1 月 15 日（戊辰十二月初五日　庚申）星期二

晴。上午 47°，午后 50°，晚 46°。

依时入馆，审《王安石之改革》稿，并钞毕《枭林小史》。

夜小饮。之后阅《清史稿》目录，将作为《读清史稿偶识》一文以应予同《民铎》之需。然自信太劣，恐不足以副望耳。

鑫昌木工周金祥又来借款，再付二十元与之，连前共三十元矣。

潜儿已放寒假，今日傍晚归。

1 月 16 日（戊辰十二月初六日　辛酉）星期三

阴晴兼施。上午 44°，下午 45°。

依时入馆，仍编《参考书》。本所职工会邀请加入研究薪水年进办法,到会研究者俱有所见,独李培恩别具衷肠,不可响迩耳。下届如有李在,予决不愿再往矣。

何甘露前短之会款,今日算还,由陈星斋交到洋十六元八角,遂清讫。

钞印《清史稿目录》及《艺文志》事,已与稼轩接洽停当,托在国术分馆之书记金君承办,一切由稼轩全权代表。

夜小饮。饮后摘记《清史稿》可商处,备入文。

1 月 17 日 (戊辰十二月初七日　壬戌) 星期四

阴雨。上午 47°,下午 48°。

依时入馆,草拟所作文大纲。

柏丞暂代所长,以岫庐休假,托渠兼摄也。自前日起,坐入所长室。今日以所译《通史新义》校事相属,盖即因忙于所事而分工及于予耳。明日当为着手校勘也。

散馆后,与调孚、圣陶、振铎到开明编译所,晤雪村。予认入二股,当缴保证金四元,掣有收条。旋归。

夜小饮。饮后作文六百言。

1 月 18 日 (戊辰十二月初八日　癸亥) 星期五

阴,夜降雪。上午 49°,下午 48°。

依时入馆,为柏丞校《通史新义》。

夜小饮。饮后作文五百言,改题为《读清史稿述臆》

报载国府通过改直隶湾为渤海湾,直隶海峡为渤海海峡。

1 月 19 日 (戊辰十二月初九日　甲子) 星期六

晴,雪融泥泞。上午 45°,下午 48°。

依时入馆,仍校《通史新义》。下午又被拉参加整薪会议,通过一条鞭原则,采用郑心南所提案再加修正,废弃前拟之六级加法制。

散馆后至圣陶所,兼至仲云住室一坐,盖今晚圣陶请客也。在坐者为晓翁、云彬、仲云、调孚、振铎、予同、圣陶及予八人。过饮,纵谈,至十一时半乃归。疲劳甚矣,兼至腹泻。

1 月 20 日 (戊辰十二月初十日　乙丑　大寒) 星期日

阴寒,细雨连绵。47°。

竟日未出,晚间且停饮酒,除看报外,悉用以努力草成前日未完之文。至晚十时毕,连前共约四千馀言。明日到馆,当交送予同藉塞文责。然而苦矣!

报载北平电,昨午梁启超在协和医院逝世。中国学术界又凋零一人矣!

1 月 21 日 (戊辰十二月十一日　丙寅) 星期一

阴雨。上午 46°,下午 48°。

依时入馆,以所草文交予同。午后借《饮冰室全集》与振铎,并还其《历代诗话》及《苕溪渔隐丛话》。校《通史新义》及《五代史》。

夜补注《吴大帝纪》三百言,并注《吴主皓纪》一千馀言。十时许罢。

上星期一送出之稿件，截至今日，尚未见酬资支单开到，颇不耐，何现在会计科之办事如此延缓耶！开明方面已来催款，而应得之钱故故迟滞，将何以肆应乎？

《鲒埼亭集》款十元，今日交由振铎代还前途。

1 月 22 日（戊辰十二月十二日　丁卯）星期二

阴雨连绵，入夜更大。午前后 48°，早晚 46°。

依时入馆，校《五代史》。连昨共校四十页。

《三国志》第四批酬资支单已送来，共一百六十九元。饭后即过开明，以此单交之，并找出二十七元，连前证金四元，缴足两股二百元。当掣有草收，俟公司正式成立时倒换股票。

本馆普加薪工已解决，每人二元半。自本月起，连升工计算又可多得二元六角七分。但编译所职工会签字时，声明界限，保留将来仍提正在整理研究中之年级加薪案。

夜注《吴主皓纪》六百言，十一时始寝。

1 月 23 日（戊辰十二月十三日　戊辰）星期三

雨雪兼施，惟不大。上午 46°，下午 47°。

依时入馆，校《通史新义》。答乃乾书。

散馆归后，腾书房隙地，备新书橱送来时有所安置。

夜饭后文祺、云彬来谈，知文祺明春将赴莆田教国文。移时去，予亦以搬书疲劳，不能再作别事矣。

1 月 24 日（戊辰十二月十四日　己巳）星期四

雪，惟未能堆积。上午 43°，下午 44°。

依时入馆,校《通史新义》。

夜注《吴主皓纪》八百馀言,十一时睡。

接颉刚书,知渠将于旧历元宵前挈眷返沪。明年决就中央研究院事,在北平理事;仍遥领中山大学事。书价甚便宜,连装订写书根只十元四角大洋耳。

1 月 25 日 (戊辰十二月十五日　庚午) 星期五

晴,午后又阴,仍南风。上午 45°,下午 44°。

依时入馆,校毕《通史新义》第一批。下午三时三刻出,赴先施公司购一台摆电灯,费五元七角。盖斋中新腾挪,布置有异,原有之灯即不足于用也。

夜六时,里口衡大酱园被劫,两年来已再度遭掠矣。真可怕!

注《吴主皓纪》八百言,十一时睡。

1 月 26 日 (戊辰十二月十六日　辛未) 星期六

阴,午后曾放晴不久,晚雨。50°。

依时入馆,校《五代史》。

夜注《吴主皓纪》八百言,十时辍工。

近日天气不时,疾病繁作,吾家亦多感冒者。六、七、九三儿俱患咳嗽,六则更有寒热也。降雪不能积而气温终在五十度左近,疾病之兴殆将方兴未艾乎!

今晚新用置案电灯台,光集而心静,甚以为乐。

接绍虞书,知前钞寄之件实误。并告我颉刚在粤、平两处俱受忌被挤,予颇为忧之。

1 月 27 日 (戊辰十二月十七日 壬申) 星期日

阴雨。上午 48°,下午 50°。

竟日未出,除上午看报、下午打牌四圈外,馀时俱注《吴主皓纪》。至晚九时辍笔,凡得千馀言。收书后颇涉遐想,欲自料理生活,使日趋兴奋有为之途。拟先规定两表,一为经济规画,一为时间分配。经济则力求预定买书之费,时间则务裕读书之闲与撰记之暇。细为斟酌,一时实不易实现也。但终当勉图之!

今日《晶报》揭载廉泉所藏洪宪印玺模,足备掌故,剪贴存赏。

1 月 28 日 (戊辰十二月十八日 癸酉) 星期一

阴霾,濛雨。48°。

依时入馆,校《五代史》印样复样等数十页。写信三封。

仲弟于饭后自苏来。久不晤言,转觉无语,默默间相致依依而已。

夜注《吴主皓纪》四百言。待仲弟至十一时,不见返寝,乃睡。

同儿自十七日(昨日)起断乳,故夜间颇呀嘈,又兼伤风,致发微热。汉儿亦感冒甚,已多日辍学矣。

1 月 29 日 (戊辰十二月十九日 甲戌) 星期二

雪大而不积。45°。

依时入馆,审查外稿《小学历史科教学法》。并钞黄钺《二十四画品》。散馆后振铎约我到新雅,谓陈望道将拉我担任沿革地理功课数小时。予力辞未往,盖久弛骤勒,必致竭蹶,精神身体俱不我许也。

夜注《吴主皓纪》千二百言,仍至十一时,待仲弟依然不晤。

1 月 30 日(戊辰十二月二十日　乙亥)星期三

阴,间露霁色。上午 42°,下午 45°。

依时入馆,校阅昨稿毕,拟评语送出。下午审查刘麟生《沿革学》稿。

散馆归,知仲弟于午后曾来,已返苏接眷矣,约于下月三日偕来。

夜小饮,饮后与家人打牌四圈。十时寝。

接吕甥来书,告半年来在总司令部交通处当材料股股员。且送一近影示予。

1 月 31 日(戊辰十二月二十一日　丙子)星期四

微晴。45°。

依时入馆,审查刘稿。外间有不满本馆者向国府指控初中历史有违反党义处,国府亦郑重其事,交由胡汉民等审查,并在南京分馆购去三十册备核。当局得该分馆报告,亦不悉所指究为何种,乃疑神疑鬼,遍调各书本查阅有无违碍。岫庐且招予共同抽查,结果,予所编者绝无问题,而予检得傅编之本有不妥语数处告之。予颇不以为意,而当局之态度实堪生气,一副查案嘴脸,似被议者负有大不得了之责任者然,则予所深引以为鄙夷者也。

散馆后与圣陶出,购书数事而归。仍小饮,饮后又打牌四圈。十时半就寝,大失眠,挨延至三时始草草入梦,苦已。

梦九书介其友刘子耕来访,托荐刘戚周君。

2 月 1 日 (戊辰十二月二十二日 丁丑) 星期五

晨下雪,旋霁,午有日。上午 43°,下午 42°。

中央政治会议决定改奉天为辽宁省,已见昨报,不日将由国府公布之。

依时入馆,审毕刘稿,拟评语发还编译事务部。又续编《参考书》。

夜注毕《吴主皓纪》,得三百馀言。

看昨日所购常乃德《中国文化小史》及陈公博《中国历史上的革命》。常著简略太甚,殊为失望;陈著则纯以唯物史观解释秦末、隋末、元末、明末之经济破坏与暴动状况,又未免失之过偏。虽然,陈究胜常也。

睡好,昨缺眠足偿之矣。

2 月 2 日 (戊辰十二月二十三日 戊寅) 星期六

晴,湿寒。上午 39°,下午 38°。

依时入馆,仍编《参考书》。岫庐得宁信,知被议之教科书即《现代初中本国史》,指摘之点为尧舜禅让之否认及六朝思想之反儒两项而已。果尔,则益觉可笑,岂渐成定谳之史实反不容揭发真相邪! 下文如何,尚不可知,惟有听之。然在本馆当局,固着慌甚矣。

夜赴予同新雅宴,同坐有云彬、圣陶、振铎、霞村、觉敷诸人。谈至十时半乃散归。十一时就睡,尚好。

2月3日（戊辰十二月二十四日　己卯）星期日

阴寒。上午38°，下午40°。

看报后，冯生尧圻来，邀于下午六时至七时在石路鸿运楼小叙，彼将与方生仲达共候之云。予却之不可，遂允诺。

饭后出访圣陶，与偕至中华书局取《四部备要》第一集。盖报端已揭载该局广告，谓已出书四百八十册也。至则缴款登记，令其即送归寓。旋出，圣陶浴于又日新，而予则赴成记理发。四时许归，则书已送到。检其外封，为四十六包，四百八十册无误，惟书橱未来，不能开封，内容则不遑审查耳。

夜六时赴鸿运楼，冯、方未至，予遂独坐待之。有顷，陆续来，且饮且谈，至九时许始散，方且送至车站而别，甚可感也。

2月4日（戊辰十二月二十五日　庚辰　立春）星期一

晴，湿寒。上午38°，下午42°。

依时入馆，知岫庐、柏丞俱未来，或云同往南京矣。然则教本被议事，形势当甚严重也。可笑亦复可叹，想为竹杠问题耳。今日何日，其长此不旦耶！

饭时乃乾见过，因共往新有天午饭。

昨今两日，买锦文堂书两批，共付价二十一元。

书橱匠来言，后日当可送到。

接岫庐签名公函，本年一月起，按月特加薪水六元。连原有及此次普加之二元半，共得月支一百四十元。

2 月 5 日（戊辰十二月二十六日　辛巳）**星期二**

阴寒。38°。

依时入馆,仍编《参考书》。

明日为高梦旦先生六十寿辰,予同、圣陶及予合送一绸幛,饬阿毛赍去。届时将往一祝也。

夜小饮,饮后看《陔馀丛考》。

2 月 6 日（戊辰十二月二十七日　壬午）**星期三**

晴寒。上午 38°,下午 42°。

依时入馆,仍编《参考书》。岫庐邀谈,谓《现代初中本国史》与《新时代初中本国史》被指摘已证实,纯为党争作用,大约广东方面颇不满于颉刚,故出此无聊之举耳。因属代草一文,用为答辩,将以此托人解释云云。予愤无可遏,直不欲与若辈多费唇舌;但为馆中将来营业计,不得不勉作千言与之。据岫庐、柏丞云,戴传贤持之最力,欲藉此牵倒蔡元培;竟有处罚书馆百万至百五十万之风说,宜乎馆当局之着慌也。可恨! 可叹!

夜祀先,仲弟挈眷俱归,故未往梦旦所祝寿。

书橱今日下午送来,明日将整理什袭乱堆之书也。

今日又买书二十三元。

2 月 7 日（戊辰十二月二十八日　癸未）**星期四**

晴,气转暖。上午 44°,下午 48°。

依时入馆,校《读清史稿述臆》印样。今日为戊辰年收工之日,故下午厂中即早散。予与柏丞亦于四时便出。归后即理书皮藏,浑身沾灰。入夜仍小饮。饮后续整书籍,十时乃睡。

昌群有书来,邀游富春,予与予同、振铎、圣陶将同赴之。定十二日行,先游杭州,然后往。届时或可一晤介泉也。

教本被议事,岫庐已托吴稚晖写信与胡汉民及戴传贤,深加诮责,谓居今日尚欲如此开倒车,将何以对国民云。或者风声得以少和,罚款当可免,惟禁卖则早经决定,恐无法挽回矣。柏丞曾为此事赴杭看骊先,彼亦与戴一孔出者,当然无好话,然则颉刚之在粤真难一日居矣。要言之,投机竞利之徒举不足与语,遑论学术与政治乎!

2 月 8 日(戊辰十二月二十九日　甲申)星期五

晴,和暖,盎然有春意。上午50°,下午51°。

竟日未出,整书庋诸架,插轴堆卷,观之颇自得也。下午检查《四部备要》二集,如有缺页当可嘱补耳。夜小饮。之后续检,仅及一百本,尚无缺。明日当赓为之。

2 月 9 日(戊辰十二月三十日　乙酉)星期六

晴,有风。上午46°,下午48°。

终日坐斋检《四部备要》二集;饭后圣陶至,因与共出闲步。在北四川路一家广东店购得国货葡萄酒二瓶,遂携以归。夜悦之来,因共小饮,饮后略坐乃辞去,明日或将赶归苏州也。

悦之行后,仍检书,至十一时,尚馀三十本未及毕,乃睡。

2 月 10 日(己巳正月初一日　丙戌　春节)星期日

晴和。46°。

今日风和日丽,恬熙有升平象,不睹此良旦者已几年所矣,际兹风光,真喜盈室宇哉!

晨起续检书页,及午而毕。前后共缺六页,俟开馆日作书一往照补之。此次出书四百八十本,但取与原拟书目比对,则少《段注说文及六书音韵表》、《路史》、《戴校水经注》、《通志二十略》、《王右丞集注》、《青邱诗集注》、《骈体文钞》、《词律》等八种,不识究因卷帙过多而移下并入第三集乎? 抑别有办法也? 将来亦将并问之。

饭前后打牌十二圈,输钱四千。

2 月 11 日(己巳正月初二日　丁亥)星期一

早飞雪,旋阴霾,午后放晴片晌。上午 42°,下午 46°。

竟日未出,元芳里闻家来拜年,因留饭。下午三时许乃去。客去后打牌四圈,又输钱千五百。明日有杭州之行,圣陶将来看我同出,故早睡。

2 月 12 日(己巳正月初三日　戊子)星期二

晴寒。旅中失考。

晨起整理一切,六时半,圣陶即至。稍待同出,径赴车站。抵站时予同已先在,久之振铎乃来。买票登车,尚不甚挤。到杭正十二时,即在素面馆进面。食后乃访介泉于开元路,晤之。渠知予等有里山之行,力怂恿往游桐庐,探胜于七里泷之严子陵钓台。如果成行,渠亦愿同游也。遂定议。同出探梅于灵峰寺之补梅庵。啜茗照相,颇以为乐,至四时许始出。缓步返至岳庙前,买棹直放湖滨,即下榻于湖滨旅馆,饬茶房至介泉所取行李。当夜饮于凝紫路之碧梧轩,谈极畅,予同几为之大醉。十时返旅馆,介泉归,约明晨七时会集,径赴江滨乘轮。

夜予失眠,且恶梦,精神为之大顿。同行者鼾息大作,予不禁羡煞矣! 如此习惯真要不得,将来伊于胡底邪!

2 月 13 日 (己巳正月初四日　己丑) 星期三

晴不甚烈,下午阴寒。旅中失考。

清晨起,介泉即来,同乘汽车往南星桥,备附桐庐轮船往里山。至则船局尚未开,因在左近小饭馆进早餐,八时乃循长挑板登振兴轮。房舱在中层,尚好,故不觉费时。十二时到里山,登岸访问,不久即到昌群所租寓。饭后,同登灵峰,殊陡峻,屡鼓行屡止,直欲坐废矣。最后勉自振奋,始得睹所谓灵峰精舍者。平素习闻夏氏名,且知精舍藏书甚富,益有古礼乐器,考制甚精,故冒喘拾级以升,乃瞻仰之馀,所得殊浅,只觉隘陋,大失望。惟山下谷中,处处涧流琤琮,村民导为水碓,用以造纸,水声与碓声相应,山翠与屋舍交映,则大是佳境耳。因于山腰留一影,循径归贺寓。至则天色已黑,留饮甚畅,遂拜见其新夫人,下榻于别舍。以升降劳顿过甚,反致不寐。

2 月 14 日 (己巳正月初五日　庚寅) 星期四

晴寒。旅中失记。

晨起不甚早,从容进食,至十一时乃别昌群伉俪,登轮遄往桐庐。下午四时乃到,即下榻于埠头惠宾旅馆。洗脸稍憩,因出闲逛,桐庐无城而市况尚好,并江之街尤盛,虽值新年,半掩其门,然犹可窥见大略也。腹地即田野,学宫块然处其中,惜已颓废,较各地加甚,想兵过不久耳。入夜归馆,饮食甚劣,予与予同睡一房,中夜熄灯,鼠出甚厉,苦极,又为之失眠。

明日游钓台之船已于傍晚时讲好,早开晚回,价五元,饭食酒钱在外。大约小小竹杠在所不免,旅游之困,此通例耳。

2 月 15 日(己巳正月初六日　辛卯)星期五

晴和。旅中失记。

晨起匆匆下船,即启椗。行三十里上滩,船行甚艰,饭后乃得泊近钓台。途经滩中沙洲,见水激石子甚美,命舟子停船,上洲捡拾,各获数十枚。归时又拾,所获益多,圣陶、振铎几压破囊底矣。

钓台为一峭壁岩石,上建石亭。其西数百武,亦有一石台,石亭已破,形与之埒,即宋谢皋羽痛哭之西台也。两台下有严子陵祠,中供塑像,两侧配祀范文正、欧阳文忠及谢皋羽位,其一则忘之矣。西偏有客星楼,予等即茶憩于此。庙堂庭除,碑碣甚多,惜苦翳残蚀,可辨甚少,惟阮元隶书一碑较为清晰耳。

二时归棹,入暮始抵旅馆。因昨夜饮食不欢,故上街自觅之。得酒家朱恒豫者,入饮甚佳,因叹凡事之不可不亲试也。

2 月 16 日(己巳正月初七日　壬辰)星期六

晴和。旅中失考。

晨起算旅馆账讫,即购票登轮。坐官舱,较房舱自佳。八时启行,以下水故,午后二时即抵闸口。登岸步行至南星桥,乘省道汽车至湖滨,仍宿湖滨旅馆原房间。稍憩,徜徉于清河坊一带,食面于六聚馆,购茶叶于翁隆盛,买榧子豆豉于方裕和。又至静香斋买酥糖,邵芝岩买笔,然后仍至碧梧轩小饮。

饮后回馆,介泉仍与俱,谈至十时许乃别去。明日径行矣,不再走辞。

夜睡尚好。

2月17日（己巳正月初八日　癸巳）星期日

晴朗,气甚和。上午未审,下午56°。

早六时起,自湖滨赴城站。少俟即开车,沿途甚顺利,依时到上海北站。游侣分头各归,予亦遂返,抵家尚未及一时也。饭后濯足洗面,未他出。入夜小饮,饮后与家人谈游踪,至以为快,九时许即寝。

2月18日（己巳正月初九日　甲午）星期一

晴,下午微阴。上午59°,下午55°。

依时入馆,校《南明野史》。柏丞委看本馆出版书多种,盖鉴于外间之吹求,故先事预检之也。约两星期看完,则颇非易易耳。散馆时,振铎约往其家晚饮,并商要事。予六时前即往,圣陶及予同尚未至。少顷圣陶来,乃入坐饮,且商事。八时许,予同乃来,遂得告一段落。所商即选文事,二年前已有此约,今特上紧进行,期于年内先成中古三册。议定三月底、四月底、五月底、六月底四届集议,决定去取;然后分任注释,搜配附录。大约此书出后,选界当起一新潮,即就取酬而言,亦可略沾利润云。十时半散归,十一时寝。

2月19日（己巳正月初十日　乙未　雨水）星期二

晴朗,傍晚有东南风。夜雨。上午50°,下午55°。

依时入馆,续校《南明野史》,并看《小学历史教科书》。

写信四封,清积欠,最重要者为向中华书局补缺页。

夜补旅中日记。至十时半乃毕,馀事不及为之矣。

2 月 20 日(己巳正月十一日　丙申)**星期三**

阴雨。54°。

依时入馆,看《小学历史教科书》,傅编者已毕,吴编者仅及三之一。

夜小饮。饮后注《士燮传》七百言。久不作此,乃觉格格,勉以持之,居然有此成绩,亦大可慰也。十时后看《图书集成·文学典·文学名家列传》,盖将着手于《中国文学选》耳。

2 月 21 日(己巳正月十二日　丁酉)**星期四**

阴雨。55°。

依时入馆,看吴编历史,仍未毕,以中间曾校《五代史》复样数十页也。午后,仲云托圣陶携希圣近著《中国社会之史的分析》一册贻予,谓希圣特赠者。予甚感之,即披读,以时晏,仅及半而止。明日当赓读焉。

夜小饮。饮后注《士燮传》三百言,毕之。仍看《文学名家列传》。

2 月 22 日(己巳正月十三日　戊戌)**星期五**

上午阴,下午放晴。上午 55°,下午 57°。

依时入馆,续看希圣《中国社会之史的分析》。散馆后与予同往来青阁看杨寿祺,将托购《说文解字诂林》。不值,乃过中国学会出版部访乃乾,亦以时晏已他出,未及晤。废然而返。

夜小饮。饮后注《张昭传》四百馀言。

东华来,托为复旦大学招考新生出史地试题各八题。立书与之。

2月23日(己巳正月十四日　己亥)星期六

阴晴兼行。上午57°,午56°,下午54°。

依时入馆,读毕《中国社会之史的分析》,并看完吴编《新法历史》。

五时半赴新雅酒楼,应仲云所招聚餐也。至则惟仲云在,有顷乃络绎前来,计予同、圣陶、希圣、调孚、景深、振铎、东华等九人。希圣久不见,谈更畅,直至十时三刻始散。未开樽前且晤及彦长、若谷,盖亦在别室宴饮也。归时道上无人,到家即寝。

潜儿到校,后日须上课矣。

2月24日(己巳正月十五日　庚子)星期日

上午阴,下午晴。49°。

竟日未出,注《张昭传》九百馀言,毕之。

夜小饮。饮后云彬来谈,至九时乃去。

潜儿归购书,午后即返校。

中华书局补缺页尚未到,已五日矣,明日当一催之。

饭后珏人带汉、漱、同三儿并吴妈往世界大戏院看童话剧《飞行鞋》。

2月25日(己巳正月十六日　辛丑)星期一

上午晴,午后阴,傍晚雨。上午48°,下午47°。

依时入馆,校订《地理》之新地名。

夜小饮。饮后注《诸葛瑾传》八百言。

教育部承国府令禁《现代初中本国史》及《新时代初中本国史》之令文已到,文中照例承转,但令停止发行。附钞原呈,实大可笑。支离拘囿,不值一辩,而国府竟据以为是,不惜推翻大学院所已经审定之书而徇之,其识解殆与具呈人相鲁卫乎!秉钧者固当如是邪!原呈具名为山东曹州重华学院学董丛涟珠、院长陈亚之,究不审何物妄人也?

中华书局有信来,谓以卷帙过多,故将《路史》等八种分配于三、四、五集。缺页俟栈中送到即寄。

2 月 26 日(己巳正月十七日　壬寅)星期二

阴雨。49°。

依时入馆,看李译《中国文化史》。

夜小饮。饮后注《诸葛瑾传》六百馀言,毕之。十一时寝,觉寒噤,蒙被而卧,胸际大不适,幸未发热。

予同借《说文统释自序》、《书林清话》去,前借与云彬之《藏书纪事诗》转借之,并前已借去之《南洋中学书目》及《汉学师承记》,凡五部。

报记十七日静安寺公祭梁任公事,录有挽联至夥,多以介甫比之,殊感泛常。惟杨皙子(度)一联最自然,有无限苍凉而不觉火气,真佳构也。联云:"事业本寻常,成固欣然,败亦可喜。文章久蘦落,人皆欲杀,我独怜才。"次推高梦旦联,上云"不朽在立言,独有千秋追介甫",意尚平平;下云"自任以天下,何辞五就比阿衡",则陈义至新,不但于梁之出处加恕,且为进一解矣。妙甚。

2 月 27 日（己巳正月十八日　癸卯）星期三

阴雨。上午 49°，下午 52°。

上午依时入馆，仍看《中国文化史》。下午以精神不爽快，未往，在家与珏人等打牌四圈。傍晚硕民来，谓方自苏到校过此。出法帖十叠，云允言托携送予四十寿者；又出章式之所刻《读书敏求记校证》六册及手刻"长寿"白文章一方（印盖如上）贻予，亦寿礼也。予行能无似，忽已四十，方恨岁月蹉跎，迟暮增感，乃承友好不忘，竞相投赠，惭喟交迫，止唯称谢而已。

前托硕民在苏代配之灵璧石架及汉璧架各一座，已带来，制甚玲珑而价止二元，甚快！

夜注《周瑜传》二百言，不能支，九时即睡。

2 月 28 日（己巳正月十九日　甲辰）星期四

阴雨，午后晴，入夜又雨。上午 52°，下午 54°。

依时入馆，仍看昨稿。

振铎还《饮冰室全集》。《四部备要》二集缺页补到。

勘初过馆见访，盖伊将来复旦中学任教课也。谈移时乃去，告予允言之款已于去年秒了结矣。

夜注《周瑜传》千言，十一时始睡。

3 月 1 日（己巳正月二十日　乙巳）星期五

阴雨，下午止，大风。上午 52°，下午 47°。

上午依时到馆。饭时与圣陶、振铎、调孚等出，乘车赴南洋菜社出席开明书店有限公司创立会。下午讨论章程并选举董事、监察人,费时甚久,至五时乃散。圣陶当选为董事,经宇为监察人。

归途过中国学会出版部,访乃乾,晤之。见《史姓韵编》甚清晰,乃购之而还。抵家已将七时矣。

夜饭后方将就坐,颉刚忽至,盖甫从广州来也,住广泰来。谈别后情形,至九时始去,颇以为畅。明日当更得快晤也。

3 月 2 日 (己巳正月二十一日 丙午) 星期六

晴寒,晨次及午刻俱雪。43°。

依时入馆,仍看《中国文化史》。颉刚偕其学生何定生来馆,遍晤诸识友,谈至四时,去。今夕、明午俱有约,故不留饮,俟由杭返后再订期聚饮畅谈焉。

晚六时赴振铎约,盖剑三来此,藉夜饭时一谈也。至则六逸、予同、圣陶、仲云、东华俱在,旋即进饭。朋辈聚餐不用酒,此为第一次,可记也。饭后大谈,妙绪环生。剑三以事先行,馀则直谈至十时始散。徒步返家,已十时三刻矣。

潜儿由校归,具道校中索费之急及初到校起居不习之苦。

3 月 3 日 (己巳正月二十二日 丁未) 星期日

阴霾,寒森。上午 42°,下午 43°。

竟日未出,饭后颉刚夫妇来,移时去,过访圣陶矣。

注《周瑜传》八百言,毕之,又注《虞翻传》二百馀言。十时半就睡。

颉刚此次离粤,未必再往,北平亦不定就事,盖忌之者多,颇令伊肆应为难也。予力劝暂休,回苏小住,未始非计也,不审能见听否耳?

3月4日（己巳正月二十三日　戊申）星期一

晨雪，午间又雪，午后乃晴。上午42°，下午44°。

依时入馆，审毕《中国文化史》等六种。

夜注《虞翻传》五百馀言，翻检多而动笔少，遂止于此，然就寝已十一时矣。

看康有为《桂学答问》，颉刚在粤印行，此次持赠者也。述为学门径颇核实，先此所未见也。今后有暇，当参定课己日程以自督，所恨家计累人，不得不先尽易钱之文字坐占时间耳。

3月5日（己巳正月二十四日　己酉）星期二

晴，晨间浓霜。上午46°，下午48°。

依时入馆，看《中国外交史》。

勋初见过，因于散馆后与之同出，共访其女婿汪君，小饮于言茂源。谈至九时乃散，雇车径归。

颉刚本云今日赴杭，将行李等件寄存予处。但未见其来，恐今日不能成行耳。

3月6日（己巳正月二十五日　庚戌　惊蛰）星期三

晴，晨间浓霜。上午50°，下午52°。

依时入馆，着手改编《本国史》，为迁就老朽观念，不得不大易旧状而复道唐虞之隆焉。可胜叹哉！牵于衣食，事事为人而不为己，真大可痛耳。

颉刚挈眷过我，具饭匆匆进食，即附十二时四十分快车赴杭。本馆所拟《中国历史丛书》全目已示颉刚，伊颇谓然，认作五题。

并为介绍何定生、容肇祖二君各作一题焉。

夜注《虞翻传》九百言,毕之。又注《陆逊传》二百言。十时半就寝。

3 月 7 日(己巳正月二十六日　辛亥)星期四

浓霜,晴。上午 52°,下午 53°。

上午依时入馆,改编《本国史》。下午未往,拟在家赶注《三国》,备支费用。乃饭后坐定,闻太太来托写信,乃乾亦过我长谈,直至三时后始得握管。以故成绩甚劣,抵晚十时,仅得《陆逊传》注九百言。

刘申叔《攮书》,今日借与向觉明。

日来盛传蒋桂冲突,双方已各扣轮备运兵。果尔,则内战复起,不知将何以自解于曩所指斥之军阀也?

3 月 8 日(己巳正月二十七日　壬子)星期五

晴,早见浓霜。上午 54°,下午 56°。

依时入馆,改编《本国史》。有葛毅卿者来看予,询颉刚行踪,盖中大学生也,予告之而去。写信复允言。

杨寿祺为予及予同购到《说文解字诂林》各一部,价五十八元,款由予同垫付。

云彬来谈,托送《通鉴注》第一批与叔迁。

夜注《陆逊传》八百言。

3 月 9 日(己巳正月二十八日　癸丑)星期六

晴暖。上午 53°,午后 64°,晚 62°。

依时入馆,仍改编《本国史》。

本晚大江书铺在万云楼宴客,昨已持简相邀。因介泉约于今晚来,故托人辞谢之。散馆后,予与圣陶躬往车站迎候,乃车到而人不见至,想缘他故不果行也。

夜翻《说文解字诂林》,检查有无缺页。费两小时许,检得本文四下缺第一六六七页及《通检绪言》缺第十三页。有便,当仍托寿祺一为补之。

九时复开卷注《陆逊传》四百言弱,十时半就寝。

本馆史地部长今日起由傅纬平先生暂代,以柏丞已任副所长仍领国文部,故不暇再兼史地部也。微闻暂代之故,下半年或请冯友兰来此也。

3 月 10 日（己巳正月二十九日　甲寅）星期日

晴阴兼施。有风。上午 48°,下午 53°。

晨九时,与圣陶同赴惠中晤柏寒。谈至十一时半,别之,赴邓脱摩饭店公宴梦旦、菊生。菊生以事未至,以书来道谢,梦旦则依时到耳。终席未尝有一人起立致辞者,亦未照相,故俗例拘牵全免,颇宁静也。饭后各散,予往校经山房购一《杜诗镜铨》而归,道过振铎家,因留谈,晚饭而后行。

3 月 11 日（己巳二月初一日　乙卯）星期一

晴,有风。上午 48°,下午 54°。

依时入馆,仍改编前书。散馆后与圣陶同赴六逸之约。旁观打牌至七时就饮,晚饭后谈至九时许归。未写一字即寝。

觉明借《太平御览》下半部去。

3 月 12 日（己巳二月初二日　丙辰）星期二

晴，有风。上午 48°，下午 54°。

今日纪念中山逝世，本馆放假一天。

硕民来访，昨自松江来此，住圣陶家。谈有顷，偕之出外，购《曹全碑》于有正书局。近午归饭，藉便小酌。饭后，圣陶亦来。至三时，同茶于新雅。茶后，偕往圣陶所打牌二圈，因留饮。夜饭后乃归。

连日饮酒，颇觉倦劳，废时失事，真可惜也！

《三国》第五批稿拟即先送算，俾应急用。计六篇，一万六千九百八十一字。

3 月 13 日（己巳二月初三日　丁巳）星期三

晴寒，夜结冰。上午 48°，下午 52°。

依时入馆，仍理旧作。

夜在家小饮，饮后少坐即寝，以日来天气变动，影响于身体实大也。

予同亦检出《诂林》缺页，嘱予一起函补之。因即作书与寿祺，托向前途照补。

3 月 14 日（己巳二月初四日　戊午）星期四

晴寒，风挟黄沙。上午 46°，下午 51°。

依时入馆，上午为柏丞校《通史新义》，下午仍理旧作。

午后颉刚自杭来，取物即行返苏，予俟其上车后再到馆。

夜饭后打牌四圈，少坐即寝。

颉刚送予镜架两事,寿予四十者,予甚以为愧。

补《说文诂林》缺页之信,清晨即发出。

3月15日(己巳二月初五日　己未)星期五

晴朗。上午50°,下午59°。

依时入馆,竟日改编旧作。浆糊剪刀,一时并作,殊感冗闷也。

今日见《福尔摩斯报》载有署名独醒者撰一文,述商务历史被禁事,甚晰且尽,颇见公道,不审谁何也? 商务当局方讳莫如深,一朝揭之,或将因疑生恐,更不知所措耳。

夜注《陆逊传》五百馀言。

今日为国民党第三次全国代表大会开幕日,微闻海外党员及武汉、开封方面俱有反对电报发出,谓操纵垄断,不能承认云。惟上海报纸检查綦严,俱被压废,故吾人不得见之耳。果然,则前途大可虑,军事进行殆为不可免之一幕矣。

3月16日(己巳二月初六日　庚申)星期六

晴和。上午54°,下午61°。

依时入馆,仍治旧业,并再校《通史新义》复样。

昨记《福尔摩斯》为《金刚钻》之误,其文甚切中时病,小报中难得有此也。

夜六时,赴昌群陶乐春喜筵,与新娘及圣陶夫妇、予同、觉敷、宗融、柏丞、绍绪夫妇、振铎同席。九时,与雪村同道北归。

未赴筵之先,在乐群为翼之取《资平小说集》第一册;在来青阁购得小本点石斋石印《古事比》;在中国书店取得书目及拓片目;在中国学会出版部与振铎相遇,偕赴陶乐春。振铎为我购得马建忠《适可斋记言》、《记行》各二册,价银二元。

3 月 17 日（己巳二月初七日　辛酉）星期日

晴暖。上午 63,65°,下午 66°,晚 62°。

拟竟日不出,仍致力于注书。乃人事栗六,卒未如愿。晨间勖初来。近午姚名达与储皖峰来,各认《中国历史丛书》数题。饭后尧圻来。悦之亦来邀吃喜酒,因留此便饭。傍晚且有苏州亲戚来,陪之打牌。今晚星斋宴客,予以有戚在家故,竟辞谢之。

午后一时,抽暇与珏人挈同儿往北四川路荣华照相,予摄一六寸半身,同摄一骑车小影,三人复合摄一六寸全身。约二十三可取。

3 月 18 日（己巳二月初八日　壬戌）星期一

晴,傍晚微雨。上午 60°,午 65°,午后 69°。

依时入馆,仍理前事。

剑秋、彦龙特自苏来,贺予寿,住源源旅馆。散馆后往看之,晚饭于味雅支店。至八时半,归。约彼二君明日来午饭。

3 月 19 日（己巳二月初九日　癸亥）星期二

晴。上午 52°,下午 60°。

依时入馆,饭后未往。

今日为予四十初度,戚友来贺者颇不乏人,因治酒三席款之。夜间虽残肴,仍留剑秋、彦龙、铭堂及圣陶等共饮,谈至九时乃散去。甫送客返坐,而颉刚至,又谈至十一时许,约明日来晚饭而别。知渠下榻北站大旅社。

3 月 20 日 (己巳二月初十日　甲子) **星期三**

晴。上午 52°,下午 59°。

依时入馆,仍改编旧作。

夜六时,在家宴颉刚、予同、振铎、调孚、圣陶。谈至十时许乃散去。

3 月 21 日 (己巳二月十一日　乙丑　春分) **星期四**

晴。54°。

依时入馆,改编教科。

散馆后赴北站大旅社访颉刚,未晤。至中国学会出版部,乃晤之,并及乃乾。谈有顷,予赴大东丐尊之宴,而颉刚亦有事往亚东访孟邹。遂俱别乃乾而出。

大东之宴,到熟人甚多,丐尊约予为开明编《本国地理教科书》,以人众不及细谈,须缓日再详商矣。九时许,散归。

3 月 22 日 (己巳二月十二日　丙寅) **星期五**

晴。上午 58°,下午失记。

晨八时赴车站,颉刚、组青送,清儿则随行焉。乘特别快车行,十时三刻即到苏。悦之及宏在站相候,予因将清交之先行,而身自送颉刚行李至其家。晤履安夫人,略谈即行,径抵河沿街翼之家之新居。坐有顷,翼之乃归,其家已责其迟迟矣。

午后出,访硕民嫂氏及往省剑秋之母夫人。旋到城东小学,晤彦龙及剑秋,与之同茶于公园之东斋。电约靖澜出,复同饮于观桥南之老全城。八时许散,予亦返翼寓。

3 月 23 日(己巳二月十三日　丁卯)星期六

晴,突热难耐。无记,约在八十度以上。

清晨出,趋新和祥礼堂贺喜,因留彼镇日。天气陡热,不能御棉,而予无衣可易,只得静坐屋隅也。拜祖、见礼,不一而足,亦惟有俯仰随人耳。夜十二时返寓,草草就睡。

3 月 24 日(己巳二月十四日　戊辰)星期日

较昨稍凉。失记,约七十度。

晨八时与翼之同访颉刚,谈至十一时归。一时,悦之之新亲上门,陪席至二时许乃毕。傍晚打牌四圈,彦龙来访,旋去。

夜饮后随谈,至十一时许乃就寝。

3 月 25 日(己巳二月十五日　己巳)星期一

阴寒,比于前昨大不侔矣。旅次失记,约六十五度。

晨出访彦龙不值,省其母夫人。未几归翼之所抽闲看报,蒋桂之战殆已开始矣。惟报纸被检查甚厉,不免令读者堕入五里雾中乱加摸索而已。饭后,与翼之、悦之及其同居周君打牌,凡八圈,入暮始毕。夜饮后又痛谈,十一时就寝。

3 月 26 日(己巳二月十六日　庚午)星期二

阴寒。东南风烈。失记,惟大热突寒耳。

晨起,部署行装讫,翼之即送予与清儿到车站。在站台待四十分,乃得上车(购三等坐四等,故甚宽舒),一时许始抵上海北站。从容抵家,进饭休息,下午未即入馆,与珏人闲谈而已。乘闲写信两通分致仁斋与铭堂,告已安抵沪寓。

3 月 27 日 (己巳二月十七日　辛未)星期三

阴寒。夜大雨。上午56°,下午58°。

依时入馆,仍改编《本国史》,毕之。所馀惟编辑大意未写耳。

夜在家小饮。饮后开唱片自娱,未作事。

到馆接梦九信,汇六十元来,托代购书。

3 月 28 日 (己巳二月十八日　壬申)星期四

阴雨,春寒。上午56°,下午54°。

依时入馆,校《参考书》。

散馆时,孟真来访,未见,以正接见勖初也。不久即偕圣陶及勖初出,先过本馆发行所为梦九购书六十元。继至高长兴小饮。夜八时许散,乘车径归。补记到苏迄今日记。

3 月 29 日 (己巳二月十九日　癸酉)星期五

阴雨,峭冷。上午52°,下午53°。

依时入馆,校毕昨送《参考书》之一批。

孟真介社会科学研究所王寅生来见,借王观堂书。当指蟫隐庐及中国书店令自买,盖予适无是书也。

梦九书已配就,兆年以账单寄予,予即作书转出。存大洋一元,小洋四角,铜元八枚,别纸包储,不入账,免与己款混也。

饭时写信与铭堂,告济群安庆驻所。

夜注《陆逊传》六百馀言。

振铎以同文石印《南汉策要》送予,寿予四十者。

《说文解字诂林》之款今日措还予同。

3 月 30 日(己巳二月二十日　甲戌)**星期六**

晴。上午 53°,下午 58°。

依时入馆,收回《参考书》排稿,以原书被禁卖,当然连带失效也。予惟抱芳自赏愈于敝帚远甚,乃什袭藏之,备它日用。改编之稿亦于今日毕事,将交由柏丞再审。

下午铁笙来访,谓味辛方自溧阳来,颇思一叙。予于散馆后赴之,约在胜鸿泰楼下。至则彼叔侄俱先在,且有一溧人刘君在坐焉。谈至八时许散出,复过其旅舍东南旅社赓谈,及十时半乃辞归。

3 月 31 日(己巳二月二十一日　乙亥)**星期日**

晴。上午 54°,下午 61°。

晨起看报讫,即往长乐晤味辛,至十一时,乃同到铁笙所。彼则留饭,予以家中祀先告行。十二时抵家,即举行祭拜。饭后硕民来,正自苏返松道过于此也,四时去。予遂唤匠理发。久不为此,偶得大快。

夜随手披览,九时即寝。

4 月 1 日(己巳二月二十二日　丙子)**星期一**

晴。上午 54°,下午 58°。

依时入馆,将改编就绪之《本国史》稿面交柏丞。馀时为振铎点举《文学大纲》。

日来气候不时,精神殊受影响,不但不能构思,而且惮于看书,如真出外走走,又觉体力不胜。故连日不饮酒,不作事,夜九时即寝矣。幸失眠症不发,睡时尚足耳。

4 月 2 日 (己巳二月二十三日　丁丑) 星期二

阴霾,风寒。上午 53°,下午 54°。

依时入馆,为振铎点完《文学大纲》。

夜小饮,饮后闲看架书,此心不能安定作事,不审何故?

接子玉、翼之函各一,夜复子玉。

4 月 3 日 (己巳二月二十四日　戊寅) 星期三

晴。上午 54°,下午 58°。

依时入馆,改陆光宇《本国史》。

下午植仁来访,因与圣陶于散馆后偕之俱出,茶于新雅。谈至傍晚乃各归。

夜手订业馀自课日程表,用以自督。明日起,即当实行。如再玩愒自误,真枉生矣! 四十之年正强,万不能馁焉自弃于孟晋之途也,勉之哉!

注《陆抗传》四百言。

4 月 4 日 (己巳二月二十五日　己卯) 星期四

晴,有风。上午 54°,下午 62°。

依时入馆,仍改陆编史。

晨午看《四库提要》二卷。夜注《陆抗传》三百言,并看《史记》。如今日,尚不违所定日程,惟望以后永之弗谖耳。

4 月 5 日(己巳二月二十六日　庚辰　清明)**星期五**

晴,下午阴,夜半雨。上午 57°,下午 60°。

上午入馆,下午以职工会开大会未往。

饭后圣陶来谈,三时许丏尊、予同来谈。至五时许,四人同出,小饮于言茂源楼下。八时许毕,乃乘兴一至朱家桥,征妓月香,询知嵊县人,在乡被诓来沪制袜者,年甫十七耳。坐是,不但兴致索然,抑且悯念大起。少待便行,乘车径归。今后无论如何,决不再随友偶莅此境,非介焉自守也,实不能胜悲愤之心情耳。

晨午读《说文诂林·序跋》。

4 月 6 日(己巳二月二十七日　辛巳)**星期六**

阴霾,晨雨,晚晴。上午 60°,下午 65°。

上午入馆,下午圣陶来,又谈至四时,乃未入。旋与之共出,购物数事,傍晚乃归。

晨夜俱看《四库提要》。

4 月 7 日(己巳二月二十八日　壬午)**星期日**

晴朗。上午 62°,下午 66°。

晨起看报讫,接阅《四库提要》。九时许,予同来,乃共乘七路电车往访丏尊、雪村于开明编译所新址(在兆丰路安多里口)。午饭前后俱商谈编纂初中教科事,定报酬为百分之十五永久版税,并约本月底先交纲要,九月底交出全稿云。

下午三时许归,五时左右,悦之来,盖今日甫自苏到店也。谈至六时,予赴振铎约,与予同、圣陶及铎商选文第一次结果。定本月底召集第二次会议,予又被推选《全唐文》。

晚九时半归,少坐即睡。

4 月 8 日(己巳二月二十九日　癸未)星期一

晴,傍晚雷雨,即止,地犹未渍。上午 58°,下午 66°。

依时入馆,校《五代史》及《南明野史》印样。

与圣陶谈作《四史》索引,拟二人合著,定名为《四史人地官爵号谥谱》。期一年竟工。惟事多而力绌,终恐不周于用耳。预约之事,计有六七种,又自刻日程,欲稍有所进益,于是此心乃如有重负,不可少懈矣。

夜注《陆抗传》六百馀言。并看《四库提要》,尽七页,第三卷犹未毕也。

4 月 9 日(己巳二月三十日　甲申)星期二

晴暖。上午 60°,下午 65°。

上午入馆,校毕昨件送出。下午在家注《陆抗传》,未到馆。至四时,得六百言,毕之。四时半出,访悦之于久章,取回嘱帮之衣料两件。旋过高长兴小饮,吃三碗而行,购饼饵等以归。夜饭后注《诸葛恪传》三百言。

阅报,知昨日雷雨时曾下豆大之雹,予却未之见耳。

晨午阅毕《四库提要》第三卷。

4 月 10 日(己巳三月初一日　乙酉)星期三

晴,风沙。上午 63°,下午 66°。

晨看《说文诂林》。

上午入馆,为愈之留学事草两信分致云五与职工会常委。下午未往,在家注《诸葛恪传》,至夜十时,仅得八百馀言,盖翻检之时为特多也。然东华之汤饼筵已不及赴矣。

予同示我最近之《醒狮》,有署名“阿斗”者,为时评第一篇,题曰《一件比蒋桂战争还要重要的事》,大为拙著《本国史》被禁鸣不平。其中呵戴责蔡,语语着实,非徒快心之论也!予得之甚喜,将录以壮我之禁书也。

4 月 11 日(己巳三月初二日　丙戌)**星期四**

晴,风沙。上午 63°,下午 62°。

晨看《四库提要》。

依时入馆,办妥《新学制初中地理》送部复审本。看《东方》廿五卷廿四号,去年年终应出者直延至现在始出版,确嫌太迟矣。但责任实在印刷所,盖工人努力迥非昔比。

散馆后,与圣陶闲步北郊,傍晚乃归。

漱儿连日不爽,今稍痊,入晚又病;濬儿亦因病假归;汉儿耳痛。予为此多念虑矣。近来气候不时,脑膜炎症至流行,用是益懔戒惧,惴惴不安。

夜注《诸葛恪传》三百言,以精神不佳,十时即睡。

4 月 12 日(己巳三月初三日　丁亥)**星期五**

晴暖。上午 56°,下午 65°。

依时入馆,早出。与圣陶往来青阁,欲购永怀堂《十三经》备剪贴,盖将编制为经文索引也。未得,因走乃乾所再检,而适值他出,不晤,遂归。途遇君畴,谓今方自苏来,明日即须归去云。

看《说文诂林·叙跋类二》毕。

乃乾所明晨将书以托之。

今日接颉刚信，托钞丛某攻驳原文，予无以应，当日即复之。告以向教部熟人探钞，如得全钞，予亦将过录一通。

4 月 13 日（己巳三月初四日 戊子）星期六

晴，热意甚浓，夜起风。上午 63°，下午 70°。

依时入馆，校《五代史》并改订《新撰本国史》。

看《四库提要》，至卷五第十二页。

晚六时，赴予同宴于大世界对门之飞霞豫菜馆。到圣陶、景深、振铎、六逸、东华、调孚、仲云、觉敷、云彬、予同及予十一人，谈甚欢。至九时而散，越半小时乃归。时已起风甚烈，几又受寒。

4 月 14 日（己巳三月初五日 己丑）星期日

晴和，惟微嫌燥耳。上午 59°，午 65°，午后 68°。

竟日未出。上午看报并阅《说文诂林》，尽《序跋类三》。下午注《诸葛恪传》一千馀言，晚又续注六百馀言，毕之。十时三刻睡。

接仲弟镇江来书，知苏地营业欠佳，故临时往镇别就耳。半月后将仍返苏，故眷属犹安顿阊门也。

潘儿已痊，今日到校，汉、漱亦告无恙，此心乃大安。

4 月 15 日（己巳三月初六日 庚寅）星期一

晴，燥热。上午 62°，下午 75°。

依时入馆，仍改《本国史》陆编者。看《说文诂林·序跋类五》毕。

散馆后与振铎同访乃乾,购得许刻《唐文粹》二十册及《职官表》三册。归后将《职官表》并装一册。晚饭后注《韦曜传》百馀言,以眼倦即睡。但在睡前赶写一信复仲弟。

同儿今日伤腹下泻,前后共六次之多,投以自己药片,尚好。

4 月 16 日（己巳三月初七日　辛卯）星期二

晴暖,大有夏意。上午 66°,下午 80°。

上午入馆,订补《新撰本国史》。下午未往,在家注《韦曜传》,至晚十时,得二千三百言,毕之。于是所选各篇皆注竟,惟待作绪言耳。落成有望,甚以为快。

早晨及午后看《四库提要》,至卷六第十三页。

4 月 17 日（己巳三月初八日　壬辰）星期三

晴,下午阴,傍晚雨。上午 70°,下午 67°。

依时入馆,补作《交通改良史》以补《新撰本国史》之缺。

散馆后在家小饮。饮后开唱片为娱,兼听雨声。天久不雨而奇燠,宜其雨矣。惜不久即止,不及九时,已发风地白耳。

看《说文诂林》至《序跋类七》（页五十四）。本拟作《三国选注绪言》,以体气不佳而止。心烦虑乱,不知何日集事也?

4 月 18 日（己巳三月初九日　癸巳）星期四

晴,又突冷。上午 61°,下午 64°。

依时入馆,仍补陆史。今日更不爽,竟形寒焉。散馆归后,乃温酒自斟,冀以祛寒。饮后未作事,少坐即睡。

看《四库提要》,止卷七页五。

珏人目不济,双瞳亦见白雾,恐蹈先母覆辙,予甚忧之。

作书与晴帆,询其何以久无信来。

夜睡不安,刻刻醒。

4月19日(己巳三月初十　甲午)星期五

阴霾。又陡寒。夜起南风。上午60°,下午62°。

依时入馆,改正《五代史注》今地名,并撰提要。又为柏丞看《通史新义》稿。

散馆后芝九来谈,傍晚去,借唱片八张,云三日后归还。

夜编次《三国选注》目录,并拟定绪言大纲,然未遑命笔也。

接晴帆书,知渠以长安分所长徐宏事代人受过,奉令免职矣。宦海风波真无聊,我当劝之速离政界焉。

看《说文诂林》,止《序跋七》(页七十一)。

4月20日(己巳三月十一日　乙未　谷雨)星期六

晴,夜雨。上午62°,午63°,晚60°。

依时入馆,看《通史新义》稿本。

看《四库提要》,止卷七易类存目一。

散馆后往圣陶所,候介泉,盖约今日到沪访彼也。五时许,果至,因共出访振铎。谈悉后日即乘津浦通车赴北平,仍将归教北大也。明日当作永日欢。旋出,晚餐于俄国俱乐部,肴色甚佳且夥,较之沪上流行之宁波、广东人所设之西餐馆,优越多矣。顾予终弗习,仍觉胀耳。九时许散出,适天雨,予即告别登车驰归。介泉则下榻圣陶所。

4 月 21 日 (己巳三月十二日　丙申) 星期日

晴。上午 58°,下午 61°。

晨起未久,圣陶偕介泉来,乃共往新雅啜茗。旋过访予同,兼晤云彬。四人遂同访振铎,以先出,未晤。因即乘电车而南,登豫丰泰酒楼之新屋而饮焉。下午因介泉之兴,同到华一观磨镜,恶鬼不可名状,实亦失却性的挑拨矣。予遂深感现代文明之里面盖如此,惟求快露,全不含蓄,乌在其为趣味哉!

夜六时,饮致美斋。九时许散归。予以日间特殊刺激,睡甚不安,予真非现代人乎?何不中用乃尔!

4 月 22 日 (己巳三月十三日　丁酉) 星期一

晴,有风。上午 58°,下午 64°。

依时入馆,仍看《通史新义》。

看《说文诂林·序跋类》,止页八十五。

接子玉书,止予寄报,盖其居停王君已奉令调长兰溪矣。坐此之故,渠归葬故父之期亦愆焉耳。

本馆将新编小学教科,柏丞以历史属予。予介绍芝九,柏丞允焉,当与芝九面商之。明晨或可决定。

介泉今日北上,由津浦通车行。

4 月 23 日 (己巳三月十四日　戊戌) 星期二

晴,下午暖。上午 62°,下午 74°。

依时入馆,校新编《本国史》样。出版部催甚急,而送来则并不快,予甚惑之。

晨访芝九,说妥托编高小本国历史事,两月为期,亦已首肯矣。

散馆后访晓翁,谈甚久,晚饭而后归。渠之《中国史话》已编完,将接编《世界史话》。且计画一种《近百年中国名人传记丛书》也。

看《四库提要》,止卷八页十九。

4 月 24 日 (己巳三月十五日 己亥) 星期三

晴暖。上午 69°,下午 80°。

依时入馆,赶校《本国史》。

看《诂林》至八十七页。

散馆后与圣陶往中国学会出版部访乃乾及孟真。少顷,振铎亦至,盖昨日电话约晤者。旋同往豫丰泰小饮,至九时许乃散归。谈次,孟真颇不快颉刚。颉刚受人排挤亦至矣,意者其偏执之见太牢固乎!

4 月 25 日 (己巳三月十六日 庚子) 星期四

晴阴兼施,晚雨。上午 70°,午后 76°,晚 72°。

依时入馆,赶校《本国史》印样毕,复样则犹待排字人改正而后得签定也。

予同介一写手来,因即付以晴帆寄存之《说文诂林》,属写书根,约明后天可交还。其人住善庆里一○三号,姓则忘问。

颉刚有信来,谓明后日即赴平。予即复之。

4 月 26 日 (己巳三月十七日 辛丑) 星期五

晴和。上午 66°,下午 70°。

依时入馆,签毕《本国史》清样,盖日内即将清样送部审定也。如得在一两月内审毕,则下学期开始时当有新书可售,馆中收益自可稍回旧观耳。

夜撰《三国志绪言》四百言。

看《诂林·前编上》毕,又看《前编中》至一〇九页。

4 月 27 日(己巳三月十八日　壬寅)星期六

阴晴不定,午后细雨。上午 68°,下午 66°。

依时入馆,看郑鹤声《司马迁年谱》稿。

今日本所职工会聚餐,下午四时三刻摸彩为戏。予赠入阳羡陶壶一器,而摸得纸盒牙粉两事。旋归,云彬来访,谈至六时复出。径往职工会晚餐。菜肴仍用马永记而酒仍原坛,惜席数太多,烫酒人不谙法,举无一是耳。九时即归休,未作一字便睡。

晴帆之《说文诂林》已写好书根送来。

4 月 28 日(己巳三月十九日　癸卯)星期日

晴,傍晚阴。上午 67°,下午 72°。

晨看报讫即撰《绪言》,至下午四时,凡得二千馀言。云彬来,同出访圣陶,未晤,乃偕往豫丰泰小饮。八时许归,又撰写三百言。

《许学丛书》廿四本交写手写书根,如好,想再付写若干也。

4 月 29 日(己巳三月二十日　甲辰)星期一

晴,下午风急。上午 68°,午后 72°,晚 70°。

依时入馆,看《司马迁年谱》。

看《诂林·前编中》,止页一一八。

夜撰《绪言》千二百言。

珏人体气甚弱，近又有妊，故倍觉疲劳。予深怜之，眠食为之不安。

得翼之信，知此次斜塘被寇，渠亦遇劫受惊，生徒星散，廛市辍业，已呈准教育局暂行停课两周云。苏乡素极宁谧，昔固不论，即民国以来十馀年中，各地扰攘至烈，而吾乡仍为乐土。今竟如此，是谁之过欤！

4 月 30 日（己巳三月二十一日　乙巳）星期二

上午阴，细雨。下午放晴。上午 66°，午后 68°，傍晚 70°。

上午入馆，仍看《司马子长年谱》。下午未入馆，在家撰《绪言》，至夜十时许，凡得二千九百言。

看《提要》易类存目二毕。

明日馆中休假，纪念劳动节，晚间晓翁邀饮，预计上午又可多写若干字也。如此认真写出，所得报酬尚不足以弥亏缺，亦太苦矣！

《许学丛书》已写好书根，送来，连前共一千二百五十六字，付过两元，尚拟再写，故又以杨守敬《历代地图》付之。

5 月 1 日（己巳三月二十二日　丙午）星期三

晴暖。上午 68°，午后 76°，晚 72°。

今日馆中放假，晨看报讫，即续撰《绪言》，至饭后三时，凡得一千五百言。旋出访圣陶，共过芝九谈。移时乃偕往晓翁所，打牌四圈。入晚小饮，且纵谈，甚乐。至十时半乃归。

杨守敬《图》三十四册已写好送来，又以《章氏丛书》付之。

看《诂林》，止页一二〇。

5 月 2 日 (己巳三月二十三日 丁未) 星期四

晴,有南风。上午 69°,下午 77°。

上午照常入馆,写信与月斧,寄还稿件。下午未往,在家撰《绪言》,至晚得二千六百言。夜饭后打牌四圈,未再作事,藉资调息。

看《提要》易类存目三,止页六。

5 月 3 日 (己巳三月二十四日 戊申) 星期五

晴。上午 69°,下午 68°。

依时入馆,看《通史新义》。

散馆后偕予同、云彬、圣陶往过晓翁,先在圣陶所集合,然后步往。坐次遇勖成,因共合饮。谈至十时半乃散归,抵家已十一时矣。偃然入床,幸得酣睡,盖说话久且多,征之往迥,必致失眠也,今竟获免耳。

5 月 4 日 (己巳三月二十五日 己酉) 星期六

晴。上午 65°,下午 67°。

依时入馆,看《通史新义》。

夜未作事,与家人打牌四圈,睡甚酣适。

看毕《提要》易类存目三,并看存目四至页六。复看《诂林》,止于页一二二。

《章氏丛书》已写好,又付以《晨风阁丛书》。

5 月 5 日 (己巳三月二十六日 庚戌) 星期日

晴,南风撼户作声。夜半雨。上午 66°,下午 72°。

晨起看报讫，即杜门续作《绪言》，至夜十一时，得二千言。全稿告完，心为大快。明后日当送交出矣。

《晨风阁丛书》写好送来，乃再找二元，结清账目。此人询悉名洪燮卿，住善庆里一〇三号，今后有写件，当为函致之耳。

5月6日(己巳三月二十七日　辛亥　立夏)星期一

大雨拦朝，霏微终日。上午 68°，下午 70°。

依时入馆，看《通史新义》。并写两信，分寄绍虞及翼之。一则答其讨论文史之三问，一则慰其受惊灰心也。《诂林》与《提要》俱未看。

夜核数《三国》末批字数，并打牌四圈。《三国》末批共二万六千〇廿六字，将于明日交出，预计可得百三十元。惟早支配净尽，过手时曾不能少留些须耳。

接仲弟书，又往首都演剧矣，住中正街口凤台旅馆十三号。

5月7日(己巳三月二十八日　壬子)星期二

阴晴兼施。上午 68°，下午 70°。

依时入馆，仍看《通史新义》。《提要》易类存目观毕。

《三国》末批稿交叔迁，大约本星期内可以取到酬资也。

夜小饮，饮后略聚中日战役史料，备过日着手编《中日战争》。旋就寝。

5月8日(己巳三月二十九日　癸丑)星期三

晴，微有南风。上午 67°，下午 71°。

依时入馆，仍看何稿。散馆归后，铁笙来访，谈至暮乃去，约星

期晚来寓小饮。夜饭毕,打牌四圈,十时许寝,

看《诂林·六书总论》,止页一三〇。

久不得晴帆书,又写信与之,不识寄得到否也?

接梦九信,知近为校事来南,住南京中正街恒来旅馆,四五日内即将来沪云。

5 月 9 日 (己巳四月初一日　甲寅) 星期四

晴不甚朗,午后阴。上午 66°,下午 70°。

今日馆中放假纪念国耻。晨接晴帆信,知已到杭,则昨信又空发矣。叠连三次相左,真奇巧之至! 看报后,读《提要》书类一毕。

午后阴霾,本日本可见日全食,以此遂蔽不见,然护日之炮声亦消歇,耳根未始不庆清净也。二时许,圣陶父子来,同出闲步,品茗于新雅。傍晚乃归。晚饭后将《说文解字诂林》之脱页及《四部备要》二集之脱页分别钉入,手自穿引,颇乐,凡钉九本而毕,已九时许矣。

5 月 10 日 (己巳四月初二日　乙卯) 星期五

晴,午后大暖。上午 70°,下午 76°。

依时入馆,仍看何稿。《三国》末批酬支单已送到,计百三十元。下午四时与圣陶同出,至发行所取款,并购得徐珂编《岁时景物日咏大全》一册以归。比及家,晴帆适来访,先已在斋相候矣。略坐后即伴以出,小饮于豫丰泰酒楼。八时许散出,过憩其寓惠中二楼,谈海宁离任状况甚悉。九时半乃归。

晨起为子玉整理所存箧,费时甚久,以臭虫为患,不得不剔而除之也。

夜看徐作，但摘句而已，且按之目次，所缺尤多，大为不满。商务出书如此草率，真非佳象，司出版者何不负责乃尔！长此不改，资虽雄终渐即于衰亡耳，为之浩叹矣。

5月11日（己巳四月初三日　丙辰）星期六

阴晴靡常，午后雨。夜半大风。上午70°，下午68°。

依时入馆，看毕何稿。

收齐《三国志注》稿，汇装六册，将送由叔迁发排。

阅《诂林》，止页一三二。

散馆归后，梦九来访，盖方自省中抵沪，暂住孟渊旅馆。略坐后与之同出，过晴帆于惠中，乃共赴豫丰泰小饮。饮后，至孟渊长谈，十一时始归，入睡已子夜矣。

5月12日（己巳四月初四日　丁巳）星期日

阴雨。上午66°，午后68°。

竟日未出，报又不至（送报人病矣），闷甚。饭后打牌八圈，梦九与晴帆始来，遂辍局。不久，铁笙亦至，谈甚乐。入夜开饮，至十时始散。客去而予亦倦极思眠矣。

晴帆于明日返南京。

5月13日（己巳四月初五日　戊午）星期一

晴。上午66°，下午68°。

依时入馆，校《通史新义》印样。《三国》全稿交叔迁发排，并将梦九所注《汉书》续稿属计字数开酬。下午三时许，梦九来，因介绍叔迁见之，且至交通科接洽代销本馆书籍事。当由百俞作书转介于批发处主任刘季康,遂偕之往发行所会晤,略得头绪即行。
过孟渊小憩,其友刘子耕已先在,乃同出至言茂源小饮。饮后复过
孟渊谈,归又十时矣。

夜睡不好,十二时半醒后直至三时再合眼。

5 月 14 日（己巳四月初六日　己未）星期二

晴和。上午 66°,下午 68°。

依时入馆,校《通史新义》印样。散馆后复出,偕为章访梦九,
盖适来看我,故同往也。至孟渊时,梦九尚未返,坐待之。有顷,彼
乃与子耕至,因共谈。七时许乃赴饮于豫丰泰。是夕说话过多,饮
酒复逾量,扶醉归家,已十一时,睡。天未明而醒,酒上涌矣。

在馆写信两封,一复翼之,一复仲弟。

5 月 15 日（己巳四月初七日　庚申）星期三

晴,午后起阵未果,燠。上午 66°,午后 68°,傍晚 78°。

黎明宿酒作难,痛苦与悔恨兼至,竟莫名其状。先后凡呕吐三
次,强扶以起,眩晕甚矣。照常入馆,仍校昨馀之印样。午饭未能
食腥,晚餐亦仅恃粥耳。

夜间精神稍起,草《开明本国地理读本纲要》千馀言。备明日
交调孚,转托均正带与丏尊也。

梦九今日赴镇江,将偕虚舟莅宜兴县长任。当天即接其弟飞
卿一快信托转致,已无及矣,明日当快邮虚舟再转之。

5 月 16 日（己巳四月初八日　辛酉）星期四

阴雨,夜南风挟雨有声。日间 72°,晚间 68°。

依时入馆，校《初中本国史》补版。盖新修之书由馆中寄请吴稚晖校订，彼曾细心校改多处，故须补排若干页也。

前所钞印之《清史稿目录》及《艺文志》已由予同清理妥贴，今日予取得两份，一份全帙，一份则缺去二张。惟原认各户尚未尽取，故垫款一时未能收回也。散馆归后，即手自校装，凡钉成五大册。

《地理纲要》送予同看后即交调孚转出之。

晨写信快递镇江民政厅，为飞卿转信与梦九。

连日以朋好宴集，竟累至不作一事，精神且大为疲苦，足见酬应世情实大害事，无怪从前颉刚要躲避也。无如势有所不能免，不得不如此耳。

5 月 17 日 （己巳四月初九日　壬戌）星期五

阴雨竟日。又觉凉。上午 65°，下午 66°。

依时入馆，作《本国地理》勘误表，并校签《本国史》补样。

看毕《提要·经部》书类二，并看书类存目数页。

夜校《清史稿目录》，止第三卷十页。

丏尊来谈，以《纲要》见还，属即照做。约九月底交稿。

5 月 18 日 （己巳四月初十日　癸亥）星期六

晴。上午 65°，午 70°，午后 72°。

依时入馆，校签《本国地理》勘误及《本国史》补样。

散馆后赴景深约，以时尚早，过古物书画流通处一为浏览，价昂而物伪，不足购，乃登味雅之楼。至则景深与六逸已先在，圣陶、希圣、仲云、振铎、东华陆续来，青崖与霞村则最后至，酒已将半矣。

八时许即毕，予亦径归。抵家不逾九时也。以未多饮，就灯下校《清史稿目录》，至十时，校竟，遂就寝。

《清史稿》钞目录及《艺文志》事今日了结，每份共出六元五角六分五，予早垫出二十五元，故收到三份印费后，尚馀一元三角，即缴付振铎，全案乃结。此事自讨麻烦，予同为是大忙云。

5 月 19 日(己巳四月十一日　甲子)星期日

晴暖。上午 69°，下午 73°。

竟日未出，晨起看报后即校《清史稿·艺文志》。饭后休息，打牌四圈，又续校《清艺文志》。至夜，毕卷一，并止于卷二页三十二。夜饭后濯足，开唱片自娱。八时半后复校，十时睡，得十数页。

5 月 20 日(己巳四月十二日　乙丑)星期一

晴，傍晚燠闷云翳。上午 70°，下午 78°。

依时入馆，校《本国史》补版。

看《提要》及《诂林》，俱十数页。

校《清艺文志》，止卷二页七十四。

颉刚久不通信，今由岫岩处转知仍住大石作卅二号，明日当书以询之。

蒋桂之争未了，蒋冯之战又启，中原交通，坐是破坏，日日以打倒军阀为口头禅而举措殆有甚焉，不令国人丧气结舌耶！若如此即为解放痛苦，宁愿终生痛苦矣。否则内战循环，外侮狎至，大好山河不至鸡零狗碎者几希，遑论民生！

5 月 21 日 (己巳四月十三日　丙寅　小满) 星期二

阴霾,燠闷,有雨意。上午 72°,下午 75°。

依时入馆,仍校补版。写信两封分致颉刚与晴帆。

未入馆前校毕《清艺文志》卷二。散馆归后又续校卷三,至晚九时,止页六十五。

旧历年终所借之薪,直至今日始摊扣清讫,交累甚矣。债之不可举也如此,今后又得一度深切之教训焉。

5 月 22 日 (己巳四月十四日　丁卯) 星期三

晴,傍晚阴,欲雨未果。上午 71°,下午 76°。

晨起校《清艺文志》三,毕之。

依时入馆,校《南明野史》毕,并撰跋语一通。散馆后与振铎至其家,取合印之类别卡片五千张以归。唤匠理发,薄暮始已。

夜校《清艺文志》四,止页四十二。

接子玉函,知已安抵兰溪,任视察员兼科长。地较浦江为远胜,为之大慰。

子恺以所作《护生画集》见贻,集后附李净园《护生痛言》三十二页,每帧画前有弘一大师题字,首有马一浮序,装帧精美,雅足清赏,诚蔼然仁者之心矣。予向于素食不甚措意,今展阅此集,乃不能不动心焉。

5 月 23 日 (己巳四月十五日　戊辰) 星期四

晴,闷热。上午 71°,下午 80°。

校毕《清·艺文志》全帙,并钞补两页移让别帙于圣陶。

依时入馆,补签《本国史》补版清样,并将《南明野史》跋语付排。

接翼之复书,谓其父生辰适当孙中山移榇南葬期间,禁止喜庆宴会,将不复举行祝典矣。但予既成约在先,不能以此即罢,仍须前往拜寿也。

写信复子玉,贺其得迁善地。

夜打牌四圈,后看《明纪·英宗纪》。

5 月 24 日（己巳四月十六日　己巳）星期五

晴暖。上午 74°,下午 79°。

依时入馆,补签《本国史》清样。

接健君书,再询是否要警务书。即复之,据柏丞云一时实不需此也。予同为濬儿带信来,谓本星期六不归,并讨论升学问题。饭后予亦答之。嘉其好学上进而斥其高傲夷视一切,盖伊以为作事于恶社会实为牺牲,故规之耳。

看毕《提要》书类存目一。阅《诂林·六书总论》,止页一四六。

5 月 25 日（己巳四月十七日　庚午）星期六

晴,下午起风,晚细雨。上午 76°,下午 81°。

依时入馆,看报及《图书集成·文学典·词曲部纪事》。

散馆后往访悦之于老久章,询其究否去苏也。明日予将归苏一行,顺以问之耳。渠尚犹豫,或能在车站相逢,偕以同行也。

接晴帆信,知已受委为无锡公安局长,道始力挽之,二十六日即须赴任矣。

5 月 26 日（己巳四月十八日　辛未）星期日

阴,细雨,午后放晴。上午 72°,下午 75°。

晨起看毕《提要》书类存目。

八时五十分挈汉儿乘特别快车赴苏。十时到翼之家。饭后往
访铭堂,谈至四时半始与辞,再往颉刚家。至则其夫人已出,不及
面还书款,废然返。过吴苑,遇君畴及亚伟、子清、子明、蓉初诸同
学,遂约赴松鹤楼小酌。翼之先出访靖澜等不晤,至是亦来;而味
之复以君畴所告而同来叙谈。九时许乃毕,归宿翼之所。

5 月 27 日（己巳四月十九日　壬申）星期一

晴阴兼施。旅中失记。

是日仁斋姻丈六十初度,就家打寿醮。以中山奉安故,不能有
他娱乐。予终日打牌而已。下午四时,彦龙、剑秋见过,复由翼往
邀靖澜来,乃夜饮翼家。饭后,彦等去,予复打牌,至十二时许乃
寝。

5 月 28 日（己巳四月二十日　癸酉）星期二

晴。失记。

晨为怀之作一快函寄晴帆,托位置。

饭后彦龙过翼所见访,因打牌四圈。四时半辞别翼家挈汉行,
恰赶上五时五分慢车,遂附之而东。夜八时五十分到上海北站,九
时抵家。

5 月 29 日 (己巳四月二十一日　甲戌) **星期三**

晴。上午 70°，下午 72°。

依时入馆，校毕《南明野史》。

下午铁笙来访，介绍许君澹如《论语新解》稿。

写信两通，一谢仁斋姻丈，一复梦九。

夜早息，未看书。

5 月 30 日 (己巳四月二十二日　乙亥) **星期四**

晴暖。旅中失记。

晨八时，圣陶来，因与同赴车站，则振铎、予同、云彬已先在。乃购票登特别快车，及八时五十分而开驶。抵昆山，犹未及十时也。步至东门，饭而后行。十二时登常熟轮，五时乃到常邑之坛上。乘车以入，下榻于寺前街之新旅社。略憩后即步至虞仲、言子墓，上辛峰，下石梅。过言子射圃而暮色起，遂小饮于山景园。园在书院弄，为当地首屈一指之大菜馆。物鲜而丰，价又平低，方之海上，不啻三与一之比也。大快朵颐而返，复历访书肆。书无佳本，予等仅各购数元而已。返寓后痛谈至十一时始睡，眠尚可。

5 月 31 日 (己巳四月二十三日　丙子) **星期五**

晴暖。失记，似较昨高。

清晨起，早餐后即步至北门。先过王石谷祠，略未耽坐。甫出城，得一乡人为导，予等乃健步从之。九时许抵兴福寺，茶而后行。十时许抵清凉寺，僧人治斋飨焉。饭后越岭至拂水岩，留影于拂水桥畔之大梼下。不数十武即剑门矣，驻足久之，复上岩，过报国院，未入。迤逦至维摩院,入茶于望海楼。楼奉邑人屈成霖像,曩在学校旅行时曾一展之。今甫再至,屈公像貌依然,而予则非复童年景象矣,为之慨然。三时离维摩,越九龙石、石屋涧、桃源涧诸胜而达山下。进北门,径赴石梅啜茗。六时许复过山景园觅饮,直至九时始散归。本拟明日舟游尚湖,忽动归思,遂定明晨返沪。入睡已一时矣。

6 月 1 日(己巳四月二十四日　丁丑)星期六

晴暖。午前失记,午后 77°。

破晓即起,车出南门,登轮后始早餐。七时开行,十二时乃到昆山,故在舟中午饭。抵昆后恰赶上沪昆专车,二时半即到上海矣。归见颉刚北平信及晴帆无锡快信,启视之,怀之事已洽,暂委收发兼校对。惟今日中山奉安,邮局不寄,快信无益,只得留待晚间作书矣。夜饭后即写信三封,一复晴,一致怀,俱快信,备明晨发;一致翼,即报告此事。

6 月 2 日(己巳四月二十五日　戊寅)星期日

晴暖。上午 74°,下午 80°,晚 77°。

晨九时挈同儿出,寄快信。旋与之过圣陶所,移时乃归,补记旅中日记。

午后洗澡,积疲为之少苏。

夜看《说苑》。

6 月 3 日(己巳四月二十六日　己卯)星期一

晴暖。上午 75°,午后 81°,晚 78°。

上午入馆。下午与予同、圣陶、振铎至愚园路康有为宅看拍卖,盖康宅已易主,今将器具出售返粤家居矣。予等颇思得一二小件以为纪念,无如大都家具,不切实用而价又甚昂,遂空手而回。

先在先施公司购一草冠,继乃至百星大戏院看《白璧之爱》。七时半散出,复与圣陶、振铎先后过荣华、丽美两照相馆看常熟携回之照片,二人成绩,圣较胜云。

6 月 4 日(己巳四月二十七日　庚辰)星期二

晴暖。上午 78°,下午 83°。

上午未入馆,与珏人偕同儿出购物,走遍先施、永安、新新三公司,并在北万馨进馄饨等点,十一时三刻归。下午照常入馆,看陶希圣《中国学校教育之史的分析》。散馆归后,休息而已,未暇看书作文也。

6 月 5 日(己巳四月二十八日　辛巳)星期三

闷热而昙。上午 80°,下午 83°。

依时入馆,写信复颜刚。散馆后赴寿白小乐天宴,九时半归。

接怀之快信,谓接予函即往锡谒晴帆,事甚微而薪反短,已返苏再候后命矣。予闻而大恚,凡人一为官,即作态,真无救也!止有听人之便,决不再向若辈说话可耳。

今日为圣陶之父仁斋先生逝世十周年,在香山路斗室下院礼忏,予晨往一拜,午刻过饭焉。

6 月 6 日(己巳四月二十九日　壬午　芒种)星期四

晨阴,午后晴。上午 76°,下午 79°。

依时入馆，作《本国地理上》勘误表。柏丞谓将属予襄助编辑《史学大辞书》，明日当与纬平先生一商之。

接晴帆信，当即复之。

散馆后铁笙见过，坚邀往其寓，偕其夫妇同赴邓脱摩饭店晚餐。席间畅谈无锡公安事，知晴帆接事后状况尚佳也。

乃乾见过，谈有顷而去。

6月7日(己巳五月初一日　癸未)星期五

晴不朗，闷象也。上午74°，下午79°。

依时入馆，与纬平商《史学大辞书》事。又审核重版样书三种。

散馆后芝九来访，交第二册稿，谈移时乃去。

夜随手翻览，终作不来些微文字也。

6月8日(己巳五月初二日　甲申)星期六

晴阴不时，细雨时见。上午75°，下午76°，晚70°。

依时入馆，作《南明野史》提要送出版部。

十七年度红利今日发出，予得特别储蓄二十七元一角八分，现花红一百另八元七角。三时半出，径往发行所出纳科支取之。旋访悦之，并为翼之购药丸。后到中国学会出版部访乃乾，未晤，坐候之始来。当付书款二十元，并代圣陶还讫书账十二元七角。傍晚与乃乾出，小饮于聚丰园，甚好。以天气骤寒而衣单即驱车归。

在乃乾许购得《越事备考》六册归，书为刘名誉桂林刻本，记中法兵事者。惟自序及目录均云末有《愚说》一卷，今无，不识脱落否也？

6 月 9 日 (己巳五月初三日　乙酉) 星期日

晴阴无常。上午 74°,下午 76°。

未出,看报外,打牌而已。

日来气候不时,精神为之大损,无论何事俱不振作,时令病之为患如此,真不胜讨厌也。

6 月 10 日 (己巳五月初四日　丙戌　入霉) 星期一

阴晴靡定。上午 75°,下午 82°。

依时入馆,为振铎校《五代文学》一篇。

特别储蓄折已交与周粟如,托即转会计科入账。但科中办事至延缓,又未到明布收款之期,则亦搁存周君处而已。

夜看《图书集成》凡例及目录,颇思得便购一部也。

6 月 11 日 (己巳五月初五日　丁亥　夏节　霉中) 星期二

午前晴阴无常,午后细雨。上午 76°,下午 81°。

竟日未出,饭后且破例作小睡,夜则打牌四圈。实行度节,亦甚佳也。中间惟悦之来吃饭,略与酬酢。即以寄其家各物托伊带去,盖伊后日将返苏一行耳。

潜儿昨归度节,今日午后到校。

唤搭凉棚人在过街楼前后窗各悬绿帘,颇清凉,今夏或可好于去年也。

6 月 12 日 (己巳五月初六日　戊子　霉中) 星期三

阴晴无定,午后晴。上午 77°,下午 78°。

依时入馆,撰《本国历史教本》提要。看历史科旧撰各条。

看《提要》诗类一毕。

为章来,谈移时去,予即以硕民还款二十元交割之。

晚饭后挈同儿出散步,越一小时乃归。略看马建忠《适可斋记行》,即就睡。

作书复济群。

6月13日(己巳五月初七日 己丑 霉中)星期四

昙。上午75°,下午76°。

依时入馆,看《史学大词书》旧稿。

医学书局寄到《一切经音义》样本及《国学书目提要》各一册,知丁仲祜又有《四部书目总录》及《群雅诂林》之辑,志弘业懋,将与《说文解字诂林》成鼎足,真不朽之良睹也!

夜看《适可斋记行》,备作中东兵事参考。

6月14日(己巳五月初八日 庚寅 霉中)星期五

阴晴雨兼至,燠甚。上午76°,下午80°。

依时入馆,看《词书》旧稿,并及《诂林》。

天气燠湿难受,今岁第一日也。夜饭后澡身独坐南窗下,汗犹弗止,体至不适,湿令真讨人嫌恶至是邪!至九时许,稍好,乃展帐就寝。

待作之件甚多,应需之款尤亟,连日不能安坐静心以执笔,极焦灼,不审何以善后耳?

6 月 15 日 (己巳五月初九日　辛卯　霉中)星期六

上午晴,午后色冥,雨。傍晚止,中夜大雨。上午 80°,下午 83°。

上午照常入馆,看《词书》旧稿。下午畏闷热,且恐轮雨,遂未往。在家看《提要》诗类二毕,并再及诗类存目一页十五。

六时乘雨隙出,径赴铎所,盖预约于今晚聚餐其家也。至则圣陶、仲云、六逸、景深、调孚、予同已先在,未几,东华亦至。谈有顷,乃合坐饮。九时毕,谈至十时始归。甫抵家而雨随至,倾盆滂沱,迄于翌旦不休,予固深幸免于受湿,而农亩沾足,尤堪为耕夫庆也。

6 月 16 日 (己巳五月初十日　壬辰　霉中)星期日

阴雨,晚晴。七十六度。

看报听雨,遣此上午。午后尝出为儿辈购果饵。返后打牌四圈,即进晚饭。饭毕后复打四圈,至九时三刻乃寝。如此送日,明知无聊,然节令转变,每致影响心情,日来实无兴趣作正经事耳。

6 月 17 日 (己巳五月十一日　癸巳　霉中)星期一

阴雨不时,傍晚滂沱矣。上午 76°,下午 79°。

依时入馆,看毕《大词书》旧稿。并看《提要》,止诗类存目一页二十八。

散馆后与圣陶出,彼选购狄平子联语两副于觉林,予则购食物于紫阳观。值雨至,因共登北万馨之楼而小饮焉,谈至七时许,雨止,遂行。乘一路公共汽车至横浜桥,又购糖果数事而归。

归后少坐即睡,当然未作一字也。

6 月 18 日 (己巳五月十二日　甲午　霉中) **星期二**

午前昙，午后晴。上午 76°，下午 79°。

依时入馆，为予同校读《经学历史注》。

接梦九宜兴来函，属将书款汇彼。予将于明日寄出之。

夜看《丛书举要》近代部。

6 月 19 日 (己巳五月十三日　乙未　霉中) **星期三**

晴昙兼行，下午曾微雨。上下午俱 76°。

依时入馆，校读《经学历史注》。

作书寄梦九，并汇壹百元与之，计汇水等费一元。

散馆后与圣陶同出，至来青阁购得脉圣仙馆影印本《十三经》，盖彼方从事于《十三经》之索引，故用得到此也。自来青阁出，径往聚丰园小酌，及毕，天尚未黑。予在南洋袜厂购得汗衫两件而归，又在天禄略买儿食，比到家，已将八时，然暮色犹可微辨，足征日来之昼长矣。

夜看徐梦莘《三朝北盟会编》。

6 月 20 日 (己巳五月十四日　丙申　霉中) **星期四**

阴霾，时见细雨。七十四度。

依时入馆，仍校《经学历史注》。

《历史教本》送审后，在柏丞所见郑鹤声函，又有麻烦。予初甚不快，既而思之，亦一笑而已。盖若辈正与商务作对，一意挑剔；而予又与之气类不侔，当然有此一手也。但今后不编教本之类之须经送审者，如再相强，宁辞不干矣。

夜打牌四圈。

接怀之函,知悦之带物已到。

6 月 21 日(己巳五月十五日 丁酉 霉中)星期五

晴。上午 74°,下午 76°。

依时入馆,仍看《经学历史注》。

散馆后与振铎、圣陶同出,至千顷堂各购书一部:铎得《正续汇刻书目》,圣得《古文尚书疏证》,予则得《金石索》及《历代定域史纲》以归。未稍逗留,故未及暮即抵家矣。

夜翻阅《金石索》。

6 月 22 日(己巳五月十六日 戊戌 夏至 霉中)星期六

昙。上午 78°,下午 79°。

依时入馆,看毕《经学历史注》。

夜打牌四圈,十时寝。

柏丞告予,教部审定事,卫聚贤从中播弄,初审时横提意见,部中人推伊复审,则伊又致书云五,藉献殷勤。操纵示威,其情可见,诚鄙人哉!

6 月 23 日(己巳五月十七日 己亥 霉中)星期日

阴霾,中夜雨。七十八度。

身体不适,竟日未出,偃卧起坐,都无一是。盖连日困于气候,发老伤耳。但不敢进食,恐大便不畅,反致伤寒症也。年未老而衰象日臻,小不适即觉四肢酸楚,百骸拘牵矣。可怕!

接梦九信,知款已汇到。又接翼之信,谢予送物赠其家。

6月24日(己巳五月十八日　庚子　霉中)星期一

晴阴时弄。七十六度。

今日益觉不舒,遂未入馆,在家坐卧时起而已。但大便不得解,胃纳益滞,恐召大病也。

6月25日(己巳五月十九日　辛丑　霉中)星期二

晴。不审。

病发益烈,饭后延周凤岐医生来诊,谓系流行性感冒,无碍。投以 Pyramidon 片,佐以清肠胃药水。但予已先于上午十时服燕医生补丸二枚,故周医至,已得解下粪水不少矣。夜大呕吐,四肢为拘挛者久之。

予同、圣陶来视,陪谈略久,颇见乞力。

6月26日(己巳五月二十日　壬寅　霉中)星期三

晴。八十四度。

今日已无寒热,惟不能久坐,头眩眼花甚烈。夜失眠。予近年以来,每次感冒时令病,必致牵动老疾,一一复现。故失眠亦应有之义,但求明晚能速即平复耳。

6月27日(己巳五月二十一日　癸卯　霉中)星期四

晴热,夜半后乃雨。晨82°,馀俱88°。

今日可强起行坐,惟左踵坚痛耳。饭后睡一小时。

午后四时接仲弟昨日三时在本埠西藏路大中华饭店所发之信,咫尺之地,邮递乃历二十五小时,不可非谓奇缪矣!急披读之,知伊于日前由首都抵此,襄助顾无为办首都大世界事,约往一晤云。予以初起于床,畏风,怕坐车,乃即作书复之,约伊归聚,止未行。

夜睡尚好。时作寒嗽,痰沫不少。

6 月 28 日(己巳五月二十二日　甲辰　霉中)星期五

阴雨。晚晴。上午 80°,下午 79°。

今日已痊好,以略须修养,仍未入馆,计已连歇五日矣。

看俞理初《癸巳存稿》,并校《金石索》二十四本,移钉误装者三页,涉及两册。与书为伍而初无成心以遇之,至乐也! 安得假我岁月,任我泛览长然邪!

接怀之片,谓交悦之带来虾子可收到。其实悦于昨来,已带到,明日当作书谢之。

6 月 29 日(己巳五月二十三日　乙巳　霉中)星期六

阴,午后晴。上午 77°,下午 80°。

上午本欲入馆,以四肢软弱而止。午后方思展枕一睡,而硕民自松江来,具饭享之,因与大谈,遂振起。一时三刻许,只索入馆办事,别约硕民于散馆后在圣陶家晤之。

在馆晤柏丞、予同、致觉、圣陶等,散馆后即偕圣陶至其家。略坐,与硕、圣出,茶新雅,因晚膳焉。膳后散步由宝山路而归,微觉饱胀而已。

夜睡尚好,惜里中杂声多,不免牵动耳。

6 月 30 日 (己巳五月二十四日　丙午　霉中) 星期日

晴,午前后阴。南风。上午 80°,下午 81°。

晨起看报讫,硕民与圣陶至。谈至十一时许,偕出,饭于北万馨。

饭后同游大世界,自彼处改建大门以来迄未一往,今始为新乐府昆剧乃一过之。地颇闿爽,迥非昔比矣。坐至四时,观毕《辞朝》、《嵩寿》、《言驿》三出,以硕民欲返松,即伴以出,偕至车站而别。

嗣与圣陶行,由北四川路购饼饵乃归。归则潘儿已暑假返家,正布置卧室也。

允言送予帖十本及月臂书字两条俱交硕民,托在苏装裱。

7 月 1 日 (己巳五月二十五日　丁未　霉中) 星期一

晴。上午 79°,下午 82°。

依时入馆,看钟泰《中国哲学史》。

丏尊见过,约于后日五时往开明,与盛叙功一谈编书事。

硕民书来,托代送为章婚礼。

7 月 2 日 (己巳五月二十六日　戊申　霉中) 星期二

阴,午后雨,湿重。上午 80°,下午 78°。

依时入馆,看《哲学史》。

晚五时半访圣陶,同赴慰元之招,往悦宾楼晤建初、蓉初、子明、亚伟等,盖伊等方自杭参观西湖博览会归,过此参观工厂及学校,慰元遂用本馆名义觞之,故邀予及圣陶作陪也。席散后复至旅馆长谈，十时乃返。

7 月 3 日 (己巳五月二十七日　己酉) 星期三

上午阴雨，下午晴。七十六度。

依时入馆，看《中国哲学史》。散馆后往开明编译所访丐尊，同赴雪村家晤盛叙功。谈编书事无甚要领，却留在彼晚饭而后归。八时许行，乘毕七路电车，抵家已九时矣。

7 月 4 日 (己巳五月二十八日　庚戌　霉中) 星期四

阴雨，湿甚。上午 79°，下午 81°。

依时入馆，看《中国哲学史》，并审查《本国历史教本》样书。

散馆归后，芝九见访，出所编历史第三册托交馆。并谈移时乃去。

夜濯身，即睡，竟不能写只字也。以天气燠湿，百无聊赖故。

7 月 5 日 (己巳五月二十九日　辛亥　霉中) 星期五

阴雨，湿甚。上午 79°，下午 78°。

上午入馆，仍看《中国哲学史》。振铎以刘穆所编《世界经济地理概要》见赠，颇以为感。此书体裁，在中国为创制，内容亦颇有足多者，不易数觏之本也。下午以本所职工会开大会，未入。雨窗苦闷，小睡片晌。起后读《提要》，毕诗类存目。夜读《杜诗镜铨》。

7 月 6 日 (己巳五月三十日　壬子　霉中) 星期六

上午雨，下午止。七十八度。

依时入馆，看《哲学史》。

散馆归后打牌四圈。

约圣陶于明日同赴吴淞同济大学代濬儿报名,即请伊作保证人。

两日来右拇指酸痛甚烈,执笔持箸,俱以为累,恚甚。如此日即衰境,今后岁月其何以堪,两肩重任将何以委卸乎!

里中环境至劣,天未大热而露宿者已大夥,深夜嚣嚣,聒耳难睡,而司守里之人却不见不闻,自安黑甜,真大可恶也!

7月7日(己巳六月初一日 癸丑 小暑 霉中)星期日

阴雨闷热,晚晴。七十八度。

晨起看报讫,冒雨访圣陶,挽伊同赴吴淞同济大学为濬儿报考高中德文预备班。九时在天通庵上车,十时到校,办理缴费手续后返镇已十一时,乃在吴淞大街萃华楼午饭,藉以息足,并避雨焉。十二时出楼,沿海塘走至炮台湾,途中风雨霏微,眼镜为之失效。一时五分乘车归,仍由天通庵下车,偕圣陶至奥迪安看《爱火情歌》影片。五时散出,乃各归。

夜看《四库提要》礼类一。

7月8日(己巳六月初二日 甲寅 霉中)星期一

午前阴霾,午后晴。上午80°,下午84°。

依时入馆,看《哲学史》及《小物件》二册。

夜看《提要》礼类,尽一卷。

7月9日(己巳六月初三日 乙卯 霉中)星期三

晴阴雨兼施,下午飓南至。上午79°,下午78°。

今日为国民革命军总司令誓师北伐三周纪念,馆中休假一天。予在家看报及读《提要》而已。

日来气湿沾霉,百病丛生,予体尚未全复,而诸孩颇多染时疾者,心甚悬之。

7 月 10 日(己巳六月初四日　丙辰　霉中)星期三

晴,风大。上午 80°,下午 82°。

依时入馆,看毕《中国哲学史》。

散馆归,仲弟适来家,谈南京开办大世界游艺场事。因欲挈潗儿往贺为章续弦,即出,约后日来晚饭再谈而别。及到一品香,正值行礼,演说者多而熟人甚少,便抽身先归。实则身体不佳,亦幸而未在外边饮食耳。夜感不舒,腹胀不泄。

7 月 11 日(己巳六月初五日　丁巳　霉中)星期四

晴热。上午 81,下午 87°。

依时入馆,体不舒。散馆后勉往乃乾所一谈,说明明日不能赴祝顾翁之故,托代向颉刚一述。稍坐即归,竟不能支,夜大吐。今夏发病连连,坏极,而追原其故,实为精神上所受之刺戟有以致之,先有国府之禁书,继有教部之留难,予书虽非一字不可易,却不愿此辈罔两昂首伸眉以妄肆讥弹耳。今后誓不再编送审书,此辈纵有凭藉,其又奈吾我!

7 月 12 日(己巳六月初六日　戊午　霉中)星期五

热,晴。早 83°,午前 89°,午后 92°。

依时入馆,看胡适之《知难行亦不易》,评论时病,鞭辟入里,快文也。惟如此年头,钳束弥烈,不识召祸否耳。

予感于编教科书送人审查之乏味,已托圣陶婉向开明辞谢编书,停止进行。

仲弟归来晚饭,谓此行缺费,又将搁浅,须设法帮助之。

接薛用裕信,知舅父焕文公病危,体病不能往省,甚为苦念。

7月13日(己巳六月初七日　己未　出霉)星期六

晴,热,夜深不退。上午87°,下午94°。

依时入馆,撰《史学大词书》稿。

柏丞请予新雅晚酌,以体不畅辞之。散馆归后,仲弟即来,当以五十元授之,俾可办事。

写信与丏尊,托圣陶带去,说明不编教本意。

7月14日(己巳六月初八日　庚申　初伏起)星期日

晴热。上午84°,下午94°。

终日未写,看报外无所事,挥扇犹不胜炎气也。

晨九时出,为儿辈购饼饵及汗衫等杂物。

夜中,珏人有分娩象,扰攘终宵。

7月15日(己巳六月初九日　辛酉　初伏中)星期一

晴热。上午84°,午后94°。

珏人于上午七时二十三分分娩,复举一男。予以其复吾家三世两昆季也,因名之曰"复",适在伏中,又小字为"伏"。复下地时,适仲弟归,巧极。

未入馆,在家照料一切。疲乏甚矣。

圣陶来,将丏尊复言,仍请予编书,予允考虑再答。

潘儿考毕归。

又接用裕信,知舅父已于十二日亥刻逝世。病不能存省,殁不能往送,歉恨何似! 当于翌晨发出唁信,并托代送赙敬五元。

7 月 16 日(己巳六月初十日　壬戌　初伏中)星期二

晴热,南风泱泱。上午 88°,午 90°。

今日起,馆中工作时间改由晨八时起,十二时止;午后一时半起,三时半止。如温度在九十四度以上则上午延至一时散,午后停。予昨日未往,今日仍九时入,以恐家中过候午饭,仍于十二时归。午后则照例停止。

与予同、圣陶谈,决不编送审于今日之教部各书,因力向丏尊辞谢。仍托两君转达。

7 月 17 日(己巳六月十一日　癸亥　初伏中)星期三

晴热。早 84°,午 88°,晚 86°。

依时入馆,撰《词书》稿。写信与亲友。

珏人发微热,幸当晚即退。

7 月 18 日(己巳六月十二日　甲子　初伏中)星期四

晴,风爽。上午 83°,下午 85°。

依时入馆,撰前稿。

夜六时赴百英味雅宴,在坐者俱国文部同人,惟予及尚公学校教员束云逵为部外人耳。至八时许即散归。

珏人经过良好,心为大慰。

复晚间数饮代乳粉,中宵屡起,俟已天明,倦甚。

7 月 19 日（己巳六月十三日　乙丑　初伏中）**星期五**

晴,风爽。早 83°,午 86°,傍晚 85°。

上午入馆,坐倦,困甚。下午因未入馆,偃卧两小时。

珏人经过良好。

夜作连日日记,并追记各账。

7 月 20 日（己巳六月十四日　丙寅　初伏中）**星期六**

晴,有风。上午 83°,下午 88°。

依时入馆,撰《词书》稿。

珏人甚健,已能起坐,大慰。

接铭堂书,知七阿姨能来,但须另函一催耳。予惟伊来始能托以家事,多添佣人无谓也,故函请伊莅此帮忙;如肯久住,将以待遇亲属例待之,按月贴送另用也。

7 月 21 日（己巳六月十五日　丁卯　初伏中）**星期日**

晴热。夜不退凉。上午 86°,午 88°,午后 90°。

看报抱儿,藉遣永日。午后三时许出,为晴帆购《彊村丛书》于本馆发行所,并顺购《恋爱故事》一册送贺飞卿结婚。

夜热甚,开窗就睡,终宵汗浃也。

接怀之信,知仁斋丈北区事已奉令另候任用矣。为之扼腕不已。

7 月 22 日（己巳六月十六日　戊辰　初伏中）**星期一**

晴热,夜不退凉。晨 88°,午 90°,午后 91°。

依时入馆,撰《词书》稿。

写信外未作事。

夜热难睡,终宵开窗,晓犹不凉。

7 月 23 日 (己巳六月十七日　己巳　大暑　初伏止) 星期二

晴热。晨 86°,午 93°,午后 94°。

昨日徐家汇天文台报告最高温度超过九十四,故今日馆中工作自八时至一时。明日起,暑假二小时,期十五天,囊例也。

今日奇热,背风处不知如何,明日天文台报告当有分晓耳。

夜开窗卧风中,犹时时躁起拭汗。予凤不敢当风入睡,今竟不得已而为之,热闷可想已。

六时赴大中华赵景深约,八时半散归。赵君,尚公教员,新入本馆国文部任编辑。

7 月 24 日 (己巳六月十八日　庚午　中伏起) 星期三

晴热。上午 85°,下午 94°。

依例于八时入馆,十二时返。天文台报告,昨日最高温度竟达九十九度。

浑身是汗,坐卧都非,百无聊赖,挨延送日而已。

7 月 25 日 (己巳六月十九日　辛未　中伏中) 星期四

晴,热较昨大好。上午 84°,下午 89°。

八时入馆,十二时归,校《三国志选注》绪言。

饭后打牌四圈。

夜早睡。

7 月 26 日 (己巳六月二十日　壬申　中伏中) 星期五

晴热。上午 84°，下午 90°。

八时入馆，十二时归。

写信五封，分寄颉刚、晴帆、怀之、梦九、子玉。

得教育部息，此次对予编教本为难者，实出郑奠(介石)一人之力。盖受马叙伦之意旨以专与胡适臭味相近之人周旋也。予以与颉刚合作，故连类及之耳。

7 月 27 日 (己巳六月二十一日　癸酉　中伏中) 星期六

晴热。上午 84°，下午 91°。

上午八时入馆，十二时返。

接晴帆快信，拟委怀之任后桥公安分局长，局系新设，较为难办，不识能否胜任耳？下午即复晴帆，并将原信快邮递怀之，待自决行止。

得颉刚书，知在杭州，即将归苏，三星期内当来沪。下半年决就燕大，重往广州说为缓和骝先计耳。

7 月 28 日 (己巳六月二十二日　甲戌　中伏中) 星期日

晴热。上午 87°，下午 90°。

晨餐后看报。旋为馆修改《教本》，午后四时乃止。

庶母老病侵寻，恐将不起，终日为此忧虑，颇不舒快。连夕又以同儿伴宿之故数数起，更见疲惫。

7 月 29 日 (己巳六月二十三日　乙亥　中伏中) **星期一**

晴热。上午 87°，下午 91°。

今日上海全市开反俄市民大会，各职工会、各工会均须一律参加。予素不习此事，宁缺班扣薪，并未前往。同所中人有签到而先溜者，予颇不直其所为，掩耳盗铃，何若不去之光明邪！

接翼之信，知怀之今日赴锡谒邱，准备到后桥分局长任。

今年所盖凉棚甚单弱，午刻微风即塌。饭后予亲往求志里该搭棚家唤之修筑，讵未见本人，由旁人代答即来，不得要领而回。至夕，果不至。

修改所编《历史教本》，仅及两三课。

7 月 30 日 (己巳六月二十四日　丙子　中伏中) **星期二**

晴，南风甚烈。上午 84°，下午 91°。

上午八时入馆，十二时归。修改《教本》。

搭棚匠未来，今午后三时又往呼之，始于傍晚来修，予竟为其下手，助之完工，否恐仍要拖延也。

7 月 31 日 (己巳六月二十五日　丁丑　中伏中) **星期三**

晴热。上午 84°，下午 90°。

上午八时入馆，十二时返。修改《教本》。

饭后赓修《教本》，天热，不久即罢。

怀之已于今日赴乡，成立无锡第十公安分局。

8 月 1 日 (己巳六月二十六日　戊寅　中伏中) **星期四**

晴热。上午 85°，下午 89°。

今日谣传共党将大示威，故此间于前昨起已特别戒严，大约须过三日始得解严也。观紧张之状，殆情势不轻耳。

上午八时入馆，十二时返。修改《教本》。饭后在家仍续为之。

岫庐辞职已成事实，今日总务处通告，正式由柏丞继任矣。

潄儿从楼上坠梯跌下，幸无大伤，然心胆为之碎落者良久始已。多儿多累，此亦一端也。

8 月 2 日（己巳六月二十七日　己卯　中伏止）星期五

晴不甚烈，午后曾细雨。上午 83°，下午 89°。

上午八时入馆，十二时归饭。校《三国志》印样。

饭后，觉明、昌群来访，谈移时乃去。

六时赴振铎约，盖今日渠嫁妹也。八时半始入席，十一时归。幸八一已过，戒严略松，故沿途未受留难也。

8 月 3 日（己巳六月二十八日　庚辰　末伏起）星期六

阴雨。上午 81°，下午 82°。

上午八时入馆，十二时归饭。仍校《三国》印样。

午后修改《教本》。上册止差一课矣。

铁笙来，告晴帆近况，谓与道始深相结，实不啻一人也。

8 月 4 日（己巳六月二十九日　辛巳　末伏中）星期日

晴热。午前 82°，午 86°，午后 88°。

看报后即赶改《教本》。

下午四时许，圣陶来，因与同出，小饮于北万馨。七时，到宁波

同乡会坐待看南国社话剧。八时开幕,(一)《第五号病室》三场,
(二)《南归》一幕,(三)《沙乐美》一幕。直至一时半始毕,赁车遄
返,已二时。草草就睡,未久即呈曙色矣。

8 月 5 日 (己巳七月初一日　壬午　末伏中) 星期一

晴热。上午 82°,午 86°,午后 88°。

上午八时入馆,十二时归饭。在馆校《三国》印样。

饭后修改《教本》,将毕事。

《现代初中世界地理》又批回,几于重作。予暂置之,将白柏
丞别延他人修订之。

庶母病日亟,今日迁住楼下,便服侍。老熟加以凤疾,恐难乐
观也。惟予喘息未宁,至不愿再遭变故,而事实如此,终无由幸免
耳。

夜治酒款铁笙,谈至九时许乃去。

8 月 6 日 (己巳七月初二日　癸未　末伏中) 星期二

午前阴,午雷阵大雨,午后晴。午 85°,早晚 84°。

上午照常入馆,仍校《三国》印样。下午在家修改《教本》,全
书已完。明日当交柏丞藉完手续也。

8 月 7 日 (己巳七月初三日　甲申　末伏中) 星期三

晴热,晚凉。上午 86°,午 90°,晚 86°。

上午照常入馆,校毕《三国》第一批样。将所改《教本》交柏
丞。

《现代初中本国地理》亦批回,尚好。惟送审时用旧本,故有

不合现状处,予意,即将新修订之本再送可也。不知当局谓然否?

午间在新雅宴云五及柏丞,送往迎来也。叔迁、虎如所发起,以国文、史地、教哲三部同人为限。

8 月 8 日（己巳七月初四日　乙酉　立秋　末伏中）星期四

晴热。午89°,早晚86°。

上午照常入馆,看批回各本。

午后打牌四圈,并写信两封。

8 月 9 日（己巳七月初五日　丙戌　末伏中）星期五

晴,较凉于昨。早83°,午87°,午后85°。

上午照常入馆,着手修改《现代初中地理教科》。《历史教本》修订酬资三十五元今日送来,即储以备清、汉、漱三儿学费。

午前刚写一信与颉刚,下午即接其昨所发信,往返相左,正巧也。

接仲弟来信,知大世界营业甚佳。渠挈眷住南京城内淮清桥街卅号华东旅社筹备处。

打牌八圈,输钱千六百。

8 月 10 日（己巳七月初六日　丁亥　末伏中）星期六

晴,南风甚厉。夜深大雨。午87°,早晚83°。

上午照常入馆,看部批本。

下午理发,未他往,亦未作何事,略翻《元遗山诗集》而已。

接子玉书,知已痊,秋凉当可假归一行。

8 月 11 日 (己巳七月初七日　戊子　末伏中) **星期日**

晴,细雨时作。风仍烈。上午 84°,下午 86°。

竟日未出,看邱菽园《挥麈拾遗》。饭后并打牌四圈。

晚小饮,饮后为儿辈讲故事。

报载教育部已通过编纂教科用书条例(《教科用书编辑计画大纲》),今后中小学教科书将收归部办,不任私家书店发卖。此法自是正当,惟现在官吏,唯知嗜利,决不能有良好成绩则可预言也。

今日汉儿生日,午间食面。

8 月 12 日 (己巳七月初八日　己丑　末伏中) **星期一**

晴,东南风甚烈。上午 85°,下午 88°。

依时入馆,今日起,仍复原状,自九时起,下午四时半散。

看《东方》西湖博览会专号。连夜早睡,尚好。

8 月 13 日 (己巳七月初九日　庚寅　末伏止) **星期二**

阴霾,微雨时行。上午 83°,下午 82°。

依时入馆,看《枕上杂记》及杜衍《诗书时代的社会变革与其思想上的反映》。并写信复梦九,附致邮票两元喑虚舟。

今日为复儿满月之期,祀先告祖。

云彬、文祺见过,谈有顷,同出。彼等赴东方图书馆,予则入馆。

8 月 14 日 (己巳七月初十日　辛卯) **星期三**

阴,大雨时行。东南风急。上午 81°,下午 84°。

依时入馆，看部批本。并看《提要》礼类毕。

晚饭后续看《提要》礼类存目。

东南风挟大雨打窗，水渗入棂，室中为之滂沱。家人频起轮扫，纳入痰盂倾之户外者尽十数器，劳扰甚矣！如此，真不可一日居，安得择善地而迁顿之邪！

8 月 15 日（己巳七月十一日 壬辰）星期四

晨曾见日。午刻倾盆大雨，夜细雨达旦。早晚 80°，午前后 83°。

依时入馆，午后未往。在家沐浴休息。归饭遭雨沾衣故也。

予以昨夜亲操畚扫过劳，两肩酸楚达于肩腕，几于不能握笔。不任劳役如此，殆宜受自然淘汰矣。

看《提要》礼类存目一毕。读放翁七律，甚快。夜小饮陶然。

写信与晴帆及怀之。

8 月 16 日（己巳七月十二日 癸巳）星期五

晴，时有细雨，颇似霉令。上午 80°，下午 82°。

依时入馆，看金子敦编《本国史》，扼要而明切，佳构也。

写信三封，分寄仲弟、子玉、颉刚。

看《提要》礼类存目二。

闻虎如言，子敦将为中华书局编《中国通史》，期以五年，已约定。如此，必将较商务之《中国历史丛书》为愈也。盖出一手与成自多人，其精神根本不侔耳。

夜小饮。少坐即睡。

8 月 17 日 (己巳七月十三日　甲午) 星期六

晴雨兼行。湿闷。上午 81°，下午 83°。

上午到馆，下午未入。看《提要》礼类存目三。

午后在家打牌四圈。夜仍小饮。

8 月 18 日 (己巳七月十四日　乙未) 星期日

晴，又转热。午前 84°，午 86°，午后 88°。

晨起看报讫，略翻架书。近午挈全眷出，径诣南京路北万馨以点代饭。及罢，珏人率诸儿先归。予挈同儿往游外滩，盘桓移时乃返，返后打牌四圈，薄暮始已。

8 月 19 日 (己巳七月十五日　丙申) 星期一

晴热。上午 83°，午后 88°。

依时入馆，看《提要》春秋类。

接怀之莅任后曾回苏购物信，盖翼之来函及之也。

今日又大热，火烧七月半之谚终必应验耳。夜睡难安，汗出既不可耐，开窗招风又不甚妥，苦极！

8 月 20 日 (己巳七月十六日　丁酉) 星期二

晴热。上午 83°，下午 88°。

依时入馆，看《提要》春秋类。并写信复翼之。

夜热难耐，秋热真不易对付也。

8 月 21 日 (己巳七月十七日　戊戌) 星期三

晴热。上午 85°，下午 90°。

依时入馆，看《提要》春秋类。

接怀之信，知办事近况，颇见困难。但后桥纵非善地，而借以磨练，亦未始非计也。所恐匪棍交构，于冬防时更不易应付耳。

修妹挈儿归住。

夜看《温飞卿集》。

今日清儿生日，午刻食面。

8 月 22 日 (己巳七月十八日　己亥) 星期四

晴热。上午 85°，下午 87°。

依时入馆，看毕《提要》春秋类及存目，并看孝经类。

复怀之，嘱安心从事。

夜打牌四圈。

今日庶母生日，午间食面。俗有过生日病即见减说，则庶母其有生望乎！

8 月 23 日 (己巳七月十九日　庚子　处暑) 星期五

晴热。上午 83°，下午 90°。

依时入馆，将《现代初中本国地理》及《世界地理》部批本看毕，送由柏丞解决。盖本国者可用新订本送复审，而世界者实无从修改，只得重请分条签注也。柏丞意，只索不送部，一面仍旧印行，所谓以不理理之矣。予之于送部书，疾如寇仇，从此摆脱，甚欣得计，不识尚有尾事否耳？

又为纬平修改《现代初中世界史》，下午集材，明日当可动手。

修妹今日去。

8 月 24 日 (己巳七月二十日　辛丑) 星期六

晴，热甚。夜仅空电，小雨即止。上午 84°，下午 92°。

上午入馆，修改《现代初中世界史》。饭后以畏赤日，竟未往，在家打牌八圈。

秋热甚，闷昏几欲踣矣。薄暮略有云翳，迄无风。至九时左右始见闪电，稍起北风，雨滴随至，然转瞬即过，依然酷热。终宵开窗，犹不能卧，恶毒甚矣！

8 月 25 日 (己巳七月二十一日　壬寅) 星期日

晴，午后雷阵即止，热极。上午 88°，下午 91°，入晚不降。

晨出，进点于五芳斋，即归，已汗沈沾衣透背而出矣。遂未再出。

饭前看报，饭后打牌四圈。

组青兄弟来，傍晚去。

夜热甚不寐，脱再不凉，恐将为陈肆之枯鱼矣。

8 月 26 日 (己巳七月二十二日　癸卯) 星期一

晴，午后三时阵雨。上午 86°，午后 92°，雨后 85°。

依时入馆，补作《世界史》一章一节。

看毕《提要》孝经类并存目。

入夜稍凉，因得安睡，数日积困略舒矣。

8 月 27 日(己巳七月二十三日　甲辰)星期二

昙,较昨为凉。82°。

依时入馆,修改《世界史》。看《提要》五经总义类。

散馆后挈同儿出游,在宝山路附近略逛即返。

夜早睡,以积受秋暑故,腹疾作,不识能免痢否也?

8 月 28 日(己巳七月二十四日　乙巳)星期三

晴阴兼施,午后阵雨。平时 83°,晚 79°。

上午以体乏且腹下利,未入馆。下午稍好,仍依时往。

看《提要》五经总义类存目毕,并及四书类。

夜饭后打牌四圈,九时许即寝。

部批修正之《世界史》今日完毕,交由纬平转出版部照改矣。

8 月 29 日(己巳七月二十五日　丙午)星期四

晴阴兼施,湿闷。傍晚雷阵未果。上午 82°,下午 85°。

依时入馆,复看《本国历史教本》送部复审改定本。

看《提要》四书类。

秋热苦闷,殊难受。

8 月 30 日(己巳七月二十六日　丁未)星期五

晴,湿闷炎热。上午 85°—87°,下午 90°—92°。

依时入馆,答复部批不合处数条。

看毕《提要》四书类,兼及存目。

炎热难当,终宵开窗,迄无丝风,甚矣其惫也!

8 月 31 日 (己巳七月二十七日　戊申) 星期六

晴阴间作,稍凉。上午 86°,下午 84°。

依时入馆,三时半即散。

散馆后与圣陶出,问图于亚新地学社,未到货,废然出,小饮于高长兴。酒后过来青阁购得席刻《四朝别史》而归。知颉刚曾来看我,现住吉升栈。明晨当往访之。

9 月 1 日 (己巳七月二十八日　己酉) 星期日

晴热。上午 84°,下午 88°。

晨出访圣陶,与偕至吉升栈看颉刚。颉刚又来看我,且径返苏州矣,两度相左,至怅也。十时返家,备知一切,彼将俟新铭船期再来乘之北行耳。

饭后打牌八圈,输钱三百。

傍晚晓夫人来,谓圣陶、剑华俱在,约往小酌,因从之,与晓翁晤。且谈且饮,至夜十时乃罢。又略谈始归。

9 月 2 日 (己巳七月二十九日　庚戌) 星期一

晴温。上午 79°,下午 83°。

依时入馆,仍编《史学大词书》稿。

为颉刚在工商银行取出储款一千元并利息十四元六角六分。当交商业储蓄银行汇寄七百五十元去,费九角。馀存二百六十三元七角六分,俟其来沪时面交之。

看《提要》四书类存目毕。

夜翻《东都事略》及《南宋书》。

9 月 3 日 (己巳八月初一日　辛亥) 星期二

晴和。上午 79°，下午 82°。

依时入馆，仍编《词书》稿。看《新生命》近出之号。

看毕《提要》乐类及存目。

接乃乾信，知伊卧病月馀，甚念之。又接颉刚信，属送款交鲁卿先生。

夜小饮，饮后即睡。

9 月 4 日 (己巳八月初二日　壬子) 星期三

晴和。七十九。

依时入馆，仍编前稿。看《新生命》。

今日为复儿斋星官，适巧浒关之乡亲大至，顿见挤挨，殊无谓也。幸天转凉，否则将不胜其烦矣。

丏尊又来劝驾，予同、圣陶复助之相说，不得已，重违其意，允仍为开明编《地理》。

9 月 5 日 (己巳八月初三日　癸丑) 星期四

晴和。上午 79°，下午 80°。

依时入馆，仍前事。

夜九时，允言突至，借书多种，谓又将赴南通就中学教职矣。淹滞至十一时半乃去，径赴轮船码头登舟。予为纠缠半夜，精神大耗，几又失眠。

9 月 6 日（己巳八月初四日　甲寅）星期五

晴和。上午 77°，下午 79°。

依时入馆，仍前事。

晨出，送颉刚款壹百九十元与郭鲁卿先生于吉升栈，如其信所嘱也。交割后，始入馆。

浒关乡亲童筱岑归去。

夜六时，与圣陶同赴悦宾楼计剑华宴，同坐都同人，间有尚公教员。至十时乃各散归。知颉刚已来，约明日到馆中看我。

9 月 7 日（己巳八月初五日　乙卯）星期六

晴和。上午 76°，下午 80°。

依时入馆，仍前事。捐同仁施药会大洋一元，剑华经募。

颉刚于午后来馆，晤之。当交馀款七十三元七角六分还之，并还其前在广州代购书账十元四角。谈移时去。今晚六时即上新铭北行，未及往送。约明春旅行到平再畅叙。

聿修回苏，托代购陆益元羊兼毫笔四枝。

夜饭后打牌四圈，输钱四百。

看《提要》小学类一毕。

葆表嫂及曹家表侄女今晨归浒关，珏人送之上车。

9 月 8 日（己巳八月初六日　丙辰　白露）星期日

晴和。上午 78°，下午 80°。

晨偕珏人挈同儿往北万馨吃点心。即归。看报。

饭后打牌四圈，输钱七百。旋出访乃乾于平乐里，晤之。振铎托带还五十元,即当面缴讫。以其久病初愈,不欲多所谈,遂归。

夜饭后又打牌四圈,赢钱三千。

接允言快信,催寄书。

9 月 9 日（己巳八月初七日　丁巳）星期一

晴和。上午 78°,下午 80°。

依时入馆,仍编前稿。

夜六时赴雪村、丏尊、觉林宴。客凡两席,都熟人。八时即散,归家尚未及九时也。

拟凉夜续有撰述,先从事《中日战争》。

9 月 10 日（己巳八月初八日　戊午）星期二

晴和。上午 78°,下午 80°。

依时入馆,仍编前稿。散馆后挈同儿徜徉于宝山路,看火车。

寄书两种与允言,馀已售缺,无从应塞其望矣（计价一元二角七分半）。

晚饭后打牌四圈,输钱六百。

9 月 11 日（己巳八月初九日　己未）星期三

晴和。上午 76°,下午 79°。

依时入馆,仍前事。

散馆归后理发沐浴,大觉轻快。

夜早睡,冀得安眠,而左邻死人,尼姑念经达旦,大失所望。

9 月 12 日 (己巳八月初十日　庚申) **星期四**

晴和。上午 76°,下午 78°。

依时入馆,仍前事。

看毕《提要》小学类并存目,于是《经部》全完。

晚饭后打牌六圈,赢钱千六百。

为梦九之女在蕙定《妇女》十六卷及《小说月报》廿一卷各全年,计价四元二角,当将定单二纸函寄梦九。

9 月 13 日 (己巳八月十一日　辛酉) **星期五**

晴和。上午 76°,下午 80°。

依时入馆,仍前事。

看《提要·史部》正史类。

夜饭后打牌四圈,赢钱八百。

宝山路宝通路口失慎,一时交通断绝,归饭及饭后往返俱绕道以达。

9 月 14 日 (己巳八月十二日　壬戌) **星期六**

晴和。上午 78°,下午 80°。

依时入馆,看《新》、《旧唐书·李德裕传》,备撰《词书》条子。

看毕《提要》正史类,兼及存目。

散馆出,与圣陶同过文明书局及亚新地学社,购得《中华民国史料》三册与《中华析类分省地图》一巨册。史料为孙曜所辑,地图则最近订正之本也。

六时到万云楼,赴孙伯才、费赞九约,同坐有管小毅诸君。八时许散归,知子玉曾来坐候许久,方去而予适归,交臂失之,憾甚。伊约明日上午来谈,当可偿此失耳。

接晴帆书,约于中秋夜作泛月湖上之游。予一时未能定应否也。

9 月 15 日(己巳八月十三日　癸亥)星期日

晴,较暖于前昨。上午 80°,下午 83°。

接梦九书,谢代定书报,惟中秋前后到苏之说,恐为公所牵,未必能成事实耳。

上午在家看报以俟子玉之至,不果,饭后打牌四圈,并看《提要》编年类。傍晚,子玉来,与之对酌谈心,至九时许,叩门声急,启视则翼之也。又谈久之,子玉去,翼下榻吾家。

9 月 16 日(己巳八月十四日　甲子)星期一

晴暖,夜月好。上午 78°,下午 82°。

依时入馆,仍看《新》、《旧唐书》。

看毕《提要·史部》编年类。

夜与翼之、悦之兄弟小酌。十时许,悦去。十一时半始睡。

翼之还我各款,予即将贴丁翁之款六元属其带与厚斋丈,以便分期支贴,作本年下半年之需。

复书谢晴帆,请期以来月。

9 月 17 日(己巳八月十五日　乙丑　秋节)星期二

阴霾,闷热。上午 78°,下午 80°。

今日循例休假,竟日未作事。上午看报,下午打牌。

四时送翼之上车,站上巡警搜检箱箧书籍甚见烦扰,移时乃得购票登车。予最恨扰累,为不怡久之。未及开驶,即辞之行,往平乐里中国学会出版部还节账,未见乃乾,缴款与店友而归。此行携同儿自随,往返更觉费力也。

9 月 18 日(己巳八月十六日　丙寅)星期三

晴阴兼施。七十七度。

依时入馆,撰《词书》稿。

看毕《提要》编年类存目及纪事本末类与其存目。

散馆后往访子玉于霞飞路久兴里二号,适已出,见其母夫人并存问其女公子疾。至七时许,子玉归,晤谈有顷,乃告归。抵家已九时矣。

9 月 19 日(己巳八月十七日　丁卯)星期四

阴霾,见朝曦。傍晚细雨。上午 74°,午前后 78°,晚 76°。

依时入馆,仍撰前稿。

看《提要·史部》别史类及存目毕。

夜为晓翁开李鸿章研究书目,凡写三纸,历两小时始毕,然仍漏略孔多,竟不能自惬也。夫事涉专门,即感不足,俭贫如斯,真当时引为愧耳。

9 月 20 日(己巳八月十八日　戊辰　秋社)星期五

晴,凉意洒然。上午 75°,下午 79°。

依时入馆,看杨筠如《九品中正与六朝门阀》稿,盖张世禄介绍约撰之《中国历史丛书》稿也。竟日为之,仅及其半。

看毕《提要》杂史类。

夜开始撰《中日战争》稿,至十时半,成千馀言。

圣陶以所作长篇小说《倪焕之》见赠。

9 月 21 日(己巳八月十九日　己巳)星期六

晴和。上午 73°,下午 77°。

依时入馆,看毕杨稿。

晚六时赴予同、圣陶(于宴)圣陶家。客为希圣、晓翁、英父、仲云、云彬、振铎及予。七时开樽,十时许乃归。到家就寝,已十一时矣。

接翼之信,知渠夫人尚未生产也。

9 月 22 日(己巳八月二十日　庚午)星期日

晴,夜月好。上午 78°,下午 80°。

看报外兼看《提要》杂史类及其存目。

饭后打牌八圈,旋往访子玉。讵电车以失车阻滞一小时,五时半乃得达。至则伊以配药外出,伊女则略有起色,予即辞返。行抵路口,适值伊归,遂同赴豫丰泰小饮。八时半毕,购药皂于中西药房。及归家,已九时二十分矣。

东首贴邻三层楼住户丧子,号哭终宵,因而不寐。

9 月 23 日(己巳八月二十一日　辛未　秋分)星期一

晴暖。上午 75°,下午 82°。

依时入馆,看毕《提要》杂史类存目,写信三封。

夜续撰《中日战争》稿近二千言,十时半乃寝。

邻右丧子,哭声凄楚甚,闻之真酸鼻欲出涕也。

9 月 24 日(己巳八月二十二日　壬申)星期二

阴雨,中夜雷电交作,雨势益张,倾盆滂沱,无以喻也。上午76°,下午78°。

上午入馆,略整前稿。下午未往,撰《中日战争》稿。至晚十时半止,得二千五百言。中间于晚饭前后,曾抽暇打牌八圈也。

清儿湿气大发,已十日不入校,在家洗治敷药。汉、漱两儿则以校中教员患时症,休假避传染,亦在家两日矣。

9 月 25 日(己巳八月二十三日　癸酉)星期三

阴晴兼施,闷热。上午 76°,下午 80°。

依时入馆,校《三国志》印样,并为振铎校《五代文学史》。

夜打牌四圈,未及作事,即就寝。

看《提要》杂史类毕,并毕诏令奏议类。

9 月 26 日(己巳八月二十四日　甲戌)星期四

晴,西北风微起。上午 74°,下午 77°。

依时入馆,校《三国》印样,并查开史地各书之应行废版及修改者。

看毕《提要》诏令奏议类存目,并及传记类。

夜撰《中日战争》稿千馀言,十时二十分辍去。

今日七阿姨归苏,许仍复来帮我家执爨事。盖伊于复儿生后函招即来,有许多事须回去一料理之也。

9 月 27 日 (己巳八月二十五日　乙亥) 星期五

晴。上午 72°，下午 76°。

依时入馆，将勘得史地各书之应行废止或修改者开单送交柏丞，塞其望也。并校《三国志》印样。写信复梦九。

看《提要》传记类一。

夜撰《中日战争》稿千六百言，十时十分即辍。

希圣函约于后日六时去昧雅叙谈。

9 月 28 日 (己巳八月二十六日　丙子) 星期六

晴暖。上午 75°，下午 79°。

依时入馆，仍撰《史学大词书》稿。

晚六时赴振铎家，仲云假其斋宴客也。坐多稔友，止张叔愚初见耳。

夜饭后谈至十时乃散，抵家后看《提要》传记类二毕。

9 月 29 日 (己巳八月二十七日　丁丑) 星期日

晴和。七十六度。

看报见《民国日报·觉悟》栏登有署名厉小通所作《胡说说胡》一则，极肆丑诋，直类狂吠。适之之为人如何，必不因妄人之口而有所变易，固亦无损日月之明。止见连篇累幅之梦呓，自暴其缺望耳。彼谓适之汲引"多贫贱无实学之流"，尤为失辞，贫贱与无实学岂相因必偕之条件乎？然则彼当自命有实学者必为富贵之附疽无疑矣。天下有此谬种，党人乃藉以自重，不几益自显短，明告人以"秦无人"乎！且少需以观究竟也。

晚六时赴希圣宴于味雅，八时散出，同过铎所谈，十时乃归。当以所编参考书送希圣。

9 月 30 日（己巳八月二十八日　戊寅）星期一

晴，夜半后雨。上午 69°，下午 74°。

依时入馆，校《全国行政区域表》及《三国》复样。

连日病资乏，心神不安甚，散馆后即往发行所取存款五十元以备急需。欲购文明书局之《笔记小说大观》及《三希堂帖》，因而缩手，未敢逞志也。

夜撰《中日战争》稿千六百言。十一时许乃寝。

10 月 1 日（己巳八月二十九日　己卯）星期二

晴和。上午 73°，下午 77°。

依时入馆，撰《词书》稿。并看毕《提要》传记类存目四。

散馆后出，小饮于高长兴楼下，七时即归。尘嚣独酌，别有滋味，较大馆子反觉自由也。寒俭固亦自有乐趣邪！

夜看《通鉴·唐文宗纪》。

10 月 2 日（己巳八月三十日　庚辰）星期三

晴和。上午 74°，下午 76°。

依时入馆，仍撰《词书》稿。看毕《提要》传记类存目五及六。

散馆归后，看《提要》史钞类毕，并及存目。

晚饭后打牌四圈。九时起，续撰《中日战争》稿四百言，第三章乃毕。

10月3日 (己巳九月初一日　辛巳) 星期四

晴。上午73°,下午77°。

依时入馆,仍撰《词书》稿。

看《提要》载记类及存目毕。

散馆后与圣陶闲步北四川路,薄暮乃归。

夜饭后撰《中日战争》稿第四章一千六百言,十一时半止。方写稿时,西首香兴里忽告火警,因走视,幸未成灾。归坐后再写,已涣散,故历时甚久而仅得此数也。

珏人今晨忽吐血两口,予甚忧之,看明日如何,当求诊于闻医也。

10月4日 (己巳九月初二日　壬午) 星期五

晨微雨,旋晴。上午75°,下午78°。

珏人昨夜未见续有血沫吐出,今晨起,忽又大口吐红,讶惊万分。既而细察,血实自牙龈渗出,痰经口,遂带红耳。屡试皆然,始贴焉心安。否则张皇疑惑其何堪想耶!

依时入馆,仍撰《词书》稿。买书二十馀元,计汪士铎《南北史补志》等七种。头本已取,全书约明日送来。

夜食蟹小饮,未作事即寝。

悦之来,告翼之妇已分娩,幸举一雄。午后珏人以衣物数事往交悦之,托其带归,聊申贺忱。

10月5日 (己巳九月初三日　癸未) 星期六

晴暖。上午75°,下午80°。

依时入馆,仍撰《词书》稿。写信三封。锦文堂书已送来,又加购一种。

散馆后振铎、予同来,同赴杏花楼柏丞约,盖渠后天生日,今日即张宴谢客也。至则人已多,计有五席,予则与铎、同、子敦、昌群、继颐、南陔等同坐。八时许散出。予等三人又过来青阁及锦文堂小驻,予又购《月令辑要》等三种。归途复过铎家闲谈,至十一时乃归家。

梦九书来,谓准双十节到苏,予已复允届期往会焉。

10 月 6 日(己巳九月初四日　甲申)星期日

晴热。八十度。

晨起看报讫,圣陶来。少坐,乃与同往悦宾楼,赴六逸宴。至则主客俱集,所待惟予等二人矣。合坐计之,为东华、调孚、景深、圣陶、希圣、六逸、振铎、予同、仲云及予,凡十人。二时许,散出。予与圣陶、调孚游大世界,观《十五贯》于新乐府。至六时半始毕,匆匆径归。

《十五贯传奇》记况钟平反冤狱事,取与时下对照,不禁击慨切至矣!帝王时代乃有此贤吏,开明之世方以为陋,宜乎古今人之不相及也!

10 月 7 日(己巳九月初五日　乙酉)星期一

晴,拂晓时有小雨。七十三度。

依时入馆,仍撰《词书》稿。查阅《历史教本》下册样书。

看《提要》时令类毕,迄于地理类一。

夜撰《中日战争》稿六百言,眼倦欲掩,遂撤去。十时就寝。

10 月 8 日 (己巳九月初六日　丙戌) 星期二

晴,凉气陡增。上午 70°,下午 71°。

依时入馆,仍撰《词书》稿。

看毕《提要》地理类二、三、四。

晚赴致美斋陈功甫、赵涵川、周予同宴。同坐仍多熟友,至乐。九时许散归,未作一字即就寝。

10 月 9 日 (己巳九月初七日　丁亥　寒露) 星期三

晴,秋意萧然。上午 65°,下午 72°。

依时入馆,仍撰《词书》稿。

头之左偏大痛,虽看书亦觉牵掣。意兴阑珊,至不怿也。

看毕《提要》地理类存目二。

同儿晚间发热,将护甚惫。

10 月 10 日 (己巳九月初八日　戊子) 星期四

晴,夜间凉甚。旅中失记。

八时五十分乘特别快车赴苏,十一时到翼之家。午饭后与翼之同访硕民,不值,寻至公园仍未得见。予乃独往剑秋家询之,知在吴苑茗候。复循踪往会,晤靖澜、剑秋、蓉初等。旋硕民、彦龙亦至。知梦九尚未来,乃就饮于全城源以待之。至九时,偕往靖澜家打牌,十一时,梦九始到。二时睡,以被酒故,即入梦矣。

10 月 11 日 (己巳九月初九日　己丑　重阳) 星期五

晴,较昨略暖。旅次失记。

早起到吴苑啜茗进点。十时往游狮子林，狮林重修落成后，予尚未经一至，入门即觉新气扑人，改观处多失天趣矣；而池中横亘一水泥建筑之旱舟，尤为伤美。逡巡一周，匆匆径出，赴郡庙前、护龙街转角之中央饭店午饭，当即看定三十七号房间备晚间下榻焉。饭后至硕民所打牌，傍晚复往观前全城源小饮，建初亦参与之。至十时同返中央饭店，又谈至十一时乃散，予与梦九复谈至一时始睡。

10 月 12 日(己巳九月初十日　庚寅)星期六

晴暖。旅次失记。

上午十一时出城，径往虎阜。在山门西振兴馆午饭。饭后上山，啜茗冷香阁。此行又参入杨屏周，盖由宁来寻梦九者。至下午三时半，乃离山往留园，复茗叙于观云台。傍晚过普安桥之仁和馆饮焉。饮后入城，即返中央饭店。少坐，翼之寻至，谓渠未下乡，且云怀之夫人伤寒未瘳，予甚念之，拟明晨往辞行时一省问之。十二时就睡，以多饮故，颇不安，几致呕吐。

10 月 13 日(己巳九月十一日　辛卯)星期日

晴暖。失记。

晨起到翼之所，翼已出，视怀之夫人疾，仍未退热。其家已函速怀之赶返矣。十一时，辞仁丈等出，径赴硕民家午饭。原班具在，至二时乃毕。予已不及赶快车，乃乘三时四十五分之慢车归沪。七时十分始到车站，归家已七时半矣。

补看积日报纸，知途次所遇兵车，确又坐实谣言，蒋系与反蒋系已在交锋矣。杀来杀去如此，偏打着为党为民之帜，其谁欺乎？

可叹! 可叹!

10 月 14 日 (己巳九月十二日　壬辰) 星期一

晴,下午阴。上午 74°,下午 76°。

依时入馆,料理积件。

散馆后往致觉新居一观。旋过圣陶所,与之同往晓翁家晚饭。持蟹酌酒,颇畅悦。十时归,即寝。

致觉劝予移家与之结邻,但予杂物多而畏于搬动,中心虽日在不满现居,而移动却十分惮行,矛盾甚矣!

10 月 15 日 (己巳九月十三日　癸巳) 星期二

阴雨,气陡凉。上午 69°,下午 71°,晚 70°。

依时入馆,看《新生命》并写信七封。丏尊来,铁笙来,晤谈不久即去。

晨起补记旅行中日记。

夜撰《中日战争》稿千馀言,九时即止。看《提要》地理类存目。

10 月 16 日 (己巳九月十四日　甲午) 星期三

晴。上午 70°,下午 73°。

依时入馆,仍撰《词书》稿。写信与颉刚。

晚饭后打牌四圈,十时寝,未作一字也。

天津《大公报》揭宋哲元等讨蒋通电,此间久被检禁,百无一漏,大局真相,赖有此耳。宋等拥阎为国民军正司令,冯为副司令,已于双十节誓师东向,且唐生智部之在洛阳者亦东退郑州云。但今日沪上报纸仍宣传冯被阎监视,且傅作义在津缉鹿钟麟也。此等消息,双方同属空气,固不能责之谁某;而通电搁匿却未免心虚耳。予久厌政客军人之播弄,无论揭橥何义,在予视之,真鸡虫得失,绝非解决民生之方也。故平日记中,不及时事一字。

10 月 17 日(己巳九月十五日　乙未)星期四

晴,凉。上午 66°,下午 68°。

依时入馆,仍撰《词书》稿。

看毕《提要》地理类存目四、五、六、七。

夜撰《中日战争》稿千三百言。

功甫属为《学生》撰稿,丐尊亦属为《中学生》写文,而叔迁复以《国学丛书》中之选注《国语》相托。承友不弃,纷责操翰,而予疏庸,实不足以副人望,且精力亦不遑及也,奈何!

10 月 18 日(己巳九月十六日　丙申)星期五

晴凉。上午 64°,下午 66°。

依时入馆,看毕《提要》职官类及存目。

散馆后独出,小饮于王宝和酒楼。七时即归。撰《中日战争》稿千馀言,十时半始休。复看《提要》政书类,毕之,兼及其存目。十一时许乃寝。

明晚耿济之假座振铎所宴客,予乐赴之。惟职工会亦适于明晚聚餐,先已报名,不到似不好,乃照常纳费而拟临时不赴矣。

10 月 19 日(己巳九月十七日　丁酉)星期六

晴凉。上午 64°,下午 69°。

依时入馆,撰《词书》稿。四时全体同人摄影。今晚本为聚餐,以先有济之之约,舍而往赴于铎家。在坐俱稔友,至开怀也。十时乃散归。

看《提要》政书类存目。

10 月 20 日(己巳九月十八日 戊戌)星期日

晴凉。上午 64°,下午 69°。

晨起未及看报,乃乾见过,乃与同出,偕访振铎。谈至十一时许,三人复出,铎赴一品香宴,而予与乃乾饭于佛陀街正兴馆。饭后憩中国学会出版部,至二时许,振铎复来,即偕辞乃乾以出,分途各归。

夜食蟹,晚饭后打牌四圈,输钱千二百。十时即睡。

10 月 21 日(己巳九月十九日 己亥)星期一

晴凉。上午 64°,下午 68°。

依时入馆,撰《词书》稿。写信三封。

组青乞假休息,今日来吾家,当小住三数天也。

夜打牌四圈。看《提要》政书类存目毕,并及目录类。

10 月 22 日(己巳九月二十日 庚子)星期二

晴,略暖于昨。上午 65°,下午 69°。

依时入馆,撰《词书》稿。看《图书集成·文学典总论》。

看《提要》目录类毕,兼及存目。

夜撰《中日战争》稿千三百言。

漱儿在校跌碎面部,予甚恚之。

报载阎锡山始终观望,鹿钟麟转赴日本,则南京方面当占胜势,西北军恐不免退出潼关也。时局之变幻如此,诚令人无从捉摸矣。

10 月 23 日 (己巳九月二十一日　辛丑) 星期三

晴,较暖于昨。上午 64°,下午 69°。

依时入馆,撰《词书》稿。

看毕《提要》目录类存目。

夜看《光绪东华录》,集《中日战争》稿材料,发觉"和战交閧之朝局"一目须在战后讲和时始可叙引,当量移其次第也。遂未著一字。

《学生》稿,功甫又来催,甚窘,明日当抽暇先应之。

10 月 24 日 (己巳九月二十二日　壬寅　霜降) 星期四

晴暖,有南风,将雨。上午 70°,下午 72°。

依时入馆,看《慈恩法师传》,备撰玄奘条入《词书》。

夜在家小饮,饮后开唱机自娱。旋看《提要》,毕史评类。

10 月 25 日 (己巳九月二十三日　癸卯) 星期五

晴暖。上午 66°,下午 71°。

上午入馆,撰《玄奘传》,备《词书》稿。下午未往,即赶作《学生》稿,应功甫,直至夜十一时始止,凡得十六纸。尚馀历法一项未及写,须明日续成矣。

留声机买来后已修过两次,费银两元,玩好之不可长也如此,其他可以推而见之焉。

日来又发筋骨痛,大概霜降节气之故,未老而衰象日臻,真非所宜,惜身不遑,尚何望哉!

10 月 26 日（己巳九月二十四日　甲辰）星期六

晴暖。上午 65°,下午 71°。

依时入馆,上午撰《词书》稿,下午则足成《学生》稿。《学生》稿即以太平天国为题材,凡得六千言,额曰《太平天国残留文献中所表见的革命精神》。盖就曩编《太平天国革命史》中之末章敷演而成,故尚不感费力也。当面缴功甫,应其嘱。

夜小饮,饮后打牌四圈,输钱二千六百文。

看毕《提要》史评类存目。自本年四月四日起,至是始将经、史两部读竟,屈指已半年馀矣。可见专志读书亦非易事,无从容之时间实不堪从愿也。

10 月 27 日（己巳九月二十五日　乙巳）星期日

晴暖。上午 63°,下午 69°。

竟日未出。午前看报,午间祀先,午后打牌。打牌八圈,赢钱二千二百文。夜小饮,饮后闲看顾锡畴《纲鉴正史约》,至九时即寝。里中卖馄饨者争殴喧器,致不能寐者历三小时,可恶甚矣!

看《四库提要》子部总叙。

10 月 28 日（己巳九月二十六日　丙午）星期一

晴暖。上午 62°,下午 69°。

依时入馆,但午后二时半即与振铎、予同、圣陶、调孚出,听昆剧于大世界之新乐府。坐汽车以往,故尚及见《牧羊记》、《借靴》、

《拾柴》、《泼粥》、《茶坊》、《藏舟》诸目,至七时始散。旋晚饭于佛陀街正兴馆,八时三刻各归。途中予同语我,本馆哲学教学部将添设书记,颇欲推荐潗儿充任,未识可否云云。予极愿实现,而不知潗意如何,拟于明晨一往告之,俾得究竟也。

史地部与国文部分隔,今日已实行,惟尚未搬动,明日当挪移耳。

是夕以看戏费力,且多说话饮酒,竟失寐,至中夜三时后始合眼,殊苦。奈何予不任刺激如是邪!

10 月 29 日（己巳九月二十七日　丁未）星期二

晴暖。上午 62°,下午 69°。

晨八时与珏人挈同儿往立达,一询潗儿,往复说喻,颇肯出校学习。未几即归,仍入馆。午后搬部,坐位较前大好,亦堪引慰者也。此番大举搬动,实含整顿意味,稍定当有若干条文揭示耳。予仍任编撰事,职务上未必有甚变更也。

散馆后与圣陶、调孚散步于虹口公园,以昨晚失眠故,颇思一涉旷场吐纳清新,闲逛至六时三刻乃出。乘公共汽车以归。小坐后,微饮。饮次,七姨由苏来,自后家中操作不致专劳珏人矣。

是晚好睡,足偿昨失。

予同为潗儿事已向觉敷说过,须俟转之柏丞后始得复也。

10 月 30 日（己巳九月二十八日　戊申）星期三

早雨,旋止,阴霾竟日。上午 64°,下午 70°。

依时入馆,布置新搬内容。

天气骤热,甚躁闷。颇虑引动旧疾也。

夜小饮。饮后看《提要·子部》儒家类。未及撰《中日战争》

稿只字。

10 月 31 日(己巳九月二十九日　己酉)星期四

阴霾终日,时见细雨。64°。

依时入馆,拟本部组织表及信一通陈之柏丞。仍撰《词书》稿。

写信两封,分致子玉及颉刚。

夜小饮,饮后撰《中日战争》稿八百言,以头绪太纷未能续下,须明日再写之矣。

珵人急待潜儿事成否下落,因询之予同及觉敷。谓暂不另添人,柏丞意须尽他部调用也。如后添人,当可招邀云。予颇怪之,何前言如此易易而今若是周章邪!

11 月 1 日(己巳十月初一日　庚戌)星期五

晴朗,陡寒矣。上午 60°,下午 64°。

依时入馆,仍撰《词书》稿。

夜小饮,饮后修改《中日战争》稿八百言,昨晚所作,全等废纸矣。九时许即寝,睡魔相催,予决不与之抗,否恐错失机会又将不寐耳。

早晚看《提要·子部》儒家类。

11 月 2 日(己巳十月初二日　辛亥)星期六

晴。上午 58°,下午 64°。

依时入馆,仍撰《词书》稿。

《学生》稿费已开出送来,计十九元。

散馆后与圣陶同出,在四马路各书店闲逛后即赴大三元酒家云彬约。坐皆熟人,快甚。罢后再往振铎家小坐,谈至十时乃归。今晚起,华界又须戒严,恐多啰嗦,故早行也。

11 月 3 日 (己巳十月初三日　壬子) 星期日

晴。63°。

晨起看报讫,正十时,遂挈漱、同两儿往荣华照相,两儿合摄一四寸片,父子合摄一六寸片,十一时即归。盖明日为同儿三周岁,故今乘星期之暇特为之留影也。

饭后出,过圣陶,少谈即行,往访晓翁。谈至四时乃别,乘车赴平乐里晤乃乾,又谈至六时乃赴泰和园慰元约。至则宾客满堂,盖其尊人六十大庆也。予为补礼入席,与芝九、小毅、伯寅、意如、廉逊、寄社等同坐,尚无所拘。九时一刻归,少坐即就寝。

11 月 4 日 (己巳十月初四日　癸丑) 星期一

晴,夜雨。上午 60°,下午 63°。

依时入馆,仍撰《词书》稿。柏丞约谈,允先调两人来史地部襄理剪贴等事,盖将着手整顿矣。其实任事在人,高叫诚无所裨,何如埋头进行之为愈也!

写信寄晴帆。

夜小饮,饮后撰《中日战争》稿千四百言。

复儿忽发热,唝嘈终宵而大解不下,予为失寐。

11 月 5 日 (己巳十月初五日　甲寅) 星期二

阴霾,午后放晴。64°。

依时入馆,仍撰《词书》稿。史地部调人事,暂不能多,柏丞许明日先调杨漱芟来试办。如不敷用,当再物色云。

看《提要·子部》儒家类二毕,接看三。

夜小饮,饮后即睡,偿昨之失。但十时后又醒,一时许始得再眠。

复儿热已退,大解亦已于中宵下之,可无虑矣。

11 月 6 日(己巳十月初六　乙卯)星期三

阴霾,细雨终日。上午 64°,下午 65°。

依时入馆,仍撰《词书》稿。饭后看《提要·子部》儒家类三。

夜小饮,饮后开唱片为娱。旋撰《中日战争》稿八百言,第六章毕工矣。

老同学兼同事潘同曾君丧祖母,今日为致唁。

晴帆书来,谓将来沪购械,盖冬防期近,司公安者应有之义也。

11 月 7 日(己巳十月初七　丙辰)星期四

阴霾。62°。

上午依时入馆,仍撰《词书》稿。饭后看毕《提要·子部》儒家类四。下午未往,在家撰《中日战争》稿,直至夜间十时,得四千言。自动手以来,今日其最矣。

晚饭时仍小饮。

同儿右耳及下颏患湿气,夜为不安,予甚怜之而无奈何。

11 月 8 日(己巳十月初八　丁巳　立冬)星期五

晴,微有西北风。上午 61°,下午 65°。

依时入馆,仍撰《词书》稿。

看《提要·子部》儒家类存目一、二。

夜小饮,饮后撰《中日战争》稿千五百言,十时寝。

11 月 9 日（己巳十月初九日　戊午）星期六

阴霾,午后细雨旋止。六十二度。

依时入馆,午后三时出,与振铎、调孚、圣陶同往大世界新乐府看戏。得观《望乡》、《姑阻》、《失约》、《催试》、《秋江》及《卖书》六码,以本晚在振铎所宴客,故未及看毕即行。六时到铎家,客已云集矣。计请希圣、济之、六逸、东华、景深、云彬、调孚、予同、圣陶、振铎及仲云等十人,俱到,至快!

席散后与希圣、予同谈甚久,十时乃归。

11 月 10 日（己巳十月初十日　己未）星期日

阴,午后四时风雨作。午 63°,早晚 59°,夜 56°。

午前看报,午后打牌。三时挈漱儿游大世界,看新乐府。遇振铎、调孚,同观《相约》、《讲书》、《落园》、《讨钗》、《打子》、《教歌》、《偷诗》七出。七时归,雨过风起,不禁寒战矣。到家感冒,颇不适。而夜间同儿以面部、耳部痛作又未能安睡,至窘也。

11 月 11 日（己巳十月十一日　庚申）星期一

晴寒。今冬第一天。早晚 56°,午前后 57°。

依时入馆,仍撰《词书》稿。

看毕《提要·子部》儒家类存目三、四。

今日珏人生辰,晚间正在饮酒进面,而晴帆忽至。乃伴之出,饭于正兴馆。饭后过其旅舍少坐，便同往新乐府观剧。得看《击犬》、《盗绡》、《烧香》、《罗梦》、《骂曹》、《游殿》六出，馀尚有《守岁》、《侍宴》、《南柯梦》等剧，以时晏，即别晴帆先归。约明日午刻往访。比乘车抵家，已十二时矣。

11 月 12 日 (己巳十月十二日　辛酉) **星期二**

晴寒。上午56°，下午54°。

今日休假，在家看报讫，即出，往平乐里中国学会出版部取得董刻《吴梅村家藏稿》八册，挟以访晴帆。晴帆未在，坐待之。十二时许始晤，乃以书册交割，为取偿书价十四元暂存我处，备面缴乃乾。一时许，到湖州饭店午饭。饭后陪同买物，并过久章访悦之，未晤。复返旅舍茗谈，至四时许乃别归。到家，知本馆印刷所失慎，损失不资，究竟如何，尚待明日到馆调查也。

夜饭后撰《中日战争》稿千二百言。

11 月 13 日 (己巳十月十三日　壬戌) **星期三**

晴，南风。较昨不适。上午55°，下午60°。

依时入馆，批摘史地材料于天津《大公报》，尽本年九月度全月。

昨日本馆火灾，计第四印刷所四楼全毁，损失粗计总在百万以上，如查明细算，恐有增无已也。我谓此次火灾，或可藉以整顿，本来废弛极矣，急宜加意矫正之。否则愈陷愈深，我恐商务决无多大寿命也。

同儿一宵以来，湿气加甚而遍体起块，痒甚。急就医始知有寒热，无怪连夜睡不能稳也，予甚忧之，故连夜亦未能好睡耳。

11 月 14 日 (己巳十月十四日　癸亥) **星期四**

晴,较昨暖。早 59°,午 64°,晚 62°。

依时入馆,校补版并撰《词书》稿。写信四封,办妥未了事不少。

今日同儿疾大好,至快慰。散馆后赴荣华取照。夜小饮。饮后撰《中日战争》稿八百言,至十时,已倦极,遂睡。

得乾隆刻初印《太平广记》六十册,分装六函,俱楠木夹板,价十元。振铎经手。惜夹板已有破碎,否则更完美也。

11 月 15 日 (己巳十月十五日　甲子) **星期五**

阴雨。62°。

依时入馆,校《通史新义》。

夜小饮。饮后打牌四圈,赢钱三千六百文。牌罢,随手翻看《太平广记》,未几即睡。同儿昨日以来,湿气稍敛,今晚又复哞嘈,眠不甚好。

11 月 16 日 (己巳十月十六日　乙丑) **星期六**

早晴,旋阴,傍晚雨。上午 55°,下午 62°,晚 60°。

依时入馆,仍校《通史新义》。

散馆后赴六逸悦宾楼之约,至则仅六逸在,诸友尚未集也。有顷,圣陶至;又有顷,予同、调孚、景深至;最后振铎夫妇及敦易乃至。是席止点京菜之善者,并非整桌,而适口充肠,倬有馀味,至乐也。八时许即归。归后撰《中日战争》稿一千言,十一时寝。

11 月 17 日(己巳十月十七日　丙寅　月食)星期日

阴晴间施。上午 60°,下午 56°。

上午看报,下午打牌八圈,未出门。馀时撰《中日战争》稿,凡得二千言弱。十时就寝。

前昨两日积看《提要》,已毕《子部》兵家类及存目。

11 月 18 日(己巳十月十八日　丁卯)星期一

晴,陡冷。早晚 50°,午前后 52°。

依时入馆,校《通史新义》。

夜小饮。饮后开唱片自娱,方欲收场伸纸,续撰前稿,而梦九所介之集美学生张昭明踵门求见。接谈历一小时,九时始去。其人颇优秀,而神情飞越,非常材也,惜予爱莫能助耳。张去而睡意至,遂未再续作,即时就卧。

11 月 19 日(己巳十月十九日　戊辰)星期二

晴冷,下午发南风。上午 48°,下午 54°。

依时入馆,仍校《通史新义》,并看功甫所作《义和团运动与辛丑和约》稿。

写信四封,分寄翼之、梦九、志成、济群。

夜小饮。饮后续撰《中日战争》稿五百言,倦眼偷合,不容再作,因即辍写就寝。睡至十一时,梦中作恶,即醒来大吐,颇不适。往日饮多尚不至是,何今日竟病酒若此邪!

11 月 20 日 (己巳十月二十日　己巳) 星期三

阴霾。燠闷。上午 56°，下午 60°。

依时入馆，仍校《通史新义》。饭后并为本部开一配书单。三时许即出。与振铎、圣陶、调孚往大世界新乐府观剧，得见《惊梦》、《寻梦》、《冥判》及《鱼钱》、《端阳》，尚有《藏舟》以时晏未看，六时许即归。晚饭后打牌四圈，赢钱四百。牌后复撰《中日战争》稿垂千言，十一时乃就寝。

新乐府诸伶，予最赏倪传钺之外，王传淞之付，赵传珺之小生，馀为时人所捧者，以予视之平平耳。今观姚传芗之《寻梦》，唱做身段得未曾有，于是大叹赏，应加注姚传芗之贴于予心版矣。

11 月 21 日 (己巳十月二十一日　庚午) 星期四

上午阴，下午晴。午 64°，早晚 62°。

依时入馆，仍校《通史新义》。

昨夜睡不安。今夜仍打牌，牌后又撰《中日战争》稿千四百言。十时半辍笔，接看《提要·子部》农家类。盖法家类已毕，且坐待睡魔之至例须枯坐看书以俟之也。至十一时半就枕，犹不能以时睡。

接颉刚信，属为朴社标点太平天国史料一二种。

11 月 22 日 (己巳十月二十二日　辛未) 星期五

晴，入晚甚寒。午前后 56°，早晚 53°。

上午依时入馆，仍校《通史新义》。下午未往，偕调孚、圣陶赴新乐府看戏，自开场直看至散场，整整坐四小时，亦云笃嗜如癖矣。

其平平而过者不记，记其佳者，则倪传钺、邵传镛、马传菁之《北诈》，张传芳之《寄柬》，赵传珺之《八阳》。《八阳》悲壮苍凉，予极嗜之，曩见周传瑛唱此，不甚满意，今以传珺饰之，真妙绝也。七时归。

晚饭后撰《中日战争》稿一千言。

11 月 23 日（己巳十月二十三日　壬申　小雪）星期六

阴霾。五十二。

上午照常入馆，校毕《通史新义》印样近一批，连前凡一百页。

下午以本馆总经理鲍咸昌出殡，暂停工作志哀，遂得休假半日。在家打牌，直连至晚凡十二圈，仲云飞霞之约亦未之赴，拘可知已。

睡前看《提要·子部》医家类。

写信复颉刚。

11 月 24 日（己巳十月二十四日　癸酉）星期日

晴寒。五十三。

上午在家看报，下午往新乐府看昆剧。二时三刻直坐至六时半乃散出，是日星期，看众甚挤，虽早往，已插坐于第六排之右侧，后来者竟至无容足地也。开场《扫花》、《三醉》外，为《义侠记》之《挑帘》、《裁衣》、《捉奸》、《服毒》、《显魂》、《杀嫂》，《玉簪记》之《琴挑》、《偷诗》，其间有人烦演《寻梦》，仍由姚传芗饰唱，意外再逢，至乐也。七时许归家，匆匆夜餐，餐后看《提要·子部》医家类，未再撰稿。九时许寝。

11 月 25 日 (己巳十月二十五日　甲戌)星期一

晴寒。五十。

依时入馆,仍撰《词书》稿。写信三封。

今日珽人挈濬、复两儿赴苏翼之家,以月之二十七建初结婚,二十九日翼之三十初度并为其子作汤饼筵也。予先挈同儿出,进点北万馨,俾从容成行,免纠缠也。归来后再入馆,同儿竟甚安,听话自玩,诚乖觉动人怜矣。

夜撰《中日战争》稿千六百言。九时半辍。又看《提要·子部》医家类,十时半就寝,毕本类一。

11 月 26 日 (己巳十月二十六日　乙亥)星期二

晴寒。上午 48°,下午 52°。

依时入馆,仍撰《词书》稿。作信复子玉。

散馆时为章过我,因与偕返,剧谈至七时始去。

夜饭后开唱片娱诸孩。令同儿睡后,复撰《中日战争》稿一千言。以同儿索陪,即废止焉。

11 月 27 日 (己巳十月二十七日　丙子)星期三

晴寒,晨有严霜。上午四十六,下午五十二。

依时入馆,仍撰《词书》稿。作信两封。

看毕《提要·子部》医家类。

夜撰《中日战争》稿千言弱,以同闹不得不止故。

11 月 28 日（己巳十月二十八日　丁丑）星期四

晴，较昨和暖。上午五十一，下午五十七。

依时入馆，仍撰《词书》稿，并查点《清史稿》缺卷及审查《本国历史教本》样书。

志成见访，送同里食物数事并《新嘉坡风景》册。

夜撰《中日战争》稿二千四百言，十时半辍笔。

《太平天国革命史》已先出《万有文库》本，今日送到两册，别无单行，甚可贵。将自留一册，寄颉刚一册。

11 月 29 日（己巳十月二十九日　戊寅）星期五

晴，和暖。上午56°，下午61°。

上午入馆，仍撰《史学词书》稿。下午尚公开游艺会，同儿由佣嫂护之往游，予亦乘机往大世界新乐府一行。始终其事，自二时半看至六时半，七时许始得返家。

今日剧目为《琵琶记》之《辞朝》，《荆钗记》之《脱冒》、《见娘》、《梅岭》、《开眼》、《拜冬》、《上路》、《男舟》、《女舟》。《荆钗》予初次看听，剧情与角色俱好，世谓"荆、刘、拜、杀"，正不愧首选也。其中以《梅岭》、《拜冬》、《女舟》为最热闹好看。

夜续撰《中日战争》稿六百言，即睡。

11 月 30 日（己巳十月三十日　己卯）星期六

晴暖。上午五十七，下午六十二。

依时入馆，仍撰《词书》稿。

看毕《提要·子部》医家类存目。

得濬儿来信,知珏人等将于明日下午一时四十分由苏站乘车东归。预计五时七分可到此间北站。届时或往站一接之。

夜撰《中日战争》稿二千四百言,第十一章已毕。十时许即寝。

今晚景深假振铎所请客,予以不便晏归,辞之。盖珏人赴苏,同儿入晚即不能离予也。

12 月 1 日 (己巳十一月初一日　庚辰) 星期日

晴和。上午五十八,下午六十五。

上午看报。志成来访,与景源偕,约本日下午六时在崇明路味雅酌叙。饭后圣陶来,因与同出,往大世界看新乐府昆剧。是日剧目为《鹊桥》《密誓》《三闯》《打虎》《游街》《诱叔》《别弟》及《白蛇传》。予等早至,始候得首排坐位,先二目为《长生殿》,赵传珺、张传芳主演,赵甚好而张不称。《三闯》系张飞与诸葛亮怄气事,沈传锟饰张飞,极好,馀则平平而已。《打虎》以下为《义侠记》,汪传钤饰武松,华传苹饰金莲,姚传湄饰武大,都甚称职。予以赴志成约,未及看《白蛇传》即出。六时到味雅,客已大集,惟稼轩未至,待良久始入席。八时许散席,九时许始到家。

珏人挈濬、复两儿果于今日下午五时许归。路上甚安顺,与悦之偕来云。

12 月 2 日 (己巳十一月初二日　辛巳) 星期一

晴暖,燠而湿,南风。上午六十一,下午六十六。

依时入馆,仍撰《词书》稿。

夜小饮,饮后未作一字,打牌四圈。九时即寝。

12 月 3 日（己巳十一月初三日　壬午）星期二

阴雨，南风。上午五十三，下午五十五。

依时入馆，仍撰《词书》稿，并校地理补样复样六纸。

夜小饮，饮后看《太平广记》，九时许即拥同儿寝。

连日饮酒，因以辍事，明日当暂止，仍从事撰稿也。

12 月 4 日（己巳十一月初四日　癸未）星期三

晴寒，西北风凛然矣。上午四十四，下午四十八。

依时入馆，仍撰《词书》稿。

看《提要·子部》天文算法类一。

夜撰《中日战争》稿第十二章，至十一时，凡得千言。未坐定执笔前，曾打牌四圈，输钱八百。

12 月 5 日（己巳十一月初五日　甲申）星期四

晴寒。上午四十四，下午四十六。

依时入馆，下午未往。

为本部拟编著计画书，将于后日提出于柏丞。

饭后子玉来，谓已伴其二女归，大概病已无药，不得不及早送回也。少谈别去，约明日来午饭。予亦偕调孚及圣陶父子往新乐府看昆剧。计见沈传锟、姚传湄之《磨斧》，倪传钺、施传镇、薛传钢、马传菁、方传芸之《交印》、《刺字》，姚传芗之《题曲》，周传瑛、张传芳、姚传芗之《茶叙》、《琴挑》。散出后与振铎过乃乾，同饮于老裕泰。九时许即归，以前晚南市有扰乱，今日起又戒严也。官场戒严，百姓受果，匪徒反未得稍戢凶焰耳。

12 月 6 日 (己巳十一月初六日　乙酉) **星期五**

上午晴,午后阴,入夜细雨。上午四十七,下午五十二。

上午入馆,续拟计画书。下午未往。

子玉来饭,饭后即偕往新乐府看戏。倪传钺、马传菁、沈传锟、汪传钤、周传瑛等之《铁冠图》,王传淞之《照镜》,俱平平。六时即归,子玉别去。

夜饭后续撰《中日战争》稿千言,九时半就寝。

12 月 7 日 (己巳十一月初七日　丙戌　大雪) **星期六**

阴雨,颇有酿雪意。五十三。

依时入馆,拟完计画书,提交柏丞。

赵景深不幸丧妻,赙五元。

写信寄子玉,为其友开一书单,备应县长试。

接晴帆、梦九、翼之信,知前介于晴帆之谷烈已放第十分局巡官矣。

夜续撰《中日战争》稿三百言,难于贯串,只得暂罢耳。未动笔之先,曾打牌四圈。

12 月 8 日 (己巳十一月初八日　丁亥) **星期日**

阴雨,晚霁。五十三。

晨阅报,知时局又突变。国府有明令讨唐生智,谓其附逆,是唐已反蒋明显矣。昨日京沪车不通,常州兵变拆路,形势益为恶化,此间大为戒严,十时后即不许通行。种种表象,皆露危机,以是人心不免皇皇焉。

十时许径赴都益处,同人已在,惟稼轩未至,待至十二时半乃来。三时散席,过西首联益照相馆照相。及归,已五时许矣。

夜饭后打牌四圈。旋续撰《中日战争》稿千言,十一时睡。

12月9日(己巳十一月初九日　戊子)星期一

阴雨。五十三。

依时入馆,仍撰《词书》稿。并写信四封,分寄晴帆、梦九、怀之、翼之。厂中颇有罢工风说,时局又复岌岌可危,至难宁贴作事也。

夜饭后打牌四圈,旋续撰《中日战争》稿一千二百言。

12月10日(己巳十一月初十日　己丑)星期二

晴朗。上午五十二,下午五十四。

依时入馆,仍撰《词书》稿。

今日谣传甚烈,大约黄渡被断轨道未复因而生疑耳。饭后谣益甚,竟谓即将兵变;租界熟人乃有打电话来询问者。同人中颇有移家暂避之人,女同人尤露张皇之色。予未及待散馆,即早归,以人众难动,只得暂忍以听天。入夜强自小饮,终不能抑,颇难宁贴也。九时睡,不能入寐,心跃然。噫!常遇乱警,寝食俱危,实非人生正轨,惟有自叹我生不辰耳!

12月11日(己巳十一月十一日　庚寅)星期三

晴,下午阴翳时起。上午五十二,下午五十六。

依时入馆,校《通史新义》。

今晨阅报,知京沪路已通,黄渡断轨早修复,警备司令熊式辉

亦由京返镇,第三师又开到一团固沪防,心顿释然,以为谣言不足
畏,风浪或且过去矣。午后三时许,在馆得警报,谓宝山路已为军
警所截不通行人。予亟出馆,闻鸣枪数声,道绝行者,即转入宝通
路迤逦由中兴路、宝昌路以归。里门已下键,乞邻启导而入。抵家
坐定,不禁寒凛,而清、汉两儿尚留校未归,急切又无法往接,焦灼
甚。直待至六时左右,两儿始随邻童偕归,盖岗警偶放一批人行
也。晚饭后,戒严依然,而情势已和缓不少。究不知何以忽尔如此
紧张也?至是,方悉非兵变,略为宽心。

夜续撰《中日战争》稿四百言。

12 月 12 日(己巳十一月十二日　辛卯)**星期四**

晴暖,透润。上午五十八,下午六十。

上午照常入馆。下午以恐再受戒严之累,未出。诸儿亦停骹
在家。

打牌四圈,并看毕《提要·子部》天文算法类并存目。

夜小饮,饮后续撰《中日战争》稿二千言,第十二章以毕。十
时许即寝。

12 月 13 日(己巳十一月十三日　壬辰)**星期五**

晴暖,入夜见雨。上午五十九,下午六十八。

依时入馆,仍撰《词书》稿。

昨日以来,上海形势大和缓,或不致即出乱事也。

夜续撰《中日战争》稿千言,并打牌四圈。

云彬选注《通鉴》,馆中嫌其太多,叔迁正在商洽。以时值散
馆,未得要领,明日当询悉究竟也。

12月14日（己巳十一月十四日　癸巳）星期六

阴，午后雨。上午六十三，下午六十二。

依时入馆，仍撰《词书》稿，并看《提要·子部》术数类。

云彬《通鉴》事已说妥，由伊限制缩短字数，至少将前稿汰去三分之二。全稿酬资不得超过千六百元。叔迁及云彬两方面均已接洽矣。或者往后不再别出枝节乎？

夜小饮，饮后打牌四圈，输钱二千。撤牌后看《浮邱子》以寝，犹十一时后始入睡。

接怀之函，谷烈果在其下为巡官。

致函梦九询宜兴被兵近状，并告以叔迁删缩《汉书》意见云。

12月15日（己巳十一月十五日　甲午）星期日

阴，午间雷电大雨。上午五十八，下午五十六。

竟日未出。阅报知闸北戒严大和缓，昨晚十二时始断绝交通云。乃午后四时又复起谣，谓即将戒严，颇似有事变突发者然。殊为不宁。及晚饭，仍无故，始悉谣诼为害耳。

续撰《中日战争》稿二千四百字，谣起乃止。

夜小饮，饮后打牌四圈。既又续撰前稿四百言，毕第十三章。

12月16日（己巳十一月十六日　乙未）星期一

阴雨竟日，晨仍闻雷。上午五十六，下午五十四。

依时入馆，为振铎校《文学史》。并写信两封。

夜小饮，饮后撰《中日战争》稿二千四百言，第十四章以毕。十一时就寝，心头舒适，颇怡然不觉劳。如能从此成习，今后当不无希望,则认为此生一转机可已。

12 月 17 日 (己巳十一月十七日　丙申) 星期二

阴晴兼行,夜霰。四十九。

依时入馆,仍为振铎校《文学史》。

东方图书馆约予及纬平、予同、振铎、叔迁、达人等审查汉文图书,明日午后起即须会议入手办法。自此以后,编所与图书馆间或可稍见联络乎?

夜小饮,饮后开唱片为娱。八时许动手续作《中日战争》稿,至十时止,得千言弱。明日将完成之。

看《提要·子部》术数类毕,并看存目。十一时寝。

12 月 18 日 (己巳十一月十八日　丁酉) 星期三

阴雨,入夜尤大。四十七。

依时入馆,看报集材。下午未入,在家续成《中日战争》全稿,今日写千馀言,前后共约五万七千言,明日拟请圣陶为我作序,本周内当送出之。

今日寒冷,初御羊裘。

八时三刻即辍笔,旋看《提要·子部》术数类存目。

12 月 19 日 (己巳十一月十九日　戊戌) 星期四

阴雨。上午四十七,下午四十九。

依时入馆,上午看报集材,下午在图书馆审查史地类书有无缺少即须增补者。盖昨日开会决定,推予及纬平分担此任也,其馀各项亦由予同、振铎等任之。年内将不得息肩矣。

夜小饮。饮后看《国语韦解》,备选注。旋看《提要·子部》术数类存目,毕之。

12 月 20 日（己巳十一月二十日　己亥）星期五

晴寒。上午四十五,下午四十三,夜四十二。

依时入馆,删《三国注》。下午会同纬平开书十五种送图书馆,并声明即日留所办事,不再报到。遂未往续检卡片。

圣陶序已交到,即晚钉成一册,明日当送柏丞核数支酬也。

接子玉信,知其二女公子已于十日晚十二时病殁。为之怛恻久之。

12 月 21 日（己巳十一月二十一日　庚子）星期六

阴寒,午前即雪,至晚未休。四十。

依时入馆,续删《三国注》。《中日战争》稿已亲交柏丞,或可于下周内开出酬金也。

今日大雪,又值冬至夜,濬儿亦自校归。晚暖酒治馔团饮焉。

丐尊为开明借《晋书》以下二十史,凡一百七十二本,今日由出店车去。

写信与梦九、志成、子玉。

12 月 22 日（己巳十一月二十二日　辛丑　冬至　冬节）星期日

晴寒。积雪未融,垂冰箸。上午三十五,午三十八,午后三十六。

上午看报讫,打牌四圈。午后又打四圈,至三时乃出。寒气逼人,虽袭重裘犹连嚏不止也。在文明书局购得丁仲祜《四部书目总录》样本一,又在五马路购得毡靴一,即附车归,已不胜寒冻,面部肿痛紧张,睁眼为难矣。

夜小饮,饮后随便阅看,不耐寒坐,即就睡。

12 月 23 日 (己巳十一月二十三日 壬寅) 星期一

晴,较昨稍暖。上午卅六,下午卅九。

依时入馆,仍删《三国注》。

夜小饮,饮后看《国语》,未数页即辍。

12 月 24 日 (己巳十一月二十四日 癸卯) 星期二

晴。雪未尽融。上午卅六,午四十,午后卅八。

依时入馆,删《三国注》。

散馆后与振铎过访乃乾于平乐里。夜共饮于豫丰泰酒楼,八时半乃归。归后稍看《四部书目总录》样本,觉犹有未安者。第精勤可风,度成书时必可弥此失耳。

12 月 25 日 (己巳十一月二十五日 甲辰) 星期三

晴,暖和,积雪俱消。晨大雾。上午卅七,下午四十七。

依时入馆,仍删《三国注》。

夜小饮,饮后看《提要·子部》艺术类。

天忽骤暖,至不适,恐又将降雨矣。

12 月 26 日 (己巳十一月二十六日 乙巳) 星期四

阴雨,湿甚。大雾。上午四十八,下午四十九。

依时入馆,仍删《三国注》。《中日战争》稿费已开送,凡二万九千八百馀言,酬三百元,除前支百元外,找二百元。三月辛勤,居然弥前亏而复得二百金,不可谓非快事也。明日当出赴发行所一支取之。

夜小饮。饮后看《提要·子部》艺术类。九时即睡。

12 月 27 日（己巳十一月二十七日　丙午）星期五

大雾,阴雨,湿甚。上午五十,下午五十二。

依时入馆,删毕《三国注》,仍交由叔迁促排。

本部第三纲用书分期出版规画今日拟出。存聿修处。

下午四时出,径赴本馆发行所支款,并在中华购得明年日历用纸以归。雨中往来,须眉尽沾,至不快,不图连冬起九乃如黄梅节令也。归途过宝山路复购饼饵数事携以到家,分颁诸儿。

夜小饮。饮后打牌四圈,旋看《提要·子部》艺术类。

12 月 28 日（己巳十一月二十八日　丁未）星期六

阴雨,湿气甚重。五十。

依时入馆,仍撰《词书》稿。

《中日战争》稿已由纬平校过,有指正数处。今日发排,想不致久稽也。

云彬又交稿一批,俟稿费开出后须为渠汇寄硖石东南湖同德东号筠庄。盖渠已归里办葬事,今日即首途也。

夜小饮。饮后打牌四圈。牌终选《国语》,标点《周语》三则。

12 月 29 日（己巳十一月二十九日　戊申）星期日

阴晴间作,未雨。四十八。

看报后即整理书籍,竟日未出,腰腿为之酸楚,然未竣也。

夜饭后打牌四圈,牌毕即寝,惫不胜言。

振铎过予,邀同出,以书未理毕辞,略谈即去,颇以为歉。

12 月 30 日(己巳十一月三十日　己酉)星期一

阴霾。四十四,午后四十六。

依时入馆,下午未往。仍在家理书,群籍粗安,已三时半矣。

夜晓翁来,具酒对饮,长谈至十时始行。

12 月 31 日(己巳十二月初一日　庚戌)星期二

晴和,东南风。上午四十六,下午四十八。

依时入馆,看刘锦藻《续皇朝文献通考·邮边〔传〕考》、《刑考》。

云彬事已说妥,先找付八十元,馀二百元俟全稿删注妥贴后再付清。前稿俱存予处,俟面时交渠着手也。

夜,合家团饮。饮后打牌四圈,十时乃寝。

写信与颉刚,托购配杂志数事。

收信表

日期	人名	地址	事由	备考
1 月 7 日	王翼之	斜塘小学	告安抵校中,并道谢招待。	
1 月 8 日	计硕民	松江中学	托即购寄《说部丛书》。	
1 月 9 日	郑梦九	徐州铜山师校	索取日历等。	
1 月 11 日	仲弟	苏州横马路	告眘已到,惟足疾多日,刻已愈。	

续表

日期	人名	地址	事由	备考
1 月 12 日	计硕民	松江中学	复告书已收到。	
1 月 23 日	陈乃乾	本埠新闸路 637	托借《词学集成》。	
1 月 24 日	顾颉刚	广州中山大学	复告明年行止,并开示书账。	
1 月 26 日	郭绍虞	北京燕大	复词亦有误,并及颉刚被嫉状。	
1 月 28 日	邱晴帆	海宁警察所	托介入中国学会。	
1 月 30 日	吕铎	南京交通处	告半年来近状,并赠照片。	
1 月 31 日	郑梦九	徐州	转介刘子耕荐其戚周君。	
2 月 1 日	章子玉	浦江县公署	告汴事有眉目,将赴之。	
2 月 11 日	薛用裕	浒关基督堂	告去岁回后出天花,今幸痊。	
2 月 15 日	仲弟	苏州横马路	告已挈眷回苏。	
2 月 15 日	王翼之	又　河沿街	请停止购报。	
2 月 19 日	章子玉	浦江县政府	告县经费略增,并请寄报。	
2 月 25 日	中华书局	本埠棋盘街	补页俟栈中送到,付来缺书八种,分配三、四、五集。	
2 月 26 日	郭绍虞	北平燕大	复《太平史料》俟北大开学即购寄。	
2 月 26 日	吕济群	南京交通兵团本部	复告其母将于出月来沪,并及近状。	

续表

日 期	人名	地 址	事 由	备考
2 月 27 日	王翼之	苏州河沿街 29	复告前寄书报俱到。	
2 月 28 日	潘儿	江湾立达	告初开学,饮食不惯。	
3 月 4 日	薛用裕	东桥民众茶社转	复告供职东桥金乌小学助教。	
3 月 8 日	周允言	苏州富郎中巷	托售稿,并声言去年歉忱。	
3 月 8 日	章子玉	浦江县政府	告寄报陆续到。	
3 月 15 日	周允言	苏州富郎中巷	复托询购石印《御览》、《二帖》、《书钞》等。	
3 月 16 日	王怀之	又　公安局	汇寿仪来。	
3 月 17 日	潘儿	江湾立达	告初九赶归拜寿。	
3 月 23 日	吕济群	南京交通兵团	告即出发运送材料赴皖。	
3 月 26 日	吕济群	安庆东门外救生局	告已安抵安庆。	
3 月 27 日	郑梦九	徐州铜山师范	汇六十元托买书。	
3 月 29 日	吕铭堂	苏州庙堂巷 13	复告候予,并询济群有无信来。	
4 月 2 日	章子玉	浦江县政府	告将假归葬父。	
4 月 2 日	王翼之	苏州斜塘小学	复我前片。	
4 月 12 日	顾颉刚	又　悬桥巷	告小病,并托事。	
4 月 14 日	仲弟	镇江东坞街	告暂就镇事,半月后仍返苏,住恒盛公廿一号。	

续表

日期	人名	地址	事由	备考
4 月 15 日	陈健君	本埠萨波赛路	托介绍稿件。	
4 月 19 日	邱晴帆	海宁警所	告因事将去职。	
4 月 22 日	章子玉	浦江县政府	两信并至,告暂不能返,已调升兰溪矣。	
4 月 25 日	顾颉刚	苏州悬桥巷	告日内即将赴平,并托询乃乾买文。	
4 月 27 日	邱晴帆	海宁警所	告有人电留,或将调任。	
4 月 29 日	王翼之	苏州河沿街 29	复告遇劫受惊,现已呈准暂行停课。	
4〔5〕月 4 日	郭绍虞	北平成府蒋家胡同 4	讨论文史问题三点。	
4〔5〕月 6 日	仲弟	南京中正街口	告由镇到宁住凤台旅馆十三号。	
5 月 8 日	郑梦九	又 又　恒来旅馆	告为校事到京,将来沪。	
5 月 9 日	邱晴帆	杭州清华旅馆	告已交卸到杭,不日过沪。	
5 月 13 日	王志成	南洋新嘉坡	催询书稿出版未。	
5 月 13 日	王翼之	苏州河沿街	复前信,并邀珏人、同儿偕赴苏。	
5 月 14 日	吴文祺	集美学校	告将假归,可长谈。	
5 月 16 日	邱晴帆	南京三眼井十一号	告已安抵新居。	
5 月 22 日	章子玉	兰溪县政府	告抵任状况甚好。	

日期	人名	地址	事由	备考
5 月 23 日	王翼之	苏州河沿街 29	复告其父以国忌辍祝寿	
5 月 24 日	陈健君	本埠萨波赛路	询究否要收警务书。	
5 月 24 日	潏儿	江湾立达学园	要求升学,并发牢骚。	
5 月 25 日	邱晴帆	南京三眼井十一	告已奉委无锡公安局长,定廿六赴任。	
5 月 28 日	郑梦九	宜兴县政府	托予在《汉书注》上并列飞卿名。	
5 月 30 日	邱晴帆	无锡公安局	快信允任怀之事,请催即行。	
5 月 31 日	顾颉刚	北平景山东街	告抵平状况,将就燕大事。	
6 月 5 日	王怀之	苏州市公安局	快信告抵锡见邱未洽情形。	
6 月 6 日	邱晴帆	无锡公安局	告怀之事当从缓设法。	
6 月 7 日	王翼之	斜塘小学校	复告怀之事,并托买药。	
6 月 7 日	章子玉	兰溪县政府	告端节不能返申。	
6 月 9 日	吕济群	南京庐政牌楼	告安返都门,并升擢上尉股长。	
6 月 18 日	郑梦九	宜兴县政府	请即将书款汇彼。	
6 月 20 日	王怀之	苏州市公安局	告送物已到,谢厚谊。	
6 月 22 日	郑梦九	宜兴县政府	款如未寄,请径汇徐州。	

续表

日期	人名	地址	事由	备考
6月22日	章子玉	兰溪县政府	告月终将假归。	
6月23日	王翼之	斜塘小学校	谢送物其家。	
6月23日	郑梦九	宜兴县政府	告款已到,汇徐说当然作罢。	
6月27日	又	又	复廿二信,并告廿八回徐。	
6月27日	仲弟	本埠大中华623	告前日抵此,约往一叙。	
6月28日	王怀之	苏州河沿街	告托悦之带虾子来。	
7月1日	计硕民	松江中学	托送为章婚礼。	
7月4日	陈乃乾	本埠平乐里	询颉翁寿去贺否。	
7月7日	计硕民	松江中学	告八日归苏。	
7月8日	陈乃乾	本埠平乐里	复四日书。	
7月12日	薛用裕	东桥镇民众茶园	告舅父病危。	
7月15日	又	又	告舅父十二亥时逝世。	
7月15日	郑梦九	宜兴县政府	托代渠及虚舟各送二元与为章。	
7月16日	邱晴帆	无锡公安局	托询《彊村》书价。	
7月19日	又	又	汇三十元托买《彊村丛书》。	
7月20日	吕铭堂	苏州庙堂巷	复七阿姨信已转去,并告小病。	
7月21日	王怀之	又　公安局	复贺生子,并告仁丈失职。	

续表

日期	人名	地址	事由	备考
7 月 22 日	王翼之	又　斜塘	贺生子,并告心乱事烦。	
7 月 22 日	薛用裕	又　东桥	复已代送赙敬五元。	
7 月 24 日	郑梦九	宜兴县公署	复为章礼可随便。	
7 月 25 日	章子玉	兰溪县政府	告因劳罹疾,归期展缓。	
7 月 26 日	邱晴帆	无锡公安局	告书尚未到,将委怀之乡分局长。	
7 月 27 日	又	又	快函告拟任怀之后桥分局局长。	
7 月 27 日	顾颉刚	杭州仁和场署	告到杭后即将返苏。	
7 月 29 日	王翼之	苏州河沿街廿九	告怀之即于廿九日赴谒晴帆。	
7 月 30 日	王怀之	无锡中华旅社	告到锡谒邱,备到乡立局。	
7 月 30 日	吴勖初	苏州小管弄	久别伸离悰。	
7 月 30 日	郑梦九	宜兴县政府	复飞卿结婚确为徐女士。	
8 月 5 日	王怀之	无锡后桥镇	告成立第十公安分局情形。	
8 月 8 日	吴勖初	苏州小管弄	复我并贺小儿生。	
8 月 8 日	曹铁笙	无锡公安局	约即往劝晴夫人勿生疑。	
8 月 9 日	顾颉刚	苏州悬桥巷	告由杭归苏,将即北上。	

日期	人名	地址	事由	备考
8月9日	仲弟	南京淮清桥街30	告大世界营业状况。	
8月10日	章子玉	兰溪县政府	复告病痊，秋后当假归。	
8月12日	郑梦九	宜兴县政府	托询有无著述事件。	
8月14日	邱晴帆	无锡县公安局	关切怀之，并托询《万有文库》。	
8月19日	王翼之	苏州河沿街	告近状，并询《未厌集》。	
8月21日	王怀之	后桥镇公安局	告办事棘手状。	
8月30日	郑梦九	宜兴县政府	托代定《说报》及《妇女》什志。	
9月3日	陈乃乾	本埠福鑫里	告卧病月馀。	
9月3日	顾颉刚	苏州悬桥巷	托送款与郭鲁卿。	
9月7日	陈乃乾	本埠新闸路	复已到店，可在店相晤。	
9月8日	周允言	南通中学校	快信催寄书。	
9月10日	郑梦九	宜兴县政府	复称定报，已嘱在蕙钞起讫。	
9月11日	郑在蕙	徐州女子中学	函告定报起讫。	
9月14日	邱晴帆	无锡公安局	招于中秋月夜泛太湖作清游。	
9月16日	王翼之	苏州河沿街	告即赴沪。迟到。	
9月17日	王怀之	苏州后桥镇	告近状甚悉。	
9月21日	王翼之	苏州斜塘小学	告安抵校中，并云妇尚未产。	

日期	人名	地址	事由	备考
9 月 27 日	郑梦九	宜兴县政府	告重阳左右当到苏，并云患疟。	
10 月 5 日	又	又	告双十节到苏，约届时往晤。	
10 月 5 日	仲靖澜	苏州市政府	告梦九行期，邀即往会。	
10 月 5 日	王翼之	又　斜塘校	告近状，并报生子。	
10 月 5 日	潏儿	江湾立达	告双十回家，本日不到沪矣。	
10 月 6 日	章子玉	杭州旅次	告挈女首途，未及走辞。	
10 月 8 日	顾颉刚	北平成府蒋家胡同 9	复告近状，并痛论何定生妄举。	
10 月 14 日	薛用裕	东桥民众茶园	告仍在金乌小学任事。	
10 月 19 日	吕济群	南京交通兵团	告将出发汉口。	
10 月 20 日	王仁斋	苏州河沿街 29	复告怀之夫人仍未退热。	
10 月 20 日	周允言	南通中学	告校中起风潮，江校长已进省。	
10 月 20 日	邱晴帆	无锡公安局	托购《梅村家藏稿》，并约往游。	
10 月 21 日	郑梦九	宜兴县政府	复前信，并告代送虚舟礼。	
10 月 21 日	王翼之	苏州斜塘小学	复告近况。	

续表

日期	人名	地址	事由	备考
10 月 23 日	章子玉	兰溪县政府	复告其二千金病仍重,难望痊。	
10 月 29 日	顾颉刚	北平成府	告履安病,并复我前信。	
11 月 6 日	邱晴帆	无锡公安局	复告将来沪购械。	
11 月 11 日	郑梦九	宜兴县政府	汇五元,托再定《妇女》、《说报》等寄徐。	
11 月 14 日	王翼之	斜塘小学	邀到苏赴其子汤饼宴。	
11 月 14 日	王志成	同里东旗杆	告已辞南洋教职返里。	
11 月 18 日	王翼之	苏州斜塘小学	再邀珏人等赴宴。	
11 月 17 日	吕济群	汉口竞胜轮次	询近状,并告旅汉情形。	
11 月 21 日	顾颉刚	北平成府蒋家胡同九号	复前信,并告近状。	
11 月 26 日	章子玉	兰溪县政府	告其女病危,商办法。	
11 月 27 日	潘儿	苏州河沿街王宅	告安抵翼之家,复仍泻不止。	
11 月 27 日	郑梦九	宜兴县政府	告溧邑匪警,邻防大苦。	
12 月 2 日	陈乃乾	本市西藏路平乐里	问《算书目录》,并告《太平史料》。	
12 月 2 日	吕济群	汉口竞胜轮次	复告汉上近状,并将结束东归。	

日期	人名	地址	事由	备考
12 月 7 日	王翼之	斜塘小学校	告校事不顺手,颇露灰心意。	
12 月 7 日	邱晴帆	无锡公安局	告谷烈已放巡官,并托询中华《廿四史》。	
12 月 7 日	郑梦九	宜兴县政府	告近状,并言张少明为难事。	
12 月 14 日	王怀之	后桥公安分局	复告谷烈果派十局巡官,尚得力。	
12 月 18 日	王志成	苏州同里东旗杆	谢为其介绍书稿。	
12 月 19 日	张少明	本埠金神父路	复告拜望非别。	
12 月 19 日	郑梦九	宜兴县政府	复告受扰苦状。	
12 月 20 日	章子玉	兰溪县政府	告其二女公子已病殁。	
12 月 20 日	夏丏尊	本埠开明书店	告借《晋书》以下二十史。	

发信表

日期	人名	地址	事由	备考
1 月 9 日	吕铭堂	苏州庙堂巷 13	复告平安。 附胡七姨信中。	
1 月 9 日	计硕民	松江中学	复寄《古今说部丛书》。	

续表

日期	人名	地址	事由	备考
1月9日	顾颉刚	广州东山启明三马路十号	托补《沿革表》等缺页。	
1月10日	郭绍虞	北平燕大（海甸）	挂号寄所钞《续词品十二则》去。	
1月11日	郑梦九	徐州铜山县师	复告日历已转知交通科，并附飞卿信。	
1月12日	仲弟	苏州横马路	复慰足疾，嘱挈眷来寓度岁。	
1月23日	陈乃乾	本埠新闸路637	复《词学集成》在侃如手，一时不能借到。	
1月28日	又	又	转介邱晴帆入中国学会。	
1月28日	郭绍虞	北平燕京大学	复前日信，并托代购程演生《太平史料》。	
1月28日	邱晴帆	海宁警所	复已转介入中国学会。	
2月5日	吕铎	南京交通营	复谢赠照，并嘉其阅历。	
2月5日	章子玉	浦江县政府	复告将寄报。	
2月19日	又	又	复已寄报。	
2月19日	王翼之	苏州河沿街29	复准停购报章，并将存报寄去。	
2月19日	薛用裕	浒关基督堂	复慰出痘。	
2月19日	中华书局定书柜	本埠棋盘街	补《四部备要》二集缺页六张。	

续表

日期	人名	地址	事由	备考
3 月 8 日	周允言	苏州富郎中巷	复告稿不要,并谢前送法帖。	
3 月 14 日	杨寿祺	本埠来青阁	托补《说文诂林》缺页十张。	
3 月 16 日	潘儿	江湾立达	嘱初九赶归吃面。	
3 月 26 日	王仁斋	苏州河沿街 29	报安抵上海,并谢合家赐物。	
3 月 26 日	王翼之	又　斜塘小学	谢相送到站,并告怀之钱确托其带还。	
3 月 26 日	吕济群	安庆东门外军次	复令移驻何处即告知,俾免悬念。	
3 月 28 日	郭绍虞	北平成府蒋家胡同四号	谢寄到《太平史料》三册。	
3 月 28 日	吕铭堂	苏州庙堂巷 13	告济群行踪,并及谢简慢其夫人。	
3 月 29 日	又	又	再复济群现驻所在。	
3 月 29 日	郑梦九	徐州铜山师范	寄配书账单三纸去。	
4 月 3 日	章子玉	浦江县政府	复请返途先过我。	
4 月 12 日	顾颉刚	苏州悬桥巷顾家园 2	复慰小病,并告将代办。	
4 月 13 日	中大图周刊编辑处	广州市中山大学	复请仍寄《周刊》。	
4 月 13 日	陈乃乾	本埠西藏路平乐里	托代觅浙翻永怀堂《十三经》。	
4 月 16 日	仲弟	镇江东坞街	复慰跋涉。	

日期	人名	地址	事由	备考
4月15日	陈健君	本埠萨波赛路	复馆中现不需此。	
4月18日	邱晴帆	海宁警所	询何以久无信来。	
4月23日	又	又	复慰代人受过，并询归期。	
4月23日	王翼之	斜塘小学校	询斜镇被洗劫受惊否。	
4月25日	顾颉刚	苏州悬桥巷	复即去询乃乾。	
5月2日	尤月斧	又　教育局	挂号寄还稿件。	
5月6日	王翼之	又　河沿街	复慰受惊，并告予之行期。	
5月6日	郭绍虞	北平成府蒋家胡同	复论文史三点。	
5月8日	邱晴帆	海宁县警所	询究竟留任否。	
5月14日	王翼之	斜塘小学	复慰安心办学，并告珏人等不赴苏。	
5月14日	仲弟	南京中正街口	复问近状。	
5月16日	刘虚舟	镇江省府民政厅	托转信与梦九。	
5月16日	夏丏尊	本埠开明编所	送《纲要》并催询《志》成稿。	
5月21日	邱晴帆	南京三眼井十一号	复慰一切。	
5月21日	顾颉刚	北平大石作卅二	告《史目》送出情形。	
5月23日	章子玉	兰溪县政府	复贺得迁善地。	

续表

日　期	人名	地址	事由	备考
5 月 24 日	陈健君	本埠萨波赛路	复本馆无需求警务书事。	
5 月 24 日	濬儿	江湾立达学园	复训一切。	
5 月 28 日	邱晴帆		致晴帆荐怀之。	
5 月 29 日	王仁斋	苏州河沿街 29	告安归,并声谢一切。	
5 月 29 日	郑梦九	宜兴县政府	复《汉书注》已定目,难照办。	
6 月 2 日	邱晴帆	无锡公安局	快函复陈旅常延搁,已催怀之行。	
6 月 2 日	王怀之	苏州市公安局	快函促即日到锡见晴帆。	
6 月 2 日	王翼之	斜塘小学校	报告怀之事已洽。	
6 月 5 日	顾颉刚	北平大石作卅二	复告近状,并劝慎于进止。	
6 月 6 日	王怀之	苏州河沿街 29	复慰枉走一趟。	
6 月 6 日	邱晴帆	无锡公安局	复申怀之事,仍属留意。	
6 月 5 日	曹亮武	无锡公园路	挂号转还《论语新解》与许澹如。	
6 月 12 日	吕济群	南京庐政牌楼	复慰嘉勉。	
6 月 19 日	郑梦九	宜兴县政府	挂号复汇壹百元去。	
6 月 22 日	郑梦九	又	告款早汇出,并催复信。	
6 月 22 日	章子玉	兰溪县政府	复欢迎回申握叙。	

续表

日　期	人名	地址	事由	备考
6 月 27 日	仲弟	本埠大中华饭店 623	复病初起，不能赴约。	
7 月 2 日	张禹琳	太仓城内痘司堂街	送奠礼去。	
7 月 4 日	陈乃乾	本埠平乐里	复顾家或不去，并催代购书。	
7 月 6 日	计硕民	苏州卫前街 64	复为章礼当代送两元。	
7 月 13 日	薛用裕	东桥镇民众茶园	复因病不能来。	
7 月 16 日	又	又	复不能赴丧，并托代具赙金。	
7 月 17 日	王怀之	苏州河沿街	告复儿生。	
7 月 17 日	邱晴帆	无锡公安局	复《彊村》书价，及告生子。	
7 月 17 日	郑梦九	宜兴县政府	复为章婚期已过，似可不必补送。	
7 月 17 日	顾颉刚	苏州悬桥巷	询近状，并告生子。	
7 月 18 日	吕铭堂	苏州庙堂巷	告生子，并托召七阿姨来帮忙。	
7 月 21 日	又	又	复谢转信，并慰问小病。	
7 月 21 日	胡七太太	苏州三多巷	快信请来申帮家事。	
7 月 22 日	郑飞卿	徐州后仓巷	寄《恋爱的故事》贺其婚。	

续表

日期	人名	地址	事由	备考
7月22日	邱晴帆	无锡县公安局	复寄《彊村丛书》发票。	
7月22日	王怀之	苏州河沿街	复慰仁丈失职，并谢贺我生子。	
7月23日	薛用裕	苏州东桥镇	复谢代我垫送赙金。	
7月23日	王翼之	苏州斜塘小学	复慰心乱事烦。	
7月26日	王怀之	苏州市公安局	快信知照送履历往无锡。	
7月26日	邱晴帆	无锡县公安局	复谢怀之事。	
7月26日	郑梦九	宜兴县政府	复昨函。	
7月26日	章子玉	兰溪县政府	复慰小病。	
7月26日	顾颉刚	苏州悬桥巷	询前函到未，并代转广信。	
7月27日	王怀之	苏州公安局	快信知照拟任后桥分局长。	
7月27日	邱晴帆	无锡县公安局	复告已知照怀之。	
8月2日	王翼之	苏州斜塘校	复怀之已有信来。	
8月2日	吴勖初	又　小管弄	复告近状，并约秋凉到苏。	
8月2日	郑梦九	宜兴县政府	复约秋凉到苏聚首。	
8月6日	王怀之	无锡后桥镇	复前信，并嘱便访铁笙。	
8月6日	吕铭堂	苏州庙堂巷	告庶母病亟。	
8月8日	曹铁笙	无锡公安局	复告不能任此。	
8月8日	吴勖初	苏州小管弄	复谢一切，并告沪江正聘人。	

日期	人名	地址	事由	备考
8 月 9 日	顾颉刚	苏州悬桥巷	询北上行期,并约来此小游。	
8 月 13 日	郑梦九	宜兴县政府	复前信,并致唁虚舟托代转。	
8 月 15 日	邱晴帆	无锡公安局	复寄《万有文库》目录。	
8 月 15 日	王怀之	无锡后桥镇	转达晴意,并嘱时通信。	
8 月 16 日	顾颉刚	苏州悬桥巷	复前信,并论教部钞件事。	
8 月 16 日	仲弟	南京淮清桥街卅	复告一切。	
8 月 16 日	章子玉	兰溪县政府	复望即归。	
8 月 20 日	王翼之	苏州河沿街	复告一切,《未厌集》待取。	
8 月 22 日	王怀之	后桥公安局	复慰安心从事。	
9 月 2 日	郑梦九	宜兴县政府	复请示起讫及寄报地址。	
9 月 2 日	顾颉刚	苏州悬桥巷	汇七百五十元去(由商业储蓄银行),又邮寄一缄报告汇出。	
9 月 4 日	陈乃乾	本埠新闸路637	复候痊安,并约星期往访。	
9 月 10 日	周允言	南通中学校	寄书两种去,并复前信书价。	

续表

日期	人名	地址	事由	备考
9 月 12 日	郑梦九	宜兴县政府	复候期会苏,并寄定单二纸。	
9 月 12 日	王翼之	苏州斜塘小学	复前书,并望中秋来此。	
9 月 16 日	邱晴帆	无锡公安局	复谢招游,以故不能赴,请俟来月。	
9 月 23 日	顾颉刚	北平成府蒋家胡同九号	询到平近状。	
9 月 23 日	王怀之	苏州后桥镇	复问一切,并嘱常时写信。	
9 月 23 日	王翼之	又　斜塘镇	复告近状,并慰迟生。	
9 月 27 日	郑梦九	宜兴县政府	复慰生疠,并允届时赴苏相晤。	
10 月 5 日	又	又	复如期赴会。	
10 月 5 日	仲靖澜	苏州市政府	复同前因。	
10 月 5 日	王翼之	苏州斜塘小学	复贺生子,并告双十到苏。	
10 月 15 日	又	又	告扰,并询怀之夫人病状。	
10 月 15 日	王仁斋	苏州河沿街 29	同上,并问怀之归未。	
10 月 15 日	吕铭堂	又　庙堂巷 13	复请属七姨带棉花二元来。	
10 月 15 日	章子玉	兰溪县政府	复询其女到彼后病状。	
10 月 15 日	郑梦九	宜兴县政府	告归况,并询到宜后状况。	

续表

日期	人名	地址	事由	备考
10 月 15 日	仲靖澜	苏州市政府	告扰,并告归状,兼及剑秋、建初。	
10 月 15 日	计硕民	又　卫前街 64	告扰,并告裱轴已取得,兼及彦龙。	
10 月 16 日	顾颉刚	北平成府蒋家胡同九	复前信,并托询白眉初地志事。	
10 月 21 日	王仁斋	苏州河沿街	复慰一切,并邀来小住。	
10 月 21 日	郑梦九	宜兴县政府	再托代送虚舟贺仪。	
10 月 21 日	邱晴帆	无锡公安局	复不能行游,并告当代询书。	
10 月 31 日	顾颉刚	北平成府	复告一切,并代子玉乞介绍。	
10 月 31 日	章子玉	兰溪县政府	复告已托颉刚代介。	
11 月 4 日	邱晴帆	无锡公安局	告《梅村家藏稿》已由乃乾代购。	
11 月 14 日	又	又	告本馆印刷所被灾,并托怀之事。	
11 月 14 日	王仁斋	苏州河沿街	告近状,并复到苏不定。	
11 月 14 日	王翼之	斜塘小学校	复告近状,并言不定能否到苏。	
11 月 14 日	郑梦九	宜兴县政府	谢代送礼,并寄定报发单去。	
11 月 19 日	郑梦九	宜兴县政府	代转叔迁意见,并询前书到未。	

续表

日期	人名	地址	事由	备考
11 月 19 日	王翼之	斜塘小学校	复珏人准廿五日挈潜，复到苏。	
11 月 19 日	王志成	苏州同里镇	复告欢迎新著。	
11 月 19 日	吕济群	汉口招商码头	复告近状，并希早归叙晤。	
11 月 24 日	顾颉刚	北平成府蒋家胡同九	复谢代寄《国学论文索引》。	
11 月 25 日	潜儿	苏州河沿街王宅	询奉母行路途中安顺否。	
11 月 25 日	张少明	本市金神父路133	告已函托练先生代为物色教席。	
11 月 25 日	练为章	又　上海中学	托张少明事。	
11 月 26 日	章子玉	兰溪县政府	复请即伴其女归申，并告颉刚已函来。	
11 月 27 日	潜儿	苏州河沿街29	复告同状，并嘱初一日必归。	
11 月 27 日	郑梦九	宜兴县政府	复慰劳驾。	
12 月 3 日	陈乃乾	本市西藏路平乐里	复告《算目》及谢告《太平史料》事。	
12 月 7 日	章子玉	兰溪县政府	为其友开一书单寄去。	
12 月 9 日	王怀之	后桥公安局	告谷烈任巡官来由。	
12 月 9 日	王翼之	斜塘小学校	复慰且勿牢骚。	
12 月 9 日	邱晴帆	无锡公安局	复谢谷烈见委，并复中华《廿四史》。	

续表

日期	人名	地址	事由	备考
12月9日	郑梦九	宜兴县政府	复询宜邑安否。	
12月14日	又	又	探询近状及转告叔迁意见。	
12月16日	王怀之	后桥公安分局	复慰一切,并告近状。	
12月16日	张少明	本埠金神父路133	告无能为力。	
12月21日	郑梦九	宜兴县政府	复慰受惊,并询详情。	
12月21日	王志成	同里镇东旗杆	复尊稿全由陈稼轩接洽。	
12月21日	章子玉	兰溪县政府	复慰丧女。	
12月21日	夏丏尊	本埠开明书店	复检奉《晋书》以下廿史一百七十二本。	
12月31日	顾颉刚	北平成府蒋家胡同	托添购所缺杂志。	

收支一览表

月	日	收入要目	收入数额	月	日	支出要目	支出数额
1	1	翼之托定报	2.00	1	2	还怀之代礼	3.00
1	7	本月上半薪	65.00	1	7	家用	40.00
1	8	调孚还戏	0.60	1	7	书橱先付	10.00
1	8	借珏人	20.00	1	7	还雪村酒	9.20
1	10	取本馆存	150.00	1	7	大光明电影	1.20
1	16	甘露会款还	16.80	1	8	送贺昌群礼	2.20

续表

月	日	收入要目	收入数额	月	日	支出要目	支出数额
1	21	本月下半连升工	75.27	1	8	上月报资	1.00
1	22	《三国》四批酬	169.00	1	8	捐助弘一师	5.00
1	22	收回开明证	4.00	1	9	代硕购书	8.16
				1	9	代硕寄书	0.525
				1	9	绍酒	1.20
				1	10	还珏人	20.00
				1	10	儿食等	0.80
				1	10	修留音机	1.00
				1	11	到铎所车	0.10
				1	12	昨夜餐费	2.00
				1	12	药片等	1.60
				1	15	再付书橱	20.00
				1	16	与珏人	10.00
				1	17	认开明股证	4.00
				1	21	家用	40.00
				1	21	年关特用	50.00
				1	21	托铎还全氏集	10.00
				1	22	开明股银	200.00
				1	24	邮票	1.00
				1	25	电灯台	5.70
				1	25	车力	0.30

月	日	收入要目	收入数额	月	日	支出要目	支出数额
				1	25	儿饵等	0.50
				1	26	陈星斋妇葬	1.00
				1	26	装电灯台	0.64
				1	27	绍酒一瓶	0.40
				1	29	牛乳两月	10.00
				1	31	书三种	1.55
				1	31	车力	0.25
		共收	502.67			共支	462.325
			462.33				
		一月应存	40.34				
2	1	上月存	40.34	2	2	捐致觉手善举	2.00
2	2	本月上又特借四之3	179.00	2	2	抄《清·艺文》先付	10.00
2	5	支本馆存	20.00	2	4	书两批	21.00
2	6	上月特加及升工	2.66	2	4	请乃乾饭	1.20
2	12	借圣陶	15.00	2	4	理发	0.48
2	17	结欠铎予	14.60	2	4	《四部备要》二集	90.00
2	21	本月尾找扣存	63.10	2	4	补前绍酒一坛	2.80
				2	4	家用	50.00
				2	6	公送梦旦寿	2.66

续表

月	日	收入要目	收入数额	月	日	支出要目	支出数额
				2	6	书一批	23.00
				2	6	书橱找清	30.00
				2	6	又送力	0.40
				2	9	葡萄酒	0.90
				2	9	克利西佛	1.20
				2	9	儿食及车力	0.80
				2	10	输雀	1.40
				2	11	输雀	0.50
				2	17	旅游及购物	26.60
				2	19	邮票	1.00
				2	19	代翼结清报	0.90
				2	21	家用	40.00
				2	21	还圣陶先	5.00
				2	21	还予铎	14.60
				2	21	补诸儿压岁	5.00
				2	23	两日车钱	0.25
				2	24	诸儿看电影	0.50
				2	26	送虎如祖母吊	2.00
		共收	334.70			共支	334.19
			334.19				
		二月应存	0.51				
3	1	上月存	0.51	3	5	请勘初	3.00

月	日	收入要目	收入数额	月	日	支出要目	支出数额
3	7	本月上半薪	57.27	3	7	公请梦旦份	2.00
3	8	圣陶还份	2.00	3	7	家用	40.00
3	14	《三国》第五批酬	85.00	3	7	代圣陶份	2.00
3	21	本月下半扣馀	57.27	3	7	邮票香烟	2.00
3	22	向珏人取	24.00	3	8	《说文诂林》先付	1.00
3	29	支本馆存	80.00	3	10	《杜诗镜铨》	1.44
				3	12	请硕民添菜	1.00
				3	14	还清圣陶	10.00
				3	14	交珏人	70.00
				3	16	《古事比》六本	1.35
				3	17	照相定	2.00
				3	21	家用	50.00
				3	22	寿仁斋	10.00
				3	22	贺悦之	4.00
				3	22	到苏车力	2.00
				3	25	在苏输雀	1.00
				3	26	犒王宅女仆	0.50
				3	26	回沪车力	2.00
				3	26	贴丁公公半年	6.00

续表

月	日	收入要目	收入数额	月	日	支出要目	支出数额
				3	29	还清《说诂》价	57.00
				3	29	付第二批抄书	15.00
				3	29	还铎马集	2.00
				3	29	补十八请剑彦	4.00
				3	31	两日车力	0.40
				3	31	理发	0.40
		共收	306.05			共支	290.09
			290.09				
		三月应存	15.96				
4	1	上月转存	15.96	4	1	给潜用	1.00
4	6	本月上半扣馀	57.27	4	1	上月失账（由报资及复）	4.00
4	8	闻太太还	50.00	4	6	家用	50.00
4	18	借珏人	10.00	4	6	昨言茂源酒	2.20
4	20	本月扣馀	57.27	4	6	蚊香一打并花露水	3.90
4	24	借珏人	5.00	4	7	车力	0.40
				4	8	还讫珏人	50.00
				4	9	上月报资	1.00
				4	10	贺东华生子	2.00
				4	13	臭药水等	1.60
				4	18	锦文堂书	12.00
				4	18	绍酒及肴	0.90

续表

月	日	收入要目	收入数额	月	日	支出要目	支出数额
				4	20	家用	50.00
				4	21	豫丰泰酒	4.40
				4	21	澹捐校	1.00
				4	21	观奇份	3.00
				4	21	蛋糕及车力	0.50
				4	24	朱古列糖等	0.50
				4	24	预寿白开业	2.00
				4	28	写书根	2.00
				4	28	澹儿用	1.00
				4	30	扎见杂用	3.10
		共收	195.50			共支	195.50
			195.50				
		四月平抵	0.00				
5	7	本月上半薪	70.00	5	7	家用	50.00
5	10	《三国》末批酬	130.00	5	7	还珏人	15.00
5	17	收回《清史稿》抄费	6.57	5	9	新雅茶点	0.82
5	18	又三份垫款	19.68	5	10	上月报资	1.00
5	21	扣剩(已清)	62.54	5	10	《岁时日咏》	0.48
5	23	卖《清·艺志》与圣陶	3.28	5	10	豫丰泰酒	2.75
				5	10	巧格力糖	0.40

续表

月	日	收入要目	收入数额	月	日	支出要目	支出数额
				5	10	两次出门车力	0.55
				5	10	潘儿学膳	75.00
				5	10	潘儿用	10.00
				5	10	又还珏人	10.00
				5	11	车力	0.25
				5	12	请晴九笙	3.00
				5	13	车力	0.20
				5	14	豫丰泰酒	3.87
				5	14	车力	0.20
				5	18	找出垫清	1.30
				5	18	车力	0.20
				5	21	家用	50.00
				5	21	珏人	10.00
				5	22	理发及力	0.64
				5	25	锦文堂书	3.00
				5	25	买苏州礼物	4.00
				5	25	同儿草帽	1.00
				5	25	访悦之车力	0.20
				5	29	送仁公份	4.00
				5	29	风米	1.00
				5	29	车票人力车	2.00
				5	31	常熟往回	9.40

月	日	收入要目	收入数额	月	日	支出要目	支出数额
		共收	292.07			共支	260.26
			260.26				
		五月应存	31.81				
6	1	上月存	31.81	6	1	儿食	0.60
6	7	上月上半薪	70.00	6	2	车力	0.20
6	8	十七年度花红	108.70	6	3	草帽	1.00
6	8	又特别储蓄	27.18	6	3	补常熟书	5.70
6	8	予同还书账	3.70	6	4	新新公司物	9.15
6	10	圣陶归垫	12.70	6	4	先施物	2.88
6	21	本月下半及升	79.34	6	4	永安物	29.10
6	29	硕民还予	8.64	6	4	新泰祥桂圆	1.00
				6	4	冯大房儿食	1.00
				6	4	北万馨点	0.50
				6	4	车力	0.10
				6	4	严既澄父吊	2.00
				6	4	失忆积数	13.00
				6	6	借乃乾	0.40
				6	6	鞋子一双	2.00
				6	7	家用	50.00
				6	7	馆役节赏	2.00
				6	7	职工会费	0.40
				6	8	存入特储簿	27.18

续表

月	日	收入要目	收入数额	月	日	支出要目	支出数额
				6	8	还乃乾账	20.00
				6	8	代圣陶还	12.70
				6	8	代翼之药丸	5.30
				6	8	聚丰园	2.20
				6	8	车力	0.20
				6	8	交珏人	30.00
				6	10	还锦文堂讫	5.60
				6	10	还铎车费	0.40
				6	11	潴儿	1.00
				6	11	挂帘三悬	3.40
				6	11	又酒力	0.10
				6	12	还硕寄练款	20.00
				6	15	聚餐	2.00
				6	16	儿饵各物	1.20
				6	16	输雀	0.40
				6	16	理发	0.32
				6	16	车力	0.10
				6	17	糟油	0.30
				6	17	盘香	0.44
				6	17	糖果	0.32
				6	17	车力	0.20
				6	19	汗衫两件	1.40

续表

月	日	收入要目	收入数额	月	日	支出要目	支出数额
				6	19	送张世禄礼	2.00
				6	19	儿食及车力	0.36
				6	21	扣还去年透红	2.54
				6	21	家用	50.00
				6	21	珏人	10.00
				6	21	《金石索》一部	6.03
				6	21	车力	0.16
				6	29	三儿定额费	3.00
				6	29	还硕配座	2.00
				6	29	新雅夜膳	2.25
				6	30	饼饵及车力	0.60
				6	30	《霞客游记》	4.05
		共收	342.11			共支	338.78
			338.78				
		六月应存	3.33				
7	1	上月转存	3.33	7	2	送禹琳礼	1.00
7	6	本月上半薪	70.00	7	2	送颉刚礼	4.00
7	13	支本馆存	50.00	7	6	家用	50.00
7	20	本月下半薪及升	79.34	7	7	潴报名及证金	12.00
				7	7	车票	0.40
				7	7	吴淞午饭	2.00

续表

月	日	收入要目	收入数额	月	日	支出要目	支出数额
				7	7	糖果	0.40
				7	7	潜印照片	0.20
				7	10	送为章婚礼	2.00
				7	10	又代硕送	2.00
				7	10	牙签车力等	0.50
				7	11	车力	0.18
				7	13	仲弟借去	50.00
				7	15	复生产婆酬	2.00
				7	20	扣还去年透红	2.54
				7	20	家用	50.00
				7	20	珏用	10.00
				7	21	送飞卿礼	2.00
		共收	202.67			共支	191.22
			191.22				
		七月应存	11.45				
8	1	上月转存	11.45	8	2	振铎嫁妹	3.33
8	3			8	2	上月邮票	1.00
8	7	本月上半薪	70.00	8	3	上月杂耗	0.82
8	9	修订历史酬	35.00	8	5	请铁酒	0.40
8	21	本月下半及升	79.34	8	5	昨北万馨	2.00
8	30	取馆折存	90.00	8	7	家用	50.00
				8	7	贴珏用	10.00

续表

月	日	收入要目	收入数额	月	日	支出要目	支出数额
				8	7	公宴云柏	2.65
				8	7	公唁觉明	2.00
				8	9	预储三儿学	30.00
				8	9	输雀	0.55
				8	12	邮票	1.00
				8	12	吊虚舟夫人	2.00
				8	16	绍酒及菜	1.00
				8	16	香烟两罐	0.50
				8	18	北万馨午饭	4.00
				8	21	扣还上年红	2.54
				8	21	家用	50.00
				8	21	珏用	10.00
				8	25	输雀	0.50
				8	25	点心、车力	0.32
				8	28	买药及点心	0.90
				8	30	家用	10.00
				8	30	潜学膳等	85.00
				8	31	《四朝别史》	12.70
				8	31	饼干两种	0.85
				8	31	五芳斋点	0.20
		共收	285.79			共支	284.26
			284.26				

续表

月	日	收入要目	收入数额	月	日	支出要目	支出数额
		八月应存	1.53				
9	1	上月转存	1.53	9	1	杂支	0.73
9	7	本月上半薪	70.00	9	2	为颉取款车	0.32
9	14	本月下半酬	79.34	9	7	家用	50.00
9	16	翼还并怀嫂还	7.30	9	7	还颉刚款	10.40
				9	7	同人慈善捐	1.00
				9	8	电沪	0.40
				9	8	点心	1.00
				9	8	车力	0.50
				9	8	昨送乡亲火车	2.00
				9	8	香烟二罐	0.50
				9	10	儿食车力	0.40
				9	10	馆役节赏	2.00
				9	14	阅书两种	3.60
				9	15	家用及珏	60.00
				9	16	还翼之苏车	2.00
				9	16	贴丁翁	6.00
				9	17	还清中国学会书账	8.60
				9	17	送翼车票	1.00
				9	17	车力往返	0.20
				9	18	清礼	1.00

月	日	收入要目	收入数额	月	日	支出要目	支出数额
				9	18	访子玉车力	0.30
				9	22	访子玉车力	0.30
				9	22	豫丰泰饮	2.50
				9	22	药皂一方	0.68
				9	23	邮票	0.40
				9	25	香烟二听	0.50
		共收	158.17			共支	156.33
			156.33				
		九月应存	1.84				
10	1	上月转存	1.84	10	1	上月输雀	1.84
10	1	昨取存款	50.00	10	1	潘英文三角	2.88
10	7	本月上半薪	70.00	10	1	公贺柏丞四十	2.84
10	21	本月下半酬	79.34	10	1	酒菜、儿食	1.55
10	27	赢雀	0.73	10	1	车力	0.20
				10	2	还珏垫喑舅	5.00
				10	2	还珏垫潘买书	5.00
				10	2	还珏垫复药	3.00
				10	2	还珏垫上月《申报》费	1.00
				10	2	上月报费	1.00
				10	5	锦文堂书	20.00
				10	5	来青阁书	4.00

续表

月	日	收入要目	收入数额	月	日	支出要目	支出数额
				10	5	车力	0.20
				10	6	新乐府听歌	1.00
				10	6	车力	0.20
				10	7	家用	50.00
				10	7	赙陈济芸	1.00
				10	8	蛋糕、车力	0.45
				10	13	游苏往返	5.00
				10	15	点心	0.50
				10	16	香烟、牙膏	0.90
				10	18	同人聚餐	0.50
				10	18	毛笔三枝	0.40
				10	18	王宝和酒	0.80
				10	18	饼饵什物	0.50
				10	18	车力	0.10
				10	20	正兴馆饭	2.00
				10	20	输雀	0.40
				10	20	牙刷、栗子	0.40
				10	20	贴蟹	1.00
				10	21	家用	50.00
				10	21	珏用	10.00
				10	21	扣还两月应还	5.09
				10	26	潜皮鞋等	5.00

续表

月	日	收入要目	收入数额	月	日	支出要目	支出数额
				10	26	输雀	0.85
				10	27	绍酒	0.80
				10	28	正兴馆酒饭	5.30
				10	29	车力	0.35
				10	31	绍酒	0.40
		共收	201.91			共支	191.45
			191.45				
		十月应存	10.46				
11	1	上月转存	10.46	11	1	邮票	1.00
11	2	学生酬金	19.00	11	1	上月报资	1.00
11	7	本月上半薪	70.00	11	2	兑碎另化	1.00
11	12	晴帆书款	14.00	11	2	轧失	2.00
11	13	梦九汇来	5.00	11	4	绍酒及车力	0.60
11	14	结欠梦九	6.14	11	4	贺慰民父寿	2.00
11	21	本月下半及升工	79.34	11	6	绍酒	0.40
				11	7	赙潘同曾祖母	1.00
				11	7	家用	50.00
				11	9	车力	0.32
				11	9	宴客	15.00
				11	11	补三日照相	1.00
				11	11	大世界券	0.64

月	日	收入要目	收入数额	月	日	支出要目	支出数额
				11	11	往还车力	0.32
				11	11	前日门券	0.32
				11	12	车力	0.32
				11	14	代梦定报	3.78
				11	14	送虚舟婚礼	2.70
				11	14	邮票	1.00
				11	14	取照	2.08
				11	14	历亏	10.00
				11	15	另用	0.50
				11	16	车力	0.14
				11	18	绍酒	0.80
				11	19	史地部公吊鲍	0.15
				11	20	续保火险	9.00
				11	20	大世界往回车	0.20
				11	21	家用	50.00
				11	21	珏用	10.00
				11	21	与予同等公吊鲍	1.00
				11	21	扣还上年红	2.55
				11	22	大世界往回车	0.20
				11	22	面二碗	0.32
				11	23	面三碗	0.48

续表

月	日	收入要目	收入数额	月	日	支出要目	支出数额
				11	24	大世界票车	0.48
				11	25	北万馨点	0.60
				11	25	往回车力	0.20
				11	27	职工会费	0.50
				11	28	点心	0.16
				11	29	大世界票车	0.48
				11	30	本月牛奶	5.60
				11	30	本月房金	23.20
		共收	203.94			共支	203.04
			203.04				
		十一月应存	0.90				
12	1	上月转存	0.90	12	1	上月报资	1.00
12	7	本月上半薪	70.00	12	5	绍酒	0.80
12	10	支本馆储款	30.00	12	6	输雀	0.50
12	21	本月下半薪及升	79.33	12	6	大世界车力三次	0.50
12	27	《中日战争》找酬	200.00	12	6	家用	50.00
				12	6	赙赵景深妻	5.00
				12	6	本部同人餐	5.00
				12	6	香烟二听	5.00
				12	8	明年日记	0.41

续表

月	日	收入要目	收入数额	月	日	支出要目	支出数额
				12	8	到都益处来回车	0.25
				12	10	还振铎手书款	27.00
				12	10	邮票	1.00
				12	10	绍酒	0.40
				12	14	输雀绍酒	2.00
				12	21	家用	50.00
				12	21	珏人用	10.00
				12	22	毡靴	3.60
				12	22	《四部书录》样	0.40
				12	22	往来车力	0.20
				12	22	绍酒酒菜	2.00
				12	24	馆役年赏	2.00
				12	24	出外车力	0.20
				12	27	绍酒	0.80
				12	27	明年日历纸	0.36
				12	27	儿食饼饵	0.54
				12	27	存入本馆	150.00
				12	28	填付晓息	20.00
				12	28	填付家息	8.00
				12	28	珏人	10.00
				12	30	本月牛乳	5.60

续表

月	日	收入要目	收入数额	月	日	支出要目	支出数额
				12	31	申报酒菜	4.00
				12	31	统轧失账	6.81
		共收	380.23			共支	373.37
			373.37				
		十二月应存	6.46				

1930年(民国十九年)

1月1日(己巳岁丁丑月初二日　辛亥)星期三

阴雨。四十六。

晨起看报,报端循例祝贺之文多不胜读,予向厌此,粗望一过而已。时局消息,依然浑沌,但国民政府酬庸勋典则沾溉广矣。弹冠称庆,固大有人,如此岁华又何尝不足褒颂哉!若予者幸际斯会,安度岁月,惟求不闻乱离已大偿所愿,更有何望塞此方寸!故亦私衷窃喜,乐此新年。

饭后,圣陶来,至善与偕,因共出观汉剧于丹桂第一台。汉调尚属初聆,激楚有馀而雍容不足,去昆曲远矣。五时散出,小饮于北万馨。七时归,夜饭犹未具,盖济群自首都来,正候予共饮也。乃复饮,移时而毕。是夕,济群下榻予斋,谈至十时许始寝。

1月2日(壬子)星期四

阴雨。五十。

假中坐雨,乏味甚,在家打牌,饭后八圈,夜四圈。

济群早出午归,同打牌八圈。夜仍宿予斋。

夜小饮。济群不能多酒,予独酌而已。悦之夫妇来。将赁居予家馀屋,予实自住不敷,何能腾让,但难于坚却,姑允暂借。盖悦夫人明年将来沪上工作也。大约元宵以后即须实现耳。

1月3日（癸丑）星期五

阴雨，湿润。四十八。

今日年假已满，照常入馆，续编《词书》。

济群别去，谓即须入都云。

夜小饮。饮后方欲展卷，芝九来访，谈至九时许去，遂未再看书，即时就寝。

1月4日（甲寅）星期六

上午晴，下午阴寒，雪。上午四十二，下午四十。

上午依时入馆，仍撰《词书》稿。下午未往，与调孚观昆剧于大世界，挈清儿与俱。在彼遇圣陶夫妇及振铎夫妇，看至六时半始毕。分道各归，到家夜膳已七时半，且寒冻欲僵矣。

今日剧目本为赵传珺之《定情》、《赐盒》，沈传锟、倪传钺之《刀会》，施传镇、马传菁之《别母》、《乱箭》，顾传玠、朱传茗之《金雀记》。临时因传茗病假，首目改以陈传琦代珺，大不佳；《金雀记》则改为珺、华、瑛、镇之《撞钟》、《分宫》及玠、钺、镛之《击鼓》、《堂配》，乃甚妙。而尤以珺之《撞钟》为一字一珠云。

看《提要·子部》艺术类二毕。

云彬稿费八十元今日交馆役阿毛汇出。

1月5日（乙卯）星期日

晴，寒甚，滴水立冻。上午三十七，下午三十五。

晨餐已看报。十一时乘车赴晓翁午饭约。至则剑华、小榖、伯才、并谦及严君俱先在矣。即时开饮，至二时许始罢。饭后打牌四圈,傍晚乃归。夜为儿女开唱片娱乐,旋标点《国语》。

翼之书来,知校事尚顺手,为之大慰。渠托予代订《北新》,缓日当为一行。

1 月 6 日(丙辰　小寒)星期一

阴寒,北风厉。上午卅一,下午卅二。

依时入馆,报告十八年度工作概况,用书面送出。

飞卿以末批《汉书》注稿邮来,当交叔迁。当日即得稿费,明后日可付邮汇寄,俾作一结束也。

夜在家小饮,饮后标点《国语》。并看《提要·子部》艺术类存目。

1 月 7 日(丁巳)星期二

阴寒,下午飘雪。上午卅二,下午卅四,晚卅二。

依时入馆,写信复翼之,并复飞卿,备明日汇款与之。

看毕《提要·子部》艺术类存目。

夜小饮。饮后标点《国语》,并看《提要》谱录类。

纬平言,所见名人日记,翁文恭、李莼客俱好,王壬秋则徒弄笔头而已。予闻而深感之,惟注起居,真无谓也!今后当勉有所得,庶记之有物乎!

1 月 8 日(戊午)星期三

晴,寒甚,滴水坚冰。上午三十,下午三十五。

依时入馆,修正《历史教本》付重排。

今晚丐尊、雪村请客,在三马路陶乐春。予以畏冷,托予同转谢之。

夜小饮。饮后标点《国语》,并看《提要·子部》谱录类。

梦九《汉书注》稿费末批今日汇出,交飞卿。全部告一结束,为之大安。下星期中或可得回音矣。至前汇云彬之回帖则尚未到,颇念之。

芝九夜访,借《文献通考》去。

1 月 9 日(己未)星期四

晴,较昨大为暖和。上午卅四,下午卅七。

依时入馆,修正《现代初中本国地理》。

散馆后为振铎所拉,与予同共访乃乾。至则未晤,遂偕饮于豫丰泰酒楼。至七时许乃散出,复徘徊于四马路各书坊。八时半始归,抵家已九时矣。

云彬信来,谓款已照收,惟事冗,需出月始能返沪耳。

1 月 10 日(庚申)星期五

阴,不甚寒。夜雪。上午卅四,下午四十。

依时入馆,修改《本国地理》。

看《提要·子部》谱录类。

散馆后与振铎、予同、调孚往东方图书公司看新印书。无当意者,即行。

夜小饮。饮后闲看架书,至十时乃寝。

复儿感冒,颇呓嘈,珏人及予皆为之失眠不安。

丏尊书来,仍以教本相属,盛意殷拳,殊不可却也。

1 月 11 日 (辛酉) 星期六

晴,雪溶较暖。上午卅三,下午四十一。

依时入馆,修改《本国地理》。

散馆后至圣陶所听新唱片,旋与予同及圣陶偕往新雅。少坐,客陆续来,计伯平、叔迁、剑华、景深、百英、振铎,凡九人。赞九及调孚则未到。八时许散,予复过铎家谈,至十时乃归。

复儿服小儿散后泻已少止,哜嘈亦好。

1 月 12 日 (壬戌) 星期日

晴寒。上午四十,下午卅九。

午前在家看报。午后访圣陶、予同俱不晤,废然独行于四川路及南京路,未暮即归。以伤风故,左鼻创甚,伸气如烟突之冒火,辣辣地十分难熬也。

夜小饮,冀祛寒。然无效,反觉不舒耳。

1 月 13 日 (癸亥) 星期一

阴晴靡常。上午卅八,下午卅九。

依时入馆,修改《本国地理》。

左鼻干燥欲裂,挤涕时竟大出血。是夜形寒发热,颇困。十二时后且失眠,大为难受。

1 月 14 日 (甲子) 星期二

晴,晚月色甚好。上午卅八,下午四十一。

昨宵困甚,今晨强起,仍依时入馆。校毕《通史新义》。

夜不敢饮,晚饭后打牌四圈。眠后尚好,颇偿昨失。

接翼之信,约寒假时令濬儿到苏过年。

1 月 15 日（乙丑）星期三

雨霰雪兼至。上午卅七,下午卅九。

依时入馆,仍修改《本国地理》。

用《中国历史丛书》之《三国之鼎峙》及《太平天国之革命》两书先支稿费二百元,俾度岁。朝与柏丞说,下午即取得矣,甚感!

夜饭后仍打牌四圈,并补记五日来日记。

濬儿已放寒假,今日归。

今日连接梦九信两封。

1 月 16 日（丙寅）星期四

雪。上午卅七,下午四十一。

依时入馆,仍修正《本国地理》。

看《四库提要·子部》谱录类毕,并及存目。

散馆后往北新为翼之定报。冒雪出入,颇冲寒也。

夜打牌四圈,无输赢。

为珏人写信邀幽若妹,并复翼之及梦九。

芝九夜过,还《文献通考》。

读适之近作《新文化运动与国民党》,颇痛快! 文载《新月》中。

1 月 17 日（丁卯）星期五

上午阴,下午放晴。上午卅八,下午卅九。

依时入馆，修毕《本国地理》。

散馆后，与振铎、予同、圣陶同茶于北四川路窦乐安路口之昳啡，一直谈至七时许乃归。家人夜饭已罢，因进稀粥一碗即已。实已不能再食也。粥后少坐，仍看《提要·子部》谱录类存目。

潜儿事，据予同言一时无望矣，颇失着。盖当初说有把握而潜儿亦预备入世，今忽出此，殊挫孩子之气也。

1 月 18 日（戊辰）星期六

晴，午后阴霾，南风。上午卅八，下午四十。

依时入馆，校订《本国政区表》。写信寄定据与翼之。

芝九拟作《中国历史丛书》之《宋元之经济史》及《宋代之统一与裁抑武臣》两题，已与柏丞说过，并复告本人知照矣。

夜小饮。饮后看《提要》，毕谱录类存目并杂家类一。

昨夜失眠，今夕又不甚安，颇难耐。人有以失寐自杀者，良非得已也。

1 月 19 日（己巳）星期日

阴，时见飘雪。上午卅八，下午四十。

晨起待报不至，甚患。十时许乃来，询之则托言《申报》晏出故然。报纸亦无所记，惟不看终觉痒痒耳。饭后方与家人打牌，文祺与圣陶先后见访，谈至四时始各去。牌局由潜儿代，及客去而局亦终矣。

夜小饮。饮后读《离骚》及姜词数首。

1月20日（庚午）星期一

晴。上午四十，下午四十一。

依时入馆，看《地学杂志》。午后看《提要·子部》杂家类二。

希圣书来，欲予以编成不用之参考书改作通史，交新生命社出版。即复约面谈，再商进止。果得印行，亦不没前劳之一机会也。近来谈者每以史法史例相绳而鲜有注意史实者，希圣独有此议，不禁有桴鼓相应之感。

夜小饮。饮后看《提要·子部》杂家类二。

1月21日（辛未　大寒）星期二

阴，午后雨，不大。上午四十二，下午四十六。

依时入馆，仍续编《词书》稿。

希圣来访，谈稿件事，予供材料，由彼贯串成书，用两人合作名义。因同饭于新雅，至午后二时乃别，仍也馆。散馆归后，整理书稿，分扎两包，写信一通，备明日饬人送交希圣也。

夜看《提要·子部》杂家类，毕一卷半。

1月22日（壬申　下弦）星期三

晴，较温。上午四十三，下午四十五。

依时入馆，仍撰《词书》稿。

散馆后与六逸、振铎、景深、圣陶、调孚茶于新雅。六时半归，夜饭后看《提要·子部》杂家类四及五两卷。

今日将旧藏《四库》残本两册交振铎，托转饬书匠衬装。一为《系年要录》三卷，一为《续资治通鉴长编》三卷（末卷残），约装好后以后者赠之。

参考书全稿交茶役连保送希圣,掣有新生命书局回条。

1 月 23 日（癸酉）星期四

阴,午后细雨,夜雪。上午四十二,下午四十三。

依时入馆,下午未往。与圣陶父子看昆剧于新乐府。六时出,偕赴晓翁家吃年夜饭。饭后直谈至十一时始归,到家就睡已十二时许矣。是夕不免多饮,睡至二时,酒作,几吐,强忍而止。

今日剧目为《长生殿》之《定情》、《赐盒》、《酒楼》,《牡丹亭》之《劝农》、《学堂》、《游园》、《惊梦》、《寻梦》、《花判》。

过来青阁还账并买书三种,共付二十元。

1 月 24 日（甲戌）星期五

阴霾。上午四十二,下午四十四。

依时入馆,编《通史新义》目录。

希圣函来商编《中国政治社会史》,予即复书促之,不求速成。

散馆后与振铎到来青阁及锦文堂等处,彼还账,而予则闲看而已。最后到乃乾所,予还账十四元,并购定《昭代丛书》一百七十二本,价五十四元,先付四元,馀款须旧历年后始归之。六时许赶归,内弟选万、组青适在,因与共饮。夜饭后谈至九时半乃别去。

1 月 25 日（乙亥）星期六

上午晴,下午微雨。上午四十二,下午四十四。

依时入馆,仍编《通史新义》目录,下午竣事。看《提要·子部》杂家类,毕一卷馀。

散馆归,悦之夫妇来,夜饭后去。予仍小饮,饮后乃续看《提要·子部》杂家类七。

1月26日(丙子)星期日

晴阴间作。上午四十二,下午四十六。

今日为移补旧历后日之假,故仍照常工作。予亦依时入馆,惟同部人多回里度岁者,殊不见精神办事耳。

柏丞约谈,拟即按教部新颁课程标准赶编教科,仍以本国史相属。予颇不愿为,允考虑后再说。

看毕《提要·子部》杂家类七,并及存目一二。

1月27日(丁丑)星期一

晴,颇有春象。上午四十三,下午四十六。

依时入馆,今日为旧历年内最后工作之日,故循例多于下午纷散。予偕振铎、圣陶因早出,同游邑庙。彼等各购笛及玩牌数事,而予则未买一物。傍晚归,设筵祀先。选万及组青俱至,遂共聚饮焉。罢席后打牌至十二时半乃散,渠兄弟仍归去。

柏丞以部颁《新课程纲要》送予,重申昨议,予不得已,允之。全书共应八学分,计需字数十六万,今年年内当落成也。如此,发春献岁之后必大忙矣!

1月28日(戊寅)星期二

晴。上午四十四,下午四十七。

午前十一时,晓翁来,饭后长谈至暮,原约圣陶父子不至,因遣人敦促,则道路相左,乃先使而来。六时合饮,悦之亦到,直饮至九时许始散。悦之当夜赶车返苏,晓、圣二公则又续谈,移时乃去。

1 月 29 日(己卯 除夕)星期三

晴和。晨间浓霜。上午四十三,下午四十六。

午前看《提要·子部》杂家类存目。写信寄翼之,询悦之到家未。饭后打牌五圈,薄暮即治酒团饮。夜饭已,家人循例守岁,而予则往来青阁一行,晤寿祺,托代罗旧地志等书。少坐即行,径归。十时已到家,略憩即睡。

1 月 30 日(庚午岁戊寅月庚辰日 朔)星期四

晴和。上午四十二,下午四十五。

履端更始,颇思振作,他事且勿谈,今日即开始为开明编教本。将以卜版税之入,为购书教儿之需也。未能免俗,自知甚稔,固不愿造饰违心之论,猎声称而博信誉,如当世之闻人耳。

夜小饮,饮后看《提要·子部》杂家类存目。

午后曾访圣陶,未晤,废然而归,打牌四圈。

1 月 31 日(辛巳)星期五

晴和。上午四十,下午四十六。

竟日未出,编教本二千四百言。打牌四圈。

圣陶过予,约往看昆剧,以珏人等赴晓翁家宴,未与同行。

夜小饮。饮后看章实斋《校雠通义》,毕之。

2 月 1 日(壬午)星期六

晴和。上午四十二,下午四十四。

午前写教本四百言。振铎挈女同来,因与同访予同,以同儿自随。略坐即归。饭时,闻云斋来,与共饮。饭后晓翁、梦岩来,稍坐后偕出,与共抵梦岩家。谈至薄暮,乃归。

夜看《七修类稿》及《初学记》、《月令粹编》。三书去年买定,寿祺送至铎所,今承携来者也。

2月2日(癸未)星期日

晴不甚烈。上午四十三,下午四十五。

晨看报,至十时左右。晓夫人及濬儿诸同学来,因具酒为食以飨之。饭后打牌四圈,傍晚止,客遂散去。

接翼之信,知悦之未归,是悦之又编词蒙予矣。翼之并言初五前必亲来面谈云。故今夜予颇待之,至十一时不至,然后就寝,但过时稍久,不免又失眠耳。

2月3日(甲申)星期一

阴,傍晚雨。上午四十五,下午四十七。

早起看报,十时与珏人及清、汉、润三儿往圣陶家。打牌四圈,即午饭。饭后珏人过沈家谈,而予及圣陶伉俪、铮子、天然往大世界看昆剧。是日为旧历正月初五,开演前先出玄坛五路财神及天官大赐福,跳加官及招财,热闹甚矣!继为副末登场,交过排场,然后演《请郎》、《花烛》、《题曲》、《刀会》及《占花魁》。除首二出外,俱满意。六时半毕,雨已盛下,呼车亟归,七时许始抵家。

夜看《七修类稿》,以待翼之,至十一时仍不来,乃睡。

2 月 4 日（乙酉　立春）**星期二**

阴雨竟日。早四十六,午四十七,午后四十九。

今日开始工作,依时入馆。

颉刚寄其所编讲义及所撰文一首来馆,上月廿九即到,适值放假,遂阁至今日始见之。又接怀之信,知考事已过,究竟如何不可晓。予因作书复之,并及翼之。

夜看《七修类稿》。十时许寝。

朴社将盘与神州国光社,社员如退出,可得照本发还。颉刚信中如此说。予将以退回之款购书,即存放颉处,明日复书时当提及之。

2 月 5 日（丙戌）**星期三**

阴霾。上午四十六,下午四十七。

依时入馆,计画编书字数分配。

致觉来募义举,予捐五元。

圣陶伉俪及铮子来,午饭后,珏人陪之打牌,至五时乃去。

复颉刚书,申说退出朴社,即以股款存放彼处作购书用。另以朱记荣《目睹书录》十册挂号邮还。彼方编丛书目录,故书来索取也。

2 月 6 日（丁亥）**星期四**

阴,偶露晴光。上午四十三,下午四十六。

依时入馆,看《新生命》及《国闻周报》之最近号。

参考书两本,包好托振铎转由仲云交希圣。

接幽若函,知厚斋姻丈于昨早十时逝世。嘱代寻悦之促令归。当由珏人往组青所,适悦之搬与同住,乃面致此意。初犹不肯行,再三敦促,始允即返,但不识究否成行耳?

连宵打牌,均输。应做之事反寝阁,殊不宜。明日起当暂戒弗为也!

2 月 7 日（戊子）星期五

阴雨,但不大。偶见雪。四十四。

依时入馆,校重排《本国史教本》四十页。

云五今日就公司总经理职,月底动身出洋考察,半年回国,既不与闻一切,专心考察云。工会方面颇反对他,但公司领袖之进退恐未必遽肯听工会也。

夜小饮。饮后看《提要·子部》杂家类存目。八时接编《地理教本》,至十一时,得千五百言。

2 月 8 日（己丑）星期六

阴霾。上午四十四,下午四十六。

依时入馆,续校重排《本国史》四十六页。

夜小饮。饮后续编《开明地理》二千言,十一时始寝。是夜睡甚不安,二时后乃得朦胧着枕也。

2 月 9 日（庚寅）星期日

晴朗,傍晚又阴。四十六。

早起看报,十时过圣陶,同往晓翁所。晤梦岩及有成,遂共饭于有成家。谈试办制版事,似有着落,如获结果,亦一佳举也。饭后闲坐,至四时半乃归。

夜续编《开明地理》五百言,以眼倦即止,十时许便睡。

2 月 10 日(辛卯)星期一

晴。上午四十二,下午四十四。

依时入馆,代校校样及处理杂务。

晚六时赴叔迁中有天宴。坐中都熟人,初见者仅一人耳。八时许散归。九时半就睡。翼之适由苏来,颇诉其家庭倾轧状。谈至十二时始各就睡。

2 月 11 日(壬辰)星期二

晴。上午四十一,下午四十三。

依时入馆,仍代校及理杂务。

接晴帆函,约游梅园。

散馆后偕振铎至其家,是晚公饯昌群及景深,即假其家张筵也。振铎、圣陶、予同、调孚、觉敷、博文、青崖及予为之主,而延孟武、仲云为陪,全坐凡十二人。席后谈至十时许,乃归。

翼之以嗣父首七,今日即赶归。

2 月 12 日(癸巳)星期三

晴,傍晚阴寒。上午四十,下午四十三。

依时入馆,理事如前。

接乃乾、子玉信各一函,当即复出,并复晴帆,约本星期六偕予同、振铎、圣陶等赴谒并游梅园。又致书丐尊,告着手。

晚六时赴觉明家宴,坐有世禄、昌群及觉明之乡人三。九时乃归。

2月13日（甲午）星期四

晴。四十五。

依时入馆，校理如前。

接晴帆函，谓将有迁东海县长。又接怀之函，告乡人犯赌拒捕，竟夺械，予为之大虑。

夜六时赴世禄宴，即其逢源坊十二号寓所设席。坐客为昌群、稼轩、绍绪、哲生、弘德、觉明、其时及予。其时，其昀之弟也。九时乃散归。

悦之夫妇今日搬塘山路元吉里四〇六号。

2月14日（乙未）星期五

晴。上午四十二，下午五十。

早写信复慰怀之。依时入馆，校《三国志》印样。

夜在家小饮，饮后打牌。打至三圈，庶母忽卒中，扶掖就榻，已不能言。终宵相守，幸有组青来寓，少助声势，否则落寞甚矣！

2月15日（丙申）星期六

晴。上午四十三，下午五十。

今日本有无锡之行，以庶母病危而止。馆中亦未一往。延至晚七时半，庶母竟逝世。当即张幔陈尸床，亲自翻出。

振铎、圣陶俱来，以不能出，略谈即去。

夜伴灵并写报丧信。

2 月 16 日（丁酉）星期日

晴和。上午五十，下午五十六。

破晓即出，往虹口天主堂为庶母接洽墓地。以主其事者尚未来，乃立待两小时，看堂中做弥撒。至八时半始弄妥付钱，且延神甫于下午二时来家为庶母诵经入殓。九时许，又乘车往新闸路平江公所看材，当择定双福一具，惟被褥等无之。因即赶回，别遣人另买。饭后一时许，神甫来，诵经如仪，即入殓。殓后用双马花车架柩出发，送车四辆从后，径指高郎桥天主堂墓庄安葬。事毕回家，已夜色上矣。是日帮忙有组青及其友应小泉，然予已疲于奔命矣。八时许即睡，甚酣畅，直至破晓时有人叩门始醒。

2 月 17 日（戊戌）星期一

晴，和风。上午五十，下午五十七。

破晓时，愈昭来访，谓士匆已于昨夜十一时死于同德医院，奉其兄命属予代为看柩。予以积倦弗克即行，彼即别往圣陶所转托。八时许，圣陶偕其兄晓翁来，详询平江公所之情形而去。予即写信两封，一致史地部同人，托向纬平请假；一致柏丞，谓两星期内不能到馆，编教科事须略停滞。静养移时乃午饭。

饭后往晓翁家慰其丧子，兼劝其夫人归苏小住，俾淡悲念。谈至傍晚始返。少坐即晚餐，餐后稍息便睡。夜眠较昨差，不安，且觉左膀酸楚异常。

2 月 18 日（己亥）星期二

晴，午后阴翳。上午五十二，下午五十九。

今日正拟抽暇赶编《开明教本》，而八时许晓翁即至。未几，铁笙来，谓晴帆今晚当到，候有东海船，即行赴任。盖已升县长，无锡公安事早交卸矣。怀之事恐难蝉联，予颇焦灼，候晤晴帆时当为一询究竟也。下午三时半，晓翁去。四时五十分，世禄及聿修来访。

夜编《开明教本》五纸，约二千言。十时许就寝。

予同于下午一时许来访。

2月19日（庚子　雨水）星期三

晴。上午五十三，下午五十五。

晨复圣陶。同时接怀之信，知失枪事仍无办法。盖因捉赌被劫失去者，而上峰限缉甚严也。

午后振铎、调孚来。铮子来。晚组青来，即宿予家。

晴帆赴东海之任过此，晚七时许特来访予，因与俱出，饭于佛陀街之正兴馆。旋偕往新惠中旅舍谈，至十时许乃归。怀之事据云无妨，新年拿赌失枪案不止后桥一处也。明日当复慰怀之并函道始为之道地。

抽空编《教本》，仍止五纸。

2月20日（辛丑　下弦）星期四

晴，南风甚厉。上午五十一，下午五十六。

晨写信两封，一致道始，为怀之道地；一复怀之，属安心服务。下午铮子来，拉打牌以塞悲念。勉应八圈，至五时而毕。馀时及夜间共写《教本》七纸。十时左右，倦眼不能启，即睡。

铁笙复来，谓晴帆今晚将上船赴海州。

2 月 21 日(壬寅)星期五

晴,有湿气,将雨。上午五九,下午六四。

下午四时,圣陶为予代支薪水送来,因与同出,在南京路一转即回。

组青去。悦之夫人来谈,晚饭后去。

庶母墓碑今日写成字样,备函并银拾陆元陆角,将以送虹口天主堂郁先生,转交管墓赵姓照做。明日当饬人送往,或交闻太太代转。

日间写《教本》四纸。夜续写四纸,十一时睡。

晴帆来访未晤,谓候船须有一二日勾留也。明日当往访之。

2 月 22 日(癸卯)星期六

阴霾,傍晚雾塞。上午五十八,下午五十九。

上午托圣陶代晴帆购《清代学者象传》预约券,饭后即送来。

墓碑字样及费用已饬濬儿送去,交郁先生,乘明日赵姓来堂之便,即促照做。

下午四时许往新惠中访晴帆,已行,大概今晚有船赴海州也。怅然而出,即往平乐里看乃乾,晤之。谈至六时许始归。晴帆所要董刻《盛明杂剧》一集,已托其代致矣。

是日连夜间在内,共写《教本》九纸。

2 月 23 日(甲辰)星期日

晴,燥热。夜雨骤施骤止。上午五九,下午六八。

晨看报后写《教本》两纸,晴帆与铁笙来访。盖昨日船未开行,须卸装货物,于明晨始起碇也。因共午饭,谈宴久之。饭后同出,游邑庙,茶于里园之屋顶。傍晚过松月楼素餐,至七时始散出,彼等上船而予乃径归。

夜续写《教本》三纸半,十一时睡。适完半册。

当予外出时,云彬来访,盖甫自硖石返沪,并送鸡及豚蹄各二。未及晤谢,至歉!

2 月 24 日 (乙巳) 星期一

阴霾,夜雨骤起乍止如昨晚。上午六一,下午五四。

上午写《教本》四纸。下午正待续写而云彬、文祺至,因与同出。仍游邑庙,茶于里园三楼,傍晚饮豫丰泰十五号,至九时许始散归。文祺后日将行,乘临安赴厦门,仍任教于集美。

2 月 25 日 (丙午) 星期二

阴霾,东南风厉。上午五三,下午五七。

下午铮子来,打牌八圈。输码一底。

写《教本》八纸,已毕七章。

十时后复看《四库提要》,赶毕杂家类存目。十一时许就寝。

2 月 26 日 (丁未) 星期三

破晓时大雷雨,午前阴,午后放晴。上午五八,下午五七。

看报后写《教本》四纸。午后三时许出,购笔三枝于棋盘街胡开文。旋往平乐里中国学会出版部取《昭代丛书》一百七十二本归,乃乾则未之晤也。坐人力车中,冒风甚急,喉头为不舒久之。

阅《四库提要·子部》类书类,并略翻《昭代丛书》。

夜续写《教本》五纸,第八章毕。十一时许就寝。

2 月 27 日(戊申)星期四

阴霾,偶露阳光,夜细雨。五十二。

竟日未出,写《教本》八纸,第九章完。

下午四时,振铎、乃乾过我谈。五时许去。夜六时,浒关亲戚来,即住我家。

圣陶书来,欲邀潞华至其家佐排《十三经索引》,询肯否。转问潞华,颇高兴,因于当夜复允,令其自明日起前往服务。

子清丧母,讣告三月三日开吊,特书托硕民代致赙金一元。

2 月 28 日(己卯月己酉日　二朔)星期五

晴,午后略有云翳。夜大雷雨。上午五三,下午五五,晚五五。

竟日未出,看报外,为振铎校《文学史》一百页。傍晚检查《昭代丛书》缺页,查至戊集终,费时三小时。

夜九时后仍写《教本》,至十时许寝,仅写两纸。

3 月 1 日(庚戌)星期六

晴,傍晚燥热。上午五六,午五九,午后六一。

今日照常入馆,校积件仍多。

散馆归后检查《昭代丛书》缺页,至晚十时始毕,凡缺十馀张。

是日悦之夫妇来,晚九时乃去。

俊生决行,舆图股主任由稼轩调充。今日交替。

3 月 2 日(辛亥)星期日

晴热。入夜雷雨,继以大风。早五八,午前六四,午后六七,傍晚六五,夜六十。

竟日未出,写《教本》十纸,已及末一章之半。夜十一时睡。

今日气温变幻异常,升降靡定,颇以为苦。

同、复两儿请周凤岐医生种牛痘,盖乘暖为此,且预防时气之不正也。

3 月 3 日(壬子)星期一

阴霾,下午又雨。上午五四,下午五二。

依时入馆,校《三国志》及教科补样。

浒关亲戚葆嫂今日归去,童则别访他戚,将以明日行。

夜写《教本》五纸,上册完毕。十一时就寝。

3 月 4 日(癸丑)星期二

阴雨。四十八。

依时入馆,校复样并看样书。

看郭沫若《中国古代社会研究》,其中以商卜辞为尤精锐,不图竟动人至此也!

夜写《教本》下册,仅得二纸即睡,时已十时许矣。

在馆中写信三封,分致硕民、颉刚、子玉。

3 月 5 日(甲寅)星期三

阴雨。四十七。

依时入馆,上午预备编书材料,下午开职工大会,选举新执行
委员。

日来精神不佳,惮于写作,入夜因治酒小饮。饮后看《昭代别
集》,九时许即寝。

同、复两儿自种痘以来已交四日,故各已发兆矣。

3 月 6 日(乙卯　惊蛰)星期四

阴雨。四十八。

连日春寒料峭,颇易感疾,故外间时有疫氛之恐怖。

依时入馆,起编《本国史》,第一课竟毕。

夜写信复翼之,盖日间得其书唁也。

3 月 7 日(丙辰)星期五

阴雨。午后曾晴,晚又雨。上午四十七,下午四十八。

依时入馆,续编《本国史》。散馆后与虎如同到发行所买书,
傍晚即归。

夜作完《地理教本编例》,明日当可钉成本子。止要配图就
绪,上册即可交出矣。

接晴帆信,知已安抵东海,接印任事。渠托予时常通讯,当然
可行。

3 月 8 日(丁巳)星期六

阴晴间作,惟未雨。上午四六,下午四八。

今日为予四十晋一生辰,夜饭即以面代。

依时入馆,续编《本国史》。

来青阁派人送《元和郡县图志》、《元丰九域志》、《舆地广记》、《太平寰宇记》四种，凡五十二本，实价十八元。甚以为喜。

接铁笙书，托定《时事新报》。

3月9日（戊午）星期日

晴寒。上午五〇，五二，下午四九。

上午看报并为《开明教本》配图。

午后一时出，独往新乐府看昆剧。剧目为《呆中福》及《吟诗脱靴》。姚传芗饰《呆中福》之葛巧姐，小家碧玉，煞是可儿。邵传镛之陈直与王传淞之刁孝俱极称职，全剧为之生动矣。《吟诗》则赵传珺为唐明皇，朱传茗为杨妃，顾传玠为李白，周传沧为高力士，华传萍为念奴，亦皆看得去。六时半散出，过五芳斋进汤团及馄饨各一器。及归，已七时卅五分，遂未饭。

夜看《提要·子部》类书类存目。

3月10日（己未）星期一

晴阴兼作。上午四八，下午五二。

依时入馆，续编《本国史》。

夜为《开明教本》配图，至十一时未毕，即寝。

看毕《提要·子部》类书类存目。

3月11日（庚申）星期二

阴雨，兼有风。夜大风雨，达旦。上午五〇，下午五一。

依时入馆，仍编《本国史》。

散馆后芝九、圣陶来访，冒雨同出，赴晓翁宴于中虹桥状元楼。

客为剑华、伯才，无生人，纵谈甚快。至九时乃各归。及抵家，已将十时矣。

3 月 12 日(辛酉)星期三

上午雨，下午雨止风起。上午五〇，下午四八。

是日循例放假，未外出。上午配《教本》插图毕，下午打牌八圈。

闻太太来，取三十元去。

夜看《提要·子部》小说家类。

仲弟一别经年，不通音问，庶母死后，书告亦未得复，岂又离都他适耶？甚念之，不觉重恨其无信矣！

3 月 13 日(壬戌)星期四

晴，仍时起云翳。上午四七，下午五一。

依时入馆，写信六通。

《开明地理教本》上册已送予同阅过，同署后交开明茶房助来带送丐尊，彼先制图。书上署名决用"臻郊"，以名字俱有与外间人相同者，好既不愿掠美，坏亦不甘分过，故宁复旧字以示区别也。

开明股息单今由助来递到，计得股息率百分之十，红利率百分之二云。

夜饭前理发，夜饭后濯足，馀时看《提要·子部》小说家类。

3 月 14 日(癸亥)星期五

晴，仍冷。上午五三，下午六〇。

依时入馆，看蒋天枢《全祖望年谱》稿。

散馆后过振铎,约齐予同、调孚共赴甘乃光宴于岭大旅沪同学会。座有柏丞、启芳、澄波、甲荣诸人,稔友少而初见者多,殊无谓。直至十一时许始散,到家已十二时矣。独行踽踽,颇寒怯也。

接丐尊、雪村信,约星期日午饭其家。

3月15日(甲子　望)星期六

晴,较昨稍和。上午五三,下午五六。

依时入馆,看蒋稿。

下午三时出,与振铎、圣陶乘汽车往游半淞园,藉赏兰花会。啜茗后即返,过饮于高长兴。至八时乃归,在来青阁购得《禁书总目四种》。

夜看《提要·子部》小说家类。

3月16日(乙丑)星期日

晴和。午五六,早晚五四。

晨看报讫,过访圣陶,晤晓翁、芝九、伯才。旋与圣陶往邀予同,偕赴丐尊、雪村之宴于人安里寓所。谈至下午三时三刻始散,在坐除主人外有均正及经宇、纪隆焉。五时,与圣陶到奥迪安看电影,有声影片沪上通行已久,而予竟初次识荆,亦可见我之曲矣!

《教本》插图,托纪隆画,今日雪村介予接洽,明日当过访一谈。

夜归接晴帆信,当夕即复,明晨用快邮递出。

3月17日(丙寅)星期一

晴不甚朗。五六。

依时入馆,看毕《全谢山年谱》稿拟批发出,又校《中日战争》

印样。

晚五时赴柏丞宴于振铎所,盖假地修褉也。坐客为国文部同人及舒老舍。多饮且多谈,归后颇不适,几吐未果,殊悔之。此后逢饮逢谈当格外留神为要!

接昌群信,知在东甚好,买书环境尤可羡也!

3 月 18 日（丁卯）星期二

晴。五四。

依时入馆,续校《中日战争》印样。

接来青阁新出书目,颇动买书之欲,叹囊涩无以偿愿耳。

夜重将《地理教本》插图揭下,分别包妥,备明日往访张纪隆接洽之。

修穆妹归,挈澄儿从,当小住也。

3 月 19 日（戊辰）星期三

上午晴,午后阴,夜雨。上午五二,下午五三。

依时入馆,仍校《中日战争》。

与纪隆接洽地图事,当将图样一百三十四幅交之。

夜打牌四圈,输钱一千,修妹大赢,亦止得千二百文耳。家庭小戏,颇可得不动天君而获实际修养之乐如此。

复痘瘢不即平复,且出水,因即延周医来家诊之,谓无妨,嘱日常换药而去。

3 月 20 日（己巳）星期四

晴朗。上午五十二,下午五十八。

依时入馆,仍校《中日战争》。

夜仍打牌四圈,输钱六百。

时局忽大紧张,冯玉祥已返抵潼关出兵东下,阎锡山亦将入平组临时军政府。所有旧时二集三集团军各部队一律取消"国民革命军"番号,重称"中华民国军"。津浦路北段已不通,平汉路更可想矣。相煎至此,党国之谓何!民生之谓何!

接翼之信合会,予无力且无兴及此,当复谢之也。

3月21日（庚午　春分）星期五

晴朗。上午五四,下午五八。

上午入馆,仍校《中日战争》排样。下午未到,挈濬儿等赴高廊桥墓庄展谒先庶母墓,盖今日适届五七之期也。傍晚归。五时许赴铎宴,坐客为老舍、铁恨、冀野、景深、六逸、圣陶、调孚及予八人,主则铎夫妇也。十时许乃散归。

复翼之,谢无力参加集会。

3月22日（辛未）星期六

晴朗。上午五七,下午六一。

依时入馆,仍校《中日战争》排样。

散馆后与振铎、圣陶同访慰元,询至天台路上情形,盖君畴已复到,铎等将往一游也。予既无兴,又值乏钱,拟不去,而铎等坚劝之,殊委决不下。

晚过乃乾,托寄《海州志》与晴帆。因今日顺道过来青阁代为购得此书,怕重,故托之。

夜在家打牌四圈,无输赢。

3 月 23 日（壬申）星期日

晴朗。上午五八，下午六二。

竟日未出，在家打牌十二圈。输千二百文。

夜小饮。饮后看《提要·子部》小说家类毕，接看存目。

九时半就寝。

修妹挈澄儿今日归去。

3 月 24 日（癸酉）星期一

晴朗。上午六二，下午六六。

依时入馆，校毕《中日战争》。送出版部转排字房照改。全书计一百六十九页，故校之累日始竣也。

前托振铎向杭州经训堂订购之方氏《通雅》及《四书典林》、《类腋》三书今已寄到。连邮寄费在内，共十七元三角七分，当仍交由振铎转本馆分庄科代划杭馆给付之。

接晴帆复书，知处境甚不易对付，颇露求去之意。并接君畴复信，告天台状况甚悉。

夜看《提要·子部》小说家类存目。

3 月 25 日（甲戌）星期二

晴，上午微阴且见濛雨。上午六一，下午六六。

依时入馆，写信五封，并看郑寿麟《中西文化之关系》。

散馆后独出购物，在王宝和饮酒三碗以归。

近日得各书坊新出书目甚夥，心志为之大动，欲购者众，竟叹望洋也。忍痛闭目，强作未见，咬牙拟慧剑之挥，然终不能忘情耳。

安得广储闲钱,恣我渔猎乎!

夜看《提要·子部》小说家类存目。

3 月 26 日（乙亥）星期三

晴。南风颇大。上午六十,下午六五。

依时入馆,续编《本国史》。

夜看《提要·子部》小说家类存目。

地图绘画事雪村来谈,谓纪隆开价需八百馀元。予拟止画十二幅,且不填字作暗射,馀采用风景片以救济之。

3 月 27 日（丙子）星晴四

晨晴,旋风雨达晚不休。上午六四,下午六八。

依时入馆,仍编《本国史》。

今日天气闷燠,烦躁异常,不能坐定作事。晚饭后打牌四圈以遣之。十时就睡,不即寐,十二时始得蒙眬也。

3 月 28 日（丁丑）星期五

阴晴兼施,幸来雨。上午六四,下午六六。

依时入馆,仍编《本国史》,绪论已毕。

饭后曾决然出,拟购《笔记小说大观》及《说库》于文明,至则《说库》已售罄,废然而返,只索空手。如此一决然一废然,迭相乘除,并为一物,殊可笑也。

夜又打牌四圈,九时许始罢。看《提要·子部》小说家类存目。

3 月 29 日(戊寅)星期六

阴霾。夜雨。晨晴,旋翳。上午六二,下午六三。

馆中今日放假,上午在家看报,下午曾出闲游,购《邵亭知见传本书目》于扫叶山房。旋过来青阁,购得夏燮《明通鉴》等十馀种,属令包好送家,而予先取唐仲友《帝王经世图谱》以归。

夜看毕《提要·子部》小说家类存目并释家类著录及存目。

打牌四圈,输钱六百。

3 月 30 日(己卯　三朔　月建庚辰)星期日

阴霾,午后放晴。旅中失记。

晨起餐已,圣陶即偕至善来,予因挈漱儿与俱,同往车站。购票登特别快车以赴苏。十一时许抵城,径诣翼之家。午饭后挈漱儿会圣陶、至善于虎丘小吴轩,硕民、仁丈及翼之与德镛亦至。薄暮入城,复往观前吴苑,遇剑秋,因共饮于北局之全城源。十时乃散,返宿于翼之家。其夜失眠。

3 月 31 日(庚辰)星期一

晴朗。旅次失记。

清晨与翼之出,至关帝阁下舟,即解维出阊门。绕至胥门大码头,圣陶父子先待久矣,乃相将入船,径发陈湾。过石湖时颇寒怯,盖日来匪风甚炽,离城五里即有被劫之可能也。日午抵叶氏墓,祭扫后就船午饭。饭后船已到九曲港,予乃登岸呼坟丁,祭扫先茔。一时许返棹,二时许抵胥门。圣陶父子乘马车急赴车站,赶火车先归。予则过访剑秋、建初兄弟并及硕民。乃同逛玄妙观,饮于洙泗巷全城源。饮次,靖澜亦至。九时许散归。夜睡尚好。

4 月 1 日（辛巳）星期二

晴朗。旅中不记。

早餐后挈漱儿访彦龙,登堂拜其母。旋与之同往硕民所。因留午饭,靖澜、剑秋毕会。午后逛道前街、养育巷,取前托硕民代订装裱之帖。继到玄妙观,茶于吴苑。傍晚,别硕、彦返新和祥礼堂,途遇勖初,约后日早来访我。是夕翼之请司丧,故在礼堂宴饮。

席散归翼之所,适其家姊弟争吵。予力劝之,得息。然是夜又失寐矣。静听猫发橱窃物,风又撼户作声,颇惴惴也。

4 月 2 日（壬午）星期三

晴朗。夜起风下雨。不记,但觉冷。

是日翼之嗣父厚丈开吊,予在场招待并送丧,故自晨至夕未他适。事毕后仅一至道前街购酱鸭耳。夜与仁丈共饮,饮后与幽若谈,十一时始寝。明日定须东归矣。睡仍不安。

4 月 3 日（癸未）星期四

阴雨。五十七。

晨间硕民、勖初过予于翼之家,因痛谈共出,散步于三高祠之侧。近午别归,即进饭。饭后翼之送予父女出城,径陪上车。车中挤甚,过昆山始得坐。开车时十二时三十八分,为宁杭通车特别快。讵到陆家浜后叠遇铁甲兵车及要人专车,沿途避让,耽延颇久,抵上海北站已三时有馀矣。冒雨径归,幸无所损,然积疲甚,竟不能行动也。

夜小饮。饮后即睡。

组青前日来住,因家下冷静,特邀之来陪者。

4 月 4 日(甲申)星期五

阴雨。上五七,下五八,夜五五。

依时入馆,写信六通。

晴帆汇款三十元来,十元购书,二十元贴予代订报资及邮电费。权存以俟面却。

夜小饮。饮后即睡。

4 月 5 日(乙酉 清明)星期六

晴明。上午五五,下午五八,夜五六。

依时入馆,写信三通。下午未往。

得君畴书,知临海、天台道中,土匪猖獗异常,正在痛剿中,嘱告台游诸君宜缓行。如此江山,尚复何言! 因即复谢不行,并告振铎诸人。

今日祀先,先庶母杯箸仍设,以彼虽信教而我则不可无纪念也。当设座之前,曾由珏人拈阄卜定之,盖十分郑重视此事,故委决不易耳。

夜小饮,饮后即睡。

4 月 6 日(丙戌)星期日

晴朗。上午五七,下午六七。

晨起看报讫,偕珏人及瀿、清两儿出,过圣陶家访铮子病。旋予与圣陶各挈两儿至天通庵车站乘车赴吴淞炮台湾观海。予鼓勇履险,由碎石乱叠之防波堤径至灯塔之下。其地斗绝海中,东黄浦而西大江,波涛阔壮,俗呼"三夹水"者是也。留连有顷,乃返,仍与圣陶各挈子女归。时已过午,比到家,二时许矣,饥甚,急进食。饭后因未出。

来青阁书已送来,尽半日之力整理庋好。

雪村见过,谓幼雄之郎罹脑膜炎死,予为之怛然。

夜小饮。悦之夫妇来谈,九时后去,组青今日去。

4月7日(丁亥)星期一

阴霾,傍晚毛雨。六十二。

依时入馆,仍编《本国史》,但未有要领。散馆后偕振铎同过乃乾于平乐里,询知《海州志》已寄出。晴帆书来,谓辞呈已邀批准,省厅已委黄乃桢前往代理,不日当能南归,故托予止寄,然已无及矣。

夜翻检昨日来青阁送来诸书,以《明季南北略》及《南疆绎史》之版本为最劣,馀尚过得去。九时后,看《提要·子部》道家类。日来心绪颇不舒,半因气候,半因环境,每觉无聊,只索埋头看书则亦淡忘也。

安甫来,具饭飨之,午后一时半去。

写信与仲弟,颇责其疏略。

4月8日(戊子)星期二

阴,细雨绵延。上午六三,下午六二。

依时入馆,仍编《本国史》。

今晚伯英、景深在味雅请客,予以漱儿生日,在家吃面,未赴。

夜打牌四圈,赢钱六百。

《四部备要》第三集已出,中华书局通知书已来,不日当设法缴款往取之。

失眠,头脑不痛而觉动乱若流质。

4 月 9 日 (己丑) 星期三

阴,微雨。六十四。

依时入馆,仍编《本国史》。

夜颇拟为《开明教本》重行配图而头眩复作,废然即止。

珏人近亦眼痛体倦,心境不舒。夫妇俱不强健,殊非家庭之福。可忧也! 以此颇多幻想,每虑不能作事处家,群雏失养,则将来大难实有不可言喻者。

4 月 10 日 (庚寅) 星期四

昼晦有雹。早见日,旋雷雨竟日彻夜。六十六,闷甚。

上午入馆,仍编《本国史》。下午以畏雨未出,在家为《开明教本》配图。至夜十时,始选得一百四十一幅,明日当备函送丏尊、雪村照制也。

气候不良,影响生活甚大,无聊而兼委顿,真所谓软生病矣。日来时局,亦犹是耳。

4 月 11 日 (辛卯) 星期五

阴雨。上午六二,下午五九。

依时入馆,仍编《本国史》。

夜看毕《提要·子部》道家类存目。

《教本》附图已交调孚托转开明矣。

晴帆仍未见来，而予却无从去，甚念之。

珏人今日卧床未起，发节气且兼左乳痛，予颇为不舒。

怀之处已写信复之，赞其即行摆脱为是。

4月12日（壬辰）星期六

阴霾，偶晴。五十六。

依时入馆，仍编《本国史》。写信与晴帆询近状，盖既不见来又不得续书也。

今日为旧历三月十四日，适值予与珏人结缡二十年初度，因治馔家宴，并邀修妹及组青俱会。但时局不靖，谣言党人将于今日举事，故地方戒备甚严，行路者有惴惴意。修妹因以未来，澄儿遂亦缺席矣。

晚饭后打牌八圈，赢钱六百。

子玉过访，牌毕后与之长谈，十二时始辞去，明日即将遄返云。

4月13日（癸巳）星期日

晨曦旋阴，南风，入夜大雨。上午五四，下午五六。

竟日未出，上午看报，下午打牌。以其间看《提要·集部》楚辞类毕之。

连日气候恶劣，闷湿有类霉中，颇不快。

夜小饮。饮后翻阅《小腆纪年》及《绥寇纪略》。

4月14日（甲午）星期一

阴雨。五十七。

依时入馆,仍编《本国史》。

方晚饭,晴帆之仆持片来,知已抵沪寓惠中,因于饭后冒雨往访之。相与道别后事,深以此行为多也。谈至九时半,乃告归,约明晚再往同饭。

归后看《四库提要·集部》别集类。

4 月 15 日(乙未)星期二

阴霾欲雨,幸捱过。上午五七,下午五六。

依时入馆,仍编《本国史》。

午后三时许出,赴丐尊开明之约,接洽插图事,甚麻烦。今拟先制若干,俟分配后再定续制否。五时半离彼,乘车径到新惠中访晴帆。乃偕之同过乃乾,因共饭于大世界对门之杭州饭庄。地本飞霞豫菜馆故址,今易主矣。九时许散,复过旅舍谈,十时始归。

夜睡不甚安,颇梦魇。

4 月 16 日(丙申)星期三

晴,久不见日,陡觉大快。上午五九,下午六二。

依时入馆,仍编《本国史》。

夜起手作《三国之鼎峙》稿,仅得八九百言。今后将赶作,俾两稿清后可再设法其他以为购古本《廿四史》之需。但事多未可逆料者,未识能否果偿所愿耳!

复儿夜仍发热,而漱儿又感冒风寒,颇为不安。

4 月 17 日(丁酉)星期四

晴,薄暮云翳。上午五九,下午七〇。

依时入馆,仍编《本国史》。

饭后未到馆前遄往发行所支钱,即向中华书局缴《四部备要》第四集费,顺取第三集书。嘱店友即送予家,而店友谓不及,须明日矣,姑俟之。

夜续撰稿二千言,至十时后始就寝。

4月18日（戊戌）星期五

晴阴无常。六十六。

依时入馆,看稿兼校《三国》续样。

夜检《备要》三集有无缺页,盖书已送来矣。检书八种,缺十页。将俟全书检毕,开单属局中照补之。此次出书,前缺者仅补三种,而本期应出者又缺十种,不识将来如何弥缝也?若加价则说不出,不加价,恐大溢卷帙也。

4月19日（己亥）星期六

阴雨,膏湿,时见阳光。上午七二,下午八十。

依时入馆,校《三国》袁绍、公孙度、张鲁、荀彧等传。

下午三时半出,与予同、博文、圣陶冒雨赴福州路大中华饭店,贺景深续弦。识友甚众,晚饭后归。到家将九时,即寝。

日来气候闷湿,中人欲恶,以故颇不适。

4月20日（庚子）星期日

晴,燠。傍晚爽。上午七四,下午七三。

晨看报讫,唤匠理发。旋偕珏人挈潜、清、汉、漱、同、复诸儿往附近之照相馆天天摄一"合家欢",补为十二日之纪念者也。事竣已十一时半,乃急往圣陶家,同过晓翁午饭,盖昨日约好者。饭后芝九来,因共打牌八圈。傍晚归,少坐即夜膳矣。

夜饭后检《备要》三集缺页。九时三刻寝。

4 月 21 日(辛丑　谷雨)星期一

晴,较昨为冷。上午六五,下午六六。

依时入馆,校毕《三国》续样。散馆后与圣陶闲步北四川路,六时赴振铎宴。坐客为菊农、六逸、调孚、予同、圣陶及予,景深则食后始来,东华最先至,谈至十时半始散,比归,已十一时矣。

有闲仍检《备要》缺页。

4 月 22 日(壬寅)星期二

阴雨。上午六五,下午六六。

依时入馆,仍编《本国史》。

夜检毕《备要》三集缺页,凡缺十六页,已开单备寄中华定书柜照补。

芝九来访,伊所作《宋元经济史》尚无消息,容为一探之。

接颉刚、道始信各一。颉刚汇四元来赙先庶母之丧。

4 月 23 日(癸卯)星期三

燠闷湿滋,日光为暗。上午七十,午七六,午后七九。

黎明时,怀之叩户求见。盖自拿赌遭拒被殴失械以后,办事日益棘手,近且反被诬控,诸多受气,决求去,故昨晚自锡附车来,托予书属道始急予结束批准辞职也。略坐即行,当天要赶回防次。予为之大不安,即作书为解,快邮发出。

《备要》三集缺页已开送中华照补,不识能否即寄来也?

依时入馆,仍编《本国史》。下午三时许与圣陶过访乃乾,备取《词谱》,至则室门严扃,阒无其人,废然遂返。未审前日所寄之书究已收到未也?

晴帆有快信自镇江寄来,谓胡朴安对之尚好,颇有托乃乾函介意。予未晓乃乾,止得再说矣。

4 月 24 日 (甲辰) 星期四

晴燠时阴,晚雨。上午七三,下午七八。

依时入馆,仍编《本国史》。散馆后复与圣陶过访乃乾,当以晴帆事托之,允即写信。但不能必保有效也。方谈间,雨至,有顷始过,乃辞归。丁印《词谱》已由乃乾出信,持信往购当可得一九折耳。

夜无聊,翻《古今注》及《吴诗集览》闲看之。

4 月 25 日 (乙巳) 星期五

阴雨不大,气骤寒。上午六五,下午六六。

依时入馆,仍编《本国史》。

夜打牌四圈。连日奇燠闷湿,今忽转寒,气乃大爽,入睡甚酣适也。止此一宵,足偿往失矣。

复晴帆信。接怀之信。

铁笙来访,谓昨甫自东海归,备道苦况。

4 月 26 日 (丙午) 星期六

晴寒。上午六〇,下午六二。

今日气爽晴快,殊适意也。《词谱》亦已购到,随手翻览,妙趣无穷。仅以晴帆之帙别庋待取,而予架又多一帙,诚有愿而乐之之快矣!

依时入馆,仍编《本国史》。

夜在家小饮。饮后闲翻即睡,未遑秉笔也。

4 月 27 日(丁未)星期日

阴霾,偶见细雨。上午六〇,下午六四。

晨起看报讫,闲翻架书,至十一时,乘人力车赴丐尊约,盖租界之公共汽车及电车罢工已多日矣。十一时三刻到人安里,叙功已在,而雪村方卧病,三人遂出,饭于附近之状元楼。饭后到安多里开明编译所少坐,谈有顷乃散。予仍乘人力车归。

归后打牌四圈。夜仍小饮。

珏人日来体颇不适,今晚竟发热,殊忧之。

4 月 28 日(戊申)星期一

阴晴间行,下午微雨。上午六三,下午六八。

依时入馆,为振铎校《文学史》。

珏人寒热不解,饭后延周医生诊之,谓急性感冒。服药后当晚即退热安睡,惟大便犹未下也。予神经衰弱已极,不有刺激,尚时失眠,稍稍受击,安得不引动旧疾乎!心绪大为不宁,百事俱废矣。

今日午后,商务工厂中被公安局捕去工友四人,据云有反政府嫌疑,其详莫之悉也。大概仍不出分曹挟仇,互相拘难之故技耳。如此景象,真大不可训矣。

4 月 29 日（己酉　四朔　月建辛巳）星期二

晴阴间施。上午六五，下午六六。

依时入馆，为振铎校毕《文学史》。

珏人寒热已瘥，而喉间又腐，复请周医来视，谓亦无妨，配药水漱口并仍主下利之剂，入晚得畅解矣。

夜六时，在北四川路中有天公钱俊生，作东者为陈星斋、陆震平、胡子贻、计剑华、骆绍先、寿芝生，并予七人，所谓罗汉请观音也。俊生辞职离馆，任无锡等十一县烟酒税局事，今方交代移去，故同人祖之。不解老友如叔迁等反不加入，岂先已别钱耶？九时许归。

弟妇挈涵侄来，谓昨自京到此，住其妹处，明日即须回去，特来一省近状云。未久即辞去，不及晚饭也。

4 月 30 日（庚戌）星期三

晴阴兼行。上午六三，下午六七。

依时入馆，仍编教科，并校《中日战争》复样。

潜儿事久悬不决，心甚悬之，因向予同转询柏丞究竟。得复暂无相当缺，止有剪报短工月支二十元者可姑就。予许之，约后日挈儿赴馆，先照章检验身体也。半年心事始获一个段落，且安之再说可矣。谋事之不易如此，可慨！可笑！

傍晚铁笙见过，谈有顷，去。约星期六一往过之。

怀之书来，控案就审未结，予复书慰之，且须暂守。

珏人喉疾未见好，他痛苦略减矣。大约发节气，过两日自然即愈耳。

故宫博物院挂号寄道光朝《筹办夷务始末》八十卷来,颉刚为购者。

5 月 1 日(辛亥)星期四

阴,下午雨。六十六。

今日馆中放假,外间谣言殊甚,有共党勾结阎、冯便衣兵合伙捣乱之说。故官中防备至严。予本无事外出,为慎于自处计,益不欲随便出门云。

午前看报及《提要·集部》别集类。午后悦之夫人来,因共打牌四圈。傍晚去,未及夜饭也。夜算上月账目。

5 月 2 日(壬子)星期五

晴。六十五。

依时入馆,仍编教本。

谣言捉小孩祭桥,无识者竟动色相告,纷向学校中领回学童,致全市空气为之大摇,不闻官中有所表示,真不可解,一若公安局之警察即捉孩者,至堪浩叹!

夜在振铎所公钱济之并欢迎雁冰,一将出任驻赤塔总领事,一则甫归自日本也。同坐有丐尊、雪村、景深、叔渔、仲云、希圣、圣陶、东华、调孚、振铎、君箴、均正、予同等,至十时半乃散。及归抵家门已十一时矣。

5 月 3 日(癸丑)星期六

阴雨。上午六五,下午六六。

依时入馆,校《中日战争》再复样。

散馆后往访铁笙,同至盛鸿泰小饮。饮后归家,已八时许矣。

看《提要·集部》别集类六。

5月4日(甲寅)星期日

晨阵雨,午后晴。上午六七,下午七三。

珏人挈群儿往晓翁家祝其夫人生日,仅予及潪儿在家守户。

午前看报五种,午后圣陶来谈。三时后看《隋·经籍志》,至五时许毕之,颇以为快。夜又看《提要·集部》别集类六毕,并看七半卷云。

5月5日(乙卯)星期一

晴朗,夜间星月辉然。上午七〇,下午七二。

晨依时入馆,与潪儿俱往。坐有顷,忽揭示今日为新端阳,当放假,故提旧历之午节假于今日,而根本废去午节矣。十时许,纷纷散出。

饭后,圣陶来,因与共出,步至南京路、福州路一带,憩于冠生园,并小饮于北万馨。六时许,仍步归。晚饭后略与家人谈,即睡。但失寐,转侧至三时后始稍得蒙眬也。

5月6日(丙辰　立夏)星期二

晴和。上午六六,下午七一。

依时入馆,与潪儿偕。潪儿事定,予为之一慰矣。

散馆时为章见访,谈有顷而去。

济群因公来沪,下榻予寓。据云中央军防甚密,阎、冯终不能逞也。

夜在圣陶家小饮,晓、芝二公同坐。十时返,允言见过,盖又以赴通出此也。谈移时,乃送之行。

5 月 7 日（丁巳）星期三

晴和。上午六六,下午七二。

依时入馆,仍编《本国史》。

散馆后与圣陶偕往江湾散步。傍晚归,少坐即夜餐。

济群清晨赴京,予起早送之,颇倦。夜间亦早睡。

晴帆书来,谓不日即将赴省一行云。

中华书局迄未将缺页送来,殊恨。明日当再函责问之。

5 月 8 日（戊午）星期四

晴阴兼至,下午雨。上午六六,下午七二。

依时入馆,仍编教本。

明日本放假,馆方以今岁须照社会局令不放,而职工会竟自动布告停业以志纪念,故明日仍得不往也。当局处事如此,诚令人莫名其妙,何以毫无准备若是耶!

连宵不好睡,今夜仍早眠,但终不能酣适,殊无以偿前失也。

中华缺页仍未来,拟过日面诘之。

5 月 9 日（己未）星期五

晴燠,欲雨未果。上午七一,下午七九。

竟日未出。饭后圣陶伉俪来,珏人偕往新乐府看昆剧。予则入浴。浴后少憩,写《三国之鼎峙》稿数百言,终以无聊而罢。夜睡复不好。体弱如此,诚不可预想矣!

接梦九书,知尝到京市教局任事,刻已谢归。剑秋已就幕丹阳,靖澜则静候编遣,虚舟棘手,终亦被迫自辞耳。默察状况,晴帆恐亦难得位置也。

5 月 10 日（庚申）星期六

晴燠,夜月好。上午七四,下午七六。

依时入馆,仍编教本。昨日停业,馆方不承认,职工会或须又动一番交涉也。

散馆归后,未即出,手《提要·集部》别集类观之。夜小饮。饮后打牌四圈,赢钱四百。十时睡,尚好。

中华缺页已补到,尚少《水经注》十六卷二十七页及《宋书》六十八卷十一页。明后日当再函请一补之也。

5 月 11 日（辛酉）星期日

晴朗。七十二。

上午看报,未及其他。下午往访圣陶,因共赴奥迪安看电影《美艳亲王》。五时许散归。夜看《提要·集部》别集类,并写信与中华备明日交馆役持往再补缺页者。

连日睡不好,夜间绝不能有所写作。而应作之事极夥,且润笔所入亦极需用,无法支配,诚苦痛也！今日馆中又以《百科小丛书》中之《郑成功》一册见属,止得先允再说矣。

5 月 12 日（壬戌）星期一

上午阴霾,下午雨。七十。

上午入馆,仍编教本并校《通史新义》复样。

下午未往,与珏人偕出,挈漱、同两儿看电影《可歌可泣》于上海大戏院。情节颇好,诚副其名。五时许冒雨归,幸即遇街车,否则沾濡不免矣。

夜看《提要·集部》别集类。

5 月 13 日(癸亥)星期二

晴朗。上午七〇,下午七一。

依时入馆,仍编教本并校《三国》复样。

散馆时,铁笙来馆看我,归家后,建初来看我。建初任市立小学校长已恒,欲谋省立苏女中附小校长,托予写信育华道地。谈有顷,去。坚留小酌,弗获。建初住苏州司前街卅一号。

夜写《三国鼎峙》稿八百言,睡即不安,至午夜犹未合眼也。

梦九所赠阳羡茶具六件,计壶一盘一杯四,今日由发行所便人带到,迄未知何人也。

5 月 14 日(甲子)星期三

晴朗。上午六八,下午七二。

依时入馆,仍编教本。候建初不至,度已返苏矣。

《四部备要》三集之缺页已补全,今晚本拟逐一重装,俾成完璧,会悦之夫妇偕来,谈至九时许始行,遂未果作。

夜睡尚好。

5 月 15 日(乙丑)星期四

晴朗。上午七四,下午七八。

依时入馆,仍编教本。

散馆后,手针线重装《备要》缺页各册,计十六册,晚七时始已。

晚饭后铁笙来,谈至九时半去。是夜睡眠尚好。

5 月 16 日(丙寅)星期五

晴朗。上午七六,下午七九。

上午入馆,校《地理》重排本。下午在家守舍,以珏人偕墨林出购物,漱、同、复诸儿需已料视也。乘此间时,为振铎审阅所购王惜庵摹刻高南阜《砚史》百数十纸,半日始毕。

予同见过,谈久之。并出所编教本示予,要校阅。

夜看《提要·集部》别集类一卷半,别集第十完矣。

5 月 17 日(丁卯)星期六

昙燠,傍晚微雨。上午七六,下午七八。

依时入馆,校《地理》重排本。

散馆时,梦九、飞卿来访,因偕归。傍晚同出,饮于豫丰泰。九时许罢出,复同登天韵楼一游。十一时始辞归,约明午饭予家。

5 月 18 日(戊辰)星期日

晴热。上午七五,下午八三。

昨甫发一书寄晴帆,今晨阅报,知已奉省厅任命为宝山县长矣。此君官兴不浅,官运亦复大佳哉!

午间梦九、飞卿来饭,饭后同往上海大戏院看《风流强盗》,同儿从。五时散出,予送同儿归,梦、飞南去,期会于孟渊旅馆。六时许复往会之,坐有其乡人曹、王二君先在矣。谈至八时始出饮于悦宾楼,九时三刻乃毕。彼等有兴往远东观跳舞,予则谢不敏,径归,并约明日不能奉陪焉。

5 月 19 日（己巳）星期一

昙燠,下午阴霾。上午七九,下午八〇。

依时入馆。厂中又呈纷扰,盖市党部民训会挟警来勒停工会重行整理也。其实则派系关系,仍出自相残杀耳。可叹！可恼！幸编所尚不至此,否亦大可洁身远行,正不必与之同流合污矣！

接道始信、乃乾信,即复道始,并转两书于怀之及晴帆。

送信与梦九,寄还所遗自来水笔并托一询硕民字轴究竟。

夜睡后,铁笙叩门来谈,告晴帆得缺事。其实予已先知,然止得敷衍之,有顷乃去。

5 月 20 日（庚午）星期二

阴雨终日。陡凉。上午七四,下午七〇。

依时入馆,仍编教本。接信两通。

夜小饮。饮后开唱片自娱,并续草《三国之鼎峙》稿六百言。以大倦而止,即就寝。

5 月 21 日（辛未）星期三

阴雨竟日不休。上午六九,下午六八。

依时入馆,仍编教本,并写信两封。

复儿为蚤所啮,身上常起粟块,有时且溃散出水。今日唶嘈特甚,并微见发热,检视背部左侧竟成一大疖,至恚。急延周医诊视,谓不易即疗,须俟痛止热退始有痊可之望也。

夜续草前稿八百言,十时即睡。

铁笙来访,谈有顷去。出示数信,俱有关晴帆者,予颇为解之。

5月22日(壬申　小满)星期四

阴雨,晚晴。上午六七,下午六九。

依时入馆,仍编教本。并为郑著《袁枢年谱》撰提要。

散馆后与圣陶闲步北四川路,傍晚乃归。夜小饮。饮后续撰《三国》稿八百言。已大倦,乃睡。近日可笑已极,止要似乎正经之事,入手便尔萎颓,沉沉欲眠,否则虽长谈竟日,亦不觉有异也。

5月23日(癸酉)星期五

晴冷。午六九,早晚六八。

依时入馆,编教本。散馆后往惠中旅舍候晴帆。至则尚未来,少俟始到。同来者甚多。即晚,其友周仰钊请在南园吃饭,予与焉。饭后复入旅舍谈,至十一时始归。

5月24日(甲戌)星期六

晴朗。上午七〇,下午七一。

依时入馆,仍编教本。

散馆后往访晴帆,周君请在大西洋菜社夜餐,遂与之。同坐仍晴帆班中人,殊无谓,然末由摆脱,止能随和一时耳。九时许即归。

5月25日(乙亥)星期日

晴阴乍忽,夜雨。上午七〇,下午七二。

午前看报并写信。近午出寄书,便访铁笙,托转告晴帆,今日下午拟不出陪矣。饭后静坐调儿,而晴帆拔冗来谈,盖渠亦以避嚣出此也。谈移时,五时半乃去。

夜早睡,冀偿连日酬应之劳,但终不能贴然达旦耳。神经衰弱至此,吾其殆矣!

5 月 26 日(丙子)星期一

晴不甚烈。上午七〇,下午七四。

依时入馆,仍编教本,并看《国闻周报》近来三期。

希圣寄我所编《中国政治史》一段,询意见。盖即采予前编参考书作一部材料者。

硕民所书轴已由发行所张子宏送到,当即飞函硕民止究。

久不打牌,夜饭后集珏人及濬、清两儿打四圈。既而写《三国》稿四百言,十时许就寝。

5 月 27 日(丁丑)星期二

晴,有风。上午七一,下午七四。

依时入馆,仍编教本。复建初信。致允言信。

今日预支下月上半薪金七十元,散馆后即往来青阁算丛书账,计六十八元。旋在高长兴楼下小饮,饮后始归。方晚饭,悦之来,谓其妇袜厂事已停,言下大为沮丧。予欲慰无从,姑宽之而已。

去年红利已揭出,每分止得六角,较前年又短十之二五,殆矣!但公司营业并不恶,馀百卅万元,故意做账成七十馀万,遂成此数。今后恐终无希望也。

夜饭后与家人闲谈,并看《提要·集部》别集类十二。

5 月 28 日（戊寅　五朔　月建壬午）星期三

依时入馆,柏丞属查世界书局中学史地教本有无抄袭本馆之处。因为从头翻检,卵中寻骨,较吹毛求疵尤难,殊无谓也。其实教科书一丘之貉,依新八股眼光衡之,或尚有一日之短长,若严格相求,谁亦免不了磕碰耳。

乃乾午间过访,因陪饭于新雅。午后希圣、仲云来,散馆后复偕振铎、调孚、予同及希、仲茶新雅,傍晚始散。一日两度入同一茶馆食寮,亦仅见之事矣。今日复希圣一信,正封发而彼至,遂面递焉。大旨悉听主持,予无成见云。予同偕归,假《经策统纂》经部去。

组青今日又迁来与予同住,从此将复现三数年前光景,不识能始终客气否也?

5 月 29 日（己卯）星期四

晴暖。上午七三,下午七八。

依时入馆,续检世界书局教科并看《中日战争》清样。

夜看毕《提要·集部》别集类十二。

复儿疽已稍好,可不加纱布矣,但医教仍令逐日往诊,此心终不能平放得来也。体弱至此,实堪忧虑,不识将来断乳之后是否日即壮硕耳?

5 月 30 日（庚辰）星期五

昙燠。上午七四,下午七九。

依时入馆,仍检讹头,为草一意见书提于柏丞。

乃乾于午刻见过,因与振铎同出,共饭于新雅。途遇形似学生者数十人,高呼口号,为北四川路日捕拘去若干人。惨案徒资纪念,出口便可贾祸,亦难乎其为今日之人矣!

夜看《提要·集部》别集类,少坐即睡。

今日将去年应得之红利送来,计特别储蓄廿一元,实取八十四元,凡一百〇五元,较往年又打一大折,殊非前途之福也。予得此,还书账且不足,遑言其他。

5 月 31 日(辛巳)星期六

晴暖。傍晚欲雨未果。七十八。

依时入馆,仍编教本。散馆后走访乃乾,备还款。两度不晤,废然径返。思欲饮酒,格于细故未得遂。夜间颇与珏人龃龉,二十年来所未有也。甚忿!

6 月 1 日(壬午)星期日

晴热,午后昙闷。上午七九,下午八二。

今日为端阳节,适逢星期,仍得休暇在家。上午九时,铁笙见过,为晴帆取《词谱》去。予亦随出,访乃乾于平乐里,还《昭代丛书》欠找五十元讫,并代携振铎百元并交之。中午赶返,循俗例饮雄黄酒。悦之夫妇来饭。饭后方在家少休,圣陶过谈,移时别去。三时许,苏州仁斋姻丈及翼之、德镛来。祖孙下顾,欣然接待,少坐即与俱出,饮豫丰泰。七时散出,同游大世界,以星期而兼节日,游客之挤为从来所罕睹。各场皆然,殆难插足,止得废然以归。归后又谈至十时许乃寝。

6月2日（癸未）星期一

晴热。上午七九，下午八三。

依时入馆，预备撰《辞源》新条。写信与晴帆荐仁丈。

翼之以校事故，今早先归。仁丈与宏仍留此，由悦之伴其出游。

夜饮于家，与仁丈谈至十时乃睡。

6月3日（甲申）星期二

阴霾。闷燠。上午七九，下午八二。

竟日未到馆，上午在家理发兼伴儿，下午偕仁丈、悦之、宏官同游黄浦滩，薄暮始返。仍饮谈至十时许始各归寝。悦之亦去。

悦之夫妇流寓沪上已将半年，未获寸展，且俱告失业，至以为虑。渠夫妇仍未见识到之处，颇有随俗投好之态，前程未可乐观也！

6月4日（乙酉）星期三

阴雨。上午七八，下午七六。

上午入馆，下午陪仁丈等往上海大戏院看电影。傍晚归，仍小饮，且饮且谈，不觉已至十时矣，乃就睡。

日来同儿有寒热，不甚高兴嬉游，予颇防其患痧子也！复儿背疽渐痊，气色情形亦较佳矣。

6月5日（丙寅）星期四

晴，午后阵雨。上午七三，下午七八。

上午依时入馆,早归,送仁丈登车。盖今日誓必归,再亦不便苦留矣。车站归后,周医生来,看同儿似尚不致染痧子,复则疽痕稍痊而旁近又患疖子,洵可叹恨!!

下午未到馆,伴同儿。儿寒热时有时无,尊医教投以退热药及止咳药,夜半察视,似已见痧子之点,深悔方才投药之孟浪也。

6 月 6 日（丁亥）星期五

晴,陡冷。上午七〇,下午七五。

依时入馆,看《全谢山年谱》修订稿。

同痧子正发,复背疖又溃,拥此病儿,其母苦矣!予最畏听呻吟之声,而近来颇与为缘,心绪之劣,从可知耳。夜本失寐,又数数起视,竟惫甚。

6 月 7 日（戊子）星期六

晴暖,午后雷雨即止。上午七五,下午七八。

依时入馆,仍编教本。散馆后,赴圣陶新雅之宴。坐有雪村、均正、六逸、东华、予同、望道、调孚,谈至九时许始散归。

同痧子正盛,幸经过尚好。复疖仍似剧痛,于抱眠俱不安时卜之。但愿不染痧子,使稚躯稍稍结实,则大望也。予百无一成,唯此诸雏,尚供开颜,故心力交瘁之耳。

6 月 8 日（己丑）星期日

晴暖。早七四,午七九,晚七六。

上午未出,看报外无所事,伴儿而已。饭后钞补《地理沿革表》缺页一,《史摭》缺页三,《陔馀丛考》缺页一。三时,晴帆至,乃与偕出,购物于南京路、福州路。遇振铎于来青阁,因共走访乃乾。未晤,出,过中国书店,得邵位西《四库简目标注》六巨册,价十八元。旋小饮于北万馨,振铎有事先行。傍晚散,晴帆径归宝山,予亦遂返。

同痧子已出齐,明日可望回矣。复疖亦稍退红肿,大抵无甚危险也。

6 月 9 日(庚寅)星期一

晴热。上午七七,下午八〇。

依时入馆,仍编教科。

散馆后,立斋来访,谓芝九讼事已了,晓先等欲醵饮为贺,因与同出,过圣陶,共往集于晓所。至则人甚多,有良才夫妇、金平夫妇、伯才、汉年等。傍晚聚饮于北四川路之会元楼。广东俗,锣铙竞奏,震耳欲聋,竟不能谈。草草食已,已九时,会锣铙少止,因稍谈,十时许乃散归。

6 月 10 日(辛卯)星期二

晴热,夜陡凉。上午七六,下午七九。

依时入馆,仍编教科。伯训来洽,明日起,调潽儿至学生杂志社暂代校对两星期。

夜手钞《史目表》,至十一时始睡,盖借自觉明,即将付还也。

6 月 11 日(壬辰)星期三

阴霾,午前雨。上午七六,下午七七。

依时入馆,仍编教科。校《三国·蜀志》印样五十页。

接颉刚函,知予前信俱到。渠来催《太平天国田亩制度》甚急,因命潜儿先为钞出,俾早日施以标点,然后寄出也。

夜仍钞《史目表》至十时许。

同、复俱得就痊可,甚慰。

6 月 12 日（癸巳）星期四

阴雨乍作乍辍。上午 76°,下午 79°。

依时入馆,校《三国》续印样。

本馆总务处之会计科最为腐败,每遇开单签字等事,动辄延宕,屡催不应。予以存折向开支单,三日前交之,今犹未取回,茶役往返数回,只索闭门早散矣。如此不顾大局,当事者乃曲为优容,诚不可解。岂平时舞弄,必藉为狼狈耶!抑气焰既炽有所挟持而不能动耶!麻木至于如是,前途必无乐观,恐三十年之繁荣可一而不可再也!予存折被搁而需钱甚急,因向星斋暂挪二十金。

夜仍手钞《史目表》,至十时后始寝。

6 月 13 日（甲午）星期五

阴雨。上午 76°,下午 78°。

上午入馆,校《三国》续样。下午未往,调孚与君立见过,同赴中央大戏院看《卡门》。主演者俞珊女士,即去岁在宁波同乡舍演《沙乐美》者,确好!三时半开演,六时四十分始毕。出院后予即呼车径赴振铎家,盖预约今日有宴会也。坐客为侃如、沅君、皖峰、白君（忘其名）、东华、觉明及予,乃乾则约而未至。十时散,予又与觉明、东华谈至十一时始归。

6 月 14 日（乙未）星期六

阴雨，晚晴。午 82°，早晚 80°。

依时入馆，续校《三国》印样。

夜手钞《史目表》，至十时许罢。

昨日起，复儿有微热，颇哼嘈，恐亦染痧子也。以此，不敢乱投药，只有静待自然变化耳。气候闷损，真不易对付也！予最畏湿燠，今且兼有病者婴心，益感苦闷矣。

雪村送日人所摄中国各地风景片来，备选用《地理教本》插图。

6 月 15 日（丙申）星期日

阴雨，下午不雨，偶见日光。上午 75°，下午仍。

竟日未出，看报外钞《史目表》。

仁丈午后四时许来，夜伴饮。即宿予斋中。

复儿痧子已见点，请周医来诊始决定之。背疖已见收功，但仍有硬块，不识能即日全愈否？

6 月 16 日（丁酉）星期一

晴朗。上午 73°，下午 76°。

依时入馆，校毕上星期馀样，兼续编教科。

写信三封，分致君畴、建初、怀之。

夜待仁丈来饭，不至。十时许始来，盖悦之陪其在外小饮且游神仙世界也。予以积倦，已就寝，闻其来，乃起与谈，十一时后乃卧。

6 月 17 日（戊戌）星期二

晴明。上午 75°，下午 77°。

依时入馆，校《地理教科》重排样，并复外人询勘察加半岛事。

午后写信两封，一复颉刚，一复缉熙。缉熙久违，今由武昌来航空快信，邀予于下半年往武昌武汉大学史学系任中国分期史教课。予深感其厚意，但不能从也。故亦用航空快信复谢之。缉熙现住武昌城昙华林华平里一号。

复痧子已齐，而寒热不退，忧甚。不识明日能否即见回退凉耳？

夜与仁丈饮。吴妈与邻姬吵嘴，颇扰人。邻姬无赖甚，思欲藉端讹诈者，予力禁吴妈不与争，辱骂良久始休。居室环境不佳，宜乎有此也。但在上海，舍极阔的住宅区外，易地则皆然耳，奈何！

6 月 18 日（己亥）星期三

晴，夜半雨。75°，夜深后 72°。

依时入馆，校《地理》重排样。

侵晨起，送仁丈上七时另五分快车。昨宵复极咿嘈不安，本未好睡，今又破晓即起，疲甚。

夜钞毕《史目表一》，即续钞《史目表二》逸史。

复儿夜眠仍气逆鼻壅，数数起视，心甚忧之。

6 月 19 日（庚子）星期四

阴雨，寒凉。上午 73°，下午 72°。

依时入馆，校毕《地理》一批。下午未往，在家钞《史目表》及为所编《地理》制小标题。至晚十时，两项俱毕，仅《史目表序》未录，《地理》插图仍未配上耳。

复痧子已回过半，惟寒热依然未退，今已七日矣。日间尚不甚骇人，入夜终觉气逆难受也。珏人将护已竭，己且不支，奈何！奈何！

6 月 20 日（辛丑）星期五

阴雨。上午 72°，下午 74°。

上午入馆，无心作事。下午仍未往，看护复儿且钞《史目表序》。复儿热仍不退，早间请周医来诊，谓为无碍，但彻夜哜嘈，热势忽升忽降，依然不减昨宵也。予与珏人忧甚至，几不寐矣。

6 月 21 日（壬寅）星期六

阴雨。74°，下午 77°。

依时入馆，略事翻检，未作何事，盖心终不能宁放也。

上午本拟延顾寿白诊复儿，适因未来不果。饭后仍延周医来视，发觉背部又发一疽，其凶势较前次所发为烈，且较居中近脊梁。因思热之不退，坐是故耳。当打一针，谓可退热助气力，痧子关系至少也。

晚六时，赴东华新雅约，坐客甚多，侃如、沅君、丐尊、雪村、振铎、予同、调孚、望道、六逸、圣陶俱在。谈至九时许即归。

6 月 22 日（癸卯）星期日

晴热。上午 76°，下午 79°。

复儿热仍不退，午后周医转介殷医来诊，谓痧热馀蕴未尽，处方拟疏解清化之。周医仍为打针,并下 Euqinine 两服,热果退。予即未用殷药,俾免冲突。睡至二时许,复又大咳不止者半小时,热又高起一度一分,大为不解。此儿体弱,痧后外疡,不识能脱险否也? 甚虑之。

午后,乃乾来访,适晴帆饬人送柬至,谓接眷过此,住新惠中,请往一晤。因与乃乾出,先过由厓、越然,然后赴新惠中会之。谈至五时许,辞归,以家有病儿,实无心在外晚饭也。未归前,丏尊见访,未晤为歉。

6 月 23 日 (甲辰) 星期一

晴热。上午 79°,下午 83°。

依时入馆,写信与丏尊,坚辞辍编教本。散馆后丏尊适又见过,因面陈困难。但尚未解决。

复儿依然,惟热稍退。咳嗽与背疽俱无变动。予已无筹可展,只得专延周医壹意治疽,听其自然矣。殷医之方,今日用以治咳,似尚有效也。

6 月 24 日 (乙巳) 星期二

晴热,似有阵,未果。上午 82°,下午 89°。

依时入馆,仍编教科。开明事予同已与丏尊洽过,决暂置。但予为避免将来麻烦计,当坚持不干矣。

复儿病依然,背疡且加剧,周医谓须剪开始可去腐也。珏人虑其体弱不胜,尚未定剪否,夜三时又见寒热,予大忧之,究不知能否脱险耳?

致觉知复病,悯甚,为虔持佛号,且转属友人之能咒者咒水以

贻我,如教令复服之,颇好。殆有所谓佛缘者在耶! 此公风义之
笃,真能格顽化善,倘藉其力以回天再造,固大幸事也。

6 月 25 日(丙午)星期三

昙闷。上午八二,下午八〇。

依时入馆,仍前事。

饭后过芝九,以便物数事馈之,以屡叨食物之赐,聊以将意耳。

散馆归,周医至,竟为复儿剖疽去瘀腐,予不忍观,避斋中俟
之。医云如无变化,当可勿虑也,夜三时,复又有寒热,予大恚。

6 月 26 日(丁未　六朔　月建癸未)星期四

晴热,夜雷雨。上午八二,午八八,午后九〇。

依时入馆,仍编教本。

复儿创口略好,心为稍慰。虽仍有寒热,而咳嗽已大止,可欣
也。

近半月来,为复儿病,予与珏人几失常态,眠食俱生问题矣,得
少慰,已如大获福惠焉。

6 月 27 日(戊申)星期五

晴热。上午八五,午九〇,午后九三。

依时入馆,仍编教本。昨日徐家汇天文台报告,温度在九十四
以上,故循例缩短工作,三时半即散。

来青阁饬友送《皇朝续文献通考》一箱、影印《知不足斋丛书》
两箱来,计价八十四元。账暂挂,仅付车钱二角一百卅而已。

复儿病状不见增,而创口大好,据周医言,危险期已过,大致无

碍矣,心头为之一宽。

6 月 28 日(己酉)星期六

晴热,午后曾有阵雨。上午九三,下午九四。

依时入馆,仍编教本。今日起,馆中工作改早一小时,八时即入。以昨热如前,故延至午后一时始散,仍为五小时。往后当视此例也。

复儿之疽,裹布移动,即由珏人抱往周医家重系换药,据谓尚未收口也。

夜六时,赴青崖之宴于振铎所,盖假坐集稔友晤谈也,到仲云、东华、景深、调孚、圣陶及振铎,六逸、予同则邀而未来,开饮已八时许,十时许始散。及归家,已十一时矣。

6 月 29 日(庚戌)星期日

晴热,晚雷阵大雨。上午八八,下午九三。

畏热未出,傍晚赴芝九大中华之宴,顺道过扫叶山房索得所印近书样本一册。中间《三希堂画宝》为滑头作品,馀尚平正也。席次多稔友,且多尚公同人。伯才告予,清儿功课至不佳,尤以算术为次,应乘暑假补习之,庶不脱班云云。因决令清进尚公所办之进修暑校补习。

八时许散归,途次风至,电光熠熠。抵虹江路口,大雨遂至。急乘车赶归,已遭湿沾矣。到家尚止九时,因略坐而寝。

复儿昨今两夜无寒热,大致专理外症可也。

6 月 30 日(辛亥)星期一

晴热,午后起阵不果。上午八八,下午八九。

依时入馆,编教本尽一课。仍八时至下午一时。

悦之夫人来,晚饭后去。

云彬见过,以《历史丛书》相示,当为转送柏丞也。

清、汉成绩报告已送到,俱平常,有五门全为次等也。漱儿休学太久,当然留级。

7月1日(壬子)星期二

晴热,夜风起,陡凉。上午八六,午后八八,夜八五。

依时入馆,仍编教本。以昨日温度不及九四,故下午仍往。

周医为珏人打一针,谓可止复再生新疖,盖今日又开去新疖八九处也。

此儿体质之弱如是,予实深为担心不置矣。珏人身体亦非健者,设日久磨折,不将母子交敝乎!

7月2日(癸丑)星期三

大雨竟日,东南风烈。上午八〇,下午八二。

上午冒雨入馆,仍编教本。下午未往,在家撰《三国之鼎峙》稿。至夜九时许,得二千馀言。

复患稍好,心稍慰。但入夜又有微热。

写明片复悦之。

7月3日(甲寅)星期四

上午阴,下午晴。上午八二,下午八五。

上午入馆。下午未往,在家续撰前稿二千言。

复仍在治疗中,与周医谈移时。

7 月 4 日（乙卯）星期五

晴热。上午八二，下午八六。

上午到馆，下午未往。在家续撰前稿二千言。

复仍在治疗中，同儿晚又发热。

夜卧看范石湖《吴船录》，尽之。知不足斋本。

7 月 5 日（丙辰）星期六

晴热。上午八三，下午八八。

依时入馆，仍编教科。

晚六时，圣陶、雁冰来，因同赴功德林丏尊之约。九时即归。

苏州马毓秀女士来访濬儿，即宿予家。

复儿仍在治疗中，同儿又连发热两天矣，恚甚。

写信复幽若、翼之。

7 月 6 日（丁巳）星期日

晴热。上午八七，下午九二。

竟日未出。晨间，剑秋偕其妇弟徐步丹见访。因知剑秋新自丹阳县府来沪，任市政府财政局科员也。谈笑甚欢，具酒食款之。饭后，云彬及文祺伉俪来访，剑秋、步丹乃去。予以所校《南明野史》赠剑秋。云彬等旋亦辞去，又承文祺馈厦门肉松两罐。

夜大闷热，又兼同儿发热，不敢开窗，犹觉难当。周医来诊复儿时顺问之，谓无大碍。

7月7日（戊午）星期一

晴热，午后阵雨不大，即止。上午八四，午九一，傍晚八八。

依时入馆，仍编教科。写信五封，分致君畴、子玉、梦九、建初、晴帆。

傍晚铁笙来访，将晴帆命探望一切。

连日天热，又兼诸友络绎，竟未能撰一字之稿。而诸项费用之仰给于此者已不胜偻指数，困迫若是，度日如登天矣。奈何！

7月8日（己未　小暑）星期二

晴热。早八三，午八九，午后九〇。

依时入馆，编毕教本第一册，只须加以编例及目录即可交卷矣。

振铎将登莫干山避暑，以琐事托予。

今年热虽提早，而霉中并不濡湿，则亦大好也。倏忽之顷，已出霉矣。不识伏中如何？

夜浴后，闲看《提要·集部》别集类。

复儿疡大好，医教可间日一诊，故今日未延医。

7月9日（庚申）星期三

晴热。上午八五，午后九〇，晚八八。

今日放假，午刻晴帆见过，以中国学会特捐四十元交予代转。以尚有他事待办，未饭即行。

周医来诊复疡，又加好矣。大慰。

撰《三国鼎峙》稿二千馀言，毕第六章。

夜浴后,看《提要·集部》别集类。

7 月 10 日(辛酉)星期四

晴热,夜席如炙。上午八六,午九二,午后九三。

依时入馆,将教本编例弄好,交柏丞、纬平阅看。

撰《三国鼎峙》稿二千馀言,毕第七章。

夜热甚,展转不能成寐,惫矣。

7 月 11 日(壬戌)星期五

晴热,殆加甚于昨日。上午八六,下午九五。

昨日徐家汇天文台报告,最高温度为九十六,故今日仍延至下午一时始散,饭后放假。

续撰前稿千馀言,第八章未完。

周医来诊复病,谓已不须再看,每朝换药期得矣。统计此役,延请归诊凡二十三次,踵其门求诊凡十三次,打针者六度。破予家医病之纪录矣!

7 月 12 日(癸亥)星期六

晴热,东南风大。上午八七,下午九二。

依时入馆。据天文台报告,昨日最高温度达九十九度另二,故仍视昨例,饭后未往。在馆看毕《提要》三卷,尽《集部》别集类十八,宋人集悉举于此矣。

饭后撰前稿二千言,第九章未半也。天热挥汗,至不能聘笔直写,苦甚!

夜浴后不凉,卧床不稳,遂失寐。

7 月 13 日(甲子)星期日

晴,东南风烈,入夜微雨。上午八七,下午八八。

竟日不出,撰《三国鼎峙》稿四千言,了第九章并完第十章。

复儿尚未全愈,同儿头部又起疖子及瘰疬多颗,恚甚矣!

连日大热,今忽起风转冷,不觉爽舒之袭人矣。苦尽甘来,真有此境。

7 月 14 日(乙丑)星期一

阴霾,入晚雨,飓风。上午八四,下午八六。

上午入馆,下午未往。在家续撰前稿第十一章毕,计二千馀言。

夜乘凉看《提要·集部》别集类十九。

7 月 15 日(丙寅)星期二

上午阴雨,下午放晴。上午八二,下午八五。

是日未到馆,在家撰稿五千言,至晚七时始已。《三国鼎峙》第十三章毕矣。

夜浴后,乘凉看毕《提要·集部》别集类十九,开看别集类二十。

同疖稍平,复又腹泻,疾恼相乘,至足懑悒也。

7 月 16 日(丁卯)星期三

午前晴,午后雷阵雨甚大。上午八二,下午八八。

依时入馆,将新编《本国史》第一册插图目开复聿修,属配图备发排。末课缺一图,为制一《八王谱系》俾照绘作锌板焉。

散馆归后颇欲续撰前稿,俾早了结。乃内弟选万适至,陪同谈话饮酒，遂尔坐废。夜饭后只索狂谈，至十一时乃寝。十二时，同儿忽又发热，急起取表测之，为卅八度四，心中大为恚恨。

7 月 17 日（戊辰）星期四

晴热。上午八六，下午八八。

晨次两儿大哭，予与珏人为之气夺。因此，遂未入馆，在家照料。仍延周医复视复儿兼及同儿。复疡尚不收口，而同则服药后于晚一时即退热矣。

续撰《三国鼎峙》第十四章毕，全稿完，计三万五千五百八十一字。明日当可携交柏丞，俾早日得酬，将以付医药费用也。

夜铁笙见过，谈有顷去。

7 月 18 日（己巳）星期五

晴，时起云翳。上午八三，下午八六。

依时入馆，看《清史稿·郑成功传》及《清史列传·郑芝龙传》，备着手编"郑成功"应《百科小丛书》之求也。并作书复梦九，谢所属上事不能即就。

珏人因困于将护小儿，自己感冒，今日竟发热不舒矣。服退热药后，幸于中夜奏效。然咳嗽频作，亦颇不适也。今年不顺至矣，若迷信星命则本岁流年当大不佳耳。

7 月 19 日（庚午　初伏）星期六

晴，午后云翳即开。早八三，午八六，午后八九。

依时入馆，《三国鼎峙》稿费已开出，计找得七十八元。持归后略一支配，计酬周医六十元，赴晓翁存款息十六元，仅存二元矣。

为之一笑。散馆后即往晓所付息并谈编《地理》意见。至六时行，径赴悦宾楼予同宴。到客为雪村、丐尊、仲云、希圣、望道、东华、调孚、径三及予，至九时馀始归。是夕肴甚好而价不贵，较闽、广、川馆胜多矣。坐客尚有昌群，餐后同道归。

7 月 20 日（辛未）星期日

晴热。上午八五，下午九〇。

终日未出，亦未作一字，空过也。

上午翼之来，饭后即返苏。知其五妹已举一雄。翼之未出，觉明见访，翼去后与觉大谈，至四时乃去。觉明还《太平广记》而复借《御览》。

热甚，终宵卧席温暖不减也。

7 月 21 日（壬申）星期一

晴热，终宵席温。上午八七，下午九三。

八时入馆，一时归饭，饭后假。

云彬来，借《廿二史札记》六册去。

夜热较昨尤甚，天明犹不少凉也。

本拟接撰《太平天国之革命》，以天暑难于握管而罢，挥扇不停，汗犹沈出，脱一止风，烦热且欲死矣，遑顾其他乎！

予最畏暑而无力可以遁避，山顶海滨，举需巨金也。为之叹息而已。

7 月 22 日（癸酉）星期二

晴，午起阵不果大雨。上午八八，下午九二，晚九一。

仍八时入馆，一时退。气奇热，为历来所罕见。

周医来谢酬，并索题跋为荣。予允之，明后日当写样送去也。

夜卧难贴席，苦极！

7 月 23 日（甲戌　大暑）星期三

晴热。上午八九，下午九四。

仍八时入馆，一时散。据报，昨日最高温度达九十八度六。

午后打牌二圈，以炎热不胜而罢。四时许出，思欲购一华生牌十六寸台扇，乃走遍南京路、湖北路、四川路、北四川路仅遇两只，一在新新公司，价四十二元半，但只适用法租界，不适于闸北之电流；一在福来行，索价四十七元。其馀牌子，非七十即八十，更与囊中不相应，宜难问津矣。废然而返，汗沾类浴豕，诚大不如意事也！

7 月 24 日（乙亥）星期四

晴热。上午八六，下午九二。

仍以八时入馆，一时退。校《三国·吴志》。

组青为予出购扇，亦走过好多家，并至其厂中问询，始在大马路汇通电料行购得十六寸华生台扇一具归，价四十二元，尚不失过贵云。

午后撰酬医跋语百数十字，即书以贻凤岐。

7 月 25 日（丙子）星期五

晴热，午后起阵未雨。上午八六、八八，下午九二、八九。

上午八时入馆，下午一时退。

撰《太平》稿二千馀言。思日督为功，及暑假期中了此工作也。

夜浴后续写稿数百言，十时乃寝。

7月26日（丁丑　闰朔）星期六

晴热。上午八五，下午九〇。

上午八时入馆，一时退。

三时许，正在属稿，予同、圣陶、佩弦来访，盖佩多年不见，今夏始归自北平，昨自其家乡扬州来也。欣然道故，坐移时。旋与偕出，过访丏尊及雪村于提篮桥，晤之。又加入仲盐、同光，齐赴豫丰泰宴饮。饮后开远东饭店房间小憩，佩弦、予同、丏尊、雪村等叙雀，而予与圣陶则闲坐以待影片之来。影片耳名久，迄未一观，故求偿斯愿耳。至十一时，始来，计片五张，初为华女之裸身动作，继为西春片三，末为华春片一。一时始演放毕。丑恶万状，较其他一切为更甚矣。二时到家，浴身即睡，颇悔此愿之大可不必求偿也。

7月27日（戊寅）星期日

晴热，傍晚阵雨有风。上午八六，下午九二。

看报讫，即往凤岐处闲谈。十一时赴圣陶家，十二时佩弦来，因饭其家。午后三时，偕游兆丰公园，邀予同与俱。五时许出园，天已将雨，急乘车赶归，幸尚未濡，然抵家已七时矣。

7月28日（己卯）星期一

晴热，有风。上午八六，下午八八。

上午入馆。下午未往，在家续撰《太平》稿二千言。

夜浴后铁笙至，以晴帆还我之《宝山县志》、《续志》价八元交我。

同、复湿气蔓延,滋不怿,不识今年何不幸乃尔也!

7 月 29 日(庚辰　中伏)星期二

晴热,风烈。上午八六,下午八八。

今日起,馆中循旧例放暑假,日两小时,故八时入,十二时退。

饭后圣陶夫妇见过,同访佩弦于俭德储蓄会。因与俱赴大世界观新乐府昆剧。圣陶为点姚传芗《寻梦》一出,价八元。五时散出,登金陵酒家之楼小酌焉。七时各归。

夜浴甫罢,凤岐至,谓银盾已制就,计价七十五元,嘱予饬人往取。

7 月 30 日(辛巳)星期三

阴,时雨不大,风烈。上午八四,下午八七。

八时入馆,十二时归。

饭后持银盾往周凤岐医士处,并找馀款十五元与之。

撰稿千馀言。

7 月 31 日(壬午)星期四

晴阴时作,东南风大。上午八五,下午八六。

八时入馆,十二时退。

饭后往候调孚,问病状。尚不甚烈,下星期当可来馆也。晤均正。旋出,赴发行所取款三百五十元,复赴兆丰路开明书店换取股票并续缴股款三百元。晤仲盐及均正,遂过憩均正家,傍晚始归。

仲弟及弟妇归来晚饭。九时许去。

8月1日(癸未)星期五

晴热,东南风大。上午八五,下午八六。

八时入馆,十二时退。

午后续撰稿千八百言。

凤岐来诊,顺谈移时而去。同头部湿气不消而复则依然偃塞,至恚。夜不安寝者月馀于兹矣。儿债之累如此,真大苦事也!

来青阁送旧书箱十只来,予不在家,其伙友来馆面洽者。谓价须十六元,车资八角。予当付车资。及归饭,则堆庭中几满,胥败篓也,充薪犹可,陈之室中则刺目甚矣。大怒,即托组青车送退却之。

8月2日(甲申)星期六

晴热。上午八五,下午九〇。

八时入馆,十二时退。午后在家续撰稿千五百言。五时出,为振铎还书于乃乾,并将晴帆捐款交之。谈有顷,即往陶乐春,盖觉明将于十日北上,昌群、世禄、虎如及予今晚宴饯之也。八时许散出,又同登天韵楼纳凉。至十一时乃归。

报载共党入长沙,颇虐杀无辜。

乃乾贻我《陈新政遗集》二册,下册有《华侨革命史》,于同盟会运动之初起情形备述甚详,乃佳好之史料也。

8月3日(乙酉)星期日

晴昙兼施,热。上午八八,下午九〇。

午前九时,予同、圣陶来舍,同出赴吊为章夫人丧于新闸路平江公所。略坐即引归,适凤岐来访,谈至十一时许去。

饭后小睡,睡起续撰稿千馀言。傍晚呼酒独酌,然后夜饭。饭毕小坐即就浴,浴后便睡。

8 月 4 日 (丙戌) 星期一

昙而热。上午八五,午八九,午后九〇。

八时入馆,十二时散归。写信复翼之及振铎。

接颂皋来信,介至江湾劳大教史地。予拟明日复谢之。

饭后在家续撰稿三千馀言,晚小饮。

8 月 5 日 (丁亥) 星期二

晴热,仍有东南风。上午八六,下午九〇。

八时入馆,十二时退。写信复颂皋,婉谢不能应命之故。

接子玉函谓未见予信,予每接一书,必即复出,如何迄未一到乎? 非邮递有误即子玉颠顸失记耳。

午后在家续撰稿四千馀言。

8 月 6 日 (戊子) 星期三

昙热,有东南风。上午八四,下午九〇。

八时入馆,十二时退。校《吴志》复样一批。写信复子玉。

下午在家续撰稿三千言,至晚七时而罢。

凤岐来看,谓复儿旧疤不免再作,至恚,何纠缠不清乃尔!

8 月 7 日 (己丑) 星期四

昙热。上午八五,下午八八。

八时入馆,十二时散。下午在家续写稿三千言。夜小饮,忽忽之顷,又过一天矣。

接翼之信,知所寄文已到,其妹慧若产后少愤致疾,颇沉重,现已稍痊。世间最复杂而最不易解决者厥为家庭问题,弃乎? 取乎? 是诚永之不断之谜欤!

8 月 8 日(庚寅　立秋　末伏)星期五

昙而热。上午八四,下午九〇。

八时入馆,十二时退。下午在家续撰稿二千言。

夜颇失寐,半坐环境之喧,半为同、复之迭起嘈声也。

周医仍来诊,又为复开疖四处。

8 月 9 日(辛卯)星期六

昙热,东南风。上午八五,下午八九。

八时入馆,十二时退。

清晨,勛初见过,谈不久便去,以须赶车返苏也。

午后人来甚多,有潏之同学,有吕氏之三子,颇难安坐,遂废搁旧稿不能作一字。六时赴虎如宴于其四达里一三二号新居,与子敦及东华同饮。谈至十一时始散归。

8 月 10 日(壬辰)星期日

晴热。上午八七,下午九〇。

竟日未出,撰稿五千言。

晴帆夫妇见过,以百衲本《廿四史》预约价交我,托代购。少坐即去。

七阿姨今日由苏来,家中杂务可以少分珏人之劳矣。

8 月 11 日(癸巳)星期一

晴热。上午八六,下午九〇。

上午入馆,下午假。在家续撰稿千言,时有人来,故然。

凤岐、圣陶先后至,谈有顷,去。

晴帆所购全史,已为购得,援同人例得享九扣,但用予名义也。

8 月 12 日(甲午)星期二

晴热。上午八六,下午九二。

未入馆,在家赶撰《太平》稿。午后凤岐来诊复。铮子来谈,携到硕民所注《国语》稿,盖甫自苏来沪也。职是之故,不能多写,至晚不过十纸,且馀数行未足焉。

夜躁闷,不能寐,又兼同湿气为患,竟废安寝。

8 月 13 日(乙未)星期三

拦朝雷雨,午后开霁。上午及晚八五,午前后八三。

仍未入馆,在家赶编《太平》稿。亦止得十纸,并补足昨馀之数行耳。

复疖一时不得好,周医每日来开,而重苗者依然不止,恚极!

8 月 14 日(丙寅)星期四

晴热。上午八四,下午九一。

八时入馆,十二时退。

午后在家撰稿五千言。

秋来焦热，反甚于夏季，不适极矣！

周医为复打清血针。

8 月 15 日（丁酉）星期五

晴热。上午八八，下午九一。

未到馆，续撰稿三千言，至午后二时全稿毕，计数凡四万九千六百八十二字。

圣陶于傍晚来，谈硕民事。移时乃去。

周医为同，复打清血针。

夜九时，铁笙来，取晴帆所托购之百衲本《廿四史》预约券去。

8 月 16 日（戊戌）星期六

曇热，午后雷雨。午九〇，早八五，晚八八。

依时入馆，八时入，三时半退。盖暑假已于前日满矣。

《太平》稿送出，即由陈锦英送契约来填，计二百四十八元，已支过百元，尚可找得一百四十八元也。俟稿费送来，当可一弥前亏耳。

晚六时，赴调孚宴于觉林，到丏尊、雁冰、雪村、圣陶、东华、青崖、景深、予同、望道。六逸则未至。九时许散，与雪村同过开明，购得王桐龄《中国史》四册以归。至家已十时许矣。未到觉林前，在来青阁购得《圣谕像解》十册，价四元。

8 月 17 日（己亥）星期日

曇热，午后微雨乍作，闷苦。上午八六，午八九，午后九〇。

上午王志成来谈，下午周医复来为诸儿打针，因不能放手作事,且天闷异常,即能做亦无可做也。但牵于硕民之稿,不得不急为抽暇一办,饭前为校看一过,饭后为作绪言千馀言,勉强过去,明日即可送出矣。

连宵闷热,终夜开窗终不能少延爽气也,苦甚!

8 月 18 日（庚子）星期一

昙热,闷甚,午后又作细雨。上午八五,下午八八。

依时入馆,编《本国史》第二册。

散馆后大集材料,预备作《百科小丛书》"郑成功"。

夜小饮,饮后周医至,谈移时乃辞去。

8 月 19 日（辛丑）星期二

晴热。上午八三,下午八八。

依时入馆,编《本国史》第二册。

《太平天国之革命》全稿酬资找得一百四十八元,支票已送到。散馆后,亲往提取,即以百卅元存入储折,稍弥前亏,馀则随手应用,所需亦急迫也。

仲弟侵晨归来,谓同乐剧场已停闭,需急用。设法与之。

8 月 20 日（壬寅）星期三

晴热。上午八六,下午八九。

依时入馆,编《本国史》。硕民稿已成交,共酬三百三十二元,今日送契约来填,因省除麻烦,仍用予名。

纵观《南疆绎史》、《明季南略》诸书,备作《郑成功》参考。并抽《一统志》"兖州府"诸卷出,将作《曲阜杂谈》以应丐尊之属也。

8 月 21 日（癸卯）星期四

昙，午后雨，骤转凉。上午八五，午后八九，晚八五，夜七六。

依时入馆，为硕民料理稿子。散馆后与圣陶同出，往来青阁，托寄《词谱》与佩弦、平伯。予则在彼购得陶氏重印《天工开物》三册归。归后小饮。饮后乘凉入浴。浴罢即睡，连日苦热，今乃陡得新凉，舒快甚矣！

8 月 22 日（甲辰）星期五

晴而多云。上午七八，下午八五。

依时入馆，仍为硕民整理稿子。

散馆后闲翻架书，迄未能作一字，心不定故也。

夜小饮，饮后便睡。

8 月 23 日（乙巳）星期六

晴而多云。上午八一，下午八八。

依时入馆，仍八时起。下星期起，则九时入，四时半退，如故矣。在馆为硕民整理稿件。下午未往，在家草《谈曲阜》，不足千言即罢。今日本拟往新乐府看昆剧，以迫于丐尊之嘱，冀早脱稿，遂不果愿矣。

复儿清血针已打好，清儿则尚在施打中，同儿止馀一针，以昨日发热，不得不暂停。

接幽若函，知慧若之子将于旧历七月初三日薙胎发，但慧体颇弱，产后迄未康复，近且有危象也。

8 月 24 日（丙午　处暑　七朔　月建甲申）星期日

晴热,郁勃之至。早八二,午前八六,午后九一。

竟日未出,在家草《谈曲阜》稿。午后剑秋过访,知其接眷住金神父路打浦坊廿四号,法界公共汽车二十一路可直达。谈至三时半,去。周医来,为同打针,又谈至五时许乃去。以此,所草稿止得千馀言。

夜小饮,饮后为诸儿略讲故事即睡。

8 月 25 日（丁未）星期一

晴热,郁闷。上午八三,下午八八。

上午入馆,照常例九时起。以昨热故,下午仍减一小时。但予以稿急故,未往,在家续草之。计得二千言。

夜小饮,寐不稳,天闷兼儿闹也。

振铎寄存予处之《南九宫词》等四大包,今日饬其厨役阿四来取去,计一车云。

8 月 26 日（戊申）星期二

晴热,郁闷如故。上午八五,下午八九。

依时入馆,草完《谈曲阜》,总计十五纸,即封送丐尊,俾了心愿。又本星期六聚餐由予承值,借振铎家为会所,菜则叫自小有天,一切托振铎代办,请柬亦即发出,颇觉一松矣。

夜小饮。但以闷热故,仍未得好睡也。

今日派潏儿赴苏贺慧若子弥月兼视慧疾,并令走谒硕民。

8 月 27 日(己酉)星期三

晴昙兼至,仍闷。上午八四,午八七,午后八六。

依时入馆。午间与仲云、振铎、予同、调孚饭味雅。饭后到馆已二时半,三时半即散归。少坐,潗儿自苏归。仁丈为悦之事来沪,因相伴以来,即下榻余斋。

夜小饮,饮后坐待仁丈,至十时许乃寝。

8 月 28 日(庚戌)星期四

闷热,午后大雷雨。午八八,早晚八五。

依时入馆,仍三时半散,以适值雷雨滂沱,坐待至五时半始克归。仁丈为悦之奔走,午饭在家吃,晚饭仍未来,夜八时许乃返。

连日苦热甚矣! 一震之威,居然转凉,然暑气一时消不却,仍不感大快也。

8 月 29 日(辛亥)星期五

上午阴雨,下午放晴。上午八〇,下午八四。

今日以党部召开市民大会,通告各机关停止办公前往参加。予以乐得休假,参加则无此兴会也。饭后偕仁丈游大世界,看新乐府昆剧,同儿即挈以从。五时散出,径归。夜与仁丈对饮,谈至十时许乃各就寝。

修妹挈澄儿归宁。

8 月 30 日(壬子)星期六

昙,较前凉矣。上午七八,下午八〇。

依时入馆,写信三封。

六时在振铎所宴客,到丏尊、雪村、望道、六逸、予同、雁冰、调孚、圣陶、东华及振铎。谈至十一时乃散归。徐中舒来,知渠即将赴宁辞浙江大学教事也。

8 月 31 日 (癸丑) 星期日

晴,转热。上午八四,下午八六。

是日祀先。饭后集妻妹等打牌八圈。

起作《郑成功》稿,得四百言,以牵于打牌,未能多写耳。

修妹挈澄儿去,明日澄儿须上学,故不留住矣。

9 月 1 日 (甲寅) 星期一

晴较和。上午七九,下午八〇。

依时入馆,仍编教科。

接君畴、乃乾信。

散馆后本拟往晤乃乾,适晓翁来访,遂未果行。因具酒对饮,至十时许乃去。

振铎母夫人九日五十寿辰,同人拟送昆剧全部,点定十二折,托云彬往定之。

9 月 2 日 (乙卯) 星期二

阴霾,夜半雨。上午七九,下午八二。

依时入馆,仍编教科。

清早铎柬至,坚辞堂会,因走访圣陶及调孚商之,知云彬尚未往定,乃作罢。

散馆后与铎、圣往过乃乾,在中国书店取得《八千卷楼书目》一部,计九元,前购《标注》须廿元,又加出二元矣。书贾可恶,然待用者不能不买,真所谓"捉做"者近是,奈何!

在南京路大三元小饮兼晚饭,物美而价廉,大可再往也。

9月3日 (丙辰) 星期三

雷雨,夜大凉。上午七九,下午八〇。

竟日未出,在家草《郑成功》稿三千餘言。

夜小饮,以气陡转凉,睡眠甚适。夏季从未过舒意日,今乃得此,可谓宝爱之日矣。

中秋欠书账将百五十元,不赶作一点稿子,殊无以应付也。但作辍无常,竟匙成绩,奈何!深愿日见凉爽,俾晚饭后可以坐定搦笔,则当可少解此困耳。

9月4日 (丁巳) 星期四

晴雨间作,湿闷甚。上午七九,下午八一。

上午依时入馆,仍编教本。下午未往,为振铎两妹婿各撰寿联一副。并续草《郑成功》稿四百言。

乃乾书来,托撰《重印四库全书希见本缘起》,明日当代作之。

夜小饮。饮后浴身,冀得酣睡,乃气候不能如人志,又闷热矣。

9月5日 (戊午) 星期五

午前日出大雨,午后放晴。上午八三,下午八六。

上午到馆,写信两封。下午以职工会改选大会,仍未往,甘缺班焉。

在家为乃乾草《四库希见传本重印缘起》五百言,即日作函寄之。

续撰《郑成功》稿二三百言,适翼之来。夜与对饮,谈至十时许就寝。说话既多,又值珏人发热,睡眠遂大减。

9 月 6 日(己未)星期六

气象一如昨日。上午八一,下午八二。

依时入馆,仍编教本。知昨日选举结果,本部刘虎如及张世禄俱当选为执行委员。

翼之出购物,饭时则归,与同饮。

连日因防范九七共党有所举动,华界及公共租界、法租界等处俱戒严。交通隘口,盘查尤紧。幸此间人心已定,盖司空见惯亦即平淡无奇矣。若在甲子初秋,不知又搬动若干人家耳。

景云里雁屋已将空出,圣陶特来关照,次价止五十元。但因事实困难,竟忍令失之交臂也。

9 月 7 日(庚申)星期日

晴明。上午八四,下午八五。

今日戒严甚至,翼之出购物,被检查至三次,可见情势之重。予向畏事,坐此,大世界之《白罗衫》亦止得放弃不观矣。因破岑寂,饭前后各打牌四圈。四时许,翼之归苏。珏人昨日发热,今得退,亦与打牌,乃牌终而寒战,入夜又大热矣。疑系疟疾,深虑影响复儿也。

夜草《郑成功》稿千言。

9 月 8 日(辛酉　白露)星期一

晴热。上午八三,下午八六。

依时入馆,接希圣函,愿为《中国历史丛书》撰稿,极快。因即复恳任《家族制度与家法》、《辩士与游侠》、《西汉经济史》及《近百年来社会之变迁》四题。

散馆后往铎家,预祝其母夫人五十寿。少坐即归。

夜草《郑成功》稿千言。

珏人今日未发热,但夜不成寐,恐未必即安也。

9 月 9 日(壬戌)星期二

晴,下午阴霾欲雨。上午八三,下午八六。

上午入馆。下午未往,在家草《郑成功》稿。傍晚调孚、圣陶、云彬、文祺来,因挈濬、清、同三儿同赴郑母寿筵于新新酒楼。入席已七时许,九时三刻归。

晤希圣、子敦,论久之。

9 月 10 日(癸亥)星期三

阴霾时雨。上午八一,下午八二。

依时入馆。以昨日高热超九四度,故仍三时半即退。

家中自即日起,不备酒,须气寒始再饮。

夜草《郑成功》稿。

珏人偃蹇郎当,体弱难健,甚忧之。而影响复儿尤为可虑也。

硕民赴教嘉善县立中学,今日过此,住圣陶所,因访我,三人同出,晚饭于大三元,并往新乐府观昆剧。十时半归。

9 月 11 日 (甲子) 星期四

晴温。上午七五,下午七六。

依时入馆,仍编教科。

夜草《郑成功》稿千馀言。

日来颇想写稿而每为他事所牵,至不怿。

9 月 12 日 (乙丑) 星期五

晴温。上午七四,下午七八。

上午入馆。下午未往,在家草《郑成功》稿,至夜十时乃罢。计前后积稿已三十三纸矣。

珏人咳嗽未已,而今午又形寒发热,予疑其疟疾也,适周医过我,因延诊之,果有此象,拟明日起服坤宁以镇之。

9 月 13 日 (丙寅) 星期六

晴暖。上午七七,下午八〇。

依时入馆。下午仍未往,在家草《郑成功》稿。至六时,赴振铎、雪村宴。宴所仍在郑宅,原班外有春台及景深。谈至十时许,乃各归。

珏人服坤宁后经过尚好。

9 月 14 日 (丁卯) 星期日

晴暖。上午七七,下午八〇。

晨起看报后即续草《郑成功》稿,至傍晚得四千馀言。晚饭后独往新乐府看《白罗衫》,至时正开场而座已满,勉强得一席,越在一隅,看且不清,遑论于听! 然既来则安,亦坐至终场而后行。比归家,已十一时有半矣。

9 月 15 日 (戊辰) 星期一

阴晴兼施,夜半雨。上午七七,下午八〇。

依时入馆,编教科。

夜草《郑成功》稿二千言。

珏人寒热不作而咳嗽未已,复儿受此影响,昨今又发寒热矣。恚愤甚矣! 今岁之不流利顺遂也? 医药缠绵,病魔久占,难乎! 其难乎!

9 月 16 日 (己巳) 星期二

阴霾,早间雨。上午七六,下午七七。

依时入馆,编教科。写信复翼之,慰其嫂妹疾。

夜草《郑成功》稿三千二百馀言。十二时寝。复闹,不能安睡。

9 月 17 日 (庚午) 星期三

晴和。七十五度。

依时入馆,校《三国·魏志》排样。

夜草《郑成功》稿二千四百言。十一时半睡。

9 月 18 日 (辛未) 星期四

晴和。上午七三,下午七八。

依时入馆,续校《魏志》样。

夜小饮,饮后草《郑成功》稿二千言,十时半睡。

9 月 19 日(壬申)星期五

晴和。上午七三,下午七七。

上午入馆,为铎校书。铎以闽刻朱墨本胡宗宪《海防图论》赠予。

接觉明书,知近状尚好。下午拟不到馆,在家续草《郑成功》稿,以适有客至,不能聘笔,只索入馆。

夜写稿四千言,十一时半寝。

9 月 20 日(癸酉)星期六

晴,傍晚细雨即止。上午七三,下午七五。

依时入馆,编教科。

散馆后与振铎、予同、圣陶、调孚、云彬至豫丰泰饮酒。七时许,过访乃乾不值,乃饮冰于福禄寿。九时许散归,到家已十时矣。又写稿千言而寝。

9 月 21 日(甲戌)星期日

晴,闷热。上午七六,下午八〇。

晨起续写《郑成功》千馀言,看报并接见冯生尧圻、罗生嘉显。十一时出,访圣陶、芝九,同往晓翁所午饮。剑华亦在。饭后打牌八圈,夜饭而后归。

夜归后再作稿数百言,全稿乃毕。此稿自上月卅一日起作,迄今凡三十日,得四万言,生平成书,此为最速矣,欣甚! 快甚!

9 月 22 日(乙亥　八朔　月建乙酉)星期一

阴霾,微雨。不爽。七十六。

依时入馆,复觉明书,并致颉刚、翼之。

夜写好参考书目四纸,附《郑成功》稿之后,明日当可告一结束矣。

偶看《提要》,明初有朱右者字伯贤,临海人,尝选韩、柳、欧、曾、王、三苏文为《八先生文集》。实为茅坤先河,唐宋八大家之目,此实权舆也。人皆忽之,真开卷有益矣。

9 月 23 日(丙子)星期二

晴和。上午六七,下午七一。

依时入馆,仍编教科。

散馆后与圣陶同出,在青萍园食鸡丁炸酱面各一。旋入大世界看新乐府昆剧。先为《百顺记》之《召登》、《荣归》,继为《水泊记》之《借茶》、《刘唐》、《后诱》、《杀惜》、《放江》、《活捉》,又继以《孽海记》之《思凡》,最后殿以《荆钗记》之《见娘》与《梅岭》。七时上场,十一时散,乘车亟归,抵家已十一时三刻矣。少坐即睡。

王传淞之《活捉》真是绝作,百看不厌之选,此其俦矣!

9 月 24 日(丁丑　秋分)星期三

晴暖。上午六七,下午七二。

依时入馆,校《三国·吴志》样。

《郑成功》已交出,计四万一千馀言,得酬二百六元,业已订契约,明日当可支到也。

夜赴振铎宴,听侃如谈北平近状。席有达人、皖峰、沅君、予同及谢刚主(国桢)、白芷繁,九时许即行。归家略翻《杜诗镜诠》,十时后就寝。

9 月 25 日(戊寅)星期四

晴和。上午七一,下午七五。

依时入馆,仍较《三国》。《郑成功》稿费已收到,即还讫振铎书账。散馆后与铎出,偕赴王富晋书社看新收扬州吴氏测海楼书。予挑《齿谱》及《台湾外纪》,索百五十金,为之咋舌,敛手而罢。有在盐公堂作生理者王姓来看书,出账单一纸,按图索地方志书,苦无当意者,忽见《元和郡县志》,以为苏州元和县旧志也,出十五金购去,予不觉匿笑。因叹书贾之得以售计,全系若辈谬附风雅阶之厉耳!旋过来青阁,还百元。既而与乃乾、振铎至悦宾楼晚饭。饭后即归。

9 月 26 日(己卯)星期五

晴,傍晚阴霾微雨。上午七三,下午七六。

依时入馆,仍校《吴志》。

散馆后与予同、虎如出,小饮于豫丰泰,少顷,东华、振铎、子敦来会。欢叙至八时三刻,乃过来青阁小憩,又往冠生园啜茗。十时许始各归。

接翼之信,知近状尚好。其嫂其妹之病则无增无减耳。

写信与乃乾,托代致《测海楼书目》。并借李圭《金陵兵事汇纪》。

组青今日搬去,别赁舍于海宁路。

9月27日(庚辰)星期六

晴,午后阴霾而闷。上午七三,下午八一。

依时入馆,仍校《吴志》。写信复晴帆、用裕、翼之。

接希圣函,知将交稿矣。

夜赴雁冰约,在铎所聚餐。到十四人,希圣、仲云俱至。席散,望道大谈各杂志须联络一致云云,予本非杂志社中人,亦非时常撰稿者,故默尔而息。十时后归家,少坐即寝。

9月28日(辛巳)星期日

阴霾,气闷,微雨乍作。上午七五,下午七六。

晨起看报讫,唤匠理发。饭后即出,访圣陶,同至本馆发行所看慰元。由其介绍,以同人名义购得自来水笔一(即今用者),价十六元六角三分。从此利器在手,或可不致竭蹶,作稿时当可多写几字矣。甚欣!自商务出,即与圣陶到大世界,看新乐府。及见传芳之《思凡》及传镛、传淞、传湄、传钤、传荚之《打差》,最后为传玠、传莘、传沧、传蘅之《吟诗》《脱靴》。五时散出,看日本人富藤氏生吞龙虫、斑鸠、蟾蜍、蛇,从容咀嚼,若津津甚有味者,真人妖也!

六时赴星星编辑社味雅之宴,十时散归,过铎所取《约章成案汇览》以归。珏人又病,甚以为虑。

9月29日(壬午)星期一

阴,微雨。上午73°,下午74°。

依时入馆,仍校《吴志》。

饭后抽暇赴四行储蓄会提取满期储款,汇利得五百九十六元四角一分,即走本馆发行所,凑满六百元储入活期折中。

夜饭后开写《晋之统一与八王之乱》稿数百言,将以应《历史丛书》者。

9 月 30 日(癸未)星期二

阴雨,中夜尤大,午后略止。上午 72°,下午 73°。

上午依时入馆,续校《吴志》。下午以职工会开临时大会,遂未去,与圣陶偕往南京大戏院看电影《西线无战争》。是片描写战争之恶虐与残酷,真有神妙欲到秋毫巅之趣。观者惊心荡魄,终场紧张,呼吸为之不舒矣。世有好兵黩武之英雄,不识究否有动于中耳? 方今有所谓民族主义的文学者,满纸英雄儿女,以上马杀贼,下马作露布惑人。其浅薄无聊,固不值有识者之一哂,而血气未定之少年读之有不受其荼毒者耶! 殊堪浩叹!

六时许归家,小饮遣怀。晚饭后续作前稿数百言。

10 月 1 日(甲申)星期三

晴,陡凉,夜间需棉衣。上午 73°,下午 70°。

依时入馆,校《吴志》。午后三时许,君畴来访,予与圣陶因偕之同出。先过发行所看慰元,既乃饮于言茂源新落成之酒楼。以猜拳故,不觉逾量,扶醉归来已十时许。进门后,知复儿忽患吐泻不止,方忙着请医也。十一时,周医来,谓为停食,以无寒热,不致有大害耳。然扰攘不安甚矣!

10 月 2 日(乙酉)星期四

晴凉。上午 64°,下午 68°。

依时入馆,以被酒所伤,精神大敝,仍校《吴志》。

希圣已来馆,任总经理室秘书。振铎忽患白喉,今日未来,闻已请假一星期,明后日当往一省视之。

浒关表侄女来,欲挪款,予无以应也。

10 月 3 日（丙戌）星期五

晴凉。上午 61°,下午 66°。

依时入馆,作《辑印中国哲学名著中国史学名著及中国文字音训名著之意见》一通,并为柏丞作《中国历史丛书缘起》一首。两事皆柏丞所属,如可专主其事,当较编教科为有味也。

夜续草前稿千言。十时睡。

表侄女今早归去。予作书与之,令转夫婿晓予实况。

10 月 4 日（丁亥）星期六

晴和。上午 66°,下午 70°。

依时入馆,分别办妥昨作稿,交柏丞及伯嘉。

散馆后与虎如同出,顺道还开明书账,即赴子敦豫丰泰之约。到东华、柏丞,振铎已痊,随后亦至,偕叔渔俱来。九时散,即归。看欧集,至十时许乃睡。

早起未入馆前,草稿五百言。

10 月 5 日（戊子）星期日

晴,微有云。上午 66°,下午 69°。

早起看报讫,即赴天通庵车站,乘火车往炮台湾。十时许到彼,即换乘人力车诣宝山县政府访晴帆及铁笙。时已十一时矣。

共饭后往北门海塘一游,入东门复返府。晚酌后,晴帆、铁笙、配之送予出城,步月至炮台湾。适车至,予附以南归,晴等乃返城云。竟日盘桓,乐甚,最近盖久鲜此愉快矣。

10 月 6 日(己丑)星期一

晴,回暖。上午 69°,下午 74°。

依时入馆,仍编教科。下午写信三封。

今日为旧历中秋,依新历算须后日始望也。予久不斋月,今岁颇欲违时,特于今夕买香斗一,备香烛就前庭望月陈设,呼儿共乐。惟告以风俗则然,非有神秘之意存乎其间也。

夜饮后打牌四圈。

10 月 7 日(庚寅)星期二

晴燠。上午 69°,下午 77°。

依时入馆,仍编教科。散馆后挈瀋、同出,瀋则修表,同则购帽也。入暮始归。夜饭后写稿千言。十时睡。

纬平先生借予以《奏定学堂章程》五册,盖于挽近教育制度有所参考也。

10 月 8 日(辛卯)星期三

晴燠。上午 76°,下午 78°。

昨夜夜半,忽然觉醒,百骸拘痉,胸泛头晕,为之大苦。今晨强起,扶病入馆。至十一时,不能耐,即归偃卧。下午晓翁来访,以予卧病,略谈即去。予时他无所苦,惟下利甚剧耳。但入夜后依然与昨宵相似也。

向振铎借到方于鲁《墨谱》四册,无聊时偶一缪帑,颇有奇趣。

10 月 9 日(壬辰　寒露)星期四

晴,热气又转增。上午 71°,下午 76°。80.8—54

身软,举步为艰,未入馆。但卧既不惯,静坐又不舒,只索伸纸作稿,自九时至晚五时,凡得三千五百言。

夜饭后,诸儿出看提灯会,予则坐床上看《墨谱》以俟其归。

今日仍腹泻,所食惟薄粥两盂,竟泻至十馀次,因此身疲极已。

徐家汇天文台报告:最高温度八〇. 八度,最低五四度。拟自即日起,凭翌日之报纸转录于气候栏之下方如今日之式,以便与我家室内温度相比较。

10 月 10 日(癸巳)星期五

晴朗。上午 75°,下午 77°。

今日休假,予乐得憩息。晨起,体较昨爽,适送报人至,逐一披览增刊之文字,各家多雷同,盖中央要人之作,送登各报者也。不仅老生常谈阅之可厌,亦且头巾气扑人,酸酸一地欲呕宿食也。最足标异者惟《新闻报》王西神之骈文一首,然年年如是,花样翻不出新奇,换一甲子年数,固岁岁可用者,又何贵乎! 总之,上海之新闻纸直令人万分失望则天下之公言耳。

饭后打牌四圈,旋出,至邑庙豫园一游。薄暮返,尚不甚苦,是身体渐渐康复之途矣,大喜。夜饭后不敢写字,仍打牌四圈,九时即睡。

10 月 11 日(甲午)星期六

晴和。上午 72°,下午 73°。74.3—53.4

今日身体已大好,晨起即甚愉快。饭后,挈同儿往游豫园,为之购一小汽枪,并食蟹粉馒头而归。比抵家,浒关戚薛用裕适来,彼之来盖重申前请,仍欲挪款也。予深为厌苦,然无由遣之矣。

10 月 12 日(乙未)星期日

晨阴霾,午后放晴。上午 66°,下午 68°。72—50.2

竟日未出。午前罗生嘉显、钱生仲良来谒。午后,以五十元遣用裕行。夜饭后洗足,罗生复来,持其译稿去,备修改。

打牌八圈,输钱千。

连日未作稿,徒为会客及借钱所纠缠,恨甚!

10 月 13 日(丙申)星期一

阴晴时施,偶见细雨。上午 68°,下午 72°。77—54.3

上午依时入馆,为出版部看送复审样书。下午以职工会改选,又开大会,遂未往。适硕民由苏赴嘉善过此,来看我,因与同往圣陶所。三时,硕民行。予亦乘车往发行所取款,略逛即归。

夜饭后续草前稿千馀言。十时寝。

10 月 14 日(丁酉)星期二

阴雨。终日无动 70°。72.7—62.8

依时入馆,校《三国·吴志》覆样。

购得杨守敬《水经注图》,惜少一图,不审如何佚去也?

姚名达将调来史地部,今日来与纬平接洽。

晚饭后与同儿闲玩,旋续草前稿一千言。

10 月 15 日(戊戌)星期三

阴晴间作,气不舒。上午 72°,下午 74°。76.8—56.3

依时入馆,仍编教科。接颉刚函,知迁蒋家胡同三号矣。

振铎肯以《图书集成》见让,价三百元,约明后日交款,便可送书也。

夜饭后续草前稿,未及千言,气忽心烦,身热腹膨矣。不知何故?因辍笔就寝。顾不能寐,大约前发之病未清,今又续来张望耳。予不之睬,明日当力疾到馆,偏看他如何袭我也。

10 月 16 日(己亥)星期四

阴晴并作,一如昨日。上午 71°,下午 74°。76.6—60.3

依时入馆,校《国语》选注。硕民之作已发排送返也。

散馆后与振铎同出,到发行所取三百元交之。旋偕过来青阁,购得蓥英馆旧印《三希堂法帖》,属送铎所,俟明日连《图书集成》同车来也。少顷即归,以体弱不任在外多停耳。

今日未进早餐。午饭仅半碗,犹不适。夜间乃啜薄粥一碗,不敢多食。盖胃病之象已成,当从此戒酒矣。

10 月 17 日(庚子)星期五

晴暖。上午 72°,下午 76°。80.6—58.4

依时入馆,校《国语》。散馆后与振铎偕至其家,盖渠约饮也。至六时,东华、叔愚、柏丞、子敦、虎如先后至,乃开樽。予以病胃,不敢饮,亦以盛情难却,偶一引觞。罢饮后坐谈看画,直至十一时许始散归。

伯才看我,谓尚公风潮将不可收拾,下星期内管校长将引退云。

10 月 18 日(辛丑)星期六

晴暖,夜起风。上午 70°,下午 75°。80.1—58.4

依时入馆,仍校《国语》。下午振铎派人送《图书集成》来,予适回,即犒其仆遣去。书即庋斋中。夜粗粗理点,明日拟细细一查之也。

仲云与萨本婉结婚,明日在大加利请客,请帖已来。

予欣得《集成》,殆甚于军阀巨贾之纳新宠也。

10 月 19 日(壬寅)星期日

上午一时许大雷雨,日出后晴,午后阴,转凉。上午 73°,下午 69°。71—63.5

晨起看报讫,叔迁及钱生仲良先后来访,谈移时去。

饭后本拟出看新乐府,云彬及圣陶来访,遂未果。旋与圣至奥迪安看《南极探险记》。五时散出,步往北平路大加利,盖赴仲云之喜筵也。筵设大厅燕乐堂,来宾极盛,予与调孚、东华、馥泉、六逸、景深、望道、希圣、乃光、博文同席,至九时乃散归。与圣陶、幼雄、云彬、博文、觉敷、调孚同行。比已抵家,将十时矣。

10 月 20 日(癸卯)星期一

晴朗,转凉。上午 67°,下午 65°。68—52.9

依时入馆,看《三国》蜀、吴二《志》清样,并送出《国语》校样。

散馆后与振铎同至其家,取《三希堂帖》归。

　　夜饭后点理《图书集成》，共一千六百廿八本，无缺。但有无缺页则不及细检之。中多破烂缺文，尚待借书校补，或另行配全之也。当点验时，箱盖下坠，适中予背，幸尚未见疼，不识内伤否耳？

　　在馆时写信三封，分复颉刚、怀之、硕民。

10 月 21 日 (甲辰) 星期二

　　晴和。上午 66°，下午 68°。72—48.4

　　依时入馆，仍续编教科。写信与觉明。

　　久辍作稿，今晚续撰之，至九时得千馀言。旋弃去，闲翻《集成》各典。至十时许始寝。《集成》收书甚富而无引用书目，甚不便。予欲从头看一遍，作一引用书目考，顾时不我许，为可怅耳。

10 月 22 日 (乙巳　九朔　月建丙戌) 星期三

　　阴雨，天色暗淡可怖。上午 65°，下午 67°。67.6—54.7

　　依时入馆，仍编教科。写信复翼之。

　　希圣交《辩士与游侠》来，谓因病请假在家。当即收稿交柏丞。

　　东华柬约廿五日晚六时小饮其家。

　　夜饭后开唱片为娱。旋续草前稿。至九时许就寝，得千言馀。

10 月 23 日 (丙午) 星期四

　　阴雨。六十六度。63.3—59

　　依时入馆，续编教科。

　　夜续草前稿，至九时得千馀言。因收去，检查《集成》有无缺页。先检《食货典》，无缺，止有两页头倒钉误耳。

10 月 24 日 (丁未　霜降) 星期五

阴晴间作,仍湿闷。上午 66°,下午 68°。72.3—59.7

依时入馆,校《国语》覆样一批,并续编教科。

夜续作前稿数百言。又检《集成·礼仪典》,有全脱及缺字者,另纸记出,备配补或钞补。

10 月 25 日 (戊申) 星期六

阴晴兼施。上午 68°,下午 70°。77.7—60.8

依时入馆,仍编教科。

夜六时赴东华家宴会,坐客为子敦、柏丞、予同、振铎及叔华。饮后谈至十二时始归。

南京萃文书庄寄到《齿谱》及《长江图》、《西藏图考》、《卫藏通志》等书,连邮计十五元一角。

10 月 26 日 (己酉) 星期日

阴晴细雨间作,颇闷。上午 70°,下午 72°。75.2—56.8

早起看报讫,罗生嘉显来,谈移时,去。十一时,予挈同儿往访铁笙,盖昨晚来看未晤,故特过访之也。至则其宝山同事韩、徐二公俱在,因一一晤谈。旋偕出,赴邑庙春风松月楼吃饭,久不蔬食,偶一食之,颇爽口也。饭后又在里园屋顶啜茗,至四时许始各散归。

予昨夜晏眠,今日又为同儿累乏,入夜即睡。

10 月 27 日 (庚戌) 星期一

阴霾,时有雨。上午 67°,下午 68°。68. 7—60. 8

依时入馆,仍编教科。

夜食蟹,食后检《集成·乐律典》、《戎政典》毕,亦有缺页。九时后续撰前稿,但眼倦袭来,即就寝,凡得数百言耳。此稿较前数稿稍慢,不识何故,终写不快也。

10 月 28 日 (辛亥) 星期二

阴霾,下午放晴。上午 66°,下午 68°。72—58. 8

依时入馆,看《人文》七、八两期及《教育》廿二卷八期。并看毕《提要·集部》廿二。

散馆后与振铎出,过中国书店,约乃乾谈。夜色已上,乃同小饮于大三元酒家。七时半散归。续撰前稿千馀言。并玩赏顷自王富晋处购来之《金瓶梅图》。图为清宫旧藏,原稿已为张学良所得,兹图用珂罗版影印者,当已逊色多多矣。然钩画之细与布景之华,颇具明人风格,殊可清赏耳。

10 月 29 日 (壬子) 星期三

阴雨,午前略放阳光。夜大雨达旦。上午 66°,下午 68°。

上午入馆,仍编教科。下午未往,在家续撰前稿,至晚九时,得三千许言。旋收去,续检《集成·祥刑典》毕,并及《考工典》之半。十一时乃寝。坐听雨,卧亦听雨,颇为之难睡也。

据振铎及予同谈,编译所将改革,废部长制,以各科专家为主任编辑,次为编辑,又次为助理编辑,又次为事务员,凡四级,将酌

定月薪云。云五归国,必然要更张,予固早料及此,惟不审急遽如
是耳!

10 月 30 日(癸丑) 星期四

大体晴,然仍乍雨也。上午 67°,下午 66°。70.3—58.1

依时入馆,审查姚名达著《朱筠年谱》。

散馆归后,续检《集成·考工典》毕,并及《草木典》之大半。
九时始罢。复续撰前稿数百言,十时许即寝。此稿不能以时毕,甚
以为念,盖亟欲易钱弥亏空也。否则《集成》之价全空矣。

10 月 31 日(甲寅) 星期五

晴,傍晚起雨,又不止。上午 64°,下午 67°。

依时入馆,仍校阅《朱筠年谱》。散馆后与圣陶同归,小酌吃
蟹。以所撰《中日战争》一册赠之。谈至八时许去。予续检《集
成·草木典》毕,并及《经籍典》八册。旋罢,续撰前稿。得千言,
十时许就睡。

11 月 1 日(乙卯) 星期六

阴雨,午后转北风始霁。上午 64°,下午 59°。57.9—51.8

依时入馆,审查《朱筠年谱》毕。拟批送出。

姚名达今日来部,以铁箱自随,颇奇殊。

接晴帆信,知明日有要事须举行县政会议,遂不能来。予请其
食蟹,诸事俱已预备,突然不来,颇失望也。因即复之,订后期。

夜饮酒持蟹,与儿辈共乐。晚饭后复检《经籍典》多册,并接
撰前稿千言。十时后出《清宫陈宝丽美图》玩赏良久,十一时半始

睡。

11 月 2 日 (丙辰) 星期日

阴,寒气加矣,北风。早 54°,午 57°,晚 56°。55.9—43.5

晨起看报,剑秋至。谈至十时半,去。约下星期日来饭。

饭后往访圣陶,因与同赴大世界新乐府看昆剧。时已二时三刻,观者多满坐,坐北偏之前排。遇调孚,得见银、钢之《古城会》,芳、瑛、铮、沧之《三笑》,镇、芸之《醒妓》,玠、茗、淞、浩之《楼会》、《拆书》。淞艺日进,令人爱不忍释。惜新乐府班中人多别就者,此乐即将不能久持不敝耳!

夜在家小饮,饮后打牌四圈,复检《集成·经籍典》,至十一时始寝。

11 月 3 日 (丁巳) 星期一

晴冷,夜月甚皎。上午 54°,下午 55°。63.9—43

依时入馆,覆审《朱谱》及审查《西藏六十年大事记》与《中华地名一览》。分别拟批送出。饭后曾抽暇往四行储蓄会取回二批存款,计五百九十六元一角七分。候一小时馀,乃取得。旋过本馆发行所,存入四百五十元,并成一千,以多亦无些微利润可得,定章然也。

夜小饮,饮后打牌四圈,牌终仍拟续撰前稿,以足冷急待温洗,遂废。洗足后略坐即睡。

梦九返苏后赴馀姚,今日过访不值,两片告别,谓即上船矣。交臂失晤,甚怅。

11 月 4 日（戊午）星期二

晴冷，大有冬意。上午 52°，下午 54°。52.1—32.9

今日甚冷，始服骆驼绒袍。

依时入馆，审查稿件，以纬平病不来，故代其处分也。

锦文堂账及振铎经手账共三十三元七角，还讫之。惟馀《丽美图》款未付，容缓日再筹。

散馆后与调孚同赴振铎茶会，东华比至。谈至六时乃归。归后小饮。饮后看平伯赠我之《燕知草》，雅倩流丽，爱极！

写信四封，分寄怀之、翼之兄弟及梦九、君畴。

11 月 5 日（己未）星期三

晴，午后阴霾。上午 49°，下午 53°。56.5—34.2

依时入馆，审查稿件。并看《提要·集部》别集类。

夜小饮。饮后续检《集成·经籍典》毕，并及《学行典》之一部。八时后接撰前稿，九时许即倦欲眠，凡得数百字耳。

11 月 6 日（庚申）星期四

阴雨。上午 53°，下午 55°。56.3—45.5

依时入馆，审稿数种。纬平已痊，今日来，乃大松矣。

夜检《集成·学行典》毕，并及《文学典》四册。旋接撰前稿，千言即罢，十时许便睡。

11 月 7 日（辛酉）星期五

阴雨，晚晴。上午 55°，下午 60°。

上午入馆,续编教科。下午未往,在家理发。三时后出,赴大东书局购吴友如画集六册归。晚饭后续撰昨稿,至十一时,得二千馀言。乃收去,记账即寝。

11 月 8 日（壬戌　立冬）星期六

阴雨,夜雨尤大。上午 60°,下午 64°。63.7—50.2

依时入馆,仍编教科,且看《提要·集部》别集类。

晚六时许到柏丞家,有顷,振铎、予同、圣陶亦至,乃相将登车,径赴格希罗路黎青主宴会。黎初未之识,柏丞为介绍同往。坐有萧友梅及吴君与青主兄弟,青主夫人（德人）,纵谈甚健,至十一时始散。吴君竟大醉失态,颇难为情也。予乘原车返,至家已将十二时矣。

11 月 9 日（癸亥）星期日

阴晴雨间作,颇不快。上午 64°,下午 65°。64.4—59.7

早起看报讫,理书籍,分别还庋。饭后方拟打牌,而剑秋、云彬先后至,乃同出,游邑庙,茶于得意楼。四时许,迤逦行至豫丰泰,三人小饮,且谈且笑,至十时始归。不觉多饮,颇感醉意,因即就睡。

11 月 10 日（甲子）星期一

晴,转冷。上午 62°,下午 63°。64.2—51.6

依时入馆,看《提要·集部》别集类。

傍晚,翼之突然来,为言其家争吵颇烈,且言其父明日将来,因属疏解云云。予慰藉之,留饮下榻焉。坐此,谈至十时,未作一字。

11 月 11 日（乙丑）星期二

晴寒。上午 59°,下午 54°。55.6—44.8

依时入馆,仍看《提要》别集类。写信复梦九。

散馆归,悦之夫妇来,未几,仁丈、翼之俱来。苏州带来蟹甚多,当晚大嚼。至十一时,始分榻就寝。其家事且置弗谈。悦之夫妇仍归去。

两日来,坐酬客故,未写一字,未看一页书也。

11 月 12 日（丙寅）星期三

晴冷,薄暮云合。上午 51°,下午 52°。51.8—31.8

今日放假,早起与仁丈、翼之谈,且看报。至十时,乃独赴剑秋之约,乘公共汽车至打浦桥打浦坊,晤之,即留彼午饭,对饮甚多。薄暮归,与剑秋俱,晚饮后始别去。予乃与仁、翼打牌,十一时寝。连日应酬,疲甚,更无论看书写字矣。

11 月 13 日（丁卯）星期四

晴,浓霜。气较昨和。上午 51°,下午 52°。58.8—31.1

翼之天明即起,乘头班车归。予早餐后陪仁丈闲步。午后,丈去,由珏人送之登车,予则到馆。到馆后看《北平图书馆馆刊》二期,并得觉明信,喜甚。夜间,补记前三日日记及用账,继又续草前稿千言,九时半乃寝。

11 月 14 日（戊辰）星期五

晴,下午回暖。上午 51°,下午 57°。66.9—37.4

依时入馆,仍编教科。散馆后与振铎及叔愚出,小饮于豫丰泰。铎又至王富晋购书,邀乃乾同来,谈至八时许,散出,复过爱古书局、来青阁小驻。九时乃归。抵家后再将前稿续下,至十一时就寝,仅得数百言。

硕民今日返嘉过此,饭后曾来看我,三时即行,故未及一叙。

石岑已自德返,今日来馆见访。

汇十元与觉明,托代购《中西交通史料汇[一]编》并续定《馆刊》。

11 月 15 日(己巳)星期六

晴暖。上午 52°,下午 62°。71.6—41.2

依时入馆,仍编教科。

今日珏人出购炉,不甚可观,已费二十五元。物价真贵极矣!

散馆后与振铎、予同出访石岑、圣陶,同赴铎所,盖今晚公宴石岑也。坐客尚有叔愚、调孚、青岩、雁冰、景深、东华,谈至十时许乃散归。叔愚以《筹海图编》九册假予,携归检视,大好"倭寇"材料也。

铁笙来,谓今日晴帆当出,在惠中旅舍候予。予以有约他适,已定局,乃作书复之,云明日九时往晤之。

11 月 16 日(庚午)星期日

晴暖如昨。上午 56°,下午 58°。59.4—41

晨起看报,未几即出,径访晴帆于惠中。铁笙仍在。谈至十时半,辞归,盖今日家中祝飨,非赶回午饭不可也。饭后呼匠装火炉烟囱,监令装配,遂未作事。夜续撰前稿数百言,九时半即睡。

吕氏三甥来,为予及同儿量体选呢,备各制大氅一袭也。

11 月 17 日（辛未）星期一

晴暖。上午 56°,下午 61°。65.8—37.4

依时入馆,仍编教科。

夜六时赴柏丞宴,坐有石岑、予同、圣陶、虎如、东华。九时散,振铎、觉敷亦至。旋各归。予以多饮,几致呕吐,幸而免耳。睡至天明,犹胸次作恶也。

检《集成·文学典》毕。

11 月 18 日（壬申）星期二

晴暖。上午 61°,下午 66。68.4—45.3

依时入馆,仍编教科,并审查姚绍华著《崔东壁年谱》稿。

写信复翼之、子玉,并寄《集联汇选初编》二册与梦九。

检毕《集成·字学典》,并及《选举典》之半。晚饭后续检,毕之。

夜续草前稿,但以积日欠睡故,至九时已不支,即寝。仅得千三百言耳。

11 月 19 日（癸酉）星期三

晴暖犹昨。上午 60°,下午 61°。63.5—47.5

依时入馆,仍编教科。

检《集成·铨衡典》及《乾象典》俱毕。午饭后又检毕《岁功典》。

夜续完《晋之统一与八王之乱》稿,计千馀言,全稿凡三万八千七百七十四字。

日来不知如何,右眼杪粘糊不舒,见风后又极干燥难受。大概沙眼兼时火,想缓日当自痊耳。

11月20日(甲戌　十朔　月建丁亥)星期四

晴,午后转冷。上午58°,下午53°。54.5—34.7

依时入馆,仍编教科。下午将昨完之稿送柏丞。

翼之书来,谓其姊二十四日下午二时快车来。届时当令人一往接候之。

夜检《集成·历法典》毕。

11月21日(乙亥)星期五

晴,暖度愈低。上午49°,下午54°。58.55—29.3

依时入馆,仍编教科。

《晋之统一与八王之乱》稿让与约已签出,计得酬一百九十四元,但支单尚未到,明后日当可取得也。

散馆后与圣陶同过振铎,偕赴云彬老半斋之宴。云彬介朱丹九先生让《读书通》于开明,今日约在彼处交易也。坐有丹九、云彬及丏尊、均正、雪村、调孚、振铎、圣陶,俱熟人,谈至九时各散归。

在来青阁取到影印陈、萧《离骚图》,又购定《新元史》及《四朝纪事本末》。约明日送至铎所。

11月22日(丙子)星期六

晴暖。上午54°,下午58°。61.3—37

依时入馆,校《本国史教本》下册重排本。

希圣母明日七十寿辰,予与振铎合送绸幛一轴。

夜检《集成·庶征典》未及半,即感倦就寝。

修妹来,当小住始返。

铁笙来,与小饮而别。

11 月 23 日 (丁丑　小雪) 星期日

晴,入晚转冷。上午 55°,下午 56°。56.7—46.8

上午九时许,晴帆来,予以《中日战争》、《爱晚轩诗存》赠之。并以前得《清宫丽美图》让之。原约巽轩及配之俱来,俟至十二时许,仅见铁笙来,乃开樽小饮。饮至二时许,始别去。

幽若大妹来,挈其侄琪俱,将小住为佳也。明日,珏人当偕之出游耳。

夜六时,往功德林贺希圣母寿,同坐为予同、博文、望道、六逸、圣陶等,振铎到而未饭,先以事去。九时散归,悦之夫妇亦在,盖来访其姊者。不知如何,夫妇忽起口角,予与其姊调和其间,颇乏味也。

11 月 24 日 (戊寅) 星期一

晴冷。上午 55°,下午 57°,夜 52°。54.7—33.1

依时入馆,校重排本《本国史》。

饭后,珏人挈漱儿伴幽若往新乐府看昆剧。同儿亦往,故珏人即于五时归,幽则十时乃返。

夜饭后等门,开唱片自娱。旋检《集成·庶征典》,毕之,并及《坤舆典》半帙。幽若适返,谈久始寝。

11 月 25 日（己卯）星期二

晴冷。上午 50°，下午 53°。55.9—28.6

依时入馆，仍校昨稿。《晋之统一与八王之乱》稿费单已开到。

夜检《集成·坤舆典》毕，并及《职方典》三十本。顺待幽若出应酬。盖伊来本为吃喜酒，故今日晚归也。九时半归，予检书工作亦小结束矣。

11 月 26 日（庚辰）星期三

晴冷。上午 52°，下午 57°。63.5—31.8

依时入馆，校毕重排本《本国史》。开始审查《钱南园年谱》稿。

下午早出，至发行所取款，移一千元仍存四行储蓄会。期两年，廿一年十一月廿六日可取。存折号数为"一七七七八"。

接梦九信，谓其女在沪读书未满一学期，已耗费二百馀金。吁！今日之教育制度洵造祸之具矣！当局者不愿闻讥弹，爱场面，但知整个的贩西洋资本主义国家之教育形式以强注于中国，宜其偾耳。

幽若仍出看新乐府昆剧，挈清儿同去。夜十时三刻归。

修妹今日午后归去。

11 月 27 日（辛巳）星期四

晴，下午转南风，遂阴。上午 54°，下午 56°。62.6—42.3

依时入馆，审毕《钱谱》，拟评语送出。饭后又续编教科。

幽若挈琪于下午二时四十五分特快车返苏。

夜检《集成·职方典》三十册。连宵不得好睡，今日早眠，九时许即就床。

11月28日(壬午)星期五

晴,润暖,恐变。上午57°,下午64°。68—47

依时入馆,仍编教本。

接觉明书,知予所寄信及洋均到矣,托买书当可代购寄下耳。

散馆后径至发行所购得社会局编即之二十年《历书》一册,并至来青阁查询《碎金词谱》等下落。讵寿祺又回苏,未得要领,遂归。夜饭后续检《职方典》二十馀册,九时即止。日来颇思着手再编《中国历史丛书》,以心绪纷乱,遂未如愿。

11月29日(癸未)星期六

晴不甚朗,夜雨达旦。上午58°,下午66°。70.5—49.8

依时入馆,仍编教科。

买到张采田《清列朝后妃传稿》二卷、《清代官书记明台湾郑氏亡事》(原名《平定海寇方略》为内阁档案中保存之未刻稿)四卷,俱本馆寄售者。二书皆为史料要藉,得之殊可欣也。

今日所中发一公函与觉明,中有"职务未便久延,年内须归,否则另请接替"语,殊难看。现在所中日见官僚化而彼此情感之孚益浇,几等于零矣。可叹!可叹!

夜检《职方典》二十馀册。冯生尧圻、朱生荄阳来。略谈即去。

11月30日(甲申)星期日

阴暖,夜雨达旦。上午64°,下午60°。

晨起看报讫,硕民来,盖渠昨日来沪住圣陶所,今日下午便须返善也。十时许,圣陶来,谓丏尊约赴功德林共宴日本一灯园创建人西田天香。十一时许赴之,硕民与偕,先坐以待。十二时,众毕集。天香演讲其生活大概,颇近佛之苦行而又不弃现实生活者,由程祥荣及丏尊译述,坐客皆了然。食后摄影。予与圣陶、硕民先行,硕至车站而予等则返家也。

下午四时许,调孚来。五时半,圣陶来。因同赴景深宴于北新书局。八时许散归,风紧似有雪意。比抵家就寝,则雨声作矣。

12 月 1 日（乙酉）星期一

阴霾,冷。上午 52°,下午 47°。43.4—36

依时入馆,仍编教科。看毕《提要·集部》别集类。

夜小饮御寒,饭后检《职方典》十馀册。

复信与幽若。

昨日气候剧变,天文台无最高最低之气温报告。大约无从记录耳。

12 月 2 日（丙戌）星期二

晴寒,浓霜。上午 44°45°,下午 49°。49.1—28.4

依时入馆,仍编教科。

夜六时赴俊生宴于宝光里北首之景德里十六号新居。坐客为百俞、叔迁、由廑、越然、绍先、子贻、剑华、文之及予,八时半散归。到家后续检《职方典》十册,即就寝。一时后醒,颇不复寐,盖珏人咳嗽不宁,为之牵萦难释也。

12 月 3 日（丁亥）星期三

晴暖，恐又将变。上午 48°，下午 52°。54.5—34.7

依时入馆，仍编教科，并看《提要》别集类存目。

散馆后与振铎出，至来青阁、锦文堂一巡，并在五芳斋进点。

夜仍小饮，饮后少坐即睡，补昨欠也。

12 月 4 日（戊子）星期四

阴雨竟日。上午 51°，下午 50°。48.4—43

依时入馆，仍编教科，并审查《宋元经济史》清样及《本国史教本》下册重排本覆样。

托粟如查例假满否，据覆去年存十四班，今年十一月底止存十六班，两共尚存三十班也。但本年缺班不及五十，而开来谓五十二班，则未免暗亏，然斤斤计此，似亦大可已矣。

夜饭后方集家人为叶子戏，剥啄声喧，启门延入则文祺也。谈移时乃去，文送出，而牌亦告终矣。遂续检《职方典》十馀册。九时许即寝。

12 月 5 日（己丑）星期五

阴霾，风向已转西北。上午 51°，下午 53°。56.3—42.4

依时入馆，仍编教科。

散馆后与振铎、叔愚、仲云、圣陶、调孚同茶于好世界，归后已饱，遂未进晚餐。坐下检《职方典》十馀册，即开手撰《南北朝之对立》稿，得数百言即睡。但里中群儿恶作剧，夜三时犹有闹声，竟未能酣眠，殊可恨也。

12 月 6 日（庚寅）星期六

阴晴兼行。上午 50°，下午 52°。55—37.3

依时入馆，仍编教科。看《提要》别集类存目。

晴帆见过，谓道始已迁沪，住戈登路达德里一〇三四号，约予今晚饭其家。予以今日当访铭堂，未能从行。散馆后，予访铭堂及其次君灿庭，因共出，饭豫丰泰。谈至十时许乃归。不觉多饮，几致呕吐，故到家即睡。

12 月 7 日（辛卯）星期日

阴霾时多，午后暂晴。上午 52°，下午 54°。58—39.6

竟日未出，在家腾屋内器具，重为布置。自朝至暮未辍，颇觉倦劳。然新境忽展，亦堪自适，得失真未易言耳。

夜饭后打牌四圈，九时便寝。

12 月 8 日（壬辰　大雪）星期一

阴雨竟日。上午 56°，下午未变。53.2—48.9

朝起阻雨，惮于出门，因未往馆，即家中续撰《南北朝之对立》稿。至下午四时，得二千馀言。夜续检《职方典》十五册，毕之。又检《山川典》五册。旋打牌四圈，即就寝。

今日所撰稿，第一章已毕，参考目亦列出，惟第二章则一时未克着手耳。拟今后每日平摊一千言，能于年内赶出则大佳，盖欠书价将二百金，当由此取偿也。

12 月 9 日 (癸巳) 星期二

晴,上午地犹泞湿也。上午 54°,下午 57°。

依时入馆,仍编教科。前为柏丞拟之《中国哲学名著丛书》等计画已交叔迁办,叔迁来商始知之。职工会将历年应得娱乐费三元馀分来。

散馆后往访吕甥培卿,还所制大氅费五十元。

铁笙来,为晴帆带到一信,并还我书款一笔。知已决定迁眷来沪,业租定克能海路房屋云。惟予未及晤铁笙,彼去而我归,致于刹那间相左也。

夜洗足翦爪,费一时许。八时后续检《山川典》十册。

12 月 10 日 (甲午) 星期三

晴暖。时起阴翳。上午 52°,下午 54°。57—38.7

依时入馆,仍编教科。

午刻与振铎、调孚同出,径赴威海卫路一五〇号中社俱乐部午饭。社中适开汪亚尘、荣君立绘画展览会,因顺得一观之。

夜续检《山川典》十册。

今夜六时,立达学会在功德林开年会,予未往,托予同代表。

12 月 11 日 (乙未) 星期四

晴暖。上午 53°,下午 57°。62.2—38.8

依时入馆,仍编教科。下午四时,铭堂来,因即归。坐有顷,云斋亦至,遂合坐打牌。四圈后晚酌,微醺即止。饭后复入局,再打四圈。十时散,客去即寝。

午后未到馆前,挈同儿往宝山路亚光照相馆为摄一影,盖四周岁留念者,当时以事未及行,今特补为之。

12 月 12 日(丙申)星期五

晴暖,入夜起风。上午 53°,下午 58°。61.7—39

上午入馆,仍编教科。下午未往,挈同儿出,为购皮帽一顶。三时半归。

夜续检《山川典》,毕之。

12 月 13 日(丁未)星期六

晴冷。上午 48°,下午 50°。49—35.4

依时入馆,仍编教科。东屏来,欲借款,无以应之,婉谢焉。

乃乾来访,因与振铎、圣陶偕之同饭于世界酒家。

夜检《边裔典》二十四册,毕之。又检《皇极典》一册。

《南北朝之对立》稿久待续,迄未得入手,半缘懒惰,半缘事乱不获宁贴耳。家庭琐屑,磨折人如此。

12 月 14 日(戊戌)星期日

晴寒。上午 48°,下午 50°。52.7—34.9

竟日未出,在家与诸儿嬉。傍晚与同儿出购饵,少顷便归。

夜小饮。饮后续检《皇极典》二十七册,十时许乃寝。

闻鹤斋生子,珏人今日午后往贺其母并存问其妻。

12 月 15 日(己亥)星期一

晴寒。上午 46°,下午 50°。51.6—29.8

依时入馆,仍编教科。

散馆后与振铎至来青阁、锦文堂、蟫隐庐等处一行。无所获,入晚即归。小饮后续撰前稿数百言。十时就寝。

12 月 16 日(庚子)星期二

阴寒,晨曦即逝。上午 48°,下午 52°。55.6—35.8

上午依时入馆,写信致晴帆、翼之、觉明。并约晴帆于本星六来沪。

下午未往,在家续撰前稿,至夜十时,凡得二千五百馀言。

中央研究院历史语言研究所在山东发掘谭国故城已竣事,其成绩之佳,不下安阳之发见甲骨也。今日报载甚详,其主任李济将有研究报告发布,所获陶骨诸件均运存济南矣。

12 月 17 日(辛丑)星期三

阴雨。上午 52°,下午 54°。54—44.4

竟日未出,在家续撰《南北朝之对立》稿,完第三章,凡得三千六百言。夜八时止,闲翻书目。并检毕《皇极典》,凡查廿七册。

珏人身体孱弱,今日又不适卧床,颇忧之。予亦夜坐觉怔忡,深恐引动旧疾,又将吐血也。因早睡。

12 月 18 日(壬寅)星期四

晴,础润,恐不能久持。上午 56°,下午 58°。61.7—49.6

依时入馆,仍编教科。今日十时所中召集各部、社、会之长及主任等开改组会议,即将发表职务,实行试办。闻职务已定正编辑、副编辑、助理编辑、编辑生四级,今后工作,将行半包工制云。

散馆后与振铎同出,到来青阁及汉文渊购书,并在聚新春进点。

夜归饭,饭后续撰昨稿千言,幸未怔忡,十时三刻寝。

12 月 19 日(癸卯)星期五

阴雨,入夜尤甚。上午 57°,下午 59°。60—48.2

依时入馆,仍编教科。写两封信与梦九及建初。

来青阁送书来,因为重理书架,颇费力气。傍晚,墨林来邀,谓硕民止其家,因欲共饮,故招予往也。九时半归,值大雨无车,衣裳沾湿,直淋漓尽致矣。

12 月 20 日(甲辰　十一朔　月建戊子)星期六

阴雨。上午 58°,下午 57°。(忽复无记。)

依时入馆,仍编教科。

散馆后,剑秋、硕民、圣陶、晴帆先后至,盖先约聚于予家者。少坐共出,夜饭于佛陀街之正兴馆。九时许各散归。

12 月 21 日(己巳)星期日

阴,微雨,下午起风,寒。上午 52°,下午 50°。(忽复无记。)

晨八时半赴车站,会圣陶、振铎、调孚、君畴,乘特别快车往松江,赴施蛰存啖鲈之约也。十时许到,蛰存来迎,因同步入城,抵其家。席间晤戴望舒及陆维钊,二时始毕。少坐即行,蛰存送出东门,由明星桥站登车回沪。以脱班故,迟至六时许始抵北站。匆匆归家,正陈席祀先,因肃拜焉。夜饭后同儿跌一交,头上顿起一楞,颇纷扰。

浒关戚童君来。询知今年丰收,诸戚家都好。

12 月 22 日(丙午　冬至)星期一

晴寒。上午 46°,下午 47°。41.9—32

依时入馆,仍编教科。向所中先支稿费二百元,俾还账及使用。

夜五时,昌群来,谈久之。因治酒对酌,十时乃去。

12 月 23 日(丁未)星期二

晴寒。上午 40°,下午 42°。41.7—27.3

依时入馆,仍编教科。

童君归乡。

散馆后出,往发行所取稿费,顺道在文明买日历纸一组而返。

12 月 24 日(戊申)星期三

晴寒。上午 39°,下午 42°。42.8—29.1

依时入馆,仍编教科。知所中改组事已大体决定。

夜赴振铎宴,坐客为乃光、刚穆、希圣、仲云及予,十时许各归。

还振铎三十元,书账已讫。

接柏丞函,聘任予为本所评议会评议员。

12 月 25 日(己酉)星期四

晴寒。上午 41°,下午 45°。47.7—24.8

依时入馆,发表史地部改为历史、地理两组,予为历史组主任,与福崇、达人同事。明年一月起实行。

颉刚来,事先未得信,颇感非常之快。但予以铭堂父子来家,未能与游。铭堂父子来打牌,夜饭后十一时去。

12 月 26 日(庚戌)星期五

晴寒。上午44°,下午51°。55.8—30.2

依时入馆。晤颉刚,约夜间来予家小酌。六时许来,谈至十时许去,当将予历欠之书款三十三元八角三分五厘还讫。颉刚明日即须赴杭省亲,会晤又须明年矣。

连日有戚友酬酢,七日来未能作一字。日记亦今抽闲始补作之。

12 月 27 日(辛亥)星期六

晴,转暖。上午48°,下午54°。61.7—33.1

依时入馆,循往岁例,改以旧历假日移在本年来岁之交举行。明日起放假,至明年一月七日始照常办事也。今日并未作事。纬平、聿修、漱艿搬出,部中改组后只馀予及世禄、名达、虎如、逸殊五人耳。闻地理组已聘定王勤堉,历史组亦须添一胡君云。

散班后与纬平同过予家,少憩即行,同赴陶乐春公宴。到聿修、稼轩、宪文、绍良、俊生、名达、世禄、虎如、逸殊,此外另请柏丞作陪。九时许散,予与虎如、柏丞共送纬平返,然后各归。抵家后略坐即睡,已十一时矣。

12 月 28 日(壬子)星期日

阴霾,饭后细雨时作。上午54°,下午55°。53.4—43.9

晨起看报,晴帆来访,因与偕出,过其新居。新居在克能海路勤安坊四十四号,房舍尚好。坐移时,偕往正和馆午饭。饭后步至邑庙豫园,晴帆买得红木瓶座两个,予则徒行而已。四周一巡之后即出园,复过福州路一带书店一游。三时许归。坐案将积旬日记及账目等整理一过,此心始少安。夜饭后续检《集成》四十本,《宫闱典》已毕,《官常典》则未及三之一也。九时,看《文献丛编》第六辑,十时后乃寝。

12 月 29 日 (癸丑) 星期一

晨阴,午转晴,寒。上午 52°,下午 54°。53.4—44.4

看报后云彬来,因与商榷《辞通》勾点事。

午后检《官常典》二十册。圣陶适来,因与共出,至南京路,以朔风乍起,寒不可当,即折回。而珏人却挈同潜、汉、漱、润诸儿出游先施公司之儿童世界矣。傍晚始归来,幸未受寒。

夜小饮。饮后少坐即寝。

青主送钢画两幅来,由馆中茶役持归。

12 月 30 日 (甲寅) 星期二

阴霾,寒。上午 49°,下午 50°。46.2—35.1

上午在家看报,接颉刚信,知已安抵杭垣,须多住数日始离去也。

下午未出,在家打牌四圈。入夜小饮,饮后续撰《南北朝之对立》稿千馀言,十时始寝。犹未毕一章也。

接振铎信,知到苏游灵岩,住木渎。与予同、仲云、孟珍俱。

12月31日(乙卯)星期三

阴寒,午后曾见微雨。上午49°,下午50°。48.6—40.7

晨起看报后,振铎来,盖昨日接信时彼已返沪也。少坐即偕出。同过圣陶,顺晤达人、致觉。未几,偕往振铎家,承以徐𫘫乡人周长森所著《六合纪事》一册见惠,又获一部太平史料矣,甚欣!

饭后仍在家打牌四圈。

昨夜睡不安,今特早寝以补之,但十一时即醒,至三时后始勉强入梦也。宿疾复现,颇为之惧矣。颉刚服丸药甚灵,予亦拟一试之。

收信表

日期	人名	地址	事由	备考
1月5日	王翼之	斜塘小学校	托代订《北新》。	
1月6日	郑飞卿	徐州屠宰税局	寄末批《汉书》注稿来。	
1月9日	宋云彬	硖石东南湖	告汇款已到。	
1月10日	夏丏尊	本市兆丰路	仍促编教本。	
1月11日	吕济群	南京交通兵团	告安抵都门。	
1月14日	王翼之	斜塘小学校	订《北新》寄校中,并约潸到苏过年。	
1月15日	郑梦九	宜兴县政府	告县城失陷详情。	
1月15日	又	又	询飞卿稿到未。	
1月20日	陶希圣	本市新生命社	欲予改编参考书为通史。	
1月24日	又	又	商编史究单编政治,抑参合政治社会。	

日期	人名	地址	事由	备考
1 月 24 日	陈乃乾	又　平乐里	告《昭代丛书》价，询要否。	
1 月 25 日	王翼之	苏州河沿街 29	告前书都到，并言其家近状。	
1 月 25 日	郑梦九	宜兴县政府	告飞卿书去，言款到。	
1 月 25 日	郑飞卿	徐州教育税局	告收到。	
2 月 2 日	王翼之	苏州河沿街	复将亲来，悦之则未归。	
2 月 4 日	王怀之	后桥公安分局	告考事已过，并询悦之近状。	
2 月 4 日	顾颉刚	北平成府蒋家胡同	寄讲义来，并告朴社事。	
2 月 6 日	王幽若	苏州河沿街	快信告厚丈病故，嘱找悦之返。	
2 月 11 日	邱晴帆	无锡公安局	约游梅园。	
2 月 12 日	章子玉	兰溪县政府	告近状患外症，并询颉刚事。	
2 月 13 日	邱晴帆	无锡公安局	告将右迁东海县长。	
2 月 13 日	王怀之	苏州后桥镇	告乡民犯赌拒捕夺械状。	
2 月 13 日	王翼之	又　河沿街	告安抵家中。	
2 月 18 日	又	又	复告挽联收到，并报小病及怀之事。	
2 月 18 日	叶圣陶	本市景云里	问《三国》收末，代又家文集。	

续表

日期	人名	地址	事由	备考
2月19日	王怀之	后桥镇公安局	告失枪事无办法。	
2月19日	吕铭堂	苏州庙堂巷	唁庶母之丧。	
2月20日	计硕民	又　卫前街	又	
2月23日	王幽若	又　河沿街	又　并送花资。	
2月23日	薛用裕	又　东桥镇	又	
2月25日	王怀之	后桥公安分局	复谢道地,并唁庶母丧。	
2月27日	叶圣陶	本市景云里	询濬儿肯否往其家佐排《十三经索引》。	
3月4日	计硕民	苏州卫前街64	寄代送子清家礼谢帖来。	
3月6日	王翼之	又　河沿街	唁庶母,并汇两元吊仪来。	
3月7日	邱晴帆	东海县公署	告安抵接印任事,并托时常通讯。	
3月8日	曹铁笙	又	告抵任,并托代定《时事新报》。	
3月12日	郑梦九	宜兴县政府	告返徐接眷故迟复云云。	
3月11日	吴文祺	厦门集美	告安抵校中,云彬事有望。	
3月13日	曹铁笙	东海县政府	再托定《晶报》及《铁报》。	
3月16日	邱晴帆	又	复前信,并托买《词谱》。	
3月17日	王幽若	苏州河沿街	告其叔开吊,并嘱转信悦之。	

续表

日期	人名	地址	事由	备考
3 月 17 日	贺昌群	日本东京府下高田町杂司今谷龟原 59	告近状甚快。	
3 月 20 日	王翼之	斜塘小学校	欲集会款五百元邀予出一会。	
3 月 21 日	章子玉	兰溪县政府	复慰庶母之丧,并告下月初将归。	
3 月 21 日	夏丏尊	本埠开明书店	还《晋书》以下二十史。	
3 月 22 日	郑梦九	宜兴县政府	再托询有无馆外工作。	
3 月 24 日	章君畴	天台县政府	快函复告天台状况,并邀往游。	
3 月 24 日	邱晴帆	东海县政府	复告近状,颇露求去意。	
3 月 25 日	又	又	快信告困状,急求调江南。	
3 月 29 日	郑梦九	宜兴县政府	复言不能即日到苏。	
3 月 29 日	仲弟	南京大世界	告亳州初归,故庶母耗昨日方知之。	
3 月 29 日	薛用裕	东桥邢村小学	托荐其堂弟习业。	
4 月 3 日	章君畴	天台县政府	告临台道中匪炽,请缓行。	
4 月 3 日	邱晴帆	东海县政府	汇款卅元还我,并告已提辞呈。	
4 月 7 日	又	又	告省已委黄乃桢代己,止寄书报。	

续表

日期	人名	地址	事由	备考
4月8日	章君畴	天台县政府	告土匪已靖,仍请往游。	
4月8日	章子玉	本埠	告昨到沪,今赴苏,回来再访我。	
4月9日	王怀之	后桥公安分局	告即将辞职。	
4月16日	计硕民	苏州卫前街64	复告《国语》已动手,徐礼已代送,梦九已到苏。	
4月19日	郑梦九	又　潘儒巷	告移苏住该巷十号。	
4月19日	王怀之	后桥公安局	告赌案反被控,一时不能即辞。	
4月22日	孙道始	无锡县政府	复怀之甚好,当格外借重。	
4月22日	顾颉刚	北平成府蒋家胡同九	汇四元来,并复前信。	
4月23日	邱晴帆	镇江江苏旅社	告见胡状况,并托乃乾函介。	
4月25日	王怀之	后桥公安分局	告见孙后状况尚好。	
4月30日	又	又	告庭讯尚无结果。	
5月2日	邱晴帆	南京三眼井	询前书到未,并再托乃乾。	
5月7日	又	又　六十六号	托代缴中国学会年费。	
5月9日	郑梦九	苏州潘儒巷十	函告曾到京教局,今已谢归。	

续表

日期	人名	地址	事由	备考
5 月 10 日	刘子耕	本市南车站	询梦九近状。	
5 月 12 日	邱晴帆	南京三眼井六十六	复方自镇江回,五月中不想得事。	
5 月 13 日	计硕民	苏州卫前街 64	告梦九所送茶具已到。	发信误入此。
5 月 13 日	章子玉	兰溪县政府	询前信到未,所托怀之不必勉强。	发信误入此。
5 月 13 日	王翼之	苏州斜塘小学	询近状,何以久无信来。	发信误入此。
5 月 16 日	邱晴帆	南京三眼井六十六	复我八日去信。	
5 月 14 日	郑梦九	苏州潘儒巷十	告茶具托张小孚送沪。	
5 月 17 日	邱晴帆	南京三眼井六十六	复谢帮怀之忙。	发误收。
5 月 19 日	孙道始	无锡县政府	告嵩山赌案已判决,幸转怀之勿退。	
5 月 19 日	陈乃乾	平乐里中国学会	告晴帆已发表长宝山矣。	
5 月 20 日	章子玉	兰溪县公安局	复告已就代理公安局长,并约往游。	
5 月 20 日	邱晴帆	南京三眼井 66	复告得宝山缺,二十三当来沪。	
5 月 20 日	王幽若	苏州市河沿街 29	告七姨带去之物已收到。	
5 月 23 日	王翼之	斜塘小学校	寄捐册,托募迁校舍金。	

日期	人名	地址	事由	备考
5月24日	王怀之	后桥公安分局	复谢关切,并托设法迁调。	
5月24日	计硕民	苏州卫前街64	复告近状,并言字轴亦已交小孚矣。	
5月24日	郑梦九	南京教育局	告到京后虚舟拟荐晴帆,托一商。	
5月26日	张建初	苏州城东实小	询前托事,及再请向经农进行。	
5月26日	陶希圣	本市新生命社	寄所编史一段征询意见。	
6月2日	王怀之	后桥公安分局	告谷烈未死,暂仍回局。	
6月2日	周允言	南通中学校	复建初事已托芝亭。	
6月4日	王翼之	苏州河沿街	告归后又小病。	
6月5日	王怀之	后桥公安分局	告谷烈已痊,医药由孙、黄任之。	
6月5日	章君畴	天台县政府	告近状,并送云雾茶四罐,托分半与圣陶。	
6月7日	张建初	苏州城东实小	告所谋略有眉目,托再向段、朱进言。	
6月11日	顾颉刚	北平成府蒋家胡同九	复前信并托代致大夏、中公刊物。	
6月9日	王仁斋	苏州河沿街29	告安抵苏家,仍托努力谋事。	
6月9日	冯世五	北平景山书社	挂号寄定单两种来。	

续表

日期	人名	地址	事由	备考
6 月 14 日	王怀之	后桥公安分局	告近状辞职不准,并谢其父来扰。	
6 月 14 日	张建初	苏州城东实小	再托专催段抚群。	
6 月 17 日	王翼之	又　河沿街 29	告苏城伤兵滋事状。	
6 月 17 日	吴缉熙	武昌县华林华平里一号	邀往武汉大学任教。	
6 月 23 日	王仁斋	苏州河沿街 29	告安抵苏门,并问儿疾。	
6 月 23 日	章子玉	兰溪县政府	告将谢代公安局长事。	
6 月 23 日	张建初	苏州城东小学	复前信,并告剑秋将就沪市府事。	
6 月 28 日	王悦之	南京奇望街	告到彼并不相投,下月当返申。	
6 月 29 日	王翼之	苏州河沿街	告校事难办,并问复病。	
7 月 4 日	王幽若	又	专问儿病,送祀墨。	
7 月 6 日	章君畴	天台县政府	复告近状,并言国清寺无梵文碑。	
7 月 6 日	章子玉	兰溪公安局	复告其女已毕业小学,将入中学。	
7 月 3 日	郑梦九	苏州潘儒巷十	告□□□□□□□。	
7 月 12 日	又	又	托代友售稿等三事。	
7 月 16 日	王翼之	斜塘小学	慰问儿疾。	
7 月 16 日	章子玉	兰溪公安局	告决心脱离,免陨越。	

续表

日期	人名	地址	事由	备考
7月17日	仲弟	南京大世界	告将回沪别就事，当到家小住。	
7月17日	陈乃乾	本埠平乐里	复告奔走镇、沪，稍闲当走晤。	
7月18日	王怀之	后桥公安分局	告局长更替，并慰问儿病。	
7月19日	郑振铎	莫干山旅次	托查书目及借书。	
7月19日	王翼之	苏州河沿街	告五妹生子。	
7月19日	郑梦九	又　潘儒巷	催问所托三事，并告即将返徐。	
7月23日	吕济群	徐州万香村	告曾赴归德，现驻徐垣。	
7月25日	王翼之	苏州河沿街廿九	托为教育会刊作序。	
7月25日	顾颉刚	北平成府蒋家胡同	告前寄各件分配及代转《东方》稿一件。	
7月28日	郑梦九	苏州潘儒巷十	复告暂不回徐，将外就邑幕。	
8月1日	章君畴	天台县政府	告曾晋省辞不获，已改代为署矣。	
8月4日	吴颂皋	本市恒丰里八	代劳大延任史地教课。	
8月5日	章子玉	兰溪县公安局	告决心辞职，但尚未有替人。	
8月6日	邱晴帆	宝山县政府	告久病初瘥，并谈近状。	

续表

日期	人名	地址	事由	备考
8月7日	王翼之	苏州河沿街29	谢圣陶作序,并告五妹小病。	
8月8日	章子玉	兰溪县公安局	告新任将到,即交卸暂休。	
8月9日	邱晴帆	宝山县政府	约明日到申面缴百纳全史价。	
8月12日	计硕民	苏州卫前街64	寄所注《国语》稿来。	
8月13日	章君畴	天台县政府	复告有顷辞职急求去。	
8月13日	郑梦九	馀姚县政府	告昨到县府,任第一科长。	
8月16日	吴勖初	苏州西白塔子巷68	托代购书两种。	
8月20日	计硕民	又 卫前街64	复托设法事情,并告《国语》徐之可也。	
8月20日	郑梦九	馀姚县政府	托询中国公学中学部事。	
8月20日	夏丏尊	开明书店	托作文登《中学生》。	
8月21日	向觉明	北平图书馆	告已安抵北平。	
8月23日	王幽若	苏州河沿街29	告慧若子初三弥月。	
8月25日	计硕民	又 卫前街64	复谢稿费办妥。	
8月25日	向觉明	北平图书馆	续告抵平状况。	
8月26日	郑梦九	馀姚县政府	复前信,并荐人。	
8月28日	吴勖初	苏州西白塔子巷68	复告假前不来申。	

续表

日期	人名	地址	事由	备考
8月29日	仲弟	常熟大新旅社	告暂到虞,越旬即返申。	
9月1日	章君畴	天台县政府	告匪氛日深必辞,唯尚未得复也。	
9月1日	陈乃乾	本市平乐里	约出晤,并告《八千卷楼书目》中国书店有。	
9月2日	王翼之	苏州河沿街	托为致书颂周荐仁丈。	
9月4日	陈乃乾	本市平乐里	托代撰《重印四库稀见本缘起》。	
9月4日	郑梦九	馀姚县政府	复告其女入东南女体专。	
9月8日	陶希圣	本市新生命社	愿任《中国历史丛书》撰稿。	
9月13日	章君畴	天台县政府	告已调任奉化,询就否。	
9月14日	王翼之	苏州河沿街	告其嫂其妹具病甚,未脱危境。	
9月19日	向觉明	北平图书馆	复告近状。	
9月24日	邱晴帆	宝山县政府	托补《南明野史》缺叶。	
9月26日	王翼之	斜塘小学校	复告近状,并及其嫂妹病况。	
9月27日	薛用裕	东桥良利堂转	商挪百番俾办蚕种制种所。	
9月27日	陶希圣	本埠新生命社	告《西汉经济史》已告成。	

续表

日期	人名	地址	事由	备考
10 月 4 日	吴文祺	厦门集美	告夫妇安抵校中。	
10 月 5 日	周允言	苏州女中	托介绍世界苏州编撰事。	
10 月 7 日	王翼之	苏州河沿街 29	复告病人依然,蒋礼已送。	
10 月 15 日	顾颉刚	北平成府蒋家胡同三号	告新迁及邮送《古史辨》二集。	
10 月 16 日	王怀之	后桥公安分局	诉拂逆难排。	
10 月 17 日	计硕民	嘉善县中	谢赠《西行艳异记》。	
10 月 21 日	王翼之	斜塘小学校	告其嫂妹病具有转机。	
10 月 28 日	邱晴帆	宝山县政府	托购董印《盛明杂剧初集》。	
10 月 29 日	王翼之	斜塘小学	复我廿二信,并告年假必来。	
11 月 1 日	章君畴	奉化县政府	告到任后情形。	
11 月 1 日	邱晴帆	宝山县政府	告本日不能赴约请改下星期六。	
11 月 2 日	王怀之	后桥公安分局	告近状棘手,必出辞职之一途。	
11 月 8 日	郑梦九	馀姚县政府	复我去信,并询《国学丛刊》。	
11 月 10 日	章君畴	奉化县政府	再告近状,并示游踪。	
11 月 11 日	张剑秋	本市财政局	告电话号码。	

续表

日　期	人名	地址	事由	备考
11 月 13 日	向觉明	北平图书馆	复我前两信，并补寄《馆刊》第二期。	
11 月 15 日	章子玉	兰溪县政府	告已续娶钱氏，并云三女亦咳血。	
11 月 16 日	王翼之	苏州河沿街 29	告安抵家中，以体弱故将请假休息。	
11 月 17 日	郑梦九	馀姚县政府	托代购楹联汇编。	
11 月 18 日	邱晴帆	宝山县政府	托代询来青阁买书两种。	
11 月 20 日	王翼之	苏州河沿街 29	复告病状及其姊行期。	
11 月 26 日	郑梦九	馀姚县政府	复告书已寄到。	
11 月 28 日	向觉明	北平图书馆	复告信到，书当代买寄来。	
11 月 30 日	王幽若	苏州河沿街 29	告已安抵家中。	
12 月 13 日	邱晴帆	宝山县政府	复恳代向振铎借书。	
12 月 18 日	郑梦九	馀姚县政府	再托购联语书。	
12 月 18 日	张建初	苏州大儒小学	托询近代作家冰心等略历。	
12 月 19 日	邱晴帆	宝山县政府	约二十来访我，否则廿一晨约我往谈。	
12 月 21 日	章君畴	奉化县政府	托代撰短文应宁波报纸之请。	
12 月 22 日	王翼之	苏州河沿街 29	复前信未收着，年假内当来沪。	

续表

日期	人名	地址	事由	备考
12 月 26 日	郑梦九	馀姚县政府	复谓新政亦游雪窦，或可一晤。	
12 月 26 日	向觉明	北平图书馆	复告书价，并寄修正稿来。	
12 月 27 日	张建初	苏州大儒小学	复谢近代作家之略告。	
12 月 27 日	章君畴	奉化县政府	详告游奉之途径。	
12 月 27 日	陶希圣	本馆总务处	托代借近百年社会变迁之参考书。	
12 月 30 日	顾颉刚	杭州马坡巷七号	告安抵彼尊人寓所，须小住几日始行。	
12 月 30 日	郑振铎	苏州木渎镇	告游灵岩，饱餐于石家饭店。	

发信表

日期	人名	地址	事由	备考
1 月 7 日	王翼之	斜塘小学校	复昨函。	
1 月 8 日	郑飞卿	徐州屠宰税局	汇稿费去。	
1 月 12 日	吕济群	南京交通兵团	复昨函。	
1 月 16 日	郑梦九	宜兴县政府	复昨函，并告飞卿稿费已寄。	
1 月 16 日	王翼之	斜塘小学校	复已代定《北新》及为施中一定《文学》。	

日期	人名	地址	事由	备考
1月18日	又	苏州河沿街廿九	寄《北新》及文学定据去，并促幽若来此。	
1月20日	陶希圣	本市新生命社	复约面谈再商进止。	
1月22日	又	又	送书稿两包去。	
1月24日	又	又	复请即日着手编《政治社会史》。	
1月29日	王翼之	苏州河沿街29	告悦之昨夜归，究否到家。	
2月4日	又	又	复询何以连日不来。	
2月4日	王怀之	后桥公安分局	复告悦之近状。	
2月5日	顾颉刚	北平成府	复告一切，并邮还目睹书录。	
2月6日	王幽若	苏州河沿街	复唁厚丈，并告悦之已找到。	
2月12日	王翼之	又	寄代撰挽联二副去。	
2月12日	陈乃乾	本市平乐里	告无锡归后往访。	
2月12日	章子玉	兰溪县政府	复慰外症，并告颉刚复语。	
2月12日	夏丏尊	本市安多里	告已着手编教本。	
2月14日	邱晴帆	无锡公安局	复于星六偕予同等往游。	
2月14日	王怀之	后桥公安分局	复慰被累事。	
2月15日	又	又	告庶母病危，中止赴锡。	

日期	人名	地址	事由	备考
2 月 15 日	邱晴帆	无锡公安局	告因庶母病危不能赴约。	
2 月 16 日	又	又	报庶母丧。	
2 月 16 日	薛用裕	东桥镇民众茶园	又。	
2 月 16 日	吕铭堂	苏州庙堂巷	又。	
2 月 16 日	王仁斋	又　河沿街	又。	
2 月 16 日	计硕民	又　卫前街	又。	
2 月 16 日	郑梦九	宜兴县政府	又	
2 月 16 日	仲弟	南京大世界	又。	
2 月 19 日	叶圣陶	本市景云里	复△又家之名,并托代领薪。	
2 月 20 日	王怀之	后桥公安分局	复慰安心服务,已与孙、邱道地。	
2 月 20 日	孙道始	无锡县政府	托帮怀之忙,勿过督责。	
2 月 26 日	计硕民	苏州卫前街	复书谢唁。	
2 月 26 日	王怀之	又　后桥镇	又	
2 月 26 日	薛用裕	又　东桥镇	又	
2 月 26 日	吕锦珊	又　庙堂巷	又	
2 月 28 日	计硕民	又　卫前街	托代送陈子清母吊礼 2 元。	
2 月 28 日	叶圣陶	本市商务书馆	复允嘱濬儿佐排《十三经索引》。	

日期	人名	地址	事由	备考
3月4日	计硕民	苏州卫前街	复谢代送礼。	
3月4日	顾颉刚	北平成府	告庶母丧，并催询代购各书。	
3月4日	章子玉	兰溪县政府	告庶母丧。	
3月7日	王翼之	斜塘小学校	谢唁。	
3月8日	邱晴帆	东海县政府	复昨信，并另邮升庵夫妇散曲去。	
3月13日	夏丏尊	本市开明书店	送《地理教本》上册，请制图发印。	
3月13日	郑梦九	宜兴县政府	复谢唁，并贺接眷。	
3月13日	章君畴	天台县政府	询到天台路程，以振铎欲往游也。	
3月13日	邱晴帆	东海县政府	复问前书到未，即附铁笙函中。	
3月13日	曹铁笙	东海县政府	复两书都到，报纸当代定寄海。	
3月13日	吴文祺	厦门集美	复问近状，并促即为云彬求教职。	
3月17日	邱晴帆	东海县政府	快函告省府改组及前方军事状。	
3月17日	王幽若	苏州河沿街	复托代雇一舟备扫墓。	
3月21日	王翼之	斜塘小学校	答无力加入会款。	
3月25日	郑梦九	宜兴县政府	复告暂无馆外工作。	
3月25日	章子玉	兰溪县政府	复望归谈，并慰外症即愈。	

日期	人名	地址	事由	备考
3 月 25 日	章君畴	天台县政府	复谢招游，并告不能应命。	
3 月 25 日	邱晴帆	东海县政府	复劝引去，并寄《海州志》及《廿四史》书样。	
3 月 25 日	贺昌群	日本东京府下高田町杂司今谷龟原五九憩庐	复前信。	
4 月 4 日	计硕民	苏州卫前街	告安抵沪寓，并托送伟士父吊礼壹元。	
4 月 4 日	蔡震渊	又　饮马桥南871	告安抵，并开告《故宫》月刊价目。	
4 月 4 日	王怀之	后桥公安分局	告安抵，并谢厚赐。	
4 月 4 日	王翼之	斜塘小学校	又	
4 月 4 日	邱晴帆	东海县政府	复告款到，并劝早赋遂初。	
4 月 4 日	王仁斋	苏州河沿街	告安抵，并遍谢合门赐物。	
4 月 5 日	薛用裕	东桥良利堂转邢村小学	复工人不熟识，所托事无可为力。	
4 月 5 日	章君畴	天台县政府	复谢关切，决转告缓行。	
4 月 5 日	郑梦九	宜兴县政府	告到苏晤诸友。	
4 月 7 日	仲弟	南京奇望街首都五城公司城中大世界	复责疏懒。	

日　期	人　名	地　址	事　由	备考
4 月 11 日	王怀之	后桥公安分局	复赞辞职。	
4 月 12 日	邱晴帆	东海县政府	询近状,以即不见来复不得信也。	
4 月 17 日	计硕民	苏州卫前街	复谢一切,并告代礼已交铮子。	
4 月 21 日	陈乃乾	本市平乐里	托即购影印《词谱》三部。	
4 月 21 日	郑梦九	苏州潘儒巷十	复贺卜居新宅。	
4 月 21 日	王怀之	后桥公安分局	复令从容应付。	
4 月 23 日	孙道始	无锡县政府	复谢招拂怀之,并恳即予解去。	
4 月 23 日	顾颉刚	北平蒋家胡同	复谢唁,并告近状。	
4 月 23 日	章子玉	兰溪县政府	询别后近状,并预托怀之事。	
4 月 25 日	邱晴帆	南京北门桥三眼井十一	复已托到乃乾,但未必有效。	
4 月 30 日	王怀之	后桥公安分局	复今暂守现局。	
5 月 2 日	邱晴帆	南京三眼井十一	复前信确复,浮沉为恨。	
5 月 8 日	又	又　六十六	复准代缴中国学会年费。	
5 月 8 日	顾颉刚	北平成府蒋家胡同	复故宫书已到,遵径与冯君洽。	
5 月 8 日	冯世五	又　景山书社	托定《北平图书馆》月刊。	

续表

日期	人名	地址	事由	备考
5 月 10 日	郑梦九	苏州潘儒巷十	复告子耕询及已照复近状矣。	
5 月 10 日	刘子耕	本埠南车站	复告梦九近状。	
5 月 14 日	郑梦九	苏州潘儒巷十	复谢茶具收到矣。	
5 月 19 日	又	本埠孟渊七十	送还箧笔,并托查字轴。	
5 月 19 日	孙道始	无锡县政府	复谢关切怀之。	
5 月 19 日	邱晴帆	南京三眼井六十六	告转乃乾信。	
5 月 19 日	王怀之	后桥公安分局	转道始信请酌办。	
5 月 21 日	王幽若	苏州河沿街 29	复候起居。	
5 月 21 日	章子玉	兰溪公安局	复来信,并告近状。	
5 月 24 日	王翼之	斜塘小学校	复无从广募,认捐二户,即寄还捐册。	
5 月 24 日	王怀之	后桥公安分局	复暂时少安,俟有机时再说。	
5 月 24 日	计硕民	苏州卫前街	复请严追字轴,俾庆珠还。	
5 月 25 日	郑梦九	徐州东门外后仓巷 7	告晴帆处已组织好,恐难插入。	
5 月 26 日	计硕民	苏州卫前街 64	告字轴已送来,请止究。	
5 月 27 日	周允言	南通中学校	函托转介建初于芝亭。	
5 月 27 日	张建初	苏州司前街卅一	复所托事已办,但不可必有验。	

日期	人名	地址	事由	备考
5月28日	陶希圣	本市新生命社	复悉听主持。	
6月2日	邱晴帆	宝山县政府	荐仁斋丈可任书记长。	
6月9日	张建初	苏州司前街31	复寄允言信。	
6月9日	王仁斋	苏州河沿街	复告晴帆已允于并科时留意。	
6月9日	冯世五	北平景山书社	复《图书馆月刊》已到,谢其费心。	
6月10日	陈乃乾	本市西藏路	告走访未晤,并托即觅《八千卷楼目》。	
6月9日	周允言	南通中学	复谢代建初进言。	
6月16日	张建初	苏州城东实小	复请加酌,勿乱用段名,免累。	
6月16日	王怀之	后桥公安分局	复请暂守勿遽迁。	
6月16日	章君畴	天台县政府	谢惠良茗,并介振铎托拓碑。	
6月17日	顾颉刚	北平成府蒋家胡同九号	复寄中公、大夏刊物并谈近事。	
6月17日	吴缉熙	武昌县华林华平里一号	复谢,不往道歉望谅。	
6月23日	章子玉	兰溪县政府	复赞辞繁就简。	
6月23日	王仁斋	苏州河沿街	复谢慰问,并告复病状。	
6月23日	夏丏尊	本埠开明书店	陈困难,辞编教本。	
7月3日	王悦之	南京国货陈列馆	复前信。	

日期	人名	地址	事由	备考
7 月 5 日	王翼之	苏州河沿街	复告儿病近状并送谢，兼致幽若。	
7 月 7 日	章君畴	天台县政府	复谢代留意国清寺碑及为陈进止状。	
7 月 7 日	章子玉	兰溪县政府	复贺其女毕业高标。	
7 月 7 日	郑梦九	苏州潘儒巷十	复慰休居待时。	
7 月 7 日	邱晴帆	宝山县政府	告近状，并为乃乾催款。	
7 月 7 日	张建初	苏州司前街卅一	告晤其儿状，并道谋事不果歉。	
7 月 10 日	陈乃乾	本埠平乐里	告晴帆特捐存我家，便可来取。	
7 月 18 日	郑梦九	苏州潘儒巷十	复谢三事具不能即现。	
7 月 19 日	郑振铎	莫干山旅次	复寄书目等物。	
7 月 19 日	王翼之	苏州河沿街	复贺五妹生子。	
7 月 24 日	吕济群	徐州万香村	复祝早日凯旋。	
7 月 24 日	郑梦九	苏州潘儒巷	复劝暂不回徐为佳。	
8 月 2 日	顾颉刚	北平成府蒋家胡同	复上月廿五信。	
8 月 2 日	章君畴	天台县政府	复昨信。	
8 月 4 日	王翼之	苏州河沿街	复告君匋无法干求，圣陶序则函上。	
8 月 4 日	郑振铎	莫干山旅次	告书七种已还乃乾，并告扬州书事且寄。	

日期	人名	地址	事由	备考
8 月 5 日	吴颂皋	本市恒丰里八号	复谢不能应劳大教事聘。	
8 月 6 日	章子玉	兰溪县公安局	复昨函,并告选次均有复信,请查示。	
8 月 7 日	邱晴帆	宝山县政府	复昨信,并告捐款已付,附寄收据去。	
8 月 8 日	王翼之	苏州河沿街	复慰其五妹病。	
8 月 11 日	邱晴帆	宝山县政府	告百纳全史已购得,券存。	
8 月 13 日	计硕民	苏州卫前街 64	告稿到,须少待始可作序送出。	
8 月 20 日	章君畴	天台县政府	复未晤为憾。	
8 月 20 日	吴勖初	苏州西白塔子巷	复所托书二种均售完。	
8 月 20 日	郑梦九	馀姚县政府	复慰安抵任所。	
8 月 21 日	又	又	复沪上学校实不放心。	
8 月 21 日	计硕民	苏州卫前街	复告稿费数将取到,俟到即交圣陶。	
8 月 22 日	张剑秋	本市财政局	询接眷到未,究住何处。	
8 月 26 日	夏丏尊	本市开明书店	送《谈曲阜》稿。	
8 月 22 日	向觉明	北平图书馆	复请时常通信。	
8 月 30 日	又	又	复赞见地,甚佩,并托致《金陵兵事汇纪》。	

日　期	人名	地　址	事　由	备考
8 月 30 日	吴勖初	苏州西白塔子巷 68	复陈一切。	
8 月 30 日	郑梦九	馀姚县政府	复一时无法荐人。	
9 月 5 日	又	又	复谈近事。	
9 月 5 日	王翼之	苏州河沿街 29	复与颂周之如往不能出荐信。	
9 月 5 日	陈乃乾	本市平乐里	复寄缘起一首,计五百言。	
9 月 8 日	陶希圣	本市新生命社	复请担任四题。	
9 月 16 日	王翼之	苏州河沿街	复慰其嫂妹病。	
9 月 22 日	又	斜塘小学校	托代送蒋礼,并询其嫂妹病状。	
9 月 22 日	向觉明	北平图书馆	复论南北书价腾涨事。	
9 月 22 日	顾颉刚	又　蒋家胡同	询问近状并朴社下落。	
9 月 26 日	陈乃乾	本市福鑫里 637	托借《金陵兵事汇纪》及《测海楼》两目。	
9 月 27 日	薛用裕	东桥良和堂	复告窘状不能应命。	
9 月 27 日	王翼之	苏州河沿街	复慰一切,并告仲川礼待还。	
9 月 27 日	邱晴帆	宝山县政府	复《南明野史》缺页即托补。	
10 月 6 日	吴文祺	厦门集美	(告其妇安抵校中并及闽。)复信。	

续表

日期	人名	地址	事由	备考
10月6日	周允言	苏州女中	（托介绍世界《百科字典》。）复无门可入。	
10月6日	向觉明	北平图书馆	托询《馆刊》第二期不到之故，并代买张书。	
10月7日	邱晴帆	宝山县政府	谢到宝扰了竟日且相送。	
10月13日	王翼之	斜塘小学校	复问其家病状，并告予病未即复。	
10月20日	王怀之	后桥公安分局	复慰拂逆。	
10月20日	计硕民	嘉善县立中学	复谈《西行艳异记》事。	
10月20日	顾颉刚	北平成府蒋家胡同三号	复告《古史辨》二册到，清华六一未见。	
10月21日	向觉明	北平府右街廿三号	谢寄惠展览目录，并申半月前书之说。	
10月22日	王翼之	斜塘小学校	复昨信示欣慰其家病人转机。	
10月29日	邱晴帆	宝山县政府	复昨信，并申下月一日来此吃蟹之约。	
11月1日	又	又	复下星六无暇，俟另订后期。	
11月4日	郑梦九	馀姚县政府	道昨日未晤之歉。	
11月4日	章君畴	奉化县政府	复赞其从政优良。	
11月4日	王怀之	后桥公安分局	复请相机办理。	
11月4日	王翼之	斜塘小学校	复告一切，并候其尊人病好否。	

续表

日　期	人名	地址	事由	备考
11 月 11 日	郑梦九	馀姚县政府	复前函,并告《国学丛刊》已停板。	
11 月 14 日	向觉明	北平图书馆	复昨信,并汇十元托买书。	
11 月 18 日	王翼之	苏州河沿街	复问其姊行期,并托带羊肉。	
11 月 18 日	章子玉	兰溪县政府	复贺续娶,并嘱速为其三女医治。	
11 月 18 日	郑梦九	馀姚县政府	复寄《集联汇选初编》二册。	
11 月 20 日	杨寿祺	本市来青阁	托取《碎金词谱》等,备晴帆看定购下。	
12 月 1 日	王幽若	苏州河沿街 29	复慰安抵苏州,并道简待。	
12 月 3 日	邱晴帆	宝山县政府	告《词谱》等已不存,《丽美图》价可缴还。	
12 月 11 日	向觉明	北平图书馆	挂号寄还《伦理学》译稿,并告近状。	
12 月 16 日	又	又	告所寄《中西交通史料汇编》已到。	
12 月 16 日	王翼之	苏州河沿街 29	告拟赠书已理好,请带空箱来取,并问近状。	
12 月 16 日	邱晴帆	宝山县政府	复告叶刻已购得,《金瓶梅》当可赠与。	
12 月 19 日	郑梦九	馀姚县政府	复此项书籍一时无法购得。	

续表

日期	人名	地址	事由	备考
12月19日	张建初	苏州大儒小学	复告近代作家略历。	
12月22日	章君畴	奉化县政府	复谢无暇代作，并告将有奉游之行。	
12月27日	陶希圣	本馆总务处	复告参考书四种。	

收支一览表

月	日	收入要目	收入数额	月	日	支出要目	支出数额
1	1	上年转存	6.46	1	1	北万馨酒	3.00
1	7	本月上半薪	70.00	1	4	大世界券	0.65
1	15	预支《史丛》稿费	200.00	1	4	代云彬汇	1.02
1	21	本月下半及升	79.33	1	4	邮票	0.98
				1	4	车力	0.20
				1	5	车力	0.10
				1	7	家用	50.00
				1	7	香烟、牙膏	1.00
				1	7	濬儿用	1.00
				1	11	新雅宴客	15.00
				1	14	清、汉、漱定额	3.00
				1	14	绍酒、香烟	2.00
				1	15	两日输雀	0.50

续表

月	日	收入要目	收入数额	月	日	支出要目	支出数额
				1	16	耕织图	1.00
				1	16	代翼定《北新》	1.60
				1	16	阿司必灵	0.25
				1	16	儿食、车力	0.60
				1	18	代中一定《文学》	1.26
				1	18	珏人过年特用	100.00
				1	21	家用	50.00
				1	23	还来青阁账	20.00
				1	23	茶钱、车资	0.60
				1	24	还乃乾邱书及《昭》	18.00
				1	24	车力	0.20
				1	24	柏毯、牙筷	3.00
				1	26	丛目五代补	4.00
				1	26	本月报费	1.00
				1	27	本月牛奶	5.00
				1	31	绍酒	0.40
		共收	355.79			共支	285.36
			285.36				
		一月应存	70.43				
2	1	上月转存	70.43	2	4	车力往回	0.40
2	7	本月上半薪	70.00	2	4	澄压岁	1.00

月	日	收入要目	收入数额	月	日	支出要目	支出数额
2	11	翼之还我	2.86	2	4	输雀	0.70
2	15	支本馆存款	200.00	2	5	输雀	0.34
2	21	本月下半薪	79.33	2	5	赙敦弘德母	2.00
2	24	晓翁还	40.00	2	5	代聿修赙敦	2.00
				2	6	输雀	0.65
				2	7	家用	50.00
				2	9	公局	2.00
				2	9	车力	0.10
				2	11	还幽若代礼	1.00
				2	11	去年故粮	1.00
				2	12	清、汉、漱学	30.00
				2	16	庶母丧用（另有账簿）	200.00
				2	19	出外车力	0.18
				2	19	昨借晓翁	40.00
				2	21	家用及珏	60.00
				2	21	佛书两种	1.40
				2	21	出外车力	0.10
				2	22	出外车力	0.20
				2	23	松月楼素斋	3.25
				2	23	出外车力	0.20
				2	23	补地图一本	1.75

续表

月	日	收入要目	收入数额	月	日	支出要目	支出数额
				2	23	请邱添菜	1.00
				2	24	豫丰泰酒	5.00
				2	24	出外车力	0.15
				2	25	输雀	0.64
				2	25	信封五十个	0.20
				2	26	邮票	1.00
				2	26	毛笔三枝	0.50
				2	26	出外车力	0.40
				2	27	本月牛奶	5.60
				2	28	本月报资	1.00
		共收	462.62			共支	413.76
			413.76				
		二月应存	48.86				
3	1	上月转存	48.86	3	4	家用	50.00
3	6	聿修还代礼	2.00	3	5	酒菜	1.30
3	7	本月上半薪	70.00	3	7	代晴、铎买书	0.68
3	8	铎还书款	0.34	3	7	布施功会款	5.00
3	18	开明股息	22.84	3	7	出外车力	0.14
3	21	本月下半及升	79.33	3	7	儿食	0.34
				3	9	新乐府票	0.25
				3	9	车力及点心	0.33
				3	10	地图	1.50

月	日	收入要目	收入数额	月	日	支出要目	支出数额
				3	11	本馆书七种	3.60
				3	11	出外车力	0.45
				3	12	闻太太取去	30.00
				3	12	输雀及点	0.40
				3	13	同人合作捐	0.16
				3	15	买布	5.00
				3	15	半淞园茶	0.45
				3	15	高长兴酒	2.60
				3	15	出外车力	0.16
				3	16	点心及车力	0.40
				3	17	开明利交珏	22.84
				3	17	邮票	1.00
				3	17	车力	0.10
				3	18	送幼雄母吊	2.00
				3	18	还开明账	10.93
				3	19	输雀及牙浆	0.55
				3	21	到庶母坟用	2.00
				3	21	家用及珏用	60.00
				3	22	《大金吊伐录》	0.50
				3	22	丢失皮袋	0.25
				3	22	买新皮袋	0.18
				3	24	杭州经训书	17.37

续表

月	日	收入要目	收入数额	月	日	支出要目	支出数额
				3	25	三友毛巾二打	4.76
				3	25	腊肠一磅	0.95
				3	25	王宝和酒	0.72
				3	25	车力	0.15
				3	28	车力	0.15
				3	29	《邵亭书目》	1.40
				3	30	车力儿食	0.50
				3	30	牛奶	5.60
				3	30	赴苏车资	2.00
		共收	223.37			共支	237.71
							223.37
						三月不敷	14.34
4	1	出蔚花供	2.00	4	1	上月转不敷	14.34
4	2	震渊花供	2.00	4	3	结扫墓用	5.50
4	2	又给清儿	1.00	4	3	又购物	3.45
4	5	晴帆汇来	30.00	4	3	又回沪车	2.00
4	7	珏人认开明股	200.00	4	3	又吊厚文	4.00
4	7	本月上半薪	70.00	4	3	吊施福俊母	1.00
4	17	取本馆存	70.00	4	3	在苏取帖	4.00
4	21	本月下半及升	79.33	4	3	又裱画二幅	2.00
4	22	颉刚汇赙	4.00	4	3	又震渊儿	2.00
				4	5	绍酒	0.40

续表

月	日	收入要目	收入数额	月	日	支出要目	支出数额
				4	6	游吴淞车	1.55
				4	7	存入本馆	200.00
				4	7	家用	50.00
				4	8	《时事新报》	0.65
				4	13	药钱	3.00
				4	13	鸡蛋两打	1.00
				4	13	潜儿用	1.00
				4	17	《备要》四集预	90.00
				4	17	贺景深续弦	2.00
				4	17	还硕代徐礼	1.00
				4	17	邮票	1.00
				4	17	车力	0.25
				4	20	理发三人	0.65
				4	20	清旅行费	0.25
				4	20	两日车力	0.24
				4	21	家用及珏	60.00
				4	21	赙杨逢春	1.00
				4	21	照相	3.00
				4	23	赙文之母	1.00
				4	23	车力	0.15
				4	24	车力	0.15
				4	25	购《词谱》两部	18.00

月	日	收入要目	收入数额	月	日	支出要目	支出数额
				4	27	车力	0.50
				4	27	为濬购床	3.00
				4	29	公饯俊生	2.65
						共支	480.73
		共收	458.33				458.33
						四月不敷	22.40
5	1	前日借圣陶	5.00	5	1	上月不敷	22.40
5	6	允言先还	6.40	5	1	上月报资	1.00
5	7	本月上半薪	70.00	5	1	香烟、输雀	1.00
5	21	本月下半及升	79.33	5	3	请铁饮	2.00
5	27	预支下月上半	70.00	5	5	北万馨饮	1.65
5	30	上年红利	84.00	5	6	赴圣陶车	0.10
5	30	又特储	21.00	5	7	家用	50.00
				5	7	馆役节赏	2.00
				5	7	还铎书价	2.00
				5	7	又四库装	5.00
				5	7	公饯济之	3.70
				5	7	赴江湾车	0.10
				5	11	糖果	0.25
				5	12	看电影	1.50
				5	17	天韵楼及车	1.20
				5	18	上海大戏院	1.50

月	日	收入要目	收入数额	月	日	支出要目	支出数额
				5	18	绍酒	0.90
				5	18	添菜	1.50
				5	18	车力往来	0.20
				5	20	儿食等	0.50
				5	21	家用	50.00
				5	21	珏用	10.00
				5	21	邮票	1.00
				5	21	补七日还圣陶	5.00
				5	25	访邱等车力	0.50
				5	27	还讫来青阁	68.00
				5	28	新雅午饭	1.80
				5	30	存入本馆特储	21.00
		共收	335.73			共支	255.80
			255.80				
		五月应存	79.93				
6	1	上月转存	79.93	6	1	还讫乃乾	50.00
6	5	借珏人	5.00	6	1	豫丰泰	5.00
6	5	潘儿存	11.00	6	1	大世界及车	1.50
6	7	上半之半薪	35.00	6	4	上海大戏院	2.32
6	12	向星斋借	20.00	6	5	三日来添菜	3.00
6	13	取存款	20.00	6	5	三日来绍酒	3.60
6	21	本月下半及升	79.33	6	5	上月报资	1.00

月	日	收入要目	收入数额	月	日	支出要目	支出数额
				6	5	津贴丁公公	4.00
				6	5	捐斜校	1.00
				6	5	送仁丈行	2.00
				6	5	克利西佛	1.70
				6	5	派蓝米盾	2.25
				6	5	三日来车资	1.20
				6	5	蚊香二匣	0.20
				6	5	自己药片	0.35
				6	5	理发	0.32
				6	5	沙发(16)馀(4)	20.00
				6	8	北万馨	3.20
				6	8	同人会费	0.50
				6	8	家用	50.00
				6	9	公宴芝九	2.00
				6	13	还星斋	20.00
				6	13	看《卡门》	1.00
				6	13	车力等	0.40
				6	15	绍酒	0.50
				6	16	邮票	1.00
				6	18	航邮	0.15
				6	18	仁丈车票	1.05

月	日	收入要目	收入数额	月	日	支出要目	支出数额
				6	21	家用及珏	60.00
				6	22	请段医及药	2.40
				6	22	车力及儿食	0.70
				6	26	儿食	0.22
				6	27	来青送力	0.21
				6	29	车力	0.21
				6	30	清儿补习	3.00
		共收	250.26			共支	245.98
			245.98				
		六月应存	4.28				
7	1	上月转存	4.28	7	1	辣油麻油	0.56
7	5	取存款	30.00	7	1	补上月三儿定款	3.00
7	7	上半之半薪	35.00	7	2	香烟一条	0.76
7	19	《三国鼎峙》找	78.00	7	2	上月报资	1.00
7	21	本月下半及升	79.33	7	6	绍酒及菜	3.00
7	28	晴还聿修	8.00	7	7	家用	50.00
				7	7	捐公益（阿男）	2.00
				7	13	酱菜腐乳	1.00
				7	19	付晓取息	16.00
				7	19	车力等	0.30

续表

月	日	收入要目	收入数额	月	日	支出要目	支出数额
				7	20	酬周医	60.00
				7	21	家用及珏	60.00
				7	21	扣前年薪一天	2.53
				7	23	空跑车力	0.12
				7	24	华生十六寸电扇	42.00
				7	24	邮票	1.00
				7	24	补翼来菜	0.60
				7	26	车力	0.40
				7	27	车力	0.35
				7	29	大世界票	1.20
				7	29	金陵酒菜	4.80
				7	29	车力、儿食	0.40
				7	30	补酬医	15.00
		共收	234.61			共支	266.02
							234.61
						七月不敷	31.41
8	1	晴捐乾款	40.00	8	1	上月不敷	31.41
8	1	补昨取馆存	35.00	8	1	补昨续开明股	300.00
8	7	本月上半	70.00	8	1	火腿	1.00
8	19	《太平》稿找酬	148.00	8	1	送书箱力	0.64
8	21	本月下半及升	79.33	8	1	药皂等	1.00

续表

月	日	收入要目	收入数额	月	日	支出要目	支出数额
8	21	潘存	10.00	8	2	报资（上月）	1.00
				8	2	桃一匣	0.50
				8	2	晴捐中会款	40.00
				8	3	吊陈车力	0.20
				8	4	前晚饯觉	2.84
				8	7	家用	50.00
				8	9	车力	0.15
				8	12	六神丸	1.20
				8	14	麻油牙膏	0.34
				8	15	理发	0.34
				8	19	存入本馆	130.00
				8	19	小饮及车力	0.50
				8	19	大载记二本	0.48
				8	21	小饮及车力	0.34
				8	21	扣还前年薪一天	2.53
				8	21	家用及珏用	60.00
				8	26	潘儿赴苏	3.00
				8	29	绍酒及染衣	1.30
				8	29	游大世界	0.64
				8	30	宴客	20.00
				8	30	借与珏人	5.00

续表

月	日	收入要目	收入数额	月	日	支出要目	支出数额
				8	31	十天小饮费	3.32
		共收	697.33			共支	657.73
			657.73				
		八月应存	39.60				
9	1	上月转存	39.60	9	1	失账轧见	4.60
9	6	上月应加薪升	2.67	9	1	报资	1.00
9	6	本月上半薪	70.00	9	3	酒菜	1.80
9	21	本月下半及升	82.00	9	4	添菜	0.34
9	25	《郑成功》稿费	206.00	9	6	家用	45.00
9	29	支四行储蓄	596.41	9	6	还《舆地纪胜》	16.00
				9	6	送铎母寿礼	5.00
				9	6	绍酒	0.90
				9	6	添菜	0.75
				9	7	香烟一条	0.70
				9	7	两日点心	0.30
				9	7	送彦龙香瓶	2.00
				9	7	三儿学杂费	30.00
				9	9	车力	0.48
				9	12	三日来点心	0.75
				9	14	新乐府及车	0.50

月	日	收入要目	收入数额	月	日	支出要目	支出数额
				9	21	扣还前年一天	2.53
				9	21	家用及珏	60.00
				9	21	酒菜	1.00
				9	22	邮票	1.00
				9	23	大世界	0.48
				9	23	青萍园饭	0.48
				9	23	车力	0.20
				9	25	还来青阁账	100.00
				9	25	还铎书账	40.00
				9	25	珏人节用	20.00
				9	25	谢周医	15.00
				9	26	豫丰泰、冠生园	9.00
				9	26	车力	0.20
				9	27	五日来早点	1.50
				9	28	自来水笔	16.63
				9	28	大世界	0.70
				9	28	车力	0.18
				9	28	理发及早点	0.70
				9	29	存入本馆	600.00
				9	29	墨水一瓶	0.48
				9	29	车力	0.20
				9	30	儿食、车力等	0.80

续表

月	日	收入要目	收入数额	月	日	支出要目	支出数额
				9	30	本月新闻报	1.00
		共收	996.68			共支	982.20
			982.20				
		九月应存	14.48				
10	1	上月转存	14.48	10	1	先付家用	10.00
10	3	《中学生》稿费	12.00	10	1	上月廿九酒	1.00
10	4	本月上半薪	70.00	10	1	点心杂耗	2.48
10	6	濬儿交	10.00	10	1	车力	0.20
10	13	支本馆存	30.00	10	3	添菜	0.35
10	16	支本馆存	300.00	10	4	还开明账	7.02
10	21	本月下半及升	82.00	10	4	早点及车力	0.50
				10	4	家用	40.00
				10	4	濬儿赏仆	1.00
				10	5	请家人早点	0.80
				10	5	赴宝山费	0.72
				10	6	早点及儿食	0.24
				10	7	早点	0.34
				10	7	同便帽	0.45
				10	7	儿饵、车力	0.64
				10	7	又谢周医	5.00
				10	10	出游车力等	0.34

续表

月	日	收入要目	收入数额	月	日	支出要目	支出数额
				10	11	添菜及点心	1.30
				10	11	出游车力等	1.00
				10	12	借与用裕	50.00
				10	14	濬儿取去	5.00
				10	14	绍酒	0.45
				10	14	《西行艳异记》	0.50
				10	16	铎让《集成》	300.00
				10	16	出外车力	0.20
				10	17	出外车力	0.10
				10	18	《集成》送力	1.40
				10	19	出门车力	0.15
				10	19	看电影	0.80
				10	19	修留声机	0.80
				10	20	取帖车力	0.12
				10	21	家用珏用	60.00
				10	23	香烟一条	0.65
				10	23	送吕岳母葬礼	2.00
				10	28	大三元夜饭及车	3.00
				10	30	诸儿看电影	0.60
				10	30	晚点	0.34
				10	31	预备请邱	5.00

续表

月	日	收入要目	收入数额	月	日	支出要目	支出数额
				10	31	本月报资	1.00
		共收	518.48			共支	505.39
			505.39				
		十月应存	13.09				
11	1	上月转存	13.09	11	1	先付家用	5.00
11	3	取四行储	596.17	11	1	输雀及失记	5.90
11	5	潛存	10.00	11	3	车力及输雀	0.50
11	7	本月上半薪	70.00	11	3	存入本馆	450.00
11	13	翼交书款	75.00	11	4	还锦文堂讫	8.00
11	15	铎还	1.00	11	4	还振铎讫	25.70
11	21	本月下半及升	82.00	11	4	邮票	1.00
11	21	予同还我	3.00	11	6	早点	0.35
11	26	取本馆存	850	11	7	职教社费	2.00
11	26	《宋之统一》稿费	194.00	11	7	家用	45.00
				11	7	吴友如画	5.76
				11	7	早点及理发	0.52
				11	7	儿食及车力	0.56
				11	8	赙曹仪礼	1.00
				11	8	赙杜母	2.00
				11	9	豫丰泰酒	5.00
				11	9	邑庙茶及车	0.30

续表

月	日	收入要目	收入数额	月	日	支出要目	支出数额
				11	12	出外车力	0.40
				11	12	还翼之代礼	3.80
				11	13	付丁公公贴款	7.00
				11	13	三日来绍酒点	2.00
				11	13	仁丈车票等	2.00
				11	13	潜取	10.00
				11	14	豫丰泰及车	5.00
				11	14	铎借	1.00
				11	14	还铎代书	2.00
				11	15	装炉火及贴家	50.00
				11	15	还讫锦文堂	7.66
				11	15	代予同书账	3.00
				11	16	访邱车力	0.20
				11	16	补14汇向	10.00
				11	18	补公宴石岑	2.00
				11	18	为梦九买书	0.40
				11	19	牛奶一月 馀数家付	5.00
				11	20	潜取	20.00
				11	20	续保火险	9.00
				11	21	买手套等	4.10
				11	21	扣还前红二天	5.06

月	日	收入要目	收入数额	月	日	支出要目	支出数额
				11	21	家用及珏用	60.00
				11	22	绍酒	1.00
				11	22	请邱、曹等	5.00
				11	26	存入四行	1000.00
				11	26	给珏大衣	20.00
				11	26	出外车力	0.24
				11	27	赙刘远名	1.00
				11	28	补寿希圣母	2.50
				11	28	二十年历书	0.10
				11	28	车力、点心	0.32
				11	29	书二种	3.13
				11	29	绍酒及菜	1.45
				11	29	补存馆及另耗	90.81
		共收	1894.26			共支	1893.26
			1893.26				
		十一月应存	1.00				
12	1	上月存转	1.00	12	2	上月报费	1.00
12	6	本月上半薪	70.00	12	6	豫丰泰饮	5.00
12	9	历年应分娱费	3.36	12	6	毛袜二双	1.00
12	9	潴存	20.00	12	6	家用	50.00
12	9	雀入	1.50	12	9	职工会费	0.50

续表

月	日	收入要目	收入数额	月	日	支出要目	支出数额
12	20	晴帆还书款	5.00	12	9	大衣找清	50.00
12	20	本月下半及升	82.00	12	12	同皮帽	2.60
12	23	先支稿费两笔	200.00	12	12	日历及衣钩	0.60
12	31	借珏人	10.00	12	12	车力	0.20
				12	12	添菜请吕	2.00
				12	12	绍酒	0.45
				12	14	儿食并酒者	1.60
				12	14	先付家用	10.00
				12	18	点心、车力	0.70
				12	19	牛乳一月不计另	5.00
				12	20	扣清前年金红	2.54
				12	20	馆役节赏	2.00
				12	21	赴松江车	1.32
				12	21	人力车	0.10
				12	21	绍酒	0.40
				12	22	暖锅及酒	1.30
				12	23	日历纸	0.36
				12	25	酒菜	3.00
				12	25	输雀	0.40
				12	26	添菜	1.20

续表

月	日	收入要目	收入数额	月	日	支出要目	支出数额
				12	27	公宴纬平	3.00
				12	28	绒布	3.80
				12	28	补童君车	0.80
				12	28	连日车力	0.50
				12	28	补26还讫颉	33.84
				12	28	明年日记本	0.48
				12	28	补24还讫铎	30.00
				12	28	贴珏年用	50.00
				12	28	补送黎青主礼	2.50
				12	31	本月报资	1.00
				12	31	同用方字	0.65
				12	31	理发	0.32
				12	31	补20家用	50.00
		共支	387.86			共支	320.16
			320.16				
		十二月应存	67.70				

收支统计表

月次	收入数额	支出数额	揭存数额
一月	355.79	285.36	70.43
二月	462.62	413.76	48.86

月次	收入数额	支出数额	揭存数额
三月	223.37	237.71	-14.34
四月	458.33	480.73	-22.40
五月	335.73	255.80	79.93
六月	250.26	245.98	4.28
上半年合计	2086.10	1919.34	166.76
七月	294.61	266.02	-31.41
八月	697.33	657.73	39.60
九月	996.68	982.20	14.48
十月	518.48	505.39	13.09
十一月	1894.26	1893.26	1.00
十二月	387.26	320.16	67.70
下半年合计	4729.22	4624.76	104.46
本年总计	6815.32	6544.10	271.22

1931 年(民国二十年)

1 月 1 日(丙辰　庚午岁十一月建戊子十三日)**星期四**

阴霾竟日,偶见疏雨。上午 51°,下午 50°。

晨起看报,增刊甚多,尤以《时事新报》之专册为最富。明日起,报界休业,至十一日始再刊,盖将阴历之习惯提前举办,自今年创之也。

世禄来。悦之来。

饭后打牌六圈,夜又继打四圈。

群儿放假在家,殊喧聒,不能坐定作事也。

今日开始教同儿认方字,尚好,所指十馀字,俱能辨识无误矣。

1 月 2 日(丁巳)**星期五**

晴朗,近午转暖。上午 47°,下午 55°。

上午在家课同,并检《图书集成·官常典》四十册。

饭后,振铎、幼雄来,因同往亚尔培路中国科学社明复图书馆参观书版展览会。陈列多邓氏群碧楼物,新售之中央研究院者,馀则丁仲祜、黄宾虹之宣传为最,明本外颇有可疑者。

四时许离会,进点于青萍园。入夜小饮于高长兴,九时许乃归。

今夕多饮,二时即醒,四时后再入睡,殊苦。

1月3日（戊午）星期六

阴霾，夜雨。上午53°，下午55°。

晨十时往访圣陶，不遇，继往振铎家，并晤之，谈至十一时许归。知晴帆、道始曾以其间过我，相左未值，殊为恨恨也。饭后圣陶来，因与共出，看《巴黎》于爱普庐。五时许返，又打牌一圈，盖圣陶夫人方与珏人及潗儿等同戏，因代打之耳。

夜饭后，子玉来，昨自杭来沪，特来访予也。治酒饮之，谈至十时而去。订后日下午三时后再来长谈。

1月4日（己未　望）星期日

阴湿时雨，日光又时见。上午59°，下午62°。

放假将满，迄未作事，徒为烦碎，殊无聊。

芝九来谈，近午去。

午后珏人挈清、汉、漱、润四儿往山西大戏院看《故都春梦》，予则独坐斋中看《昭代别集》。既而续检《集成》，了毕《官常》、《家范》、《交谊》三典，凡六十一册。上灯而止。珏人亦率诸儿归来矣。

夜续检《集成·氏族典》十册。又翻阅冯桂芬修《苏州府志》序例目图及“风俗门”。至九时，接撰《南北朝之对立》稿千言，得一小结束。十一时寝。

连日课同，已识四十许字，甚喜！

1月5日（庚申）星期一

阴霾如昨，夜半起风。上午57°，下午59°。

晨出进点于宝山路口之小面馆，及出，遇晓翁于途，遂与共至其家。谈至十二时,归饭。饭后子玉如约来,谈兰溪政况甚悉,五时与共饮,八时许始罢。十时半,去。

明日馆中又当照常工作,九日之假,忽焉而逝,竟未得一游异地也。

1 月 6 日（辛酉　小寒）星期二

阴霾,时见细雨。五十三度。

依时入馆,百事凌乱,未能入手作事。

午后三时许,偕振铎、心南、予同、调孚、功甫、逸人再往明复图书馆参观书版展览会。较之二日所见,仅易三四种,所谓逐日更换之说殊未确,颇失望也。五时出,与铎、南、孚、予小饮于青萍园,七时归,乘车而行,飞雨之沫仍侵沾我衣耳。

夜课同识字,并作前稿第四章之参考目。

1 月 7 日（壬戌）星期三

阴霾。上午 48°,下午 49°。

依时入馆。接柏丞通告聘予任中小学用书委员会委员及清理积稿委员会委员,前者柏丞自兼正主任,苏继庼为副主任;后者亦柏丞自兼主任矣。此后名目猥兴,不知伊于胡底,所谓科学管理化,其必先由官化入手欤!

散馆后,青崖来,予同、圣陶亦同至,约予往任吴淞中国公学上古史及文字学教授,予谢不敏而坚持不肯释,遂推荐希圣及世禄,始克解围。旋与同出,过振铎,别约东华、仲云饭于世界酒家,青崖作东,九时许归。

翼之来,住我家,予与谈至十一时始各寝。

1月8日（癸亥）星期四

阴雨。上午48°，下午49°。

依时入馆，写信两封与颉刚及济群。

散馆归来，代珏人打牌二圈。

夜与翼之小饮，谈至十时许各寝。

圣陶送故宫古物日历与我，甚佳，当悬用也。

1月9日（甲子）星期五

雪，午后曾放晴。见冻。上午35°，下午33°。

上午以畏风雪，未到馆。饭后翼之去。予为振铎所拉，仍入馆，盖今日初次召集评议会也。二时开会，五时犹未毕，约下星期二续开之。议时即公布工作标准，振铎、予同、心南等颇致非难，故延而未决耳。

散馆后与振铎、圣陶、调孚应丐尊约，至世界酒家茶叙。铎、陶旋去，予三人小酌，饭焉。七时归，料量琐事，即寝。

1月10日（乙丑）星期六

晴，寒甚。午后又雪，即止。上午33°，下午30°。19.9—11.1

上午入馆，十一时即偕圣陶、调孚出，往齐天大舞台观南北名票会爨。下午遂未到馆。所演多京剧，昆剧止二出耳。晓松女士（庞敦敏夫人冯织文）之《游园》、《惊梦》，曼云女士之《思凡》，俱极可观，尤以《思凡》之吹笛人为最得悠扬自然之趣，亦非班底中人也。其馀京剧则惠女士之《贺后骂殿》、刘安曾君之《投军别窑》为佳，一则娇小聪明，煞是可儿；一则工力火候悉臻化境矣。

六时许出,冒风乘车以归,两耳冻失知觉,几疑离头飞去也。到家后亟以热酒自酌,始拥炉回暖焉。

今日振铎、予同诸人又召集评议会同人集商对策,予以看戏未到,不识结果何如耳?

1 月 11 日 (丙寅　下弦) 星期日

晴寒。夜雪。上午 28°,下午 34°。27.3—13.8

上午未出,在家看报,十日未见,一旦获睹,颇思念矣。无如满意消息不多耳。下午正合家人打牌,硕民来访,因与同过圣陶家。小饮而后归,八时抵家。

日来人事栗六,百无聊赖,未作一字,且未看何书也。

1 月 12 日 (丁卯) 星期一

晴寒。上午 33°,下午 36°。30.4—20.3

依时入馆,攘攘不能作事,云五所布工作标准恐有问题,未必即此了却不谈也。散馆归后,珏人挈濬、汉两儿往虹口闻家吃弥月酒,予则在家独饮,且看照诸儿。八时许,珏人等归,予酒饭方毕,正沃汤盥颒也。

夜读《吴诗集览》,十时就寝。

柏丞招予谈,颇致干不了之意。盖前日评议会全体辞职,声明不能奉行标准也。

1 月 13 日 (戊辰) 星期二

晴寒。上午 33°,下午 36°。34.7—20.8

依时入馆,仍不能贴坐作事。下午二时,柏丞又召集已辞职之评议员开会,由云五亲自出席解释,言辞锐利而回护孔多,仍未得要领耳。总之,工作标准设见实行,则同人合作之意洵难进行也。五时始散归。

夜续写旧稿六百言,十时半乃睡。

1 月 14 日(己巳)星期三

晴。上午 35°,下午 38°。43.3—18.1

依时入馆,下午职工会开大会。方同人入场时,五区公安局派警十人前来阻止,相持至三时许,由市党部、社会局代表之解释,始得开成。全场空气紧张异常,一致通过绝对拒却王定标准。盖所谓"科学管理化"者不过抄袭西方资本国家生产过剩之一种抑勒方法,带有帝国主义之色彩,决不能容于今日之中华民国也。默察形势,此次发动不但编译所与王之争,恐以渐展开,非酿成纯正的劳资争斗不止耳。涉念前途,不胜殷忧矣!七时散会。到家知同儿小有不适,因草草夜饭,无绪再想。

夜饭后,叔迁来谈,十时后去。

1 月 15 日(庚午　上元)星期四

晴。上午 38°,下午 44°。48—22.1

社会记事:今日收回天津比租界,由政府派天津市长臧启芳为接收专员。

依时入馆,馆中空气仍纷扰不安之至。

昨夜令同儿服"小儿散"后,今日已见痊,惟左臂湿气又发,以故身体颇现疲倦之象耳。

夜小饮,饮后看《小说月报》,未久即睡。

今日下午公司当局与四会代表在市社会局开谈话会,结果如何未知。

觉明译《伦理学》稿已成交,共十一万五千馀字,致酬四百五十元。由予代签让与契约。

1 月 16 日 (辛未) 星期五

晴,回暖。上午 40°,下午 49°。53.2—26.4

依时入馆,写信两封,分致君畴与翼之。

职工会特种委员会已正式组织成立,今日议设新闻股,征予与张守白、胡寄尘加入帮忙。却既不能,且亦义所弗许,因任之,先出临时报告第一号。约明日起,每日上午十一时及下午三时前往候信撰报。

散馆后与圣陶、振铎啜茗于新雅,谈至七时乃归饭。

夜续草《南北朝之分立》稿千五百言,十一时半寝。

1 月 17 日 (壬申) 星期六

晴暖。上午 43°,下午 45°。46.8—27

依时入馆。觉明稿费已开出,计四百五十元。已为代订契约,将支单交由昌群往取。

散馆后与予同、振铎、仲云、博文往新雅啜茗。望道、伏量来会,因共晚酌。饭后散出,予与予同等四人共访希圣于新生命书局,询其此次风潮之意见。据云已辞去秘书职务矣。继谈他事,至十时半乃各归。

1月18日（癸酉）星期日

晴。暖。上午47°，下午48°。47.1—26.2

上午在家看报，曾一出进点于宝山路。饭后振铎来，因同出，读其所草《宣言》，颇警策。旋偕访予同，同往豫丰泰小饮。四时半往，九时始散归。连日紧张，今日一舒，亦一佳也！

外间颇谓此次编译所风潮有人鼓动，其实大缪。盖是等非科学之方法，不合理之压迫，无论何人当拒受之，又况偏偏蒙以合理化之名，科学管理法之称耶！戏弄之端何属，责任便归何方，此不言可喻者也。

1月19日（甲戌　十二朔　月建己丑）星期一

晴暖。上午42°，下午50°。55.2—25.7

依时入馆。柏丞邀谈，颇以调解为言。但职工会反对之《宣言》已发，形势日转紧张，恐非短时间口舌所能争也。予以客观之见贡之柏丞，不识能受否乎？

夜七时，同人在一枝香宴客，到律师界、新闻界各工会、职工会代表及吴稚晖、潘公展、陈霆锐、朱隐青、邝富灼、谢福生、陈望道、夏丏尊等凡八十馀人。由陈岳生报告经过情形后，先后发言者多至十馀人，多以著作者甘苦之谈深表同情；且于所谓"科学管理"、"合理化"等曲解处亦多所辞辟也。足征公道究在，欺世者终不能掩尽耳目矣。十时解散，即偕叔迁同行归。

芝九、立斋来，谈容川被诬将白。

昌群交觉明款三百五十元与予，另具一账（扣欠百元）。予即送分庄科汇出。

1 月 20 日 (乙亥) 星期二

晴,午后阴,南风。夜雨。上午 44°,下午 50°。52.9—29.6

依时入馆,仍接编教科书。扰之者多日,今始着手一写之。无端风波,影响实大,首祸者当不能辞其咎矣。

夜六时应柏丞之招,在其家饮酒,列坐者为南陔、振铎、予同、觉敷及予。席后尝讨论及此次风潮事,其意亦希勿再扩大。但接受无人负责,则亦不得要领而已。十一时半归,比睡已十二时矣。甚倦。

1 月 21 日 (丙子　大寒) 星期三

阴雨。上午 48°,下午 49°。46—40.1

依时入馆,下午四会代表应社会局之招,进行调解。结果如何不得知。

为陈岳生君作保,向本所信用储蓄会借一百八十元,与凌文之君同担保证。

夜六时赴世禄宴,在坐者为历史、地理两组同人,至九时许乃散归。

连日为琐事所纠,寝食为之失时,至不适。且亦无谓之甚,不解何以卷入旋涡也。

1 月 22 日 (丁丑) 星期四

阴雨,午后晴,入夜又雨。上午 50°,下午 52°。50.9—42.8

依时入馆,仍编教科。

报纸俱载本馆纠纷解决事,及入馆,知新定标准已由王云五自动撤回。但其他纠纷仍在,恐未易遽言解决耳! 大会产生之反对工作标准特种委员会则以目标已失,已宣告结束矣。昨日社会局之调解如此,馆方手段亦至足惊人也。

夜与心南、南陔、练百、致觉、振铎、予同、颂久、觉敷、寿白同饮于中有天,姑以斗酒自劳,且略商今后进行职务之方针。大旨接受评议员,实力整顿,俾公司同人两有裨益,对人攻击,暂缓出手云。十时许归,值雨。

1 月 23 日(戊寅)星期五

阴湿,午后晴。上午 48°,下午 51°。

依时入馆,仍编教科。

柏丞函来,谓总编译部事繁,原有同人不敷分配,特请予兼办总编译部事务云。予不解所以,殆藉此将评议会同人消纳于总部之意乎?

晨访圣陶,以其两日未来,特走视之,知曾感冒不适,今已痊,遂偕行入馆。

散馆时乃乾来,因同出,茶于新雅,七时归。

夜得续草《南北朝之对立》稿近千言,结束一章,甚喜,盖近日颇难得此宁日也。十一时寝,睡尚好。

1 月 24 日(己卯)星期六

阴,入夜大雨。上午 44°,下午 46°。47.2—30.9

依时入馆,仍编教科。柏丞书来,挽留评议会员,并约后日上午十时开会。职工会亦邀去谈话,询问就职后态度。予本不愿婴事,今既出任此职,唯有尽力作去,以求无忝而已。

散馆后往晓翁家,赴其约宴也。饮酒多,说话多,直至十二时半乃冒雨乘车归。到家,衣尽湿矣。

1 月 25 日(庚辰)星期日

阴,夜半大雨如注。上午 50°,下午 51°。51.4—43

昨夜醉甚,今晨几不能起。延卧垂午乃离床,草草看报讫,趋振铎午饭约。以明日将召集第一次评议会,不得不有所准备以求无忝,故就吃饭之际合同会之谈得来者一商之也。饭后又谈,至晚五时始各归。

晚饭后即睡,以补昨宵之缺,但不能入安眠之境,仍苦。

应办之事甚多,而琐务偏集于惮事之人,甚奇!自馆中风潮起后,真有食少事烦之感,大呕人也。

1 月 26 日(辛巳)星期一

阴雨,午后雪。上午 43°,下午 44°。天文台无报

依时入馆。上午开评议会,首先将违背公意制又诽刺之何永佶请出会场,继乃修改评议会组织章程。旋议定分组提案审查委员会以处理各项提案,起草委员会以担任评议会议事细则之拟订及总编译部办事细则之审订。定明日上午再续会讨论之。

下午拟一提案"分类纂集中国史料丛书案"提交审查委员会,二时交出。四时出席审查会,整理提案,凡七件。备明日开会时交付讨论。五时,始冒雪走归。

夜得少暇,看《国闻周报》第八卷第三、第四两期。

圣陶屡催为《中学生》作文,终以事忙未动笔。待明日会事稍结,当抽暇在家一偿之。

1 月 27 日（壬午　上弦）星期二

晴，雪融。上午 35°，下午 39°。36.1—22.6

依时入馆。上午下午俱开评议会，通过各项细则并讨论提案二则。昨日予提一案尚未论及也。

濬儿与弟妹争气，家庭为之不欢。予日来心绪殊劣，强婴世事，欲罢不能，兼以家务，益复难堪，以是虽屑屑闲气，竟沉受不住矣。予身体不济如此，猥承友朋督责，勉以前进，吾知殆尔！

1 月 28 日（癸未）星期三

阴寒。上午 38°，下午 39°。35.6—24.4

依时入馆，上午整理杂事，下午续开评议会。会中将各提案皆予以结束，予提之案与振铎所提"编刊清代学术丛书"案俱通过原则，俟机进行。大约从此延搁耳。但予深幸会务暂结，至少可以休息一回也。

夜小饮，饮后少坐即睡。以两日来项背疼痛，转头亦成问题，故早休以求速痊也。但失眠连作，一切皆虚耳。

云彬见过，以所撰《明代文学》交予。予拟略看后即转送柏丞。

1 月 29 日（甲申）星期四

阴晴并作，夜雨。上午 41°，下午 45°。47.1—26.1

竟日未出，在家休息。为圣陶作《中学生》文，未及百字，殊苦。正烦闷间，得颂久招宴书，乃出。先过振铎，未晤，继散步于江湾路，至灯上，始往永安里十五号颂久寓所。至则致觉已先在，有顷，炼百、南陔、幼希、觉敷、予同、心南、振铎、寿白陆续至，八时许始入席。席散已将十时,由南陔作术,熄灯为"辰州请神举桌"之戏,半时而毕,足舒眉一笑也。辞谢归家,适已雨过,乃安然返。比抵家门,已十一时半矣。

1 月 30 日 (乙酉) 星期五

阴霾。上午 43°,下午 44°。42.4—36.3

竟日未出,为《中学生》作文,然上下午均有人来,白费一日之力耳。

闻太太来取存款,因并本利七十六元悉付之。

云彬见过,出所著《明代之文学》二册交予。予略一翻检,预备明后日送柏丞。

夜勉作《中学生》文数百言,十一时始寝。

复儿左头忽肿胀,呻嘈终宵,颇致不安。

1 月 31 日 (丙戌) 星期六

阴晴兼作。上午 46°,下午 49°。48.7—38.7

依时入馆。柏丞坚欲招予任小学教科书委员会副主任,予力辞之。再三说明,仅允任委员一席。

散馆归,铮子方与珏人辈打牌,予加入打六圈,上灯始罢。

夜又续作《中学生》文数百言。

连宵睡不好,加以文债督迫,殊可恚也!

复儿头胀如故,延周医以药敷之,不识能稍好否?

2 月 1 日 (丁亥) 星期日

晴,湿甚,不舒极。上午 49°,下午 52°。57.3—40.1

早起看报讫，方欲理纸续作，而振铎见过。因约同看调孚、予同，又至圣陶家，邀其伉俪午饭于新雅。圣陶已正式离馆，今日即已为开明同人矣。饭后即归，复儿仍然不痊，乃复出，乘车赴民国路雷允上购六神丸以药之，傍晚始返。

夜续草《中学生》文千馀言。十一时始睡。

2 月 2 日(戊子)星期一

阴雨。上午 50°，下午 52°。53.6—41.9

依时入馆，审查稿件。

夜续草《中学生》文，又得千馀言，十一时睡。

复儿已稍痊，但额下仍有硬核，终不能放心。

本所前设中小学用书委员会撤销，改组为中学教科书委员会、小学教科书委员会及丛书委员会。今日柏丞通知，予仍兼该三会委员。名目猥多，庶事不举，不能何贵有此纷更也！

2 月 3 日(己丑　望)星期二

阴雨。上午 52°，下午 54°。59.7—45.5

依时入馆，审查稿件。下午出席中学教科书委员会。

夜饭后正欲续草前文，子玉忽至，因呼酒共酌，谈至十时许乃去。知渠新获一子，函四金贺之。送客后仍续前文，至十一时半，复得数百言。十二时睡，以复儿哜嘈，扰之至二时乃入梦云。

2 月 4 日(庚寅)星期三

阴雨。上午 54°，下午 56°。54—46.4

上午入馆，审毕两日来积稿。下午本应出席小学教科书委员会，以阻雨且急待续完前文故，遂未往，在家草成之。至四时始毕，共得五千言。仔肩一松，颇舒气矣。夜饭后亲访圣陶交之，略谈便归。归后整理前草《南北朝之对立》稿，又续草千言，九时半即止。

接君畴信，知已来沪，住贵州路中国饭店三〇四号。明日有暇，当往访一晤。

2 月 5 日（辛卯　立春）星期四

阴雨兼雾。上午 49°，下午 48°。39.4—37

依时入馆。下午开丛书委员会，议先整理旧有各种，并即入手新计画各种。

晚六时，应晓先、芝九、伯才之招赴悦宾楼宴。晤子敦，谈至十时乃散。比抵家，已十时三刻矣。

2 月 6 日（壬辰）星期五

午前阴，午后飞雪。上午 41°，下午 40°。32.2—28.6

上午入馆。下午在家，续草《南北朝之对立》稿千馀言。四时许，振铎来，因共出，先过其家，谈至六时，偕赴丰乐里十七号南陔所晚宴。十一时始归。

编所事至可笑，一般人之鸡虫得失，竟会引起大局纠纷，真不知群公脑中尚有别一天地否？

2 月 7 日（癸巳）星期六

阴霾。上午 36°，下午 39°。37.2—29.3

依时入馆，仍编教科，将第一册发排。

《中学生》稿费先送十五元来，谓登出后或再找算云。

　　散馆后与振铎同出,将所欠来青阁款连予同账一百二十五元如数还讫,大快! 以后将不再假账,免到结账时痛苦。今日付款,有一百元系预支《南北朝之对立》第二批稿费。

　　薄暮,访君畴于贵州路中国饭店,讵已行矣,遂与振铎小饮于大三元。晚七时乃归。

2 月 8 日(甲午)星期日

　　阴霾。夜半大雨。上午 39°,下午 40°。38.8—30.2

　　晨间圣陶来访,因长谈,至十时许,乃同往振铎所。晤调孚。亭午同出,铎赴华安笔会,而予三人乃午饭于佛陀街正兴馆。一时许散出,二时到南京大戏院,坐待至三时,乃得观珍妮麦唐尔之《香闺幽怨》。五时许出,即乘车归。

　　夜饭后少坐即睡,未写一字。

2 月 9 日(乙未)星期一

　　雨,午后转雪,夜积。上午 43°,下午 44°。41.4—33.1

　　依时入馆,仍编教科。知予发排之稿在心南许,大约彼新得中学教科之主任,首先以予作实施其职权耳。且看下文如何。

　　夜无俚,正与家人围案作叶子戏,叔迁见访,因罢戏与谈。至九时许乃去。据谈,同人之向储蓄会借钱者颇不乏人,有信用甚不堪者。果尔则予前为岳生担保之款,终恐不免受累耳。

2 月 10 日(丙申　下弦)星期二

　　阴,微雨时作。上午 42°,下午 43°。39.4—32

　　依时入馆,处理杂事。心南果以予稿来,商改插图数事,予不之校,听之而已。此公支配欲甚强,而处事之术却有限,适以成其糟耳。天下多自用人,何东逢西遇若是其夥耶!

夜续草《南北朝之对立》稿数百言,九时半即寝。

2 月 11 日 (丁酉) 星期三

阴,午前后曾放晴。夜大雪达旦,积四寸。上午 41°,下午 43°。41.4—32.9

依时入馆,仍编教科。心南仍压予稿不发,颇不快,乃径向说明并立向柏丞辞去编教科事。予苦教科深矣,十年来无日不在呕气中,《现代本国史》之触讳固一虽败犹荣之笑剧,而后来送部审查及此次为心南所弄诸端,在在足使心灰意枯,万无再编教科之趣味。故决然舍去,无论如何止编完第二册得一结束,即已对得住馆中矣。但柏丞力挽,尚未解决耳。

散馆后与振铎过其家,谈至傍晚,归。草草夜饭已,振铎、予同、叔愚来访,得出共饮于高长兴。是夕店中适谢年,故打烊甚早,予辈以熟识故,仍推门而入,饮至九时始散出云。乘电车至北四川路,复过铎所谈,十时半乃归,已见雪纷纷下矣。

2 月 12 日 (戊戌) 星期四

晨犹下雪,旋止,但霾甚。入夜又雨。上午 41°,下午 43°。38.3—32

上午依时入馆。下午未往,在家续草《南北朝之对立》稿。垂暮止,得千馀言。晚饭后,看潘光旦《家谱与宗法》(《东方》二十七卷二十一号)及龙沐勋《清季四大词人》(《暨大文学院集刊》第一集)二稿,至九时始毕。嗣再续草前稿五百言,十时就寝。

2 月 13 日（己亥）星期五

阴雨连绵，傍晚霰下。上午 44°，下午 46°。39.6—35.1

依时入馆，看《四库提要·集部》别集类存目三毕。

自入冬来，天时不调，寒燠失时，见快晴者无多日，苦风雪雨霰则时有之。宜其疾痛多矣。脱再不复常，春深时将有大札流行耳，不亦大可惧哉！

偶撰一联云："风日满庭，图书半壁；林泉乐志，诗酒放怀。"似尚可意，暇当请人一书之。

夜续草《南北朝之对立》稿千五百言，十一时十分始罢。因稍兴奋，遂不寐，至三时始合眼，饱听霰之打窗，殊凄苦也。

2 月 14 日（庚子）星期六

破晓大雪达午，午后止。上午 43°，下午 45°。

宵来睡不安，晨起又阻大雪，因未往馆，在家理架书。午后雪止，书亦理毕，乃倚榻看顾名《明曲之流别》，载《暨大文学院集刊》第一集。既又续检《集成·氏族典》二十本。

晚六时，赴梦岩宴，晤晓先、清泉，谈至十一时归，醉矣。

2 月 15 日（辛丑）星期日

晴阴并作，午后雨，夜霰。上午 41°，下午 43°。41—26.1

竟日未出，下午圣陶来谈，傍晚去。

是晚祀先，六时许邀梦岩、芝九、清泉、晓先、君谋来吃年夜饭，又多饮，至十二时始罢。晓先触动失子未育之情，大发酒劲，予因再招立斋来，打牌四圈，稍得清醒，乃于二时许偕芝九、立斋同去，宿芝所。

2 月 16 日（壬寅）星期一

阴霾,傍晚雨霰,夜大雪,积二寸许。上午 43°,下午 45°。40.8—32.9

依时入馆,看杨鸿烈《中国法律发达史》。

夜饭后与家人打牌四圈。十时寝,爆竹之声依然,废历云何哉!

接中华书局通告,谓“福建西北产纸之区,一年馀来,迭经匪祸,人民流离,纸作停闭,所订之纸无货运到……不得已,惟有停版以待……大局稍靖,纸作复业,当可有纸接济……”特申歉忱,以求谅解。据此,《四部备要》第四集不知何日始可到手矣。前日特为整理架书,腾出地位,预备接贮,今竟令人失望,殊可憾也!

2 月 17 日（癸卯　辛未岁元旦　正朔　月建庚寅）星期二

雪,午后晴光微见,仍雪。上午 41°,下午 44°。39.6—31.6

依时入馆。昨日起,为馆中遵奉阳历计,竟未放假。予有生以来,此为第一度遭逢。早间冒雪而出,尤觉别致。见警士挨户向商店劝令开市,亦感奇趣也。

夜聚家人打牌四圈,并掷色多时。

睡不好,至二时始合眼。

接君畴信,知已接眷赴奉化住所矣。

2 月 18 日（甲辰）星期三

晴,仍时见阴翳。四十四度。

依时入馆,收拾史地部旧存书籍。

悦之夫妇来,傍晚始去。

夜为馆中查书,备答人问。又续草《南北朝之对立》稿数百言,毕第七章。十一时就床,又睡不好。

2 月 19 日(乙巳 雨水)星期四

阴,晴光一瞥而已。上午 43°,下午 44°。40.1—34.5

依时入馆,审查郭寿生《世界海战史》。

柏丞与予谈,将集印其所为文,商取一名,并属作序。予为定名《史学论丛》,序则须略待耳。

夜打牌四圈,九时半毕,略事翻检,至十时就寝。

2 月 20 日(丙午)星期五

阴寒。上午 44°,下午 42°。42.3—37.6

依时入馆,审毕《海战史》。振铎、予同、昌群忽欲游南京,顺便参观北平历史语言研究所"田野工作成绩展览会",邀予同行。予初不愿去,再三说之,乃决偕往。

晚六时,赴麦拿里十五号心南宴。十时赶归部署,昌群即来。有顷,振铎至,予同亦来,乃共赴车站各购一二等来回票,乘夜快车赴宁。十一时开出,未得睡,过镇江,天微白,至龙潭则积雪照眼,盖已大明矣。积厚约尺许,想见当时实下二尺雪也。决俟抵下关后由中央饭店接客茶房招呼,乘汽车入城。

2 月 21 日(丁未)星期六

阴霾。旅次失记。44—39.2

晨七时抵下关,驱车径到大行宫中央饭店。一路由中山大道循行,景象颇好。所见铁道、财政诸部,亦尚有样。住二〇八号房后,即步往成贤街,早餐于小饭店,参观中央研究院之古物展览会。所见安阳及山东城子崖出土诸品,至有兴味。安阳多甲、骨、彩陶片及陶制范铜之具、骨制笄、镞之类。城子崖多石斧、石锛、卜骨,而黑色薄陶片为尤可珍;惟无彩陶片。午刻登鸡鸣寺之豁蒙楼,进素面,俯瞰台城遗址,远览后湖景色,至足乐也。午后遂驱车游后湖,历五洲公园。二时许返,访一岑于石婆婆巷,不值,乃归旅舍,途遇一岑。至四时,复到中大科学馆听李济讲演。五时许毕,一岑邀宴于安乐酒店。九时许返旅舍,王平陵、王人路、金家凤来访,平陵约明午后陪游中山墓。十二时乃去。

2 月 22 日(戊申)星期日

晴暖。旅次失记。50—36.7

早起预备外出,思平来访,乃由彼领导游清凉山,看六朝古井,茶于扫叶楼。楼为龚半千旧宅,面临莫愁湖,城闉隔之,颇类杭州,殊骋游怀也。近午下楼,过龙蟠里国学图书馆。少坐,即驱车往糖坊桥蜀峡饭店午饭,思平作东。饭后归中央饭店,平陵、人路已久待,乃共乘汽车以出,先过孝陵,穿石隧,登佳城远眺。继谒中山墓,规制远胜孝陵,石工正在施作,预计五年莫能毕也。墓次游人甚多,遇赞九。徘徊久之,复驱车作汤山游,在陶唐品茶,铎则入浴。傍晚遄返,入城已昏,径赴太平街安乐酒店扰平陵宴。至则预期之陪客已到齐,有陈立夫、徐悲鸿、郭一岑等。谈至十时许散,又驱车过思平谈,十二时始返旅舍。

两日来游甚畅,惜南京积雪皑皑,融泞万分,履胶鞹湿为不适耳。

2月23日（己酉）星期一

晴暖。旅中失记。53.4—30.2

晨起，部分行李讫，交旅舍茶房于下午径送下关。遂出，早茶于夫子庙前得月台。旋小步秦淮河畔，至状元境旧书坊托代雇马车游观音门外燕子矶。十时出发，下午一时始抵观音门。沿途雪泞，不减昨前也。在村中小店午饭已，上燕子矶游眺，昌群为摄一影即行。及驱车抵下关，特别快车早开出，盖已五时许矣。不得已，复开近旁中西旅馆一房间以资休憩，静待中宵十一时再趁夜快车东归耳。即以其间走江滨，买杂物，进晚餐。届时登车，各占一坐，可偃卧，尚舒适。铎等甫坐即睡去，予则过无锡始合眼，比及苏州，已蘧然觉矣。至安亭而破晓，到南翔则大明。

2月24日（庚戌）星期二

晴暖。上午47°，下午48°。48.6—34.7

清晨七时，车抵北站，乃别铎等径归。盥漱进点后，仍到馆，然倦意缠绵，不能久坐也。勉强及午，归饭后即就床睡，至五时始起。夜饭已，少坐待运化，八时即寝。

此行往返，三日四夜，所得甚仅，而精神乃大敝。岂体力不胜，抑印象不佳耶？由前之说则颇感老矣；由后之说，吾亦未觉其不佳也。信乎吾之感老乃成不可讳之事实矣！

2月25日（辛亥）星期三

晴朗。上午42°，下午49°。50—30

依时入馆,仍编教科。

散馆之际,圣陶来访,备谈南京所见。薄暮偕出,同小饮于王宝和楼下。八时许分途各归。渠尚言及编地理事,予绝不愿再谈而罢。此事似休未休,终为小累,不知究否不提耳?雪村诸人之意固可感,其如不谅予之苦衷何!

2 月 26 日(壬子　上弦)星期四

晴暖。上午 47°,下午 51°。52. 9—36

依时入馆,审查《德国史》译稿,并编教科。

晚六时,在家宴客,到福崇、虎如、达人、聿修、逸殊、昌群、涵真七人,胥史地两组同人也。惟鞠侯以小极未到。九时散,十时客去。

薄暮,晓先、芝九、伯才、立斋来,邀予出饮。以值予自己请客故,未能从。略谈即行。询予南京参观所得,竟不能详悉言之,殊歉!

2 月 27 日(癸丑)星期五

晴暖。上午 47°,下午 52°。53. 4—30

依时入馆,编教科。看瞿兑之《方志考稿甲集》。

散馆后,出购物于先施,继至棋盘街一带书坊闲眺。傍晚在五芳斋进点,然后乘电车赴北四川路中有天剑华之宴。至则圣陶已先在,芝九、伯才、稼轩、彦常诸人陆续来。席间讨论开设常识书店出版儿童用书事,盖剑华颇有志于创店,故约友聚谈也。九时半散归。知复小不适,有寒热,甚不快。

2月28日（甲寅）星期六

阴霾，有风。四十七度。47.1—31.6

依时入馆，编教科。将史学组预计六月底可以发排之稿件开单送柏丞，计正在编纂届期可发排者四册，现在校改中届期可发排者二册，原由史地部转交旧来外稿届期可发排者十一册，约计一百另六万馀字。此盖昨日柏丞函属查开者。

柏丞将其旧著各散篇文字欲汇为《史学论丛》，今日全稿交予，属为一看，并为作序。前诺不可却，又多一事矣。

复已稍好，而同又不适，亦微有寒热。近来气候欠佳，故容易感冒风寒耳。清、漱俱冻瘃伤足，予亦咳嗽气逆，俱坐此不正之天气也。

3月1日（乙卯）星期日

阴霾有风。上午 42°，下午 43°。43.7—30

上午未出，看报后读绍虞所辑《文品汇钞》。近午潜儿之友朱、谢二君来，因与共饭。饭后打牌四圈，振铎、圣陶见过，遂同出，茶于冠生园。五时许，步归，至宝山路口，乃乘公共汽车，与铎同赴祥瑞里十三号达人宴。坐客仍为同人，而别加子敦及储皖峰、谭禅生。十时许散，复与子敦、虎如、世禄、涵真过振铎家。打牌四圈，至一时许乃归。

3月2日（丙辰）星期一

阴霾，午后稍开霁。上午 44°，下午 46°。44.4—35.1

依时入馆，校《魏志》末批排样，及散，仍未完。

晚感不快,大约将中时令病矣。

献岁以还,非出游即宴饮,以故文字未及少亲而身体乃大坏。今后当惕焉思惧,慎所动定也。

愈之来馆,今日晤之,三年阔别,一旦相逢,快甚!

3 月 3 日 (丁巳) 星期二

阴雨。上午 48°,下午 51°。48.4—39.2

依时入馆,载不爽以俱去。仍校《魏志》。

接柏丞柬,明晚六时在其家宴愈之,约予作陪。

晚咳嗽殊烈,卧亦难安,至三时犹展眼不寐也。明日本拟休息,而《魏志》未校毕,且坐失与愈之晤谈之机,颇不甘,故仍想扶病一行耳。

3 月 4 日 (戊午 望) 星期三

晴。夜月色甚好。上午 49°,下午 50°。43.7—38.3

上午依时入馆,看毕《魏志》校样。午后竟不能支,遂未往。蒙被卧至夜,寒热仍来。今晚柏丞之约,即作片答谢,辞不能行。

全家都感不适,气候之坏可知。不识最短期内能否即离病界耳?

报载立法院长胡汉民辞本兼各职,院长林森继,邵元仲副之。如此,政海空气,正亦与日来雾围相若耳。有下文否,坐待事实证明矣。

3 月 5 日 (己未) 星期四

昙,午后即阴,又雨。上午 46°,下午 48°。44.6—32.2

未入馆,强起坐。但进食殊少也。

接翼之函,知渠将携眷居乡,惟家庭问题过大,恐不易即便通过耳。如实说,毋宁分之为便也。

傍晚,翼之之姊幽若来,知渠家问题一时未必即可解决也。少谈,幽若即去,访悦之,是晚即下宿彼处云。

3月6日(庚申　惊蛰)星期五

阴雨。上午50°,下午48°。48.2—41.7

今日虽强起危坐,而形寒时作,依然不爽。晚间在振铎宅公宴愈之,亦竟不能往,只得写信与调孚说明此意也。流行性感冒如此之甚,真可怕!

幽若竟日未来,不识径返苏否,颇萦念。明日当令人走悦之所一探询之。

3月7日(辛酉)星期六

晴晻相乘。上午49°,下午50°。47—36.3

今日稍好,仍未入馆。午后调孚来,谈移时去。三时许,丏尊来,谈至五时去。知前日租界接受官厅通知,封闭北新等书局九家,今日消息尚须出拘票拿办各该经理也。

珏人往久章访悦之,询其姊幽若。以店中人言,悦已返苏省亲矣,废然归,以为姊弟俱径归矣。乃傍晚偕来,始恍然托辞告假,陪姊同游也。

睡后怀之自苏来,乃披衣起,与之谈。至十一时许,各就寝。知已辞职,将出另谋。翌晨即行,因须返乡办理收束也。

3 月 8 日(壬戌)星期日

晴,夜半霰,继以大雨。上午 44°,下午 50°。48.7—32.2

晨起仍不甚爽,看报讫,圣陶、芝九先后来,谈移时始去。

饭后与幽若等打牌八圈,但身体感寒,竟不能支。勉强终局,即蒙被卧。睡至夜半,里中脚声历乱,呼喊断续,疑为火警,因跃起。嗣听人言,知为窃盗,便还卧。而骤起受寒,体益不快矣。

3 月 9 日(癸亥)星期一

晨飞雪,旋止,午后霁。上午 46°,下午 47°。44.8—33.8

晨起不爽,仍未入馆。饭后与幽若等仍打牌八圈。幸未再睡。夜睡尚好,明日当可入馆。

环观家中诸人惟瀋儿、汉儿稍好,馀俱不免传染。清儿则尤烈,并不逊于予也。

3 月 10 日(甲子)星期二

晴。上午 47°,下午 51°。55.8—31.1

依时入馆,积稿如山,一一爬梳,饭后始稍清。适乃乾见过,畅谈至一小时馀,约星期日过其寓饭而别。故尚有待发之件二则须明日续办矣。

散馆归后,铁笙偕君磐见过,乃同出访晴帆。未值,因偕饮于大新街之言茂源。坐次大谈佛乘,铁笙滔滔汩汩,竟大类法师也。十时散出,复同过其友蔡君于中国饭店,谈未久,即引归。归卧已十一时矣。

3 月 11 日（乙丑　下弦）星期三

晴和。上午 51°，下午 56°。63.1—39.2

依时入馆，发排书稿两种。午间应柏丞、心南招，赴中有天饭。席次俱约编中学教科者。费洪年、李亮功、陈望道、傅东华四人外，皆馆中同人也。

晚六时，赴东华约，宴集其家。到振铎、予同、柏丞、虎如、六逸、子敦等。九时散，十时归。主人坚约打牌，予辞以馀恙未瘳，径返。不然，诚恐夜深又罹感冒耳。

3 月 12 日（丙寅）星期四

晴暖。上午 50°，下午 58°。66.4—36.5

上午未出，盖放假也。看报外无所事，唤匠理发。饭后与珏人同出，挈漱、润以行。徜徉于南京路，进点于北万馨。四时未臻，即归。又打牌四圈。振铎见过，略谈即去，未与偕出也。

夜电灯不明，断火一小时馀，可恶极矣！因黑坐无聊，即睡。

3 月 13 日（丁卯）星期五

晴暖，有风。上午 56°，下午 62°。73.6—41

依时入馆，看积稿。写信三封。

傍晚六时，赴涵真中有天之约，同坐多同人。八时三刻散出，复过新雅访振铎、予同、仲云、愈之、希圣。谈至十一时始归。

故宫所印《筹办夷务始末》（咸丰朝）四十本，今日由北平景山书店寄到，价二十四元，邮费四角二分，仍由颉刚垫付。

3 月 14 日 (戊辰) 星期六

晴暖,夜雨。上午 58°,下午 63°。64.6—49.1

依时入馆,发排书稿并看他稿。写信两封。

散馆归后,铁笙来,谓晴帆今日七时后在寓候谈。予因偕之出,同小饮于王宝和。八时散,径访晴帆谈。怀之事不凑巧,五日前尚有缺,今则须另俟机缘矣。十时辞归。

夜睡尚好,所感伤风亦日见痊可,大约再过一两日必当大愈也。

3 月 15 日 (己巳) 星期日

晴,傍晚阴。上午 60°,下午 62°。64.9—49.8

上午圣陶、振铎、云彬来,谈至十一时,同出。圣陶赴雪园约,而予等三人则往八仙坊廿六号访乃乾,晤之。在彼午饭而后归。归途过望平街、棋盘街一带书肆闲看,无所获。

气力未复,已觉大倦,晚饭后即睡。至夜半,为里中无赖儿闹醒,又大咳。颇不舒。醒一小时始复睡。

3 月 16 日 (庚午) 星期一

阴晴并移,朝暮雨。上午 60°,下午 61°。63.5—51.3

依时入馆,续标夏曾佑《中国历史》。

以近出所著《太平天国革命史》分赠振铎、予同、圣陶、觉明、乃乾。应送者尚多,止限五本,故俟后图耳。

夜翻看《三希堂帖》,颇得趣。

圣陶坚属为《中学生》撰文,予整箧得旧时课生讲义《中国行政区域之沿革》一稿，俟稍稍修正，写清稿与之。即夜写二千言，十时乃寝。

3月17日(辛未)星期二

阴霾，曾见细雨。上午50°，下午54°。50.9—45.9

依时入馆，校毕《魏志》覆样，并续标《中国历史》。

浒关乡亲大至，到曹氏表侄女，周氏表嫂、表侄女，童氏表侄婿。

夜写《行政区域沿革》稿四千馀言。十一时就寝。

3月18日(壬申)星期三

晴寒。上午50°，下午54°。57.2—32.9

依时入馆，再校《魏志》覆样，并标点夏《史》。

散馆后圣陶见过，谈至傍晚去。约半月后同返苏州扫墓。

夜续写前稿，得二千馀言，十时寝。

幽若来，谓现在星亚厂作工，大约出月可以补实。后日当再来云。

3月19日(癸酉　二朔　月建辛卯)星期四

晴，转暖。上午51°，下午60°。66.7—36.9

依时入馆，仍标点夏《史》。

写信与志成，代转开明信及改订版税契约。

浒关乡亲今晨归去。

夜续写前稿，至清末。十时许就寝。

3 月 20 日（甲戌）星期五

晴暖,晨有雾。上午 57°,下午 66°。74.7—44.1

依时入馆,仍治夏《史》。

幽若本约今日来,达晚未至,颇念之。

夜未写一字,九时即寝。

3 月 21 日（乙亥　春分）星期六

晴暖。上午 58°,下午 63°。71.2—44.1

依时入馆,仍治夏《史》。

振铎借道光至光绪四朝《东华录》去。

饭后挈同儿出,为购皮鞋于北四川路时丰。

散馆后铁笙来,因同出,小饮于北万馨。九时归。知晴帆方卧疾宝山,亦流行性感冒也。

3 月 22 日（丙子）星期日

暖晴。早 60°,午 74°,晚 71°。

珏人挈清、同、复赴晓先家饭。晚六时归。

幽若来,即转苏,谓三数日便回,将在此作事也。

昌群九时许来,约同赴江湾郊外作"辟克匿克"。予即应之,过圣陶家,会予同、圣陶及至美、至诚同发。先乘汽车到江湾,巡游市集一周,旋在乡间择一荫地坐,且谈且酌。一时后乃行。复过江湾饭店进饭。饭后至立达农场观所养之鸡及蜂,由互生陪同参观,继又至新辟之种鸡场观孵化。傍晚归,仍乘公共汽车以行。

夜以倦故,即睡,未及续写前稿也。

3 月 23 日（丁丑）星期一

晴，有风，转寒。上午 62°，下午 60°。58.1—47.1

依时入馆，仍标点夏曾佑《中国历史》。

同儿骤患目疾，右眼发赤，不能睁。因之颇不安。予亦以转寒故，复伤风，鼻塞喉痒，殊不适也！以此，晚上工作又停，答应圣陶之稿月内恐不能必可交卷耳。

3 月 24 日（戊寅）星期二

晴。上午 52°，下午 58°。61.3—35.2

依时入馆，处杂务及标夏《史》。

晚六时，与振铎同赴爱多亚路都益处公宴陈达夫。达夫在粤久，今将赴法，送眷回诸暨，道出此，故偕予同、振铎、博文、功甫、觉敷集饮一谈以为乐。八时许归，过来青阁购得《汉唐事笺》、《物理小识》、《江宁江苏两布政司属厅州县图表》及《浙江全省舆图并水陆道里记》以行。抵家，则怀之偕其姊幽若在，盖今日下午由苏来此也。因大谈，至十一时许乃各寝。

3 月 25 日（己卯）星期三

晴暖。上午 60°，下午 68°。84.4—51.4

上午依时入馆，处理杂务。下午陪怀之出游，未到馆。出游时掣清儿自随，周历豫园，在春风松月楼各进素面一器。晚六时许归。晚饭讫，怀之送其姊幽若归周家嘴路寓所。十一时来，仍下宿于予斋。

同儿目疾不痊，哜嘈殊甚。

圣陶见访,适出未晤。

3 月 26 日（庚辰）星期四

晨阴,近午有阵雨。上午 52°,下午 57°。48.6—46.2

依时入馆,仍标夏《史》。

饭后属组青伴怀之出游,至晚六时乃归。

同儿眼赤仍未痊,左眼且染及矣。恚甚! 傍晚圣陶见过,约四月三日同到苏,四日扫墓。

望道来,坚约为大江拟书目及撰书。予无可却,许星期六答书定之。

3 月 27 日（辛巳　上弦）星期五

晴和。上午 52°,下午 54°。58.8—32.2

上午入馆,仍标夏《史》。下午未到,在家与组青、怀之打牌。

是日为予四十晋二初度,因治酒宴家人,并及怀之、组青等。组青当晚即去。

夜与怀之谈,深为生活前途恐。渠不能久闲,予亦切表同情也。

3 月 28 日（壬午）星期六

晴。上午 54°,下午 60°。66—41.2

依时入馆,仍标点夏曾佑《中国历史》。

答书望道,允为大江撰《中国的史书与史家》,内容略分:一、史的起原与演变;二、纪传与编年;三、断代史;四、杂体之繁兴;五、从史评家到史学家;六、补史与辑佚;七、新史学。拟暑后入手,年内交稿云。

夜六时,赴振铎宴,坐中愈之、六逸、圣陶、予同、仲云、调孚俱稔友,谈至乐,不觉时计报十一句,乃匆匆返。

怀之今晨七时去。

3 月 29 日（癸未）星期日

阴,午前后濛雨,夜大雨。上午 55°,下午 57°。55.9—40.9

晨起看报讫,过访晴帆,适出,因坐候之。至十一时,逢其归,遂留彼午饭。饭后略坐即返。本拟为怀之事有所请托,以坐有生客,不便,遂未言。

归后续草前稿,思于月内交出,俾易资竟赴苏扫墓用。但未能多写,入晚八时即睡。

同儿目疾已稍痊,已能张目看物。加意调护之后当不难立愈也。

3 月 30 日（甲申）星期一

阴,时见细雨。上午 58°,下午 60°。57.9—51.3

今日公司补放昨日之假,故得不往。

写信与晴帆,申昨日过访之意,属日内即复。

饭后打牌八圈,输钱二千,倦甚。

夜未作事,呼汤濯足,剪修指甲、趾甲,费时一小时馀。九时就寝。

3 月 31 日（乙酉）星期二

晴,下午起风。上午 60°,下午 65°。72—47.5

依时入馆,看清样及通读《小学社会教科书》第三、第四两册。

写信四封,接信两封。又接两封。

夜续草前稿。但七阿姨明日即须回苏,邀打牌,不能却,遂同打六圈,及散,已十时,竟不能进行矣。明晨当早起续完之。

4 月 1 日(丙戌)星期三

晴暖。上午 56°,下午 60°。63.5—57.9

上午入馆,仍标夏《史》。下午在家草毕前稿,计三十一纸,题曰《我国三十年来地方制度的演变》。晚饭后过访圣陶,面缴之。谈有顷,返。

幽若及悦之夫人来饭,晚饭后悦之来接去。

同儿目疾已瘳,但夜睡仍不安。

4 月 2 日(丁亥)星期四

阴霾。上午 56°,下午 59°。

依时入馆,仍标夏《史》。

《中学生》稿费三十元已送来。

夜继续检查《图书集成》,查毕《氏族典》三十馀册,并及《人事典》十馀册。

觉明邮赠历史博物馆所藏太平天国玉玺印本及圆明园工程展览目录,甚感谢之。

铁笙将晴帆命来告,谓已为怀之腾得一督察员位置,月薪四十元,嘱赴苏归来时便可令怀之偕来接差也。至为欣慰。

4月3日（戊子　望）星期五

晴暖。上午68°，下午65°。76.1—43.7

晨起进餐已，圣陶即至，七时半赴车站，购票处已壅塞。因购二等票登车，讵满坑满谷，举无隙地，二等室至不能攀，三等以下无论矣。强挤入头等室，亦坐足，即厕所亦容入五人。予与圣陶立车首窗门口，初尚可倚窗而望，及开车（九时半），挤至不能喘息。十一时五十分到苏州，植立已四小时矣，苦极！下车后分途各行，十二时抵怀之家，知翼之亦将于傍晚归来也。

饭后，访锦珊于养育巷。旋至硕民家晤圣陶父子，同出游公园及玄妙观，观前街已拆宽修整，颇轩敞。傍晚啜茗于桂舫阁（即从前之桂芳阁，惟大门已移在碧凤坊），入夜就松鹤楼饮，翼之乃追踪至。九时许散，予偕翼之归宿其家。

4月4日（己丑）星期六

晴，午后飓作，飞沙蔽天。早63°，午72°，晚70°。81.1—50

清晨起，与怀之、翼之及宏侄同出，径往阊门登舟。八时抵胥门码头，圣陶及至善已来会。惟风水不顺，十一时始到陈湾。圣陶扫墓已，即归舟午饭，且饮且行。一时许抵九曲港先茔，遂登岸唤坟丁看桌，陈祭品拜扫焉。二时许回棹入城，飓风已起，舟竟不得出港，强出横塘，纤断，舟几覆。舟中人咸登岸，舟子始缓缓以行舟。予等自五福桥从横塘东行，尖于枣市，傍晚始入城。圣陶父子先行，约硕民同会于渔郎桥万泰酒家。及予与翼、宏往，彼等尚未至，有顷乃集，彦龙亦至。九时许散，仍归翼家。

4 月 5 日（庚寅）星期日

晴,转寒。上午 59°,下午 69°。无报告

今日本定七时〇五分车与怀之返沪,以仁丈坚留之故,再住一日。

晨与怀之登北寺塔,拾级而升九层,巍巍乎有摘星扪碧之概矣。久不登此,一旦远望,豁然意适,新修之路,顿见精神。十时下,复回怀家。十一时,复与翼之出阊门,进金门,循景德路以归。此道为现时苏州最宽之路,金门三洞,式仿罗马,亦极雄伟。家乡外观日进,亦一可喜事也!

饭后与仁丈、怀、翼、宏出齐门,到杨泾塘福音医院视蔚若妹疾。病原已拔,而体质大亏,一时难望出院也。慰藉久之,乃辞归。小憩于齐外宴春桥畔之齐一楼。傍晚入城,过访珏人之舅父锦绥先生于公兴行,略谈即行。夜饮前后又打牌八圈,输二元。一时始寝。

4 月 6 日（辛卯　清明）星期一

晴,仍有风。六十四度。69.9—39.7

晨八时,辞仁丈出城,与怀、翼偕到车站,翼之赴无锡接眷,而予则与怀之东行。车开已九时十分,抵沪乃在下午二时矣。到家息下,遂未到馆。怀之则过悦之谈,即宿悦所。

珏人令组青购电器,为装矿石机一具,备收听上海本地娱乐场所发之说书等音。上星六装成,予试聆之,尚好。

4 月 7 日（壬辰）星期二

晴和。五十八度。55.8—38.1

依时入馆，清治积件，发排稿一种。

夜五时，剑秋见过，因留对饮。谈至九时许，辞去。知市府财政当局虽易人，彼则依然主办营业税编纂组事也。甚慰。剑秋去后，予听蒋宾初《玉蜻蜓》一回，时间为九时三刻至十时三刻，本埠大中华公司所播发。

是日怀之赴宝山，行李携以往，大约安然接事矣。

4 月 8 日（癸巳）星期三

晴和。上午 56°，下午 59°。60.8—44.6

依时入馆，仍标点夏曾佑《中国历史》。

振铎近得何乔远《名山藏》残本四册，今日予展视之，仅见《典谟记》数卷，自嘉靖廿二年起，中间且有断缺，终于嘉靖末页。又《天因记》、《天殴记》及《臣林记》、《儒林记》等，其中惟《天因记》全，馀则不审起讫矣。此书甚难得，即残亦可珍也。铎随便买书，颇有所获，以予视之，殆不可攀矣！

饭后偶俯地拾物，闪痛右腰，牵及股际，甚楚。从前每于项间及肩背等处作此疾，延及下肢，今尚第一遭也。岁月催人老，其斯之谓欤！夜不能作事，仍听《玉蜻蜓》。

4 月 9 日（甲午）星期四

晴和。上午 54°，下午 61°。64.2—32.7

依时入馆，编前选《三国志》目录。

接怀之片,知已正式接督察员事,甚慰。午后写信三封,一致仁丈,一致翼之,一复君畴。

夜饭后续草《南北朝之对立》稿千言。九时三刻至十时三刻仍听《玉蜻蜓》。十一时许就寝。

4 月 10 日(乙未　下弦)星期五

阴,午前后及夜中雨。上午 57°,下午 59°。58.5—49.6

依时入馆,仍标注夏曾佑《中国历史》。原书所注今地俱不合现制矣,故改注需时,良久不得已了也。

夜续草旧稿数百言,心绪不甚贴,即罢,仍听《玉蜻蜓》。

颉刚书来,在石家庄途次发,知渠为研究所周访豫北、冀南及鲁地古迹,旅行将有月馀也。不禁神往。予等自备资斧,赴宁参观,须加倍扣薪,以视颉刚,诚不知自居何等矣! 可叹!

4 月 11 日(丙申)星期六

阴霾,间有日光。五十八度。51.4—48.2

依时入馆,仍标夏《史》。

傍晚圣陶、云彬来访,圣陶邀出小饮于北万馨。且饮且谈,至九时半乃散,十时始到家。仍听《玉蜻蜓》。自装置矿石机以来,珏人每天听书二回,颇可引慰;予亦每于十时前听一回,至十一时就睡,几成常课矣。以是,作而未完之稿乃久阁不以时落成也。

4 月 12 日(丁酉)星期日

晴冷。上午 53°,下午 55°。58.7—40.5

竟日在家,上午看报,下午接晤怀之、予同及圣陶。怀之言宝邑事甚简，尚好，予乃稍慰。圣陶则来接其子，盖至诚今早送来游玩也。怀之傍晚即去。

晚五时出，先访振铎，继同过寿白赴宴。到南陔、幼希、致觉、振铎、心南、颂久、炼百、觉敷等，惟予同以赴立达开会，未至。七时开饭，无酒，八时即了。谈至九时许，散归。仍赶及听亚美公司所播之特别节目，惟蒋宾初易《玉蜻蜓》为《三笑》，且顾传玠、姚传芗等所唱则未及闻耳。十一时就寝。

4 月 13 日（戊戌）星期一

晴，较昨稍和。上午 55°，下午 61°。68—41.7

依时入馆，仍标夏《史》。看《国闻周报》十三期。

夜检查《图书集成·闺媛典》四十八册，毕之。方欲听书，而里中忽起喧嚣，谓有火警。急起登晒台一望，则正北火光熊熊，火星且四射骇人焉。似在本里中。因出探视，则在中兴路北，当无碍。木儿，救火车至，即熄。然扰攘不可即宁矣！十一时寝。

4 月 14 日（己亥）星期二

晴和。午前后阴。夜雨。上午 58°，下午 61°。63—50.9

上午入馆，仍标夏氏《中国历史》。十一时，珏人就馆视予，因同出，饭于老正兴馆。方自佛陀街迁出，赁屋于望平街申报馆对门，适逢新张，味乃大不佳，草率而又粗劣，前途将一落遂不可复挽耳。饭后偕往大世界新乐府看昆剧，《衣珠记》止于《堂会》，并非杰构也。五时归。

夜饭后续检《集成·艺术典》二十五册，九时许乃罢。至九时三刻仍听《玉蜻蜓》。十一时后始睡。芝九见过，谈将至南洋办学。在我听书之前辞去。

4 月 15 日(庚子)星期三

晴和。上午 59°,下午 65°。72.9—50.5

依时入馆,查阅清样两种,校《国语》。

今日新乐府最后一天出演,明日即须束装返苏,来否未可必,因赶往看夜戏以送之。六时到场,星期团尚未完,而坐客之候者已遍满前五排矣,且多女客,携曲本者大半,一望而知为曲中知音也。予与振铎、调孚、君立、圣陶、昌群坐六七排,七时十分开场。点戏甚多,故占时间极长。今依次记之,不复别某为固有,某为点戏也。一、倪传钺、张传芳、郑传鉴之《寄子》,二、施传镇、赵传珺、周传瑛之《搜山》、《打车》,三、张传芳、周传瑛、姚传芗之《跳墙》、《着棋》、《佳期》,四、周传铮、沈传球、周传沧之《训子》,五、顾传玠、张传芳之《问病》,六、瑛、芗之《琴挑》,七、玠、茗之《楼会》,八、汪传钤、方传芸、华传浩之《十字坡》,九、玠、茗之《乔醋》,十、王传淞、姚传芗之《活捉》,演至此,已十二时许,因即起言归。其后尚有玠、茗之《击鼓》、《堂配》未得看也。今夕精彩甚矣,可谓平生一好遭遇!

4 月 16 日(辛丑)星期四

晴暖。有风沙。上午 63°,下午 72°。81.5—51.3

依时入馆,校《国语》。

今日柏丞请客,晓先亦请客,两处皆来邀,而晓先昨晚且亲来,乃谢柏丞而就晓先,下午六时赴之。坐客为子敦、文叔、剑华、伯才、世璟、芝九、定一、有成诸友,谈既畼,欢亦多,晓先乃先醉,婆娑起闹，几失欢。十二时，予与剑华、芝九同行，至宝山路，乃独归。亦缘多饮，睡至三时而酒作，起呕数回，苦极！

幽若大妹来，下宿予家。据珏人言，伊已对沪上生活厌倦矣。

4 月 17 日（壬寅）星期五

晴不甚朗，有风沙。上午 58°，下午 63°。

宿醒不解，上午卧床未能兴。幽妹去，未克起送也。午间强起，勉进稀粥，午后乃入馆。今日适多事，校样及样书等送来者甚多，而《国语》尚未校毕，止得暂搁，以先后为前次矣。

夜续检《集成·艺术典》二十四册。至九时三刻仍听《玉蜻蜓》。

4 月 18 日（癸卯　三朔　月建壬辰）星期六

晴，微有风沙。上午 59°，下午 61°。62.2—50.4

依时入馆，校毕《国语》一批，计六十二页。

傍晚五时许，圣陶、丏尊、云彬先后至，六时许合饮于家。且斟且谈，至八时撤去。又谈至九时半乃散。十时仍听《玉蜻蜓》。前夕中酒，今日不敢多饮，故甚清朗，虽未作事，而谈话听书举无问题，亦一快也！

4 月 19 日（甲辰）星期日

阴雨，午后止。五十九。56.8—48.6

今日本约圣陶有嘉善之行，藉访硕民。以阻于晨雨而罢。

闻太太来饭。

午后续检《集成·艺术典》一百零一册，毕之。掌灯始已。

夜饭已,坐听亚美公司所播橄榄公司之特别节目。自七时至十时乃休。十时半就寝。

4 月 20 日(乙巳)星期一

阴霾,夜又雨。雷。上午 58°,下午 60°。59.4—50.4

依时入馆,校新编《初中中国史教科书》排样六十二页。

晚饭后续检《集成·神异典》三十册。十时仍听《玉蜻蜓》,十一时后睡。

今日电话嘱发行所柜友代向廉价部购得《大清会典图》,价八元。午后交款与茶役往取之。惟至晚未见来,想不及赶上散馆,明日始可到手矣。此书原价须六十元,今以时过跌价,而予收集史料则不嫌陈旧也,故乐得买之。

组青由锡倦返沪,过我家,止宿焉。

4 月 21 日(丙午　谷雨)星期二

阴雨,大湿。上午 60°,下午 65°。64.9—52.5

依时入馆,仍续校《初中中国史》,又得六十餘页。

《清会典图》已送来,检视之下,缺《皇舆全图》一幅。

夜仍检《集成·神异典》二十六册,毕之。并及《禽虫典》十六册。

十时仍听《玉蜻蜓》。

接伯南师书,知在张园采芝里陆稼孙家教书。有暇,当走谒之也。

4 月 22 日(丁未)星期三

晴和,陡爽。上午 61°,下午 63°。66.9—49.6

依时入馆,将《初中中国史教科书》第一册赶校毕。

夜续检《集成·禽虫典》十六册,于是全书告竣。计自去年十月二十三日起,其间虽有作辍,竟阅半年矣。检书之难如此,遑言读书! 缺页不少,凡记十馀纸,暇当整写一过,备钞补焉。

组青今日午前去。

芝九来,承借江湾叶园入门证。甚感! 拟于下星期日往游。

是夜仍听《玉蜻蜓》。

4 月 23 日（戊申）星期四

阴,午后雨。上午 60°,下午 61°。64.4—50.2

依时入馆,审查谢国桢辑《清开国史料五种》。

《图书集成》缺页已整理记出,费二小时馀。

翼之书来,知慧若妹已出院归家,惟寒热仍有,幸饮食尚好,大约不致有妨也。

夜仍听《玉蜻蜓》。十一时半睡。

4 月 24 日（己酉）星期五

晨阴,旋放晴。上午 58°,下午 61°。67.8—48.9

依时入馆,审毕谢稿并校覆样两批。写信三封,分复颉刚、翼之及伯南师。

夜续草《南北朝之对立》稿千五百言,久不亲是,转觉疏逖矣。十时,仍听《玉蜻蜓》。

幽若妹来,晚饭后去。

报载察哈尔省将改名朔宁省,已申行政院提出国务会议。

4 月 25 日（庚戌　　上弦）星期六

朝暾甚鲜旋阴，午后大雨，湿。上午 58°，下午 62°。64.8—49.1

依时入馆，校毕教科第一册。覆样俱已签字发出矣。并审查及通读稿件各一种。

夜仍续《南北朝之对立》稿千馀言，十时罢，听《玉蜻蜓》。十二时后始寝，幸上床即睡，甚适。

4 月 26 日（辛亥）星期日

日出，湿闷。上午 64°，午 73°，午后 78°。82.6—58.3

晨起看报讫，续草《南北朝之对立》稿千五百言。饭后，珏人、潜儿挈汉、清、润、漱、滋游虹口公园，予仍续前稿。至六时辍去，又得千五百馀言，第九章遂毕。

竟日未出，坐战热闷，入夜乃沽酒自斟，不觉醺然，九时后仍听无线电话，惟值星期，无说书，随便凑数而已。所谓特别节目者固如此，初不敌平常有秩序之可贵也。十一时后寝。

4 月 27 日（壬子）星期一

闷湿奇燠，午后雨，转凉。上午 72°，午后 76°，傍晚 74°。82.6—64.2

依时入馆，仍标点夏曾佑《中国历史》，并校改地名。

夜小饮。饮后，晓先来，谓商务与之小有误会，将前托编之件，中止不发。予劝其去书抗争。谈至十时，辞去。予仍听《玉蜻蜓》，至十一时半乃寝。

珏人突患赤眼，苦痛甚。予深惧染及复儿也。天气不良，遂钟病痛，我家每不能免，至恨！

4 月 28 日（癸丑）星期二

阴晴不常。夜半雷雨。上午 67°，下午 69°。68.1—56.8

依时入馆，仍治夏曾佑《中国历史》。芝九饭后来谈。

晓先书与百英争，百英转柏丞，卒以久延不缴卷恐误销期为词，仍靳弗与。一朝失势，侮乃立至，如此世途，真堪痛哭矣！

夜续草《南北朝之对立》稿千五百言，至十时，仍听《玉蜻蜓》。

珏人目疾益甚，服小川连及西洋参均不见效，恐日内不即愈也。

4 月 29 日（甲寅）星期三

晴阴不常，上午雨。六十七度。

依时入馆，仍标点夏曾佑《中国历史》。

本馆所出《中国古今地名大辞典》已由组中配到，究胜刘钧仁一人之力所为者远甚也。

圣陶夫人及圣南来视珏人，珏人目疾依旧未愈也。

铁笙来谈，邀游宝山。

4 月 30 日（乙卯）星期四

阴雨，下午尤大。冷。上午 61°，下午 59°。57.2—52.5

依时入馆，仍治夏氏《史》，第二册已毕。并通读《社会教科书》第六册稿本。

夜未作事，听唱片及《玉蜻蜓》。晚饭后欣赏《故宫》月刊十二册，为馆中所定，特假归一览者。

珏人目疾稍已,寒热亦退,但求其全愈则恐尚需时日也。家中照料乏人,颇感不便,因之珏人心益躁急,疾遂转不能即痊耳。

幽若妹本约今日来,讫未见至,想缘阻雨不果耳。伊孤寄上海,赖十指自活,甚可怜也!

5 月 1 日(丙辰)星期五

晴朗。迎来第一快日。上午 59°,下午 61°。

本日劳动纪念节,馆中放假。予竟日未出。

幽若与悦夫人来,怀之亦来。饭后打牌四圈。晚饭后去。

珏人目疾未痊,以多酬语言,晚间疾转甚,痛苦至失眠。予甚为忧虑。

夜续草《南北朝之对立》稿千馀言,仍听《玉蜻蜓》,十一时半睡。

今日为阴历三月十四日,适为予与珏人结缡以来第廿一年之第一日,本可借以作乐,藉资纪念。乃珏人目疾缠绵,兴致索然,真不幸事也!

5 月 2 日(丁巳　望)星期六

晴朗。上午 60°,下午 65°。72.3—46.2

依时入馆,仍治夏氏《史》,并检发彩印长城图一幅于出版科,备装入新编教科第一册中。《故宫》十二册还馆中,庋入橱内。

散馆后偕予同、六逸、仲云、调孚、叔愚、振铎、愈之茶新雅。圣陶踵至,因于茶散后二人偕访伯南师。遍寻未获采芝里,废然而返。遂小饮于北万馨,九时始归。至家则伯南师复书至,明明有采芝里,故得往复接信也,拟明日再访之。

晴帆亦于予出茶时来访,未晤,明日亦拟一访焉。

夜十时仍听《玉蜻蜓》。

5月3日(戊午)星期日

晴,有风沙。上午64°,下午72°。76.9—49.7

晨八时出,往过圣陶,同访伯南师,仍由昨径复寻一遍,问讯五次,始摸索得之。已十时矣。谈久之,偕回圣陶所午饭。因不能抽空再访晴帆,遂亦置之。午后三时归家,振铎饬送请柬来,顺便还前假之《东华录》,因知晚间宴请予及丏尊、雪村、圣陶、六逸诸人。六时往,遇丏等,七时三刻始得饮。九时许散席,复坐谈。直待十一时乃各归。

旧稿不续者又多日矣,果恃此为生者,殆矣!

5月4日(己未)星期一

上午晴,下午阴,有风沙。上午70°,下午74°。75.9—59

依时入馆,仍治夏氏《中国历史》。写信与晴帆、铁笙。

为伯南师购得《中国人名大辞典》及《中国古今地名大辞典》各一部,将托圣陶转致之。

饭时与珏人争闲气,颇不怡。

夜不能静坐作事,仍听《玉蜻蜓》。

5月5日(庚申)星期二

阴雨,风急。上午71°,下午72°。

今日馆中放假,因雨,遂未出。

看报后为翼之妹慧若撰酬医匾又四字及跋语一通。饭后作书寄之。又为均正选出中国伟人及名胜各十二,并咏腊月诗十二首,明日将交调孚转去。

下午三时起,中间除晚膳外,至十时止,续草《南北朝之对立》稿二千馀言。十时后仍听《玉蜻蜓》,已失去半回矣。

5 月 6 日（辛酉　立夏）星期三

阴雨,下午尤大。上午 71°,下午 72°。72.7—65.7

上午入馆,发排稿一件,仍治夏氏《历史》。

下午阻雨未往,在家续草前稿千馀言。夜又续七八百言。

海澄前寄予处之《生育节制法》一大包,今日派人来取去。

圣陶雨中为送开明股息三十九元一角九分来,甚感之。当即交珏人收存。

夜十时仍听《玉蜻蜓》,十一时接听苏滩,十一时三刻就寝。

5 月 7 日（壬戌）星期四

阴霾,转寒。上午 64°,下午 65°。69.8—51.8

依时入馆,仍治夏氏《历史》,发排稿一件。

夜小饮,饮后续草《南北朝之对立》稿。十时仍听《玉蜻蜓》,以天灵公司电浪稍强,遂掩去不少。如为偶然之事,尚可稍耐,脱不能近日修复者,太可厌矣!

5 月 8 日（癸亥）星期五

晴和。上午 62°,下午 66°。71.2—47.1

依时入馆,仍治夏氏《史》。写信复颜刚及世五。

子玉过我饭,谓来接母夫人往兰溪也。饭后别去,约五时在高长兴会饮。至时往,彼则先在独酌矣。且谈且饮,不觉过三小时,八时半乃散。九时许抵家。十时仍听《玉蜻蜓》,而昨弊依然,殊可厌也。

5月9日(甲子)星期六

晴明。上午64°,下午68°。

依时入馆,仍治夏氏《史》,并发排稿本一种。

幽若自苏来,下榻于家。

夜续草《南北朝之对立》稿五百言。十时仍听《玉蜻蜓》。本日以国耻故,各播音机关照例停止娱乐,故其他各项俱废,《玉蜻蜓》则以时晏仍旧云。

振铎景印《清人杂剧初集》四十种成,即承检赠一函。

5月10日(乙丑)星期日

午晴,晨雨,夜大雨不休。上午66°,下午65°。68—57

是日为濬儿二十初度,怀之、悦之、幽若、悦夫人暨计小姐、庄小姐、圣陶夫人、至美、至诚俱来贺,因具饮馔留饭。入夜俱去,独怀之留止于家。

晴帆见过,谈有顷去。圣陶傍晚至,代取回伯师出款尾数,因留小饮,晚饭而后去。予于客去人静后仍听无线电播音,今日星期无弹词,只听天灵公司所播芝兰社丝竹合奏四阕而已。

5月11日(丙寅)星期一

阴雨。六十二度。57.4—50

依时入馆,仍治夏氏《史》。

夜续《南北朝之对立》稿数百言,十时仍听《玉蜻蜓》。十一时寝。

东邻有小儿患痧子死,颇骇。日来天气不良至此,酿病既易而复有传染之恐,甚不舒怀矣。

5 月 12 日 (丁卯) 星期二

晴,转寒。上午 61°,下午 65°。71.9—49.1

依时入馆,仍治夏氏《史》,并通读《社会教科书》第七册稿本。

下午三时,与调孚往上海大戏院看《人兽奇观》。遇姚名达。五时许散出,同茶于新雅,七时乃归。

夜续毕前稿第十二章。十时仍听《玉蜻蜓》。

振铎昨日未到馆,今晨特来予舍,告予昨日到苏仓街张氏购得钞本传奇杂剧百种,多未刻及失传之本,甚矜喜。费八百金,雨中往来甚辛苦,彼真有勇矣,宜其独得佳书也!

5 月 13 日 (戊辰) 星期三

晴明。上午 62°,下午 68°。72.5—50.4

依时入馆,仍治夏氏《史》。

夜续草《南北朝之对立》第十三章千馀言,十时即睡。以稿纸不继,故辍之。明日当取稿纸给写作焉。

5 月 14 日 (己巳) 星期四

上午晴,下午雨。上午 66°,下午 73°。76.1—55.9

依时入馆,仍治夏氏《史》,并看《新月》。

夜归,稿纸已取给,乃续草昨稿,已毕第十三章,凡得二千数百言。十二时乃寝。以阅时过久，且为漱儿咳嗽所扰，心忧转滋，竟失寐矣。至二时后始入睡。

5月15日（庚午）星期五

晴，有风甚烈。上午71°，下午70°。73—60.3

上午依时入馆，通读《社会教科书》第八册稿本。

下午未往，在家续草《南北朝之对立》第十四章千五百言。五时，赴新中国书局创立会，与圣陶、调孚、芝九、伯才、稼轩、剑华、彦常等晤叙。当通过简章十条，选举董事七人，监察二人，圣陶、剑华、梦岩、金煦春、吴伯匡、朱光照、洪佐尧当选董事，予与稼轩当选监察。此书局为剑华及煦春、光照所发起，今日筹办已竣，故开公司创立会。会毕已将八时，即在公司中聚餐。公司设在天吉里三十号，剑华及煦春即住公司楼上云。九时许散归，听大中华播音。十一时就寝。

5月16日（辛未）星期六

晴明。上午66°，下午71°。73.6—48.6

依时入馆，夏氏《史》已标校毕。惟第二册之附录须移插正文中，颇费剪贴之功，下星期内始可竣事也。

傍晚五时，晴帆过我，同赴振铎家。至则圣陶夫妇及吴、袁二小姐、调孚已先在。少顷，莲轩、育民及曲师陆巧生至，又有顷而云彬至。乃由晴帆先唱《议剑》，莲轩唱《游园》，育民唱《弹词》，吴小姐唱《八阳》，然后聚餐。餐后，育民、莲轩合唱《望乡》，晴帆唱《弹词》。时东华来，亦请其唱。后由吴小姐唱《思凡》以收场，时已十一时三刻矣。散归就寝已将一时。而复儿今日小有不适，二时即为伊吵觉，竟至不寐达旦。

5 月 17 日(壬申 四朔 月建癸巳)**星期日**

上午阴，下午雨。上午 68°，下午 70°。68.7—58.6

晨起看报讫，晴帆见过，因与共访圣陶，同看振铎。少坐，即驱车至南洋中学晤乃乾。在乃乾之乡居午饭。饭后归，已值雨，便径回家。是晚本有望道都益处之约，以昨晚失眠及畏雨故，遂未赴，托振铎知会焉。

夜未作事，十时即寝。

5 月 18 日(癸酉)**星期一**

阴雨。又转寒。上午 66°，下午 65°。60.7—55.7

依时入馆，夏氏《史》已整理毕，止待作跋，便可发排。

夜续草《南北朝之对立》第十四章千四百言。十时半就寝。

翼之以参观来沪，将赴杭州，住源源旅馆。今日特来看我。予散馆后归晤之。傍晚乃去。以教育会名义组织参观团，故须与其同行之人共同行止也。

5 月 19 日(甲戌)**星期二**

阴雨，冷。上午 63°，下午 64°。62.6—52.9

依时入馆，审查姚名达《宋濂年谱》。

夜小饮，饮后续完《南北朝之对立》稿第十四章。

5 月 20 日(乙亥)**星期三**

阴雨。上午 63°，午后 66°，近晚 68°。69.8—55

依时入馆,审毕《宋濂年谱》,答李建中近世史问案两则。

夜小饮,饮后续草《南北朝之对立》稿第十五章千五百言。十时即睡。至一时许,里中有被窃衣箱者,惊起喧呼,贼逃而物还。一场虚惊,前后起视之人扰之两小时。予坐此故,不能复寐,至天明五时始稍合眼云。

5 月 21 日 (丙子) 星期四

闷热,傍晚阵雨。上午 70°,下午 76°。82.4—62.7

依时入馆,审查稿一种,重印样书六种。

散馆后出席新中国书局第一次董监联席会。晤圣陶。夜便饭于公司中。雨后归,续草昨稿千言。十时许就寝。

5 月 22 日 (丁酉　小满) 星期五

阴晴间行。上午 70°,下午 72°。74.5—63.1

依时入馆,作夏曾佑《中国历史》跋。

散馆后赴昆剧组报到,备习练。教师陆巧生来,谓自下星期起,每逢三五会期,自四时三刻至七时开拍云。六时,与调孚、圣陶、均正同赴剑华、光照、煦春之宴于崇明路味雅酒楼。九时许散归,与剑华、芝九同行。

圣陶以开明函授讲义中之《中国历史讲义》相属,予已允,全部共十二万字,按月交二万字,六个月交完。约明日寄稿纸及凡例来。

5 月 23 日 (戊寅) 星期六

阴雨,间露晴光。上午 66°,下午 67°。66.4—58.8

依时入馆,发排夏曾佑《中国历史》。即续编教科。

夜小饮,饮后续草前稿第十五章毕,凡千言。

幽若来,下榻予家。

圣陶寄讲义用稿纸一束来。允编之事不能缩矣。

5 月 24 日(己卯)星期日

上午阴雨,下午放晴。上午 67°,下午 69°。72.3—59.1

上午看报讫,即打牌,四圈后进饭。饭后续打,而圣陶来,乃偕之出,游静安寺,盖今日浴佛,例有庙会也。至则挤甚,竟未敢入寺,仅在寺周略览摊贩情形而已。五时归,仍取酒小饮。与诸儿谈从前艰困状况,用为勖勉。

组青来,据检视无线电听筒,谓并不坏,矿石机原难完全隔绝交互杂音也。

复儿今日起,断乳。尚爽。惟珏人则乳胀为苦耳。

5 月 25 日(庚辰　上弦)星期一

晴,晨间微雨。上午 68°,下午 70°。78.8—59.4

依时入馆,审查辜孝宽《浙江省禁烟史略》稿本,并发排姚名达《宋濂年谱》。

幽若今晨去,翼之傍晚来。取酒与翼酌,未几,悦之亦至,夜饭后去。翼则下榻予斋,与谈旅中情形。十时后就寝。

5 月 26 日(辛巳)星期二

晴朗。上午 71°,下午 76°。82—54.3

依时入馆,处理杂务。看《人文》最新一期。

夜归小饮,饮后续草《南北朝之对立》稿末章数百言。倦眼待含,九时半即睡。

复儿中夜醒,并不索乳而索汤,亟起调代乳粉饮之。昨晚亦然,已不念及吮乳矣。可喜! 珏人昨日乳膨甚苦,今亦松动,想日内便可平复如恒耳。

5 月 27 日 (壬午) 星期三

晴,热,御夹衣嫌重矣。上午 71°,下午 80°。88.7—61.9

依时入馆,写信及处杂事。散馆后就陆巧生拍《惊梦》中之《堆花》第一曲"出队子"。六时半归,小饮。饮后续草前稿,得千馀言,十时后寝。复儿睡不稳,几终夜有声,以此,累及予与珏人不少。

接晴帆信,知新居已部署楚楚,将于三十日迁入云。

5 月 28 日 (癸未) 星期四

晴,陡热,日中挥汗矣。上午 80°,下午 85°。90.5—65.7

依时入馆,为剑华拟编小学高级用史地补充读物目录。又复书晴帆。下午查阅地理样书备付重版。

散馆后,圣陶见过,因同赴崇明路味雅。盖今日合宴芝九饯行,并约小穀、晓翁、伯才、子敦、予同、振铎、调孚、剑华作陪也。七时客齐至,因开樽共酌,且饮且谈。九时半散,十时归家。

《南北朝之对立》今晨全稿完成。待自己检点字数后即送出。

5 月 29 日 (甲申) 星期五

阴晴杂施,闷热。夜雨。上午 77°,下午 83°。86—67.3

依时入馆，为剑华定昨拟读物之约编条例，又写信复子玉。

散馆后从陆巧生拍"出队子"，据云如能唱出，可唱巾生也。

夜饭后检《南北朝之对立》稿，凡有五万八千五百四十七字。

珏人、复儿俱咳嗽。夜间复遂时觉，咳吐频作，又坐断乳，至不适。珏则乳胀依然，咳且痛喉也。予最畏呻吟之声而病痛乃亭毒予家如此，甚可恨也！

七阿姨自苏州来，下榻予家，谓铭堂夫人及女公子俱至沪，明日将来访问，盖济群将于日内与王女士订婚也。

5 月 30 日（乙酉）星期六

晴，时见阴翳。上午 74°，下午 76°。

依时入馆，将《南北朝之对立》稿交柏丞，应得找进稿费九十二元。又预支《明成祖》稿费一百元，备付剑华作新中国股款。惟支单尚未签出，恐须下星期始能到手交割矣。

下午将《南北朝之对立》发排，批令排字人径送予亲校。

锦珊夫妇及济群兄妹今日来。济群即去，锦珊夜饭后去。锦夫人及其女家英则宿予家。

5 月 31 日（丙戌　望）星期日

晴暖。上午 74°，下午 77°。81.1—60.3

昨日报馆工人休业，今日无报。

晨十时赴和康里访锦珊父子，已出未晤，即驱车至新半斋践其午宴之约。至则锦珊先在，馀人尚未来也。有顷济群、灿庭兄弟至，又有顷而他客毕集，乃入坐谈宴。一时许散，二时归，与诸戚眷打牌。四时后圣陶来，因同出，先赴伯南师约，在高长兴小饮，七时后复赴希圣、仲云之约于大新街杏华楼。客甚多,坐两桌,予则与六逸、振铎、圣陶、东华、望道、予同、仲云、嗣炳及别一客同席。九时半散,十时抵家。

6月1日(丁亥)星期一

晴暖。午刻雷雨,旋止。上午75°,下午77°。79—61.2

今日为国民政府公布《约法》之日且为孙中山奉安二周期,故通令放假。予遂得休假,未到馆。予以积日酬应,颇惮作事,引假一日,如何适意乎!饭时,锦珊夫人等赴他处宴约,而幽若及悦之夫妇适至。饭后又打牌,至四时许始毕。晚饭后幽若去,锦珊夫人则十二时后始归。

傍晚铁笙来,谓晴帆深盼予一过其新居,藉谋一醉。此议上星六即知之,今实未便再辞,因即与偕往,转两度电车始达霞飞路宝康里二十号。入晤晴帆,坐谈移时始同出,小饮于北万馨。十时许乃归。

珏人乳胀稍好而咳嗽转剧。复亦染及咳呛,夜分乃大闹,又兼戚眷住此,分心招待,颇觉大苦也。

6月2日(戊子)星期二

晴暖。上午74°,下午79°。85.7—57.1

上午入馆,取到稿费,即将新中国股款一百元交与剑华。

下午劳倦难当,就床小睡,遂未往馆。

夜锦珊夫人出看戏,一时始归。予则早睡,彼等归时始惊醒。

复自断乳后,夜睡终不安,而珏人咳嗽惊之,复相乘不得寐。故连宵困甚。今日潜儿伴复眠,使珏人睡潜儿房,易地皆安,竟得安度一宵。深为欣幸矣。

6月3日(己丑)星期三

晴暖。上午 75°，下午 79°。85.8—60.8

依时入馆，审查《太平天国之革命》清样，出版科校对草率，非躬加审核不放心付印也。将七月至十二月本组生产预算填表送出。

济群来饭，饭后请濬等往南京大戏院看影戏。夜间复请珏人等往更新舞台看《西游记》。

散馆后，予过从陆巧生理拍"出队子"，仅能上口。今日本在续教，而予以归家守户故，早返未及与。

汇十元与觉明，还其代垫书款，并存馀数在彼便续有所购。

6月4日(庚寅)星期四

晴暖。上午 77°，下午 81°。86—62.2

依时入馆，续审清样。散馆后与希圣、仲云、予同、振铎、调孚、愈之茶于新雅。

七阿姨今日午后归苏，锦珊夫人母女则仍留，须明日行。

连日积倦，入夜即寝。但苦不能酣睡耳。

思为开明作讲义，终不得闲，大约客去之后乃可涉笔也。

6月5日(辛卯)星期五

晴暖。七十五度。84.9—64

依时入馆，审毕《太平天国之革命》清样，凡舛误六十馀处，已批交出版科照改。又前编《中国史》第一册已出，今日看到样书，定名为"基本教科书",甚趣,不识出于谁手也?

散馆归,圣陶即至,因偕赴陶乐春子敦、文叔之宴。坐客为芝九、晓先、圣陶、伯才、镜芙及吕伯攸、周宪文等,七时开尊,十时始散,谈极畅。归途复过剑华谈,至十一时乃返寝。

锦珊夫人挈其女家英今日上午十时行。

6月6日(壬辰)星期六

阴雨。上午75°,下午77°。75.9—67.6

依时入馆,处杂事,并看《四库提要》。

怀之由苏来,留宿予家,因与谈苏事甚悉。其家事问题复杂,波澜迭起,渠翁又琐琐类妇人,故勃谿时闻也。予无术调停,叹悦而已。

6月7日(癸巳 芒种)星期日

雨,午后晴间雨。上午73°,下午74°。73.4—63

竟日未出,与怀之长谈。怀之于傍晚归宝山。

午后珏人出购物,予守视诸儿。圣陶适来,盘桓至晚乃去。为查典数处。

夜未作一字,十时寝。予心绪殊奇特,愈想作事则愈不能贴坐弄笔,无意中文可一挥百十言也。近颇思为开明即编讲义,而心头烦起,反不能坐定,殊可叹!

6月8日(甲午 下弦)星期一

晴暖。夜半月色妍。上午71°,下午74°。82.4—60.1

依时入馆,续编教科。

写信三封,一致剑秋,一复翼之,一复济群。接梦九信,知已返里。

散馆后觉无聊,因独出小饮于北万馨,八时乃归。

6 月 9 日(乙未)**星期二**

晴暖。上午 74°,下午 78°。81. 3—61. 2

依时入馆,续编教科。写信复梦九。

予性偏急,又兼神经衰弱,易动肝火。时事得失,社会琐闻,以及家庭细故,举足引我生气。事后追思,悔乃无艺,精神更受刺戟矣。今日偶拈得一"容"字,忽悟可以砭我,遂取为别署,易昔称鸿庵为容庵焉。

夜拟开明历史讲义目录,未竟。旋听天灵公司播音张少蟾、赵稼秋之《双金定》,十一时乃就寝。

6 月 10 日(丙申 入霉)**星期三**

晴暖,微闷。上午 74°,下午 79°。84—66. 7

依时入馆,仍编教科。并审查《晋之统一与八王之乱》清样,仅及六之一,盖下午三时送来者。散班后就陆炳钦拍"画眉序"并温"出队子"。六时乃归。抵家则幽若在,旋去。知剑秋来访,坐待移时,不及晤而去,甚歉。

夜拟毕讲义目录,容当修改尽善乃入手写编也。

6 月 11 日(丁酉)**星期四**

晴和。上午下午均 76°。80. 6—66. 7

依时入馆,仍续编教科。并重校《晋之统一与八王之乱》。

　　散馆后圣陶来,谓开明拟印行《图书集成》,计画费用、册数等甚详。但兹事体大,恐未易观成耳。

　　晴帆托怀之送李东阳《通鉴纂要》四十八本与我。即以见赠,予以所编《太平天国革命史》报之。

　　日本中村久四与山根倬三合编之《支那历代年表》已托圣陶由内山书店寄到,价日金六元五十钱,合时价须十六元馀。金贵之累如此,如之何当局熟视而有措手也!

6月12日(戊戌)星期五

　　晴暖。上午74°,下午82°。89.1—58.3

　　依时入馆,仍校《晋之统一与八王之乱》,几于无页无误,甚可恨也。下午续审,至散馆始毕,乃撰提要一首送还出版科。

　　去年度应得红利今送到,止有四成馀,连年资在内,仅得八十四元一角三分。除提存特储十六元八角三分外,实支六十七元三角。营业较往年为佳,而分红反成八折,推原其由,皆因当局独加薪水及添设研究所等开支增大之故也。岫庐吹揢特甚,结果刻大家以自肥,不识内惭否耳!

　　散馆后赴来青阁还书账,旋乘车赴崇明路味雅剑华、光照之约。坐客有振铎、均正、巴金、调孚、晓先、圣陶等,适邻座粤客狂奏金鼓,谈话之机遂夺。食已即行,予则过剑华略谈而归。

6月13日(己亥)星期六

　　晴热,下午昙。上午78°,下午87°。93.7—65.7

　　依时入馆,仍编教科并看样书两种。

　　归家后本拟出,因恐剑秋再来,特在家候之。及晚未至,乃呼酒小饮焉。晚饭后潜、清、汉、漱出游虹口公园,九时半返。予中酒微醺,不任握笔,及诸儿归,即就睡。

6 月 14 日（庚子）星期日

阴霾,夜雷雨达旦。上午 80°,下午 82°。80.4—72.9

上午在家看报,饭后与同儿共出,购得小草帽一顶,顺道往访铁笙。因偕铁笙夫妇同饮于方壶,傍晚始散。复登天韵楼闲游,无意中发见仲弟在彼主演和合团,因促其将最近住址告。知在贝勒路协平里十号。稍暇当过访一叙之。八时归,已值雨,乘车而行,到家已将九时矣。

珏人近来身体颇不爽健,影响于精神者甚大。不识能即告痊否。

6 月 15 日（辛丑）星期一

阴雨,午后放晴,闷。上午 78°,下午 81°。85.3—69.8

依时入馆,看《提要》。接觉明信,知予所汇之款已收到。并接景山所寄《同治朝筹办夷务始末》三十八册,全书应有一百卷,此仅七十六卷,盖先出三分之二也。价二十二元八角,邮费五角三分,共二十三元三角三分。仍由颉刚垫。

连日闷热,霉气中人,竟无从鼓起精神作事。夜饭后只索发箧出旧藏画册欣赏之。因念与其多买累赘之巨帙,不若按月节他费陆续购置书画印谱等印本之为愈也。

6 月 16 日（壬寅　五朔　月建甲午）星期二

阴霾,午后晴。上午 77°,下午 78°。80.2—70.2

依时入馆,发排《现代欧洲外交史》,并写信分致觉明、世五、仲弟、剑秋。

定十九日下午五时假振铎所宴请南陔、心南、颂久、炼百、幼希、觉敷、予同、致觉、振铎、寿白。盖前举聚餐由予当值及之也。即将请柬分发。

幽若来,晚饭后去。

珏人身体精神两不见佳,影响于家庭者甚大,予实无心可以握管作任何文字也。奈何!

6 月 17 日 (癸卯) 星期三

阴,细雨。午后晴。夜半大雨。上午 75°, 下午 77°。81—69.4

依时入馆,看《提要》及处理杂务。

散馆后拍曲三数遍,归。遇圣陶,因同赴新中国出席董监联席会。议定推伯匡及稼轩起草董事会办事细则。并定经、协理薪水。即在彼夜饭。到稼轩、伯匡、煦春、光照、剑华、圣陶、梦岩及予。九时半散归。

6 月 18 日 (甲辰) 星期四

风雨,气转凉。上午 76°, 下午 74°。71.6—64.4

依时入馆,作《最近〈图书汇报〉纠谬》一文,备登《编辑者》第二期。

散归甚倦,不能作事,待晚饭而已。饭后略翻杂书,备入手编讲义。然迄未能作一字也。岂天气太坏之故欤! 抑心绪不佳,百凡无兴所致欤! 如此悠忽,诚可惧已。

6 月 19 日（己巳）星期五

阴雨湿闷，十足霉天。上午 74°，下午 76°。80.4—67.1

依时入馆，续草作文毕，只待写出即可缴卷。

乃乾来，谈至三时半去。散馆归后，剑秋来，知尚未搬家。其办事处所在北京路十七号世和洋行内"上海市财政局营业税筹备处"，电话一〇〇一八号。以予今晚先有他约，略谈即去，订廿二日下午三时往访之。（前托建初代赙蓉川之二元，即交伊带还。）

晚五时至十时在振铎所，宴南陔、心南、颂久、寿白、幼希、炼百、觉敷、振铎。原约予同、致觉未到，一则因己病，一则因夫人病也。席次谈馆中近事，下星期三须开评议会矣。

君畴早上来一快信，午后来一平信，俱商铨叙资格事，予以快信复之，邮局不能通，遂改挂号寄出云。

6 月 20 日（丙午）星期六

阴，细雨时作。上午 76°，下午 74°。73.9—69

依时入馆，将昨文写讫，交与予同。今日为端阳节，幽若昨日即来，晚饭后乃去。予下午本亦拟在家休息，以珏人、幽若等往山西大戏院看电影，予独坐无聊，重复到馆。

是日昼夜俱饮酒，睡至十二时后，忽为腹膨所激醒，起泻水甚多。二时又起泻，将天明时又起泻。体遂大乏，竟觉困顿焉。

6 月 21 日（丁未）星期日

晴和。上午 75°，下午 76°。83.7—66.9

昨宵腹泻，体至茶。今日幸已止泻，惟不高兴耳。上午在家看报。下午圣陶来谈，旋去。

　　珏人身体不好，今日至安生医院就诊，谓又受孕，因之珏人精神大震，颇觉不宁。傍晚，予强劝同出，因挈漱、同往北万馨小饮，晚膳后乃归。但予亦大损元气，心上如压无量巨石矣！

6 月 22 日（戊申　夏至）星期一

　　昙。夜间濛雨。上午 75°，下午 79°。82—67.1

　　依时入馆。下午三时出，访剑秋于北京路十七号财政局业税处。因与同出，先购物于广东路，取款于本馆发行所。旋共饮于高长兴，且谈且饮，直至晚八时始散。

　　今日珏人至安生医院复诊，据化验小便结果，确为受孕。珏人愤极，决明日往住院中，备施手术。已说定住二等房，每日三元，陪客一人，加八角。手术费六十元。予挽劝无术，止得从之矣。然心头鹿撞，苦难不堪言状也。

6 月 23 日（己酉　上弦）星期二

　　晴，较昨前为暖。上午 75°，下午 81°。84.9—70

　　依时入馆。上午出席评议会提案审查委员会。下午出席中学教科书委员会。其间撰《中国史》内容提要一通，写信与铁笙。

　　珏人今日上午十一时入院，令清儿住院陪伴。予十一时往接洽一切手续，饭后及散馆时俱一过存之。尚未上药，据云今晚先上药，明日午后施手术。予五时归，以家中同、复诸儿亟待照料也。今日午后起，瀋儿请假一星期，在家管理一切。

6 月 24 日(庚戌)星期三

晴热,半夜大雷雨。上午 80°,下午 85°。

依时入馆,仍编教科。

昨宵时惊觉,悬念珏人在院情形,心为之悸不止。今晨往视,尚好。午后复往视,亦佳。及散馆往视,则已施过手术,正在昏睡状态中。时吴小姐、圣陶夫人、晓先夫人及潜儿俱集,候至近六时始醒。予询之,尚无大苦,惟药性甚烈,尚作恶心频频耳。予又坐至七时半,乃嘱清儿谨侍而归。止求经过良好,胸中移去一巨石矣。夜半雷雨作,因念珏人胆甚小,不知如何,又陡起无谓之思也。

6 月 25 日(辛亥)星期四

晴热。上午 80°,午后 85°,傍晚 86°。92.8—66.2

依时入馆。上午编教科。下午出席评议会。议决六案。

散馆后,觉敷约宴于振铎家。对日间评议会事颇有所论列。心南、亚泉最失体,萦情部长,处处流露,大可鄙也!子恺亦忘形提案,同走一辙,至好笑!明日续会时当稍稍抨击之。十时散归。

上午下午俱往医院省珏人,知经过极良佳,胃口亦稍开,腹中亦舒服,精神复健旺,予深以为慰。惟愿日臻康复,能早日出院归家耳!仍命清儿住院陪之。

6 月 26 日(壬子)星期五

晴热。有类伏中。上午 83°,下午 88°。95.9—74.3

依时入馆。上午仍编教科,下午续开评议会。对亚泉、子恺等提工作预算决算案及恢复部制案,全场予以抨击,竟否决。大快!

五时始毕。

珏人病状益减，惟流红尚未全止，大约再过数日，必能康复矣。

散馆后往新雅品茶，与希圣、仲云、愈之、调孚、予同、振铎会，谈兴难已，遂留彼晚饭，续谈至九时许乃各归。是夜热极，终宵浴汗，未得好睡，苦甚！

6月27日（癸丑）星期六

晴热。微有风。上午85°，下午90°。93.6—74.7

依时入馆，看杂志数种及四川双流刘咸炘《史学述林》。其中《史目论》颇有见地。惟书后附有咸炘所著书目有中书、左书、右书、内书、外书等名色，而总颜为"推十书"，似亦泥古之伦，不失其蜀士也。

三次往省珏人，珏人颇思归矣。惟医教须多住几日，彼亦难于解决也。予意，似以多休养复健康为宜，不识彼能否见听耳。

文祺来访，谈移时去。

晚饭后入浴，是夜较昨好睡。

6月28日（甲寅）星期日

上午晴，午后阵雨，闷。上午88°，下午90°。95.9—74.1

畏热未敢出，而珏人身留医院，不得不往之视。午后四时往，知明晨可出院矣。留谈至五时三刻归。接姚名达、储皖峰请柬，约六时在觉林蔬酌。因往赴之。遇予同、振铎、君箴、侃如、沅君、禅生及其他男女生客各一人。至九时许乃返。禅生即席约明日午后六时在四马路味雅晚餐，当届时一赴焉。

夜以阵雨之后，尚清凉，睡亦好。然秉笔作文则一时似无多望也。

又接君畴函,仍絮之以中公事为言,明日当决然告之。

6 月 29 日（乙卯）星期一

晴热,午前后阴。上午 86°,下午 85°。90.1—76.5

今日起,提早办事时间,八时起至十二时,下午一时半至三时半。但昨日天文台报告温度在九十四度以上,故仍照向例,延至一时始散。下午放假。予到馆后写信三封,一致颉刚,一致君畴,一致济群。至十二时,饿火中烧,遂令茶役叫面啖之。

晨八时许,潏、清往院接珏人归。前后住院六天,连手术药资等共用九十元四角。连役赏及往返车力等,适耗百元。所幸经过平顺,安然出院耳。不图孳重至此,儿女债竟还不清也!

下午叫附近电匠装扑落,备移动电扇用。乃匠人可恶,依昂价而不即至,遂饬令停止。

6 月 30 日（丙辰　望）星期二

晴热,夜雨。上午 85°,下午 90°。92.5—76.8

依时入馆,上午四时,下午二时。接勖初信,即复之。翻看《提要·集部》别集类存目。下午接蓉初母讣,即寄书翼之托代送礼。

今日接柏丞通告,属将一月至六月历史组工作制一报告。组中事务,迄未明文规定,半年已过,亦不见任何聘约,奇极!乃责人报告工作,颇有核办决算之意。真有些生气也。

珏人出院后尚好,惟家务猬集,不免多动,则殊未见其可也。

幽若今日来,住我家。

傍晚唤馆中电匠装好扑落,试甚灵。夜移卧室用之,竟将插头跌破,依然失效,恨极!

7月1日(丁巳)星期三

晨雨,凉。午后转晴。上午83°,下午85°。84—71.4

八时入馆,三时半散,如常例。昨又接勖初函,今日再复之。

怀之午前来,晚饭后与幽若同去。去后悦之自苏来,亦饭而后去。

散馆后圣陶送三百元来,即开明预酬讲义稿费也。未几,调孚亦至,谈到六时始别去。

连日苦热,未免耽凉,今日复儿又发热不安矣,家中空气遂浮动,弥望不快,真乏味也!

7月2日(戊午)星期四

晴,闷热甚。上午84°,下午90°。93—74.3

上午入馆。振铎坚邀同访乃乾,乃雇汽车赴南洋中学图书馆。适未出,复过其寓晤之。因与共至图书馆,参观一切。途遇谭禅生,亦往访乃乾者。遂共饭于馆中。馆中凉风四至,甚快。三时出,则热不可当矣。先乘人力车至斜桥,再换乘十八路无轨电车以归。抵家少坐,圣陶来。未几云彬亦至。遂共赴北万馨候文祺。方饮,而文祺至。且饮且谈,至八时半始散,予又购电料数事始归。归后就浴,然后睡,已十一时矣。以闷热故,终宵为之汗流不歇也。

今日令茶役持开明支票至江南银行支款,据云示以结算上半年账,须过日再得支。该银行办法奇特,可怪之至!

7 月 3 日 (己未) 星期五

晴热。上午 85°,下午 90°。96.3—79

依时入馆,仍编教科。兼看《提要·集部》别集类存目。

散馆后畏热未出,亦不能操觚有所写述。闷坐延喘,乏味之至。

本所改组试行已满六月。七月已过三日矣,迄未见当局有何表示,奇极! 岂又有所变更耶? 果尔,则馆事真不可问矣! 自云五妄张以远,无事不左,无举不谬,此事或又为渠个人私意所左右耳。

7 月 4 日 (庚申) 星期六

阴雨,不免湿蒸。上午 82°,下午 80°。81—76.5

依时入馆,以昨日热度超九四故,仍至下午一时始归饭。下午则往访晓翁,偕过世璟于景兴里管宅,托伊为清儿报考苏女中时一加道地。伊极热心,未识能否幸入彀中否? 清儿今日傍晚即随幽若赴苏,将俟考后始返沪也。

晚间清泉在晓翁宅宴客,予及圣陶、梦岩俱被邀,饮至十时始散归。幸所饮为啤酒,否则又闹醉态矣。到家后濯身扇凉然后睡,就床已将十二时。

7 月 5 日 (辛酉) 星期日

晨晦,大雨,旋止。下午郁勃。夜大雷雨,终宵。上午 82°,下午 83°。89—75.2

上午在家看报,并开唱片自娱。下午写信与清儿,附翼之信中。

夜听雨终宵,屋漏多处,殊感苦闷也。

报载吉林韩侨强夺农田,日本兵队庇护,有开衅势。且闻朝鲜境内到处袭击华侨,死伤甚多。显见日本在背后作祟,欲进一步实行侵占满、蒙耳。我国当局只顾本身利害,勤于内略,至于对外则示弱之不遑,安有坚强之表示! 呜呼! 国运终斩而已!

右足中趾忽患湿气,痛极! 故终宵听雨,不得安睡也。

7 月 6 日(壬戌)星期一

阴雨,间露日光,闷湿。上午 79°,下午 81°。84.9—72.5

依时入馆,仍编教科。

接勖成信,即复出,并寄书清儿知照。旋又作书与允言求照拂,由硕民转递。

足痛甚,来往以车,犹不免挨步行进也。今日散馆后本拟着手编讲义,乃脱袜之后,跬步难移,饭亦取送就榻,何论伏案握管耶! 坐废时日,心焦曷极!

7 月 7 日(癸亥)星期二

晴,仍湿。时有云翳。上午 81°,下午 88°。92.7—74.7

依时入馆,仍编教科。足仍痛,以车往返如故。

馆中茶役可恶已极,二日令取江南银行之款至今日尚未回复,催询之下,游移延宕。已限明日将存折取回,否则严究。此等人与鬼魅无异,遇之以人格,已属宽假,遑云平等! 孙中山有真平等假平等之说,殆指贤愚不能强同也。

三时半归后,起编《历史讲义》,写百字而已。实缘近日身心不快,未能宁贴从事耳。

7 月 8 日（甲子　小暑　下弦）**星期三**

昙热，夜闪电。上午 82°，下午 84°。88.5—73.4

上午负足痛到馆，下午遂未往。在家编《讲义》，第一讲完，得二千馀言。夜呼取酒肴小饮，聊偿积日之闷。日来欲写不果，而心境又异常不舒，今日忽得迎刃以解，当然痛快，明日以往，或可顺利进行矣。

清儿到苏后迄无信来，甚念，不识前寄各件俱收到未？

前著《三国之鼎峙》，今日出版科已送赠书五册来，则此书已可发售矣。

复儿夜晚又不安，似受惊。十二时后直闹至天明四时始入睡云。此儿体弱逾恒，因之性格亦劣，脱有不适，哭闹竟无法制止也。

昌群约本星六下午六时在陶乐春晚酌。大约为其新诞之子庆弥月也。予纠予同、调孚、振铎合购礼物以送之。

7 月 9 日（乙丑）**星期四**

昙，午后大雷雨及晚。上午 84°，下午 88°。91.4—77

今日循例放假。上午在家看报，并接翼之信，知予前信俱转给清儿矣。数日积念，为之一轻。陶蓉初母开吊，渠为我代送一元，已由幽若代付，当俟幽若回申时还之。

下午大雷雨，雨后骤漓。续编《讲义》第二讲，毕之，二千言弱。

夜仍小饮，九时后寝。

昌群来，谓星六之约须提至星五，以星六圣陶及伊拟有普陀之行也。

7 月 10 日（丙寅）星期五

昙,闷已减,略有南风。上午83°,下午85°。88.9—71.4

依时入馆,晤丐尊及景深,看近日《大公报》,竟未作一字。昨日未走路,今日足痛已大减矣。勉强行走,竟大好。午后散归,正欲续编《讲义》而圣陶至,因与共过剑华,略谈后即同赴昌群陶乐春约。到客为振铎、予同、福崇、径三、圣陶、调孚、野鹤、埴轩及予,连主十人。九时许散,予过来青阁新址,取得《昭代名人尺牍》十二册、陶续十二册、潘续二册以归,价共十九元四角八分,并不廉矣。坐车到家,已十时许,即睡。

7 月 11 日（丁卯）星期六

昙,入夜雷雨。上午84°,下午88°。89.7—76.9

依时入馆,仍编教科。

散馆后与希圣、仲云、愈之、振铎、予同、觉敷茶新雅。六时归。

夜翻阅《昭代尺牍》,至十一时寝。予颇喜名人笔札,看来醰醰有味,故入手不能自已也。但黄昏一度亦仅阅八卷耳。

今岁霉中尚未大发霉,方幸稍得俄度矣。乃近日湿气浸淫,闷热难过,到处见霉花白点,殆可厌人。予最畏此候,竟有无地遁形之感也!

7 月 12 日（戊辰）星期日

阵雨时作,闷湿发霉。八十五度。84.9—76.6

竟日未出,看报外专读《昭代尺牍》,至午后五时,尽二十四卷。其两家续集殆未一翻纸也。

钱生洪官雨中来,仍托求事,予无以应。因属转恳圣陶,允即代达。

幽若书来,约今日五时车到,特嘱人往站迎候。因令吴妈届时往,直待至晚八时未见,废焉而返。不识缘何临行又止也？或只索待清儿试毕始同归耳。

7 月 13 日（己巳）星期一

阴霾,陡凉爽。上午下午均 77°。77—69.3

依时入馆,仍编教科,并发排《满洲问题》一册。

剑秋夫妇及其女来,怀之亦来,幽若偕清儿于下午五时归。剑俪晚饭后去,怀、幽则下榻焉。夜谈至十时乃就寝。三时忽闻警笛,惊起视之,了无所见,殆无赖子意涉玩弄耳。可恶！可恶！

清儿报名费及赙蓉初母各一金,已还幽若归垫矣。

7 月 14 日（庚午　初伏）星期二

晴爽。上午 76°,下午 78°。81.3—65.7

依时入馆,仍编教科,并拟《大学丛书》史学系应编各书草目一通。

三时半散馆后,在家续编《讲义》,又完一讲,不及二千言。

夜小饮,昨日馀酒也。

怀之去,幽若仍留。

7 月 15 日（辛未　六朔　月建乙未　出霉）星期三

晴,午后阵雨即止。上午 77°,下午 79°。83.9—65.3

依时入馆,仍编教科。并将张世禄所编《世界史上世编》发排。

　　饭后携自煎虾子酱油二瓶送至世禄家，晤哲生。旋与同到馆，途次值雨，虽赶即乘车而上衣尽沾矣。比入馆，坐定，日出，诚巧遇耳！

　　写信复翼之，并挂号寄代报名之文凭等件还之。

　　散馆归后，续编《讲义》，亦完一讲。

7月16日（壬申）星期四

　　晴昙交至，午后细雨极微。上午78°，下午81°。85.6—71.4

　　上午依时入馆，仍编教科。午刻，珏人、幽若来馆，因挈潆儿同出，先过组青内弟，然后同游豫园。在春风松月阁进素餐。餐后伴幽若访袁太太于锦安坊，至二时乃遄归。抵家甚倦，非惟不能入馆，抑且不能伏案，遂偃卧休息。四时后仍起续编《讲义》，但止获数百言耳。

　　傍晚，幽若去。

　　报载晴帆免宝山县长职，甚念，不识究因何故也？

7月17日（癸酉）星期五

　　晴热，顿易前昨之观。上午81°，下午86°。92.3—74.3

　　上午入馆，审查凌独见《两汉学术史》稿。下午未入，在家续编《讲义》，乃修妹挈澄儿归，怀之亦因报告邱事而至。酬答敷衍，忽忽过去。至晚，强毕一讲，得二千馀言耳。

　　君匋书来，托询寿白有无医院可以实习事，当即上复，兼谢前所赠书联两对。又作书与硕民、允言，即属圣南带苏。

　　晴帆免职，缘被邑人所控，大概渠夫人行为太不理人口耳。

日报载石友三反张学良,已在冀南动兵,平汉、津浦两路俱有阻,证之沪报所载津帮停止运货,于学忠巡视冀南,冀南军官眷属以奇热多迁至北平等消息,则此事恐不虚也。如此局面,真不知伊于胡底耳!

7 月 18 日(甲戌)星期六

晴昙并作。入夜雷雨。上午 84°,下午 89°。94.1—76.3

依时入馆,续审昨稿。

写信三封,一致寿白,一复云彬,一致晴帆。致晴帆慰其失官,乃散馆时匆匆而出,竟忘携寄,须后一二日矣。记忆日坏,竟将不可收拾,奈何!

散馆归后续编《讲义》,四百言许即止,已六时矣。乃亟盥洗,乘车赴新雅二楼三号福崇之约,至则诸客咸集,如龙裕生、杨筠如、顾君谊、蒋径三、贺昌群、储皖峰、谭禅生、姚达人及主人俱在,所未至者振铎一人耳。有顷,铎至,遂开樽。至九时许,雨稍止,乃乘隙赋归。闷热殊甚,终宵未覆单被也。

禅生以其《蘐庐著述编目》见赠,所赅甚广,而史讳与《老子》部分为精粹。它日书成,当自成一家也。

7 月 19 日(乙亥)星期日

上午晴,午后大雷雨,热。上午 85°,下午 89°。92.5—73.2

竟日未出,然亦未作一字。看报外挥扇不给,汗流浃体,真难受也。

饭前予同见过,谓明日即须渡普陀逭暑,假《历代帝王年表》去。盖渠将在彼有所述作耳。予年年思避地求凉,卒不可得,见人纷纷离此，颇觉眼红，然行不得也，又为之奈何！

夜浴后纳凉，少苏积困，九时就寝。

珏人体中又欠安，红潮过多，至为念虑。据其自述，则它无所苦也。

7 月 20 日 (丙子) 星期一

晴热。夜雷雨。上午 84°，下午 89°。94.1—73

依时入馆，审毕凌独见《两汉学术史》稿，拟批发出，颇摘舛谬，大约不能见收矣。三时后与柏丞谈三十年来中国大学教育状况，彼于康梁建白似太缺略，予补充一二。

伏园由平来，明日将赴杭。今午愈之约其午饭，予与振铎、调孚与焉。谈法京事甚悉，诚所谓海外奇闻也。

致晴帆信今日发出。怀之信来，属向新任说项。

慰元书来，假《宋书》，即裹与漱艻转致之。

幽若来，宿于是。

续完《讲义》第六讲，惟申义未作，明当足成之。

7 月 21 日 (丁丑) 星期二

阴，细雨，气大凉。上午 82°，下午 80°。79.7—75.2

今日天凉，但以昨日温度超九十四，早散一小时，仍八时起至一时止。予写信四封：一致道始，一致乃乾，一致晴帆，一复怀之，俱为怀之事。有效否不可必，然已殚思竭虑以为之矣。

午刻偕昌群应振铎招，饭于其家，盖马隅卿（廉）来沪，在铎所观书，故邀往陪坐也。席次遇越然，订晚饭于其新居。隅卿随翻随录，直至六时始自铎家往越家，至则又看书。有顷晚饭，饭后复登楼看书。曲子、小说等等精善之本为郑、马所喜,而予却旁瞩它籍,得观乾隆原刻原印本《皇朝职贡图》及元正统、明永乐、成化等《登科录》,嘉靖元年《大统历》,元刻《事文类聚》,元刻《纂图互注庄子南华经》,高丽本《顺斋闲录》(此书显系高丽纸活字印,非元本)。快甚! 至十时半乃散归。抵家已十一时矣。询知珏人已略瘥,稍慰。越然藏明刻《素娥篇》,仅得二十三式,已属希世之珍。得饱眼福,快甚!

7 月 22 日(戊寅　上弦)星期三

阴霾,午后时见雨,凉甚。上午 77°,下午 78°。76.7—67.7

依时入馆,审毕杨希慈译《潘氏世界史》稿十本,拟批送出。

散馆归,方拟续编《讲义》,而晓翁见过。未几,云彬亦至。因呼酒具馔,并招梦岩共饮焉。谈至十时许乃散去。予亦酬酢既倦,客去便睡,故两日来未续一字,前日未完之件且未了结也。岁月耽人,奈何!

7 月 23 日(己卯)星期四

阴雨绵延。上午 76°,下午 78°。83.5—74

今日全市为悼侨韩商民被害事,各公团俱休业半日,下半旗一天。本馆昨日接到社会局知照,故上午停业未入馆。下午本应复入,畏雨多故,遂自休。将《讲义》第六讲完成之。

圣陶见过,谈君畴奉化近状至悉。又谈开明最近营业情形,据云上半年中已获纯益万金。傍晚去,予亦在家小饮矣。今日为复儿生日,一瞬间已二周岁,回忆去年今日,正患苦疸疾,予与珏人日夜焦虑,今幸顽健,喜之不胜。故薄具酒肴,图合家一乐。圣陶适过,坚邀未获,至歉也。

愁霖积日,各处以水灾腾之报章者触目俱是。人事不修,天裰流行,偶一设想,不禁悴然。有筹防之责者,顾别有所图,可胜叹哉!

7 月 24 日(庚辰　大暑　中伏)星期五

晨大雨,晦冥。嗣后倾盆时作。上午 78°,下午 80°。83.5—74

今日起,馆中循例暑假,下午免往。

为振铎撰一介绍《清人杂剧》之短文,寄乃乾,备登《中国学会周刊》。

昨有馀酒,今晚毕啜之。

日来天气不正极矣,霪霖愁积,田亩潦没,来岁民食,固当大忧无出,而目前疾疫,酝酿已久,一旦日出暴热,大有一触即发之机,至可惧也! 近年人事日非,戾气所感,宜有此象,固不仅迂腐者流有是叹声矣。

报载财部长宋子文昨晨在上海北站遇刺,秘书唐腴庐立死,子文走匿以免。

翼之书来,谓其父腹泻甚剧,服药不见大效。大概高年心境欠佳,又值此等气候,恐不易即瘳耳。

7 月 25 日(辛巳)星期六

阴湿雷雨,倾盆时作,终夜不辍。上午 78°,下午仍之。74.8—72

早上阻雨故,九时始入馆,十二时归。与柏丞谈所撰《最近三十年来中国的大学教育》。晤希圣,知将于暑后赴北平师范大学史学系教书。彼意拉予同同往,但予决予同必不离此北去也。

写信复翼之,慰其父疾。

下午不高兴,稍一偃卧,讵知无福之人,不配将息,三时许起来,竟体为之软软,不快甚矣! 洗脸饮浓茶一瓯,打起精神读陶氏所辑《昭代名人尺牍续编》尽四卷。颇欲饮酒而两脚如麻,不便出沽,遂未果偿。入夜即睡,幸得安眠。(昨晚十二时为邻妇啼哭所惊觉,终宵未得良睡,故有此失。上海弄堂生活之苦如是,不啻活地狱也。)

7 月 26 日(壬午)星期日

阴,雨绵不止,夜半倾盆。上午 77°,下午 78°。76.3—69.9

晨起看报讫,雨尚未大,乃乘隙驱车往霞飞路宝康里二十号访晴帆。未及门,雨已大集。晤谈此次宝山谢职事甚悉,大约瓜代已届,即不见议亦将去官耳。即在其寓午饭。饭后又谈,并纵观所藏书印等。三时许乃辞归。归途误乘南市之车,几为车夫所乘,丢失书物,幸发觉尚早,拔步追之,始得珠还。盖晴帆赠予青田石制琴式纸镇一具并一山西人所刻《五柳先生传印谱》石印本二纸,适挟以归,匆遽离车,偶忘之。乃见车夫狂奔,顿晤其事,故追还焉。然而气喘喉渴,几若长征归来者,不习劳苦如此,诚非宜生今之世矣! 归家偃休,久之乃舒,静坐思之,止有叹吾此身之无用耳。

夜雨滂沱,屋漏如注,卧床听之,不可终宵,遥想灾区之人,几为滴泪。

7 月 27 日(癸未)星期一

晨阴,旋略见开霁。上午七八,下午八二。88.2—69.3

依时入馆,审查萧一山《中国通史大纲》稿,尽四小时中毕之,拟批送出。

故宫博物院文献馆所出之《史料旬刊》三十册今日由景山书社寄到。

写信复颉刚、世五、子玉。复颉刚则寄曩作《鸡鸣》诗别解去,世五则告《旬刊》已到,子玉则慰其三女病笃也。俱在馆中寄出。

下午在家续编《讲义》,至六时止,仅得千馀言,第七讲之尾犹未毕也。

夜饭后入浴,浴罢就灯下观《昭代尺牍续集》尽两卷。近十时乃寝。

7 月 28 日 (甲申) 星期二

将明时雨,旋开霁。入晚又雨。上午七九,下午八三。88.6—73.8

久雨得霁,殊快! 上午仍依时入馆,审查郑鹤声《荀悦年谱》稿。

下午在家续毕昨稿第七讲。

夜小饮,饮后看《昭代尺牍续集》,又尽两卷。然就寝时雨声又淅沥聒耳,不免念涉遐想,大为明年民食作杞忧矣。幸不久即熟睡,未致失眠也。

7 月 29 日 (乙酉 望) 星期三

晴曇并施,转热矣。上午八二,下午八五。87.7—74.1

上午依时入馆,审毕《荀谱》,拟批送出。另有重编《班谱》则拒却再看,一并付还柏丞许发落。写信五封,分复颂久、寿白、予同并致晴帆、君匋。

剑华清晨见过,出稿三册属审查。

饭后在家续编《讲义》第八讲,至四时半,圣陶来,遂未及毕事,即收去。五时与同过新中国书局,出席董监联席会。七时即在局中晚饭。谈至九时许乃散归。呼汤濯身后,再看《昭代尺牍续集》,至十一时始寝。

7 月 30 日 (丙戌) 星期四

昙热,午后晴畅。上午八三,下午八八。91.8—76.1

依时入馆,与柏丞洽诸事。接子玉函知其三女又逝,为之增喟不止。

下午在家续编《讲义》,毕第八讲并及第九讲之半。四时三刻往过振铎,同访乃乾于惠中四楼。少坐,晴帆亦至。谈至八时,共饭于三马路之皇宫饭店。九时三刻散,十时半到家。吃得大饱,颇不舒。

乃乾及晴帆都为怀之尽力,怀之得蝉联矣,大慰。乃乾并出近印《范声山杂著》四本见赠。范氏名锴,湖州人,所著《花笑庼杂草》颇存旧闻。

7 月 31 日 (丁亥) 星期五

晴热。上午八五,下午八九。91.8—76.6

依时入馆,审查外稿《帝国主义论》。下午照常在家续编《讲义》第九讲,适晴帆见过,遂辍去。四时三刻,晴帆去,复作之,至六时停笔,凡得千言,第九讲犹未竣事也。

夜小饮,饭后浴。浴罢少坐即寝。

晴帆约星期日访道始,予拟届时以天热与否为从违,故未肯定。

新见一刊物曰《读者》，中载一文为《研究古史的方法论》，于颉刚颇致评骘。但态度尚好，不若梁园东之叫嚣，而大扬郭沫若，其亦醉心唯物论观者尔！因裁下封寄颉刚，俾采入《古史辨三集》中。

8月1日（戊子）星期六

晴热。上午八五，下午九〇。92.1—77.9

依时入馆，续审昨稿。午饭时径赴孟君谋家，祝其夫人丁愈昭三十初度。珏人挈同儿先在，正与晓翁夫妇及君谋打牌。少坐吃饭，肴甚佳，据云常州馆子也。饭后予坐下打牌，前后十二圈，共输大洋三元许。时已五时，潏儿挈复儿、静甥来就，因与共赴虹口公园招凉。及七时，电炬通明，夕阳匿采，乃率诸儿乘人力车归。倦甚，夜饭后呼汤濯身已，即就寝。

8月2日（己丑）星期日

晴热，清晨曾下雨。上午八四，下午九一。93.7—78.6

早起看报讫，已十时，乃驱车至宝康里访晴帆。略坐即与偕访道始于爱文义路永安里，道始赴锡未返，仅晤其父。既而仍同返晴所，即午饭其家。午后四时始归，归途为珏人购得"保和他民"药液一瓶，据医云，最好之营养剂也。

夜浴后当风看《昭代尺牍续集》。八时许即睡。

8月3日（庚寅　末伏）星期一

晴热。上午八五，下午九二。94.3—77

依时入馆,审毕前稿,拟批发出。写信三封,寄乃乾、翼之、子玉。

剑华来谈,商收《中国历史故事》稿。移时乃去。

续毕《讲义》第九讲并接编第十讲,亦完之,凡二千馀言。

夜饭后当风看《昭代尺牍续集》,全部廿四卷已完。快甚! 嗣后随意翻翻,亦正大有趣味耳。从此买书当别换一个方向,拟由珂珴版印之书画集入手,日积月渐,或可蔚成巨帙也。

8 月 4 日(辛卯)星期二

晴热。上午八四,下午九二。96.6—76.9

依时入馆,只整理杂务而已。下午在家,续编《讲义》第十一讲毕之。又续编第十二讲,及半而止,以实在太热故也。

接觉明信,知为予购得《清开国史料考》、《鸦片事略》、《平寇志》三书,但尚未见寄到。该价四元二角,拟俟昌群北去时带赵也。

8 月 5 日(壬辰)星期三

晴热,午昙,午后阵雨即止。上午八六,下午九〇。95—77.2

依时入馆,仍理杂务。今日正式发表,改部为组事定于八月一日起正式成立,予任历史组主任。徒忙七足月,今始以此相畀,不知当局自居何等,视人又居何等也!

觉明寄书三种,今日挂号递到。

午后在家续编《讲义》第十二讲毕,第一批已了。因即收拾包封,于五时左右亲访圣陶面交之,并约昌群及伊共饮于北四川路南京酒家。昌群本定明后日行,以同伴须后,故或展缓三五天云。饮后徜徉至四川路桥,然后回头仍循原路以归。

8 月 6 日 (癸巳) 星期四

晴昙并作,热。上午八五,下午八九。93—76.1

依时入馆,看杂志数事。天津《大公报·文学副刊》载有《评太平天国革命史》一文,止见端绪,对予旧作颇有匡正,俟下星期看其续完否。此作居然有人注意,大快,不过仓卒成书,纰漏未免,恐不堪一击耳。

饭后为晴帆书扇一,录孟浩然《江上思归》勉应之。予愧不能书,渠偏不肯为之藏拙,书之滋惭无极矣。

写信三封,分致觉明、乃乾、晴帆。

开始为《东方》专号写一文,题为《辛亥革命的回顾》,已得二千言。

8 月 7 日 (甲午　下弦) 星期五

晴热,午间阵雨即止。上午八三,下午八九。92.5—78.9

依时入馆,看杂志数事。饭后仍在家续草《辛亥革命的回顾》,至六时,得二千言。适振铎与圣陶见过,因与偕出,小饮于福州路豫丰泰之凉台上。至九时一刻始散归,仍由一路电车循虹江路以返。

8 月 8 日 (乙未　立秋) 星期六

晴热,有风。上午八六,下午八九。92.3—78.4

依时入馆,看《国闻周报》等刊物。

饭后在家续草《辛亥革命的回顾》,至夜仅完第三节。明日如无兜搭,当可告竣,惟星期例假,难免有人见过耳。如有停顿则星一交卷之约或将愆期矣。

8 月 9 日 (丙申) 星期日

晴昙兼施,午后微雨。西南风紧。八十七。90.7—78.8

晨兴,方理旧稿,而铁笙见过,谓昨甫自宝山办竣交代归,往见晴帆,晴帆托渠来邀,今日午饭其家。予诺之,赠近著两种与之而别,约十一时往看同赴焉。铁笙去而续伸旧稿,又写数百言。届十一时,即弃去,径访铁笙,同过晴帆。当将所书扇归之。饭毕同游豫园,茶憩于里园二楼。至四时许乃各归。

今晚六时,梦岩宴客于其家,予与圣陶、煦春、剑华、晓先等皆与焉。而调孚来片相邀,谓赵斐云及振铎等俱在越然家,约予前往。予即作片辞之。至五时许,圣陶来访,乃同赴梦岩约。七时半开尊,至九时三刻而毕。十时归。饮过多,颇不舒。

8 月 10 日 (丁酉) 星期一

晴昙,细雨,大风间作。闷。上午八六,下午八八。

依时入馆,今日为暑假最后之一天,明日起,即须照常上下午俱入矣。

昨日暍热多饮,今日神思懒倦,饮食无味。午时因振铎见招,勉过其家吃饭,晤斐云,一恂恂少年也,初识者不知其为目录版本专家也。但因体中不适,怠于开口,曾未交数语耳。草草食已,胸次已大难受,急辞以归。袒衣跣足,当风偃息,始少苏。将五时,忽晴帆偕道始及前无锡县政府秘书沈君叩门见访,因勉整衣裳接谈之。六时半,同赴新雅晚饭,予十分勉强,酒仅沾唇,肴仅着箸而已。八时许别归,竟不支矣,纳头便睡,胸腹饱闷,苦极!(十二午补记。）

8 月 11 日（戊戌）星期二

晴，细雨间作。东南风烈。病中失记。91.9—80.1

竟日卧床，未能起坐，而晨间吐泻兼作，难过欲死。幸珏人为予提括颈背胸脘诸处，始稍松。未入馆，是晚东华宴客，乃谢之。夜睡仍不好，数起就泻。（十二午补记。）

8 月 12 日（己亥）星期三

昙，东南风烈。热闷。上午八六，下午八九。91.8—78.5

今日稍好，仍未入馆，偃卧休息而已。饭后强续《革命的回顾》稿，竟致目眩头晕，不能属笔。遂罢。傍晚，云彬见过，商开明选印《中国名著读本》事，予为增损其目，并别择版本若干种。有顷去。

夜避风则热甚，当风又不可，颇难贴席。顾视同、复，痱子满体，甚以为恨。

8 月 13 日（庚子）星期四

晴热，风势少衰。上午八六，下午九〇。93.2—77.4

仍在家休息，续《辛亥革命的回顾》稿三千言，但全篇仍未毕。汗喘竭蹶，仅而得此，因思仲长生不受当世之责之言为深得世味之至矣。明日拟仍不入馆，并力完此，交出后心上始脱累耳。

漱儿忽感疾，腹痛不泄而大吐。举家惶骇，急提痧以解之。并投以松实及萆麻油诸品，入夜始稍安。

8 月 14 日(辛丑　七朔　月建丙申)星期五

晴热多云,风已减。上午八七,下午九一。93.2—77

仍未入馆,惟病已去,体力少乏耳。《辛亥革命的回顾》稿续完,至夜始毕,共得万二千言。明日将交出免此文债也。午刻昌群来辞行,今晚即上船北发矣。

饭时愈之过访,午后四时晓先、剑华过访。愈之来问疾,晓、剑则就商新中国书局编书事也。前客略谈便去,后客则薄暮始行耳。新中国前途甚飘,非努力加鞭不能克振,幸剑华多助,或可胜任焉。

一病三日,废事五天,诚矣!摄生之不可不讲也!饮淡货色者耽酒食,终不能漠然无所欲耳。今后逢食,格外谨慎可矣。

今日送报人未至,故昨日天气报告无由录入。

8 月 15 日(壬寅)星期六

天晴多云,南风泱然。上午八七,下午九〇。93.2—75.2

今日照常入馆,处理积事若干,并将昨完之稿交愈之。谢兴尧评予之《太平史》下半篇亦见到,尚平情。撰述之难如此,嗣后将更不敢轻易落笔矣。圣陶书来,催作《中国史中之重要时代》一文,止得暂缓应命耳。

下午东方杂志社即将稿费六十元送来。三时半散出。四时本为本馆创立三十五年纪念式,于义馆员当参列。予以畏热,不耐久立听废话,遂未果往。四时许,安甫妹丈至。谈江船情形颇悉,大约世途嵚巇触处而然,徒据律令条教以觇之,犹其皮相耳,至于诰谟之文益不足信斯世有如斯之太平矣。六时去,约明日来饭。

夜八时,幽若来,下榻焉。怀之、翼之明日或将至,故赶来会之也。

8 月 16 日（癸卯）星期日

晴热。上午八六，下午八八，夜八五。92.7—76.7

竟日未出。午间祝飨祖先，盖中元节矣。悦之来饭，饭后打牌。适伯南师见过，陪谈至四时许，始送之登车。予仅打四圈而已。傍晚，安甫、翼之俱来，翼且挈其女德琪同来也。夜饭后，安甫先去，悦之继之，幽若、翼之父女则下榻予家。予为诸客所包，应对已竭，十一时睡，竟失眠，苦矣！

8 月 17 日（甲辰）星期一

晴热。上午八六，下午八八。95.9—76.1

依时入馆，审查外稿一件，下午一时归饭。

翼之往宝山访怀之，未晤，据云已调至月浦暂代分局长矣。

傍晚七时，与世禄偕赴新闸福康路白鹿坊六六六号谭禅生寓晚宴，盖午前亲来相邀，不能不去也。九时半归，又与翼之长谈，十一时乃就寝。方出门时，铁笙见过，未及接谈多时即分手去。甚歉！圣陶与望道偕过，予已出，未之见。

8 月 18 日（乙巳）星期二

晴热。上午八六，下午八八。95.5—77

依时入馆，审查稿件及答信。一时归饭。饭后倦极，昼寝一时许，生平所难遇也。夜与翼之对饮。

尚公榜示，同儿已取中。

书问圣陶，昨与望道见过何事。

8 月 19 日(丙午)星期三

晴热,夜绝风。上午八六,下午八八。97.5—74.1

依时入馆,照例处杂务而已。一时归饭。

下午与翼之等打牌,四圈即止。傍晚对饮,悦之亦来。晚饭后,幽若来。至十时,悦之去,幽若则留宿焉。日来伊兄弟姊妹常同在予寓,寓中顿觉热闹,即寻常日记亦无暇作,客去后始补志之。

尚公学费已由瀋儿前往交付,归呈收据取款,计二十五元四角。

圣陶书来,谓望道望予能于明年春季交书。

8 月 20 日(丁未　上弦)星期四

晴热甚。上午九〇,下午九二。96.4—78.6

依时入馆,热极不能办一事,仍挨至一时始出。

翼之父女今日午后三时偕悦之同返苏垣。幽若则清晨即去。

汉儿今日生日,不觉已十周岁矣。尚公适于今日开学,同儿初次入学,由俗例当由母舅送上学,遂托翼之送去。八时许往,十时许乃归。

数日以还,亲友周旋,颇以为苦。不知以何因缘年来渐厌交际,或精神日敝,弗克膺此麻烦的喜剧乎! 未老先衰之征,斯其发见矣。返童无日,不禁怅惘。

闻调孚言,贤江已在日本病殁,业将火葬所烬之骨灰带归矣。中心为之痛悼。此公毅力卓绝,坚苦足式,乃竟罹斯疾,郁郁以终,伤哉! 朋辈中真实可亲者顿失一人,宜乎闻之者俱发嗟咨也。

8月21日（戊申）星期五

晴热，较前昨稍好。上午八六，下午九〇。96.3—77.4

依时入馆，仍一时散。看钱穆《国学概况》及钱基博《国学文选类纂序》。

午饭铎所，与伏园、春台、希圣、调孚、予同同席。伏园即日北上，希圣一星期内行，振铎半月内行，同仁日见分散，大有岑寂之感矣！席上闻予同言，石岑行止近益不检，借学者为招牌，纵兽欲以文说。直一淫棍而已。彼本嫌予迂腐，不来亲近，予亦乐得远之耳。

今日发薪，以生活指数加高，普加二元一角。但应加之特加薪却不见动静，不识当局之用心为何如也？予在馆将及十年，而逐次普加未及二十元，真令人灰心丧气，无兴理会矣！此次若成画饼，止有决然舍去耳。

鞠侯为《中学生》撰《水灾之话》一文已脱稿交去，不日当可登出也。

8月22日（己酉）星期六

晴热。上午八六，下午九一。98—77.7

依时入馆，仍下午一时散。发排郑鹤声《荀悦年谱》。

方光焘昨自法归，住雪村家。今午来馆见访，因与振铎、予同、觉敷共宴之于中有天。饭后同过铎所小憩，二时许乃归。

圣陶书来，托转鞠侯二十元，酬《水灾之话》之稿费。

傍晚挈同儿出，访铁笙，与其伉俪共饮于豫丰泰。八时许散归。

8 月 23 日（庚戌）星期日

晴热，北风。上午八七，下午九一。95.4—75.9

竟日未出。看报讫，怀之来，知月浦已还代，昨晚返县府消差矣。饭后打牌。圣陶来访，谈诸友近事至悉。四时许去。怀之于晚饭后去。予浴后坐凉许久乃寝。

人事不修，巨浸稽天，水患之广达十有七省，而江淮为尤甚，武汉三镇则亭毒之更深者耳。报警频闻，呼赈数回，中央政府亦特组委会，发行赈灾公债以为之倡，民间自动恤邻者踵相接。此国临难应有之义，其如事先不省，官务侵财，民务侵地，遂使水利不举者二十年于兹，又何贵有此临渴掘井之张皇哉！抑有进者，又谁能保此次办赈之人俱能涓滴归于实际乎！偶一涉思，不禁浩叹！

8 月 24 日（辛亥　处暑）星期一

晴有风暴象，偶一斜雨。上午八六，下午八八。90.1—79

今日起恢复九时上班制，仍上下午各三小时。但以天热在九十四度以上，故下午仍减一时，三时半即归。

写信二封，一复翼之，一复晴帆。

夜饭后坐纳新凉，八时许即寝。一切不问，酣然自适，亦至得也。

8 月 25 日（壬子）星期二

风暴大至，雨斜飞。上午八五，下午八四。83.8—79.9

依时入馆，发排《世界人种志》。馆中坐位于下午大遭雨沾，竟不能坐，移至虎如位暂憩，须天晴始可唤匠人修葺也。如此小累,已大觉难堪,因念罹灾之民之露淋浸水者其苦痛为何如。日来工会议决,对此次水灾,同人皆当捐薪赈济:百元下者捐薪一天,百元上者捐薪一天半,二百以上者捐薪两天。自有工会以来,此仅差强人意之事耳。

傍晚,组青冒雨携襆被来,盖于居停有违言,又奋然赋归矣。

暴风雨来袭,暑不退而加湿,顿令黄梅旧恶油然复生,不快甚已!夜深后风转疾,屋为之震,天明始暂止,盖飚之中心已越过此间而北去矣。雨与风偕,势亦甚烈,直待黎明而稍已。料想低洼之处必又成泽国耳。

8月26日(癸丑)星期三

风雨稍止,午后放晴。上午八二,下午八〇。79.7—77

依时入馆,校夏曾佑《中国历史》重排样。将坐位整理一过,勉强可定居矣。

今日上海华字报俱未送到,馆中止见 *Shanghai Times* 及日文报,谓昨宵风雨,本市大受影响,沿黄浦一带,潮已上岸,水深三尺云云。然则望平街一带之报馆胥受水患,机器不能工作矣。又据外来同人言,租界近浦之地悉为水掩,电车亦停驶也。

傍晚夕阳甚好,圣陶偕平伯见过。平伯甫自平至,将回杭扫墓。少坐,即与俱出,小饮于新雅。所经宝通、宝源诸路水犹过膝,车行宛如挐舟也。九时散出,复饮冰于四川路之苏伽里。近十时,平伯登车回青海路寓所,予与圣陶分途各归,平伯言,佩弦已由西伯利亚出国赴欧矣。

8 月 27 日（甲寅）星期四

晴朗，顿见凉爽。上午七八，下午八一。85.6—69.6

依时入馆，录关于太平天国史料之华籍目录交开明茶役带与圣陶，俾转交光燊。仍续校夏氏《史》。予同、径三发起，明日下午七时在小有天公饯希圣、振铎、达夫，希、铎有北平之行，达夫则由广东中山大学派赴法国也。

王亮所印《清季外交史料》将截止预约（九月廿九），宜措款一购，俾与故宫所出《三朝筹办夷务始末》合成一气。清代外交史料得成全璧，亦一快事也。惟须款七十八元则颇费踌躇耳。

夜凉好睡，大快！

接昌群函，知已到平返津，准备上课矣。

8 月 28 日（乙卯　望）星期五

晴热，早晚凉。上午七八，下午八二。89—68.7

依时入馆，校夏氏《史》。第一批排样已校毕，凡六十页。

午饭于振铎家，晤隅卿、斐云及宝学通艺馆经理张伯岸（之铭）。馀客则越然、予同、愈之、仲云、调孚也。晚饭于三马路小有天，公饯希圣、振铎、达夫也，主则予同、愈之、调孚、圣陶、功甫、觉敷、径三、一岑、叔愚与予十人，故傍晚时圣陶过我同往。九时许散，十时到家。

8 月 29 日（丙辰）星期六

阴霾，偶见细雨。上午八一，下午八〇。83.8—69.8

依时入馆，配到江侠庵编译之《先秦经籍考》及罗邕、沈祖基合辑之《太平天国诗文钞》各三册。江译为日本研究中国学之名学者所著，甚多创见，胜义亦众。罗辑则漫不别择，乱钞杂凑，不但恒订可厌，抑且虚伪扑人，殊不能与印刷及纸张相称也。

傍晚赴新中国书局宴于四马路同兴楼，适硕民、圣陶同来，遂偕往焉。坐客为仲达、予同、圣陶、硕民、均正、调孚及予，振铎则以事未到。主人仅剑华及局中职员张君，金、朱二人则未至。九时三刻散，十时许归家。

8 月 30 日（丁巳）星期日

阴，上午大有雨意，午后晴。上午七八，下午八〇。86—76.7

晨起少坐即出访硕民于圣陶所。同啜茗新雅。阅一时，以天黑防雨，仍同返圣陶所。谈至午后二时始别，即饭圣陶家。硕民乘车赴嘉善，予则径归。看今天各日报。

傍晚平伯、圣陶见过，复同出，饭于新张之特色酒家。地处北四川路、靶子路之交，宜见起色，乃营业状况远不如新雅，不审何故？岂应俗所谓有运亨否之故耶！九时半归。

8 月 31 日（戊午）星期一

晴，较昨热。上午八〇，下午八三。86.4—69.3

依时入馆，看《先秦经籍考》。

散馆后鞠侯来访，并以《中西交通史料汇编》见还。谈有顷去。

觉明书来，谓此次考察团在新疆所获木简至夥，整理后当有大发见也。闻之大喜，将来简册实形宜可复睹耳。北平为文献渊薮，初不因移都而减其真价，信然。

　　金生家凤来见,云奉派来沪办事,于京粤内幕剖析甚详。两方俱以意气为前提,必无和洽之可言,深恐一切无办法,江西问题则转形棘手而已。人事如是,独责天之睽睽乎!

9 月 1 日(己未)星期二

　　晴热。上午七九,下午八四。87.8—72.5

　　依时入馆,仍看《先秦经籍考》。

　　振铎示予《拊膝录》四卷,玉海子刘琳撰,钱士升订,首有士升崇祯甲申八月序。半页九行,行二十字。版心别题《逊国逸书》。所记为建文逊国君臣纪传,于当时殉身及希荣诸人历历如绘。后附程济《从亡随笔》二十六页,史仲彬《致身录》十八条十八页,《冤报录》五页。《冤报录》前附祝允明笔记一则,版心则题《铁老生冤报录》,开首又题《黄陈冤报录》。书仅二本,索价乃云七十元,亦可云贵矣!予略记其目而还之,彼亦即还书贾也。

　　夜与圣陶、振铎、希圣、予同、望道、东华、立三在北四川路南京酒家小饮,谈办《文史评论》事,至十一时始归。日间禅生又来索稿登《书报论衡》,真应付术穷矣。

9 月 2 日(庚申)星期三

　　燥热,傍晚大雷雨。上午八四,下午八八。91.2—76.4

　　依时入馆,仍看《先秦经籍考》。

　　傍晚六时赴由鏖、越然约。陪钱振铎于越所。馀客为鸣时、少苏、调孚、予同,乃乾则阻雨未至也。越然新得《宋元书式》四巨册,因出示。凡宋、金、元版书单页一百卅馀纸,装裱册页四帙,纸色、版式、墨色、刻工一一可辨,不啻饱看宋元书百馀种也,为之快绝！饭后又看洪武刻二十卷本明祖《御制集》，亦孤本也。继又剧谈，至十一时始归。又见到《永乐大典》一册是佛经之经论，已忘记卷数及韵目矣。

9月3日（辛酉）星期四

阴雨，傍晚止，中夜又作。上午七八，下午七七。75.4—67.8

依时入馆，发排姚名达《刘宗周年谱》，校夏《史》头批覆样。

傍晚赴东华、仲云、望道、六逸约，往桃园陪钱振铎、希圣。徐客到青崖、景深、剑三，予同、圣陶、调孚则未到。九时许散，往访乃乾于大中华。旋茶谈于大西洋，与铎、逸、东、云商调孚代《小说月报》事。十一时乃归。青崖谈近日学生误写别字，甚慨已往之谬。予谓不早订正，将来真有丧文之惧耳。

乃乾携其情侣，暂止旅店，观其状态，正复意得，而予则深为之扼腕矣。彼抱美质而甘自暴弃，二十年来迄无所就，友朋中殆莫之比也。不亦大可痛哉！

9月4日（壬戌）星期五

霪雨，傍晚稍止，夜半又雨。湿甚。上午七六，下午七五。73.4—67.8

上午入馆。下午以墨林来，遂未往，与珏人、组青合打牌。傍晚赴丐尊、雪村之约，到陶乐春晚饭。客为振铎，陪宾则予同、光焘、雁冰、圣陶、均正、愈之、云彬及予也。八时许撤席，又同往惠中旅舍开一三楼之房间藉资畅谈。至十一时始各归，而丐、雪、予、愈、焘则留舍矣。

连宵在外晚饭，必十一时乃得归，倦矣！大约振铎行后，此等机会将少耳。故虽感倦,犹不免恋之也。

《辛亥革命的回顾》一文,今日东方社送来校对,已校毕还之。

9 月 5 日 (癸亥　下弦)星期六

霆雨,大凉。上午七四,下午七五。74.3—69.3

上午入馆,看报外未作它事。下午未出,在家偃卧以舒积倦。四时起,呼汤䐈洗讫,展《明贤墨迹》欣赏之,入暮未毕。夜饭后掌灯续玩之,移时而竣。怡适之致,近未有也。

富平张鹏一所撰《阿母河记》,近由中国学会印行,前日乃乾寄赠一册。其书用《俄属游记》、《长春西游记》、《元史译文证补》等书取证,颇详核。然域外地理,不谙外籍者几无所措手,往复徘徊于故纸中,终打不出一条大路也。现在治学之不易,有非从前所能想见者。

9 月 6 日 (甲子)星期日

霆霖愁人,晚晴。七十五。73.9—69.3

竟日坐雨,闷损甚。看报外,赏玩《晋唐帖十一种》(越州石氏本,本馆珂㼈版印)以自娱。虚斋无事闲里过,亦正堪夸福于被灾之同胞矣。天实为之,成此畸形,乃亦不愿有是消受之分耳!

至美、至诚来,傍晚去。予嫌无聊,沽酒独酌。九时许即寝。

9 月 7 日 (乙丑)星期一

晴爽。上午 75°,下午 80°。84.2—66.2

依时入馆,循例办事。写信复昌群、觉明,并及晴帆。

夜小饮,昨所剩馀沥也。九时许寝。

　　鞠侯午前看得横滨路四十五号房屋一所,讲明顶价二百七十元,当付十元为定,约下午五时往成交。届时约予同往,则出顶者托词反悔,大费口舌,卒令倍归定款而后已。旋知是屋已另顶与他人,得三百五十元,故为设词相拒,如逾约始去,定款当然没收,即如约往办,亦宁愿倍付定款以就多许也。海上赁屋,大都有此一手,诚可叹也!

9月8日（丙寅　白露）星期二

　　晴爽。上午七六,下午八一。86.7—69.6

　　依时入馆,校覆样及循例办杂事。看《提要·集部》别集类存目。

　　夜饭后开唱片自娱。迟晴帆不至,故宴眠以待之耳。

　　故宫所出日历及通行历本俱作明日白露,独此间市府所颁历及各书坊所出日历则俱作今日白露。不知孰是?

　　觉明书来,谓馆中促其辞职,故向柏丞提出辞书,托予转去。又所译《发见美洲与东方契丹传说相关》稿七千馀言,托送《东方》,应得酬资托代定杂志云。

9月9日（丁卯）星期三

　　晴微热,夜尚凉。上午八〇,下午八二。87.9—69.5

　　依时入馆,校第二批夏氏《中国历史》。

　　觉明译稿邮到,即转与愈之。俟得复,当照觉托办理也。

　　照著作人自购例以七折买得所著《太平天国革命史》、《中日战争》各五册,将以分赠索者。是项写作,殊无满意之价值,本不欲示人,以问者多,遂不能不相见耳。

锦珊来,知曾卧病,今愈矣。谈至傍晚去。

夜呼酒小饮,以时鲜炒蟹粉下之。

9 月 10 日(戊辰)星期四

晴,热不甚爽,夜微雨。上午八〇,下午八二。86.4—68.7

依时入馆,续校昨样。看毕《提要·集部》别集类存目。

珏人偕组青往东方听书,盖光裕社近为赈灾会书号召,珏人日来精神殊不佳,特怂恿以往,俾稍振也。十二时半往,六时半归。据谈极满意。惟神亡体倦,所得亦殊有限耳。

越然、由廛、平伯、雁冰各赠《太平史》及《中日战争》,越、由径令茶役送去,平伯邮致之,雁则托圣陶转交焉。

夜小饮,适铁笙至,因共酌焉。谈话极上下古今之致,殊快也!八时许去。

仁馀里经租账房派员来谈加租事,同人之住里中者朱蔚伯等接见之,并邀予参列。大约可稍加,未必即依其来函照加也。

9 月 11 日(己巳)星期五

阴晴间作,微雨时飞。上午八一,下午八二。82.9—73.8

依时入馆,看《提要·集部》总集类。

禅生来催稿,许于二十前作一篇交之。

夜小饮,看儿辈在庭中烧九四香,盖今日已为旧历七月底,俗有此例,不妨由之游戏也。岁月奄忽,转瞬仲秋至矣,以予疏懒,在家又久废撰述,实非所宜。凉爽袭人,当思补过,今后打叠精神,全力应付,自不容或缓矣!

9 月 12 日（庚午　八朔　月建丁酉）星期六

晨见细雨，午前晴，午后阴。上午七八，下午七七。83. 9—70. 2

上午依时入馆，看《东方》最近期，有希圣等与楼桐孙争中国家庭制之将来诸文。平心论之，楼文顾恋太深，而希圣诸文则又过持新语，要皆不切将来者也。下午在家浴身，未入馆。

广东出兵入湘，载诸沪上各报，当已证实，北平空气亦未见佳，则蒋之中央将难为力耳。惟是时至今日，一切主义理论举不足以再取信仰于人人，无论如何，终是以暴易暴，恐亦每下愈况而已。吾辈又奈之何哉！又奈之何哉！

夜小饮，珏人为制虾仁蛋糕以下之。饮后闲翻唐蔚芝所辑之《人格》。觉言之药石，惟今之醉心"新"字号之盲目诸公不能领会耳。予已令清儿抄写，一方资练习小楷，一方实亦思渐启之也。

9 月 13 日（辛未）星期日

阴，午后数见雨。上午七六，下午七五。75. 9—65. 3

清晨挈漱、润两儿出，进点于宝山路南口聚兴馆。既而闲步于靶子路、北四川路、篷路、北河南路，仍由宝山路口乘公共汽车以归。珏人则挈同潗、清、汉三儿至虹口小菜场购鱼肉诸事，后予等半时始返，盖今日休沐，忽然高兴也。九时许看报，报载消息仍沉闷，其又被抽，抑有所顾忌乎！

饭后圣陶来，托昌群储折届期还同仁储蓄会事，并约作文登《中学生》。旋与俱出，茶于邑庙豫园之里园。薄暮返，知晴帆尝来看我，累日候之不至，偶一走开即见过，真缘悭耶！

夜仍小饮，是夕失眠，十一时觉后直至翌晨四时始合眼。恚甚!

9 月 14 日（壬申）星期一

阴雨时作，惟不甚大。上午七三，下午七五。75.7—65.5

依时入馆，校覆样两种，八十二页。

散馆时，晴帆、道始及朱君来看，盖叶园游罢归来，顺道过我也。因与俱归，少坐清谈。至六时，朱君将宴道始于同兴楼，遂邀予共去。八时许散，道始约明日下午六时在都益处叙谈。

觉明稿费三十二元已送到，明日当为代订书报也。

9 月 15 日（癸酉）星期二

阴雨，午前后燥热。上午七五，下午七六。82—68.2

依时入馆，校覆样及看《提要·集部》总集类，并写信复昌群。

晓翁来，谈至傍晚去，渠所著《上海》已交稿矣。予亦遂出，径赴道始都益处之约。至则晴帆夫妇、仰钊及朱君已俱在，殆专候予一人矣。予出所著《三国之鼎峙》、《太平天国革命史》、《中日战争》三种赠道始。八时三刻散，复往晴所畅谈，至十时三刻乃归。时已濛濛细雨，坐车中湿气侵眉目，殊可厌，及到家，已十一时二十分矣。临别，仰钊约后日下午六时在小有天候叙。

9 月 16 日（甲戌）星期三

午前濛雨，午后霁。上午七六，下午七四。76.6—67.1

依时入馆，仍校覆样。

午后幽若来，当晚即去。

五时与圣陶同出席新中国董监会，即饮焉，至八时三刻始散归。

接铁笙函,知曾小病,招予携同儿往一谈。

觉明所订《东方》及《说报》已于昨日定妥,今日将馀款二十六元及赠券定单等悉寄汇与之,仍托分庄科代划与平分馆。

9月17日(乙亥)星期四

阴,偶晴,时见濛雨。上午七三,下午七六。77.7—66.9

上午入馆,下午在家为禅生草文,未往。

傍晚五时半往访剑华,交息予稿,并属代制年表稿纸。六时许,往赴仰钊约于小有天。晤道始、晴帆等。九时散,十时归。

虎如书来,知已抵平,为其外舅金雪苏约编《中国历史丛书》。

9月18日(丙子)星期五

晴,午前细雨即止。上午七三,下午七六。83.3—63.3

依时入馆,与柏丞商,复虎如约金雪苏编《汉代辞赋之发达》。柏丞约予编《高中本国史》,若在明年四月交稿,则暑假后即可发售也。予已许之,将不取稿费而改用版税办法。

散馆后在家续完昨稿,计二千馀言,署曰《读中国古音学》。明日当托达人转交禅生。

云彬来,谓肯为新中国作《张骞》、《五胡乱华》、《唐太宗》三题。

9月19日(丁丑　上弦)星期六

晴,早晚阴。上午下午俱七五。79.3—65.7

依时入馆,审查梁园东《高中本国史》稿等。

闻人言,前晚日本兵藉口东三省中村失踪事件,突攻陷沈阳,北四川路一带日商门前且大揭标语以祝成功云。不胜愤懑之至!夫日本之谋满、蒙,非一朝一夕之故,惟甘冒不韪,猝发如此,则不之料也。时至今日,责任谁属,理知何解,举非宜讲,止有一心一德,合力以赴之,庶不再致扩大,斯可徐图耳。一切感情从事,恐益不可收拾矣!(上海各报迄无一言及之,真可叹。不识明日究如何也?帝国主义安能禁人呼?痛,疑非人间世矣。)

夜闷甚,取酒小饮以资排遣。然悲愤填膺,殊不堪下咽焉。

达人以刘氏嘉业堂所刊《章氏遗书外编》卷十九、二十赠予,盖渠劝刘所刻,所以足章氏之遗著者也。

9 月 20 日(戊寅)星期日

晴朗。上午七三,下午七六。80.1—62.1

晨起看报,悉日本占领沈阳、长春、辽阳、凤城、连山湾、营口等地,任意禁掠,惨无天日。一切不忍言,亦不忍思,止有痛恨己国之不振,太乏力量对外耳!复何言哉!《时事新报》评论有云:"此事万无圆满解决之望,我国亦无法使本问题之缩小。"又云:"满口血,满眶泪,只有咽下肚皮,做增进理智与实力之燃料。"又云:"国人必须镇静。但镇静之意义决非束手,决非默坐,且须慎防酣睡,慎防麻醉。"又云:"此事决非何种感情所能济事,决非何种技巧所能挽救。"又云:"国难当前,人人负有责任,人人应该自效,且人人确有报国之方法与机会。但要认明白,我人所要对付者是日本国,切忌对于任何日本人作任何报复。"呜呼!何其委曲隐痛一至于是乎!

君畴偕圣陶来访,因共往新雅午饭。饭后乃乾见过,谈至薄暮始去。

9 月 21 日 (己卯) 星期一

晴凉。上午七四,下午七七。62.4—58.9

依时入馆,校《春秋年谱》,并看《提要·集部》总集类存目。

昨日乃乾过予,曾出示顺治九年、十二年、十五年三年之《进士履历》,三科相连而新城王士禄、士禛兄弟俱列其中,颇为名贵稀见也。书为吴兴蒋谷孙所藏,将求售,越然已出价六百金,彼尚未肯脱手,大约至少需八百金云。收旧籍而流于古玩,坐使书价日上,诚足令寒士咋舌矣!

怀之昨日来,今晨归宝山。

子玉来,午饭后去。本约晚间来饮,并下榻于吾寓,迄未见来,想留它客所矣。傍晚铁笙来,言曾访晴帆,彼亦云此间市府或有希望耳。入夜,予仍取酒小饮。

报载日兵由青岛、天津、龙口、烟台等处上陆,且有兵径开北平者。愤极!

9 月 22 日 (庚辰) 星期二

晴朗。上午七五,下午七八。84.7—64.9

依时入馆,仍校夏曾佑《中国历史》。

日本横行无忌,据传亦军阀为祟,初非内阁之主张。但事实日彰,难于掩蔽,今日且任命土肥原为沈阳市长矣。当地贱丈夫颇有为之顾问者,我民族之不挣气,甚矣其落底哉!"打倒帝国主义必须先锄汉奸",真灼见也!

《东方》及《中学生》俱来征文,言日本侵略之由来。《东方》须二十五交卷,《中学生》则下月三日亦须交卷耳。予夙懒于作文,况又无可措辞,只以迫于大义,激于愤慨,已毅然允之矣。

夜小饮,求浑忘一切。

9 月 23 日（辛巳）星期三

阴霾,朝晚俱雨。上午七五,下午七八。78.8—70.3

依时入馆,看《痛史》重版样书,校《春秋年表》覆样。并看《提要·集部》总集类存目。写信与振铎。

散馆后为《东方》撰文,仅得开场白二百馀言。

夜小饮,饮后稍坐即倦至,九时即睡。

闻云斋来,送鸡鸭各一翼,苹果一筐。

9 月 24 日（壬午　秋分）星期四

阴湿,大雨时作,闷甚。上午七八,下午七九。78.9—72.1

上午入馆,答萧友梅问。下午未往,在家续草《东方》文。圣陶见过,以操翰故,少坐即行。至夜十一时草毕,凡二千八百言,题曰《日本侵我满蒙的由来》。明日当面交愈之。

晚饭时仍小饮,佐酒即云斋所送之鸡。

9 月 25 日（癸未）星期五

阴,午前大雨数作。上午七八,下午七九。82.4—70.7

依时入馆,当将昨所成文交愈之。下午得通知,酬十四元,惟会计处尚未送到耳。

明日为日本暴行事开全市市民大会,各工商业俱停止营业,一致参加,故馆中亦停止办事一天。又后日星期,适逢新历中秋,因于星一补放一天。如此，遂得连休三天矣。自国府力行阳历以来，一切节日俱已移改，独以中秋之意未便强移至八月十五日，故改为秋分后第一望日，阴历合朔，月望或在十五，或在十六，而民间通行，只认十五，今岁阴历八月之望恰在十六，是以延下及于星期耳。但市上节货及社交往还仍多依旧例，吾人乃亦缘此连度两中秋也。

夜小饮，饮后与家人闲谈，至九时许就寝。

9 月 26 日（甲申）星期六

晴热。上午七七，下午八〇。87.4—70

今日报载日本答复国联及美国务卿，力主中、日直接交涉，不愿第三者参加。我国代表施肇基争持无效。同时日本兵又纷向上游开动。愤懑发指，至欲下泪矣！盖恃人本可耻，况国联为帝国主义之集团，当然不能援我为公道之主张乎！

饭后幽若来。予挈同儿往访锦珊，因邀之俱归，打牌自遣。夜饮后复打，前后凡打十二圈。十一时，锦珊去。幽若则留。

一时四十分起，月全食，家人多起视，予则拥衾懒坐，静听爆竹之喧阗耳。时至今日，犹沿护月之俗，而国难临头，鲜闻起而护之者，殊足怪矣！

9 月 27 日（乙酉　中秋　望）星期日

晴热，下午阴霾。上午七六，下午八一。86.5—64.2

报载日舰纷开广州、温州、上海、海州，在海州且强行登岸示威也。国联果受日旨，已谢绝调停，且以闭会闻矣。一邱之貉，原止如此，协以谋我则顺，主持公道本不能责之若辈面具人物耳。十时出，访铁笙，同过晴帆，知下月一日就任市政府土地局局长室主任矣,为之大慰。十一时许,三人同出,午饭于福建路之知味观。饭后云起,恐及雨,乃归。晴帆兴致高,彼竟独往邑庙游眺也。

幽若晨去。

夜小饮,九时许即睡。

9 月 28 日(丙戌)星期一

昼晦,午前后大雨。夜大雨。上午八〇,下午七八。80. 6—71. 1

景深送所编《初中混合国语教科书》三册来,请批评。予翻检一过,尚有法,惟选材仍嫌太熟耳。午后闲翻画册,并将旧藏《杜律正蒙》及《月令辑要》重装首末册,盖两书封面底叶俱已破碎不堪矣。入夜正值小饮,门外叩声甚急,启视则圣陶偕石荪过访,邀外出共饮。乃从之行,觅饮于南京路北万馨。谈至九时,乃乘雨隙以归。

归后援笔题日间重装两书之护页,里中大喧,盖有车出衔被阻,管衔者不肯开门所致耳。管衔者平日极骄蹇,奉职既疏,又好饮娄索,由是以往,恐不能久于其位乎! 题毕已十一时,乃寝。

9 月 29 日(丁亥)星期二

阴霾,陡凉,老者须棉。上午六七,下午六八。67. 1—56. 1

依时入馆,处理积日外来之件。

为新中国看汤芸畦《历史故事》稿。散馆后送交剑华,顺谈多时。

芝九来信,谓校事甚忙,苏岛华侨极重视双十节,今岁又值二十年整数,彼中尤倍形欢庆也。返视国内,顾可贺否耶! 不禁浩叹,真难复乐观矣!

　　道始前介其友何朴斋投稿,今询有壬,谓前已来过,托施少明退回。兹亦仍送施君转归之矣。予乃作书与道始,申明此意,俾勿误会予有出入也。

9月30日(戊子)星期三

　　晴阴兼行,气大凉。上午六五,下午六八。73.2—58.5

　　依时入馆,看毕《提要·集部》总集类存目。

　　会计处送八月分加薪单来,知由是月起,月加十五元,连升工共十六元。千呼万唤,刻方见之施行,诚神妙莫测哉!同人中有不加一文者,有加一元、二元、五元或十元者,有加十五元者,有加二十元者,有加二十五元者,有加四十元者,有加四十五元者,不知当局何以有此严密标的也?予忝为主任,又加的十五元,即到馆一日可多得五角,不能谓非非分之获,然当局之美意迄无从领略耳。

　　夜仍小饮,饮后结算本月账。独饮酒一项已耗十三元三角六分(在外宴饮尚不计),当戒矣!

　　云彬来,借书数事去。昨日已来看我,适在新中国谈话,未之晤,故今复来。谈至六时,去。据云,文祺在浦东中学教书甚好,双十节或来访予也。但集美仍盼伊去,刻已倩人庖代云。

10月1日(己丑)星期四

　　晴和。上午六六,下午六九。74.1—57.9

　　上午入馆,循例办事。下午未往,在家为《编辑者》草文一篇,署曰《日本觊觎满蒙的自招状》,计六纸。明日将交予同。

　　幽若来,饭后珏人偕之出,看新乐府改组之仙霓社,盖大世界昆剧久辍,今日始复来也。

夜饭后正谈浓,忽佣妇来告,日本人已杀至宝山路放枪,里门已闭矣。举坐震动。因属组青出探,谓五区警士在署门口开枪,毙二人,伤十馀,详情不审,里门之闭,谣传未确致误耳。警士平日服务懈怠,除四出搜寻规费外几无它事。而临事卤莽至此,真可杀!不问事情如何,有公安之责者难乎宽假之矣。

10 月 2 日 (庚寅) 星期五

晴。上午六七,下午七二。77.9—52.5

依时入馆,看杂志数种。

昨日宝山路开枪毙命事,已经报载明白,谓有兵士贴反日标语,警士干涉之,致起冲突。民众愤激,助兵骂警,警乃曳之入五区署。众益愤,群拥至署,移时不肯散,警乃开枪,肇此大祸云。呜呼!"五卅"惨案重演于俄顷,而地属华上,警乃华籍,非租界印捕之比,则其耻更有甚焉耳。署长游伯麓已撤职候查,开枪之警士亦押候惩办,在市府或以为卸责之地。其实事情重大,万不能就此轻轻发放也。官厅如此,至堪诧怪!中国欲不亡,得乎?

得圣陶转到伯南师函,知陆馆明年不联,颇欲别觅馆地。惜力微,不克推毂,至为怅惘。

10 月 3 日 (辛卯) 星期六

阴,闷热,时见微雨。上午七〇,下午七四。75.4—61.7

依时入馆,查阅样书等杂事。在调孚许见振铎书,极愤慨,盖北平死气盛于此也。

为《中学生》撰《日本对我侵略的步骤》,得四纸,尚未述至辛亥革命时也。明日当续成之。

夜六时，赴仲云天天酒家宴，坐客除两人初见外，馀为予同、圣陶、愈之、云彬、雁冰、仲持、堉幹，俱稔友，谈极快，拟不日恢复从前聚餐，俾此快得久耳。九时半归，途中萧然，警八人至十人站街头，状如戒严，可笑也！游伯麓喝令开枪已证实，工会团体至请枪决之以谢民众，不识当局何以处之？是诚官方有无人性之试金石矣。

十二时后失眠达旦。

10 月 4 日（壬辰）星期日

阴霾，闷热。上午七三，下午七五。77—67.1

阅报，悉昨晚六时许有十馀人拥入五区署攒殴巡官刘国树，且携去枪械。声言欲得游伯麓而甘心。因恍然昨宵归来所见之景况实缘此故耳。此事真相何如迄未明了，而民情激昂可知，然游伯麓固振振有辞，乃大可末减矣。

十一时出，访调孚，同过圣陶、予同，偕赴东华家，趋东华、仲云、六逸约也。至则景深已在，愈之稍后乃至。一时半饭毕，二时散，予与圣陶、调孚遄往大世界一试仙霓社新声。剧目为《渡江》、《借茶》、《刘唐》、《前诱》、《后诱》、《杀惜》、《放江》、《活捉》、《絮阁》，传芗、传淞等卷土重来，并皆卖力，故俱可观。七时散出，在徐大房进点而返。

怀之来，知兼带宝山水巡队，已于一日接事矣。饭后去。

闻太太来，知云斋将结婚。

接翼之信，谓其夫人已于上月卅日分娩得一女。但产后不健，弥可念。

10 月 5 日 (癸巳　下弦) 星期一

晴，闷热。上午七三，下午七五。81—67.5

依时入馆，处杂务。八、九两月加薪已送来，当交珏人添冬衣。

续草《日本对我侵略之步骤》至深夜十一时始毕，凡三千馀言，明日当送圣陶了凤诺。心上积闷一轻，颇舒。但仍不甚好睡。

日本暴行依然，且有大批军舰开来示威讯，至堪气愤也！吉林已嗾熙洽独立，组长官公署，受日军委任。辽宁亦已委定袁金铠为独立领袖，惟尚未就事耳。日本必欲夷东三省为朝鲜第二，至此益信。

10 月 6 日 (甲午) 星期二

晴，闷甚，入夜雨。上午七八，下午八二。86.9—70.3

依时入馆，大为谣言所动，因之未作何事也。报载日本反向我政府提严重抗议，限制排日，牒后且附有恐吓语。适日舰三艘今晨开到上海，遂有日军将占领闸北之消息。自昨夜十一时起，已有多家搬入租界，且倡逃者俱为党务人员或公安人员。坐是，空气大坏，迁箱篋或寄顿家口于租界者镇日未停，前后相接。实则官方故作惊人之举，俾反日空气得借此缓和，彼等可屈体求成耳。予虽惊弓之鸟，独拟于此役力持镇静，不想搬家矣！但馆中大恐。为安全计，又将稿件送租界别储耳。

夜取酒独酌，求醉忘国事。盖伤心过度之人每流于死心，不破涕为笑又将何如？予殆自承为过度伤心之人矣！嗟夫！正饮时，达人叩门入，谓甫自租界归，外面情形尚无大变化。旋去。予坐至十时就寝，终宵安然。

10 月 7 日（乙未）星期三

晴，不爽。上午八〇，下午八三。86—68

依时入馆，查阅样书及答复外信。

老同学王颂来来访，二十年未见矣，知在奉天任兵工厂长七年，杨宇霆死后南旋，现方从事著述，有《钢铁学》二十万言交本馆印行，将陆续成丛书一套也。据云近有友人自沈归，知伊七年心血尽付倭手，而实行占领之人即其昔年旧部奉籍某人，穿日军衣，率日兵十人径入，厂方即拱手以让之。闻此，直令人不胜愤懑之至！抑尤甚者，日兵入城竟以除暴吊民号于众，益耻。

傍晚铁笙至，呼酒与对酌，谈至八时去。

外间谣言已渐息，而迁徙入租界者仍不戢，真怪象也！可叹！

接翼之书，知其夫人热退就安，而琪侄则误吞玻璃丸正着慌云。亦多事之秋哉！

10 月 8 日（丙申）星期四

昙热，午后阴，转凉。上午七八，下午七四。79.2—66.9

依时入馆。下午四时出，到发行所存款。写信复芝九、翼之。

谣言已息，人心大定，倡逃者其弗惭死耶！然感觉迟钝者今方得讯，乃竟迁徙，可笑弥复可怜也。我国民气民知若是，难能处今之世矣！尝见一抗日标语，谓"活捉同治天皇"，真令人有今日何日之叹，正不止"唐皇诧愕汉皇惊"也。以此制敌，岂知彼知己之谓乎！

夜以馀酒供饮，取为埋忧。九时就寝。

读《淮南·泰族训》。

10 月 9 日（丁酉　寒露）星期五

晴和，晚凉甚。上午七〇，下午七二。74.1—57.9

依时入馆，校夏曾佑《中国历史》续送校样。

对日宣战，颇见传播，政府且有迁都洛阳说。但以予决之，必不出此。盖衮衮者多自求怡适，而外交上又无声援，如之何孤注一掷乎！自有日兵来袭闸北之风传，居民纷扰示弱者络绎相望于道，吴淞、江湾之学生且冒雨南走，避入租界，一若稍延一刻即将为日俘者然。畏葸如此，何有敌忾！平日以指导民众自居者，一旦闻谣，即相率倡逃，更何有于同仇！我不暇叹，止有锥心之痛耳。

夜小饮，饮后略坐便睡。

10 月 10 日（戊戌）星期六

阴晴靡常，午间小雨。上午六五，下午六七。

今日国庆为二十年来第一可念之节。水灾之广达十七省，匪祸之烈亘江淮，而日本复狡焉累启，侮弄殆无所不至，今更向我提出警告，限令约束民众，不许抗日。如此情状，哭且不暇，又何庆之足云哉！

全家为晓翁所邀，赴其家吃饭，盖其小女周岁也。予独留守屋。珏人挈诸儿甫行，度尚未及抵晓所，里中忽又起哄，谓日兵又至矣。予突为所惊，颇惶惑，即出视，则学生乘假在里口演讲，无识者众，竟又自扰以伯有耳。民智之浅劣如是，可胜叹耶！珏人等归，已薄暮，予为此悬之，竟未能作一字也。

夜小饮，饮后不适，几至吐，即睡，幸而免。

10 月 11 日 (己亥　九朔　月建戊戌) 星期日

阴霾。濛雨数见。上午六四,下午六六。69.4—56.7

昨日休工,今日无报,上午闷坐而已。午后云彬、文祺来,谈至傍晚,偕往豫丰泰小饮,先折简邀圣陶,并在开明发行所电话约丏尊。七时毕集,至八时三刻散。抵家已九时半,但见宝山路口警士戒备,火车站形势严重,不识何故? 想近日常然也。

夜睡不佳,当然受时局不靖之印象耳。

10 月 12 日 (庚子) 星期一

晴阴兼作。上午六四,下午六九。71.8—57.6

依时入馆。谣言又起,甚至有谓日兵将即来接管五区警权者。其实皆因昨日下午日人在北四川路日本小学开居留民大会后沿途揭去反日标语、肆意殴击国人之故。国人不自奋,徒惧横暴之再来,已自可耻,乃竟轻听此谣,又纷纷逃入租界,诚不知是何居心矣! 现在中、日尚未至宣战之日,早不胜其惴惴,则一旦交兵,我国人其尽逃以托它帝国主义之庇护耶! 思及此,痛彻心肺,复何言哉!

散归后,持蟹酌酒,偏示镇静,一宵倏过,依然无恙,自谓忧患助我,竟炼胆日大也。

10 月 13 日 (辛丑) 星期二

晴。上午六六,下午六八。72.5—56.3

依时入馆,处分诸事。谣已稍退,而续起者仍多,置之而已。

国际联盟行政院通告日本撤退东三省驻兵于南满附属地,日本亦复照允于明日以前自动撤退。乃限期已届,而日本非惟无撤兵之象,反增派军舰来上海及长江胁我抑制反日运动,并在锦州投掷炸弹,死伤我军民。暴行日炽,显不顾国联之通告矣。今日我代表施肇基要求国联提前开会,已照办,不识论战结果,形势究否转变耳? 美国此次极沉默,似已为日所纠。今亦有牒致国联愿为后盾,或不无影响也。

夜小饮,饮后略坐即睡,但睡仍不好。

10 月 14 日（壬寅）星期三

晴。上午六六,下午七〇。75.6—48.2

依时入馆,拟初中史目。散馆后赴发行所购得范希曾《书目答问补正》五卷,计二册,价一元六角。此书久欲一看,而茶役可恶,每谓无有,今亲往寄售柜一索即得,固快,然反映茶役之失职愈觉难恕矣。

报载国联情形电,事势尚不大恶,惟日代表芳泽谦吉之演说尚未传到,不能据以观察真际也。但日本态度必强硬,自在意中,盖不撤兵之说,拒绝第三国干涉之说,俱已证实矣。如美国不顾信誉,甘心放弃华府《九国条约》及《非战公约》,则舍我自力起战暴敌外无它法。虽忍痛一时,亦必为之。顾政府当局究竟何如,却未敢必信以为定能断然出此耳。忿灼之至!

10 月 15 日（癸卯）星期四

晴和。上午六六,下午七〇。79.5—50.9

依时入馆,开始重编《初中本国史》。予对教科兴味丝毫不能复振,屡辞不获,止有再作冯妇耳。

国联续报到,日代表芳泽所言实无足辩,而主席法白里安显祖之,正设法促中日直接交涉。美国亦早为日所纠,死气依然。默察前途,我国其终直接交涉,屈伏于暴日之下乎! 准备宣战之说,恐饰以蒙民众,且为内争地耳。呜呼! 痛哉!

夜幽然独坐,至不怡。所负文债山积,迄不暇从容酬答,苦极!

10 月 16 日(甲辰)星期五

晴,热闷,殆将变耶? 上午七二,下午七七。82—57.2

上午入馆,仍编教科。归饭时,幽若来,下午遂未到馆,与珏人等打牌。入夜就啖湖蟹,极酣。愁中勉乐,殆忘大祸之在眉睫矣。吁! 孰令致之,使我国人寝食难释如此乎! 幽若当小住数日,明日或须出游也。

国联理事会拟发邀请书付美国,约派代表共图盟。日本代表一再反对,谓须待政府训令云。实则美国为《九国公约》及《非战公约》之主动者,此次中日事起,本不容置身事外。但日美勾结正深,斯守沉默,国联窥斯隐久,必欲逼美国表明态度,故出此,初非有意助我也。时至今日,决非单纯之外交助力所可了,止有一致奋兴,速作宣战之准备乃可耳。苟能上下一心,坚忍以赴之,最后之胜利必为我操,彼倭奴终自促破败矣!

10 月 17 日(乙巳)星期六

阴霾,下午北风起。上午七五,下午七六。79—58.3

依时入馆,校覆样,及处理杂事。

饭后珏人偕幽若出,看昆剧于大世界之仙霓社,七时半乃归。

国联邀请美国参加列席已通过,当时十三国俱投票赞成,独日本代表反对之,终以十三票对一票否决其反对,即于会后将邀请书电致华盛顿。美国是否应请尚不可知,而日本血脉偾兴至有退出国联之宣传,从可知猖獗之势并不系外交之助力而究在自身之力量也。我国今日惟有决心自救,迅速备战而已。

10 月 18 日(丙午　上弦)星期日

晴,早晚大凉。上午七二,下午七一。71.7—58.3

是日起绝早。上午看报,国际形势依然,日本仍强硬。下午圣陶来谈,至四时始去。予亦挈同儿闲步于香山路、中兴路、公兴路一带阅市,见市房栉比,百货云屯,与三年前所经恍同隔世矣。于此得一感想,如中国能太平三十年,繁荣将不知何若也? 闸北自甲子以来,遭兵火屡矣,粗安三年犹复有此,则长治之下盛况自可企足待耳。惜乎人不悔祸,不肯循正途以谋发展,惟求支配他人以不劳而获,为可痛哭也。

夜小饮,饮后少坐即寝。

珏人挈清儿往省修妹及澄儿,知近移之住所尚好,方体亦较前为健,至堪引慰。惟安甫以阻水不能行轮,不免在沪坐待,经济方面少感困难耳。

10 月 19 日(丁未)星期一

晴,夜凉甚。上午六五,下午六九。70.7—57.2

依时入馆,查看样书及处杂务。写信与翼之。

下午四时,觉敷约越然及予同车赴法租界望志路永吉里访其友徐象圣,观其自西安带归之唐磁小雁。形制甚小,类日人所造之玩具,全身惟足喙可见磁底,馀俱掺以发光体之小矿粒。骤视颇似粗糙之黑沙,顺光窥之,现金碧诸色,极似普通之鸽羽,或类孔雀之翎。据云诸细粒皆为金刚石，故闪折光彩如此。询所从来，谓在西安小雁塔所挖取，极难得，价值乃至二十万金也。但予甚疑之，盖磁器之流行在唐季，若果置之雁塔之下则此种器物当发生在隋唐之际，似无此事；且塔存而就其址探采之，亦不甚合理，况何由逆知其下有此物乎！薄暮辞出，三人同饮于高长兴，啖蟹。九时归。梦岩来，告其子骧得疾颇危，因与共往请周医同至其家诊之，移时乃返寝。

10 月 20 日 (戊申) 星期二

晴阴兼施，秋凉矣。上午六六，下午六八。72—55.8

依时入馆，续校夏曾佑《中国历史》排样一批。

国联与美国斗法，日本在旁舞弄，形势虽见紧张，而僵局依然，毫无办法，可叹也！反视国内，宁、粤虽日见接近，究变何局，仍不明白，遑论外交之方案乎？

《中学生》稿费十四元今日送来，顺催书籍推荐之文字。因于夜饭后动手作之，至十时，得千言，以倦故，即寝。连夜不甚酣睡，五时便醒，入夜便倦，每坐至十时，已不能支矣。可怕之至！

10 月 21 日 (己酉) 星期三

晴。夜月好。上午六五，下午六八。72—50.7

上午入馆，续校夏氏《史》。下午未入，在家续草昨文，中间除晚饭外，直至十时始止，亦仅得六纸，约三千言耳。至少尚有五分之一未了，以伤风气逆，体不支，惟有即辍以就卧矣。临卧服午时茶一杯，无汗，故睡不甚好，迄不见松。

幽若约悦之来谈，俟至九时未至，想又为它事所牵，或竟别谋作乐也。悦之不类其兄,予颇虑其不循正轨,终底于败耳。

10 月 22 日 (庚戌) 星期四

晴。月色较逊。上午六四,下午六七。73.9—49.5

依时入馆,校毕夏氏《史》第五批。

希圣函愈之,属告予北平住址为西城学院胡同一号,因将应得之《西汉经济史》五册挂号转寄之。

幽若今日下午去。悦之曾来午饭,饭后便行。

夜续草前文,仍止得数百言,终以气逆不支而辍。临卧仍服午时茶。

汪精卫等已到沪,蒋介石亦自宁来晤,惟匆匆即乘原飞机归,不识结果竟何如也?外交形势依然混沌,而日本之浪人且时出扰人,在窦乐安路竟越界打伤警士,图谋夺枪劫掠也。

10 月 23 日 (辛亥) 星期五

晴,微湿,恐致雨矣。上午六八,下午七〇。75.7—51.6

依时入馆,草毕前文,凡五千馀言,题曰《推荐五部关于历史科的新书》。中间介绍息予之《中国史话》,沈性仁译之《人类的故事》,钱穆之《国学概论》,朱应会译之《世界文化史纲》,何柏丞之《历史研究法》,于钱、何二书尤致揄扬云。

夜只索饮热酒,饭后略坐即蒙被卧,反觉松爽些。但痰甚不少。然濯足剪爪,究竟不差,安睡至一时三刻始醒,旋于三时后又入睡。

寄赠《太平天国革命史》与硕民、嘉善。并购得梁氏父子《楹联丛话》等十二册。

10 月 24 日（壬子　霜降）星期六

晴阴兼作。上午六五，下午六九。75.7—49.9

依时入馆，校第六批夏氏《史》。

散馆归后，圣陶来，当以昨文面交之。六时，共赴北万馨约，墨君、石莼兄弟尚未至。少顷乃来，因共饮啖谈论焉。至十时乃散，到家已十时半矣。略坐吸烟，然后就睡。

国联形势依然，决议如何，须看今日大会开成后再说，未接电闻，实末由推断也。

10 月 25 日（癸丑）星期日

晴阴兼施，有雨意。上午六七，下午六八。71.6—57.6

国联昨日下午五时理事会开成，以十三对一票决议令日本于十一月十六前撤去满洲占地驻兵，撤兵后中日开谈判。并以十三对一否决日本所提之对案。急电于昨夜发出，今晨一时许到沪，故各报俱及刊出。日本悍然不顾，初不料国联竟尔出此也？今后如何，固难悬揣，而世界不直日本之所为则已确切无移矣。吾国好自为之，努力不懈，未尝不是一大好机会耳。

午后挈同儿游大世界，四时归。

夜小饮，饮后听无线电话多时，始就寝。

10 月 26 日（甲寅　望）星期一

晴，转寒矣。上午六〇，下午六二。

依时入馆，续校夏氏《史》。

接翼之信，即转与幽若。

今日本有京粤和平会议开预备会之说。同时又谣传决裂。大概外交局势稍转，内争便又促起高潮而已。事之痛心，宁过于是！总之，国事非一系人所能托持，欲图挽救，非全民自觉，共起图奋不可。

夜小饮，饮后少坐即睡。

10 月 27 日（乙卯）星期二

晴，有冬象矣。上午五八，下午六〇。

上午入馆，仍校夏氏《史》。下午未入，偕珏人挈同儿出购物，憩息于冠生园。傍晚归。适息予、云彬见过，谈至黄昏乃去。夜饭后，铁笙来，又谈至九时许始行。

晴帆书来，谓在市土地局甚适，十一月一日将来访我云。

和平会议无甚进展，大概不免决裂耳。

连两日《新闻报》不载天气报告，故最高最低温度俱无从记录。

10 月 28 日（丙辰）星期三

晴和，夜甚冷。月好。上午五八，下午六二。66—39.2

依时入馆，校毕夏氏《史》第六批，并审阅样书一种，审查外稿一种，又校出第五批夏氏《史》覆样。

散馆后，偕周医共赴息予约，至则梦岩、立斋、云彬、君谋、清泉俱在矣。因即开饮，直至九时始罢。饮后又打牌四圈，至十一时半始归家。予大赢，但终局却还诸人，纯取嬉戏也。

和平会议已易称"京粤代表会议"，恐决裂之机熟矣。救国大任，本不能望之若辈，惟决裂则害愈大，吾民将益沦深渊耳。故颇关心此次之会议,多少希冀得有圆满之解答也。

10 月 29 日(丁巳)星期四

晴和,夜月色微曚。上午五五,下午六二。67.5—37.2

上午入馆,校夏氏《史》覆样。下午在家为黄绍绪重编《日用百科全书》之中国历史部分,未到馆。自一时至六时,仅编次就绪,《民国史略》则待续甚多也。腰已酸楚,不能再坐,遂辍。

夜食蟹五枚,饭后闲看架书,至十时寝。

10 月 30 日(戊午)星期五

晴。上午五六,下午六一。68—41.2

依时入馆,校排样及处分杂事。下午校看黄托稿件。

夜小饮。饮后略坐即睡。以重复伤风,鼻塞气逆,不能久支也。

和平会议大致破裂,有中委某在南京发言,颇致粤方以难堪。当然有人授意始出此。某,予度为吴敬恒,报故隐其姓名耳。此公老而无耻,甘心作伥,殊可恶!而根本症结固在干政之军人,不能拔本塞源,不问何人上台胥无由弄得好也。呜呼!

10 月 31 日(己未)星期六

晴,有变象。上午六二,下午六五。69.8—41

依时入馆,校黄托稿并续《民国史略》。

东三省局势日见混沌,而内部政争之不得解决且日见具体化,愤极!

夜小饮。饮后看《楹联丛话》。九时半就寝。气逆如故,且加痰咳矣。

同儿连日感冒,今日且有寒热,遂命辍学在家休息,服退热药后,热已退尽,惟大便未见耳。

怀之来,知已调任宝山公安第一分局局长,今即返苏一行,明日出,将于后日到差云。

11 月 1 日（庚申）星期日

晴,南风起,将变。上午五九,下午六四。67.8—44.4

竟日未出。报载和平会议停顿,吴敬恒托名中委某事已征实。甘心效忠军阀,阿世取容,直令人鄙夷贱视等于非人。此老亦何苦卖此垂死之身耶! 人事之变幻诚不可知,然反复至此,亦太无聊矣! 平心而论,今日之事,无论宁粤当权,在民众视之,真乃牛羊何择,不见高低;止以独夫行事过甚,把持过久,揆之往例,终宜避路耳。故吴言大拂一般之人心也。

午后圣陶来,晴帆来,幽若、怀之来。圣陶旋去。晴帆、幽若则晚饭后去。怀之则将以明日归宝山也。原约铁笙来同饮,不意竟未见至,大约别有所约矣。

《开明讲义》已见催,不容再延矣。稍过一二日当赶作以应之。

11 月 2 日（辛酉）星期一

晴,东南风急。上午六三,下午六六。70.5—46

依时入馆,仍续《民国史略》并校夏曾佑《历史》第七批排样。

今日家中举行下元祝飨。

夜小饮食蟹,盖昨日怀之自苏携来馈予者。大如饭碗而白肚青背,真湖蟹也。持蟹擘脐,甚乐。今岁蟹多而值廉,已啖多次,惟今所食为最大而腴,至快!

11 月 3 日(壬戌　下弦)星期二

晴,有潮风。夜雨。上午六三,下午六六。73.6—49.3

依时入馆,仍校夏氏《史》第七批。

夜小饮。饮后续编《民国史略》二千五百言,尚未毕。十时许就寝。

日本态度日强,东京且召集元老军阀开会讨议对东三省问题。以予测之,此次美国实与日本密相勾结,故彼敢有恃而无恐。否则国联纵鲜实力,彼必不愿甘犯群怒而为之也。

宁粤谈判本定今日续开,恐无形流产矣。据报载,今日宁方有会议,俟代表夜车赶到上海后明日仍须续开云云,当亦记者敷衍之词耳。且留待事实证明之。

11 月 4 日(癸亥)星期三

晴。上午六三,下午六六。66.4—50.4

依时入馆,仍校夏氏《史》,并续完《民国史略》交与绍绪,又了却一事,甚松快。

梦岩约予晚饭,散馆后趋赴之,息予亦在,因共小酌焉。谈新中国书局事甚久,于计公之措施殊不满也。至九时许,各返。内念计公前途颇不能一帆风顺,自用之人已食其祸,信哉!

同儿不旺食,少精神,偃蹇多日,辍学及旬矣。甚怜之。

寓后天井上拟盖一棚,俾免雨水,前庭亦拟搭一小披,便置杂物。三楼后半,即接补成一统间。并重砌灶位。当于今日饬匠开工,大约四五日始可告竣也。

11 月 5 日 (甲子) 星期四

晴,转寒,西北风作。上午五九,午后六二,晚五一。61.5—43.3

依时入馆,仍校夏氏《史》。

丏尊过予,约晚间在王宝和吃蟹。五时半赴之,圣陶、云彬俱在。未几,雪村亦至。谈至八时半散,九时抵家。知张晓峰与开明闹扭,一若讲义、教科非藉重其名不可者。闻之殊好笑。尝谓无论何人举不能妄自菲薄,转成卑怯,亦不必自视高远,不可一世。卑怯固取厌,傲慢又岂可入目耶!厥失惟均,二者初无轩轾耳。

孟韬父将开吊,拟与圣陶合送,彼则先写信至苏代送矣。当另送之。

硕民书来,谢《太平天国革命史》之赠。

11 月 6 日 (乙丑) 星期五

晴冷。上午五三,下午六〇。61.7—42.2

依时入馆,校毕第七批夏氏《中国历史》。

写信与翼之,托于十七日代送赵孟韬父星渚先生吊礼二元。

填送《开明讲义》纲要,并开手改编地方志。夜十时止,得三千言。此后拟每晚七时至十时从事于此,不饮酒。惟星六星期则否。

上海之京粤和平会议迄未续开,无形延搁,想再开末由耳。

11 月 7 日 (丙寅) 星期六

晴温。上午五四,下午六三。69.3—38.7

依时入馆。去年所撰《郑成功传》今始送第一批校样六十页来，因即开校。陈叔谅来访鞠侯，因介谈，尚洽。此君平度，远较张晓峰为可亲，与觉明相若，故云然。

夜小饮，饮后听无线电话所播之张素兰苏滩及新新公司之群芳会唱以自娱。十时半就寝。

11 月 8 日（丁卯　立冬）星期日

晴暖。恐将变。上午五八，下午六七。72—45.7

清晨即过圣陶，谈至十一时，偕赴福州路大雅楼聚餐。到予同、调孚、六逸、丏尊、雪村、光焘、愈之、仲云及予与圣陶十人，别有两客，一为新自东北大学归来之周君，一为前在觉明席上遇见之曹君。周系丏尊约，曹系仲云约。饭后二时，复往东方饭店开一"三四〇号房间"，备打牌娱乐之用。予则与予同、调孚同到万源湘绣庄选购一矗斯衍庆屏，连红木架，共二十元，将与万里、振铎、觉敷、达人及予等五人公送与越然，贺其取子妇也。购定后，予同等仍回东方，予独遄归。

涵侄偕乳保来，请于仲弟生日前往吃酒。夜饭后去。珏人送之登车。

11 月 9 日（戊辰）星期一

早微雨，旋晴，午后晦，又雨。上午六二，下午六八。66.2—54.5

依时入馆，续校《郑成功传》及夏氏《史》覆样。并拟填明年一月至六月生产预算表送所长室。

接晴帆信，大谈分类编纂《中国史》事。

越然礼已送出,摊大洋二元八角五分,当交调孚。

校改《日用百科全书》酬资九十七元,今日送来。应付修屋,当有馀裕也。

夜饭后续写地方志讲义,至十时许辍去。凡得二千馀言。

同儿以牙痛,夜睡不安,至二时后始入睡。予亦为之牵动,久之不寐。

11 月 10 日（己巳　十朔　月建己亥）星期二

阴雨。上午六三,下午六八。66—59.9

依时入馆,校毕第一批《郑成功传》,并看夏氏《史》覆样,同送出版科。

日本又在天津挑动变乱,昨日嗾失意军人组便衣队由日租界冲入河北华界,日兵即借口防乱,纷向市府各机关开炮。同时胁迫兵队撤离租界线三百米突。幸军警力御,将便衣队击散。报载消息如是,刻尚在不明状态中。日寇狂噬,无所不为,其他各地亦难免同样出此也。愤甚!

夜续草讲义三千字,以同儿牙痛不寐,即辍去。今夜较昨犹剧痛,几于通宵有啼声也。

11 月 11 日（庚午）星期三

阴雨。六六。61.2—56.3

依时入馆,下午未往。在家理发休息后,至四时半挈同诸儿乘车往仲弟所祝其四十双寿。惟复儿过稚,留家未行。车至北福建路,潘、漱同乘之车为鸡鸭小车所挤,覆焉。幸无恙,易车以行。至则已将六时矣。晚饭毕,仍冒雨归,到家方九时三刻耳。以时局严紧,不敢久延,故早返。

日人在津仍肆虐,此间亦有同样捣乱之风传,市府当局当然须戒备,是以无形戒严也。

同儿出游晏睡,牙痛转觉痊可,今晚不闹矣。

11 月 12 日(辛未)星期四

阴雨。上午六七,下午六八。65. 3—58. 3

今日放假,本拟乘暇编讲义,乃匠工赶作,时来请示,遂腾空应之,兼替工焉。午后即落成,工头来算账,支去总数七十四元,连门锁一应在内,尚不能谓为昂贵也。从此厨房拓大,便利多多矣。

天津乱事仍未息,日人蓄心捣鬼可知。此间当然戒备,遂有戒严之说。傍晚予同、调孚过我,同赴一品香贺越然娶子妇。八时许即遄返,惧为军警所格,不得回抵家中也。孰意毫无动静,安然归家,竟不觉有它。及抵门,四内弟适在,与谈少顷,即辞去。

11 月 13 日(壬申)星期五

阴雨。上午六八,下午七〇。70—63

依时入馆,续校第二批《郑成功传》,全书已排毕,凡一百有五页。

今日同儿生日,不觉已六岁初度矣。午饭啖面,晚小饮。甚欣然。惟珏人以连日督工及指挥裁缝等事,积倦发作,竟畏寒早睡,夜中发热,为不快耳。

天津事真相莫名,有已平靖及仍在续动说,大概日人作祟,一时实未能即见贴然也。此间环境与津不同,想不致同样演此无聊举动耳。然人心已不免动摇,颇难拂去疑虑矣。

夜饭后铁笙来谈,深不满于晴帆之往事,予略略疏解之。八时半辞去。

11 月 14 日(癸酉)星期六

阴霾,时见细雨。上午六九,下午七〇。68.2—63.6

依时入馆,校毕《郑成功》送出版科。

送两元赙任夫人。写信复虎如。昨有信来询其稿费,已问柏丞,谓早汇出矣。

夜小饮,饮后仍续写讲义千馀言。

天津危机未去,有触即发,大约又成慢性矣。

《四库提要》全部二百卷今日看毕,计自十八年四月四日起看,中间屡辍,直至今日下午始阅竟,凡历二年七个月又十日,亦云久矣。凡事终始之难如是,真不能轻易料世情也!

11 月 15 日(甲戌)星期日

阴霾,未雨,转燥矣。六四。61.3—55.9

竟日未出,看报外,为乃乾作《禁书总录序》。下午圣陶来谈,当将《地志讲义》第一批三讲二十一纸面交之。谈至四时,别去。仍作序。入夜小饮,饮后复作,至十一时始脱稿。凡得六七百言耳,阅时乃如此其久,足征文思之拙劣矣。荷荷!

潏、清、汉、漱四儿饭后同过仲弟,偕赴齐天舞台看《乾隆下江南》头本。饬吴妈随往。七时归,据云甚满意也。

溥仪确为日贼土肥原挟往沈阳,有定今日复辟说。天津仍有乱象,缓冲办法无结果。而日军之攻嫩江江桥者,迭为黑省代主席马占山所创,不得逞。大约战而不宣之局终不能避免耳。明日国联限期已满,又将开理事会,不识究将何术以回日寇野心也?

11 月 16 日(乙亥)星期一

阴晴间作,转冷。六十四。64.2—45.3

依时入馆,看《东方》新出号。写信两封,一致觉明,一复颉刚,盖今日接颉刚信也。未入馆前,写清《禁书总录序》,作书函寄与乃乾。又作书与道始。

溥仪昨在沈阳竟演前剧,国号仍用清,而年号则称明光,以溥伟、郑孝胥、金梁、袁金铠等为军机大臣,仍用六部制,不设内阁云。并闻复位诏书出孝胥手,于民国多所丑诋也。虽详情尚未征实,而东省风云益见展开,于接收失地前途益感棘手则无可疑矣。日寇之狡恶如此,奈何犹不直捷宣战,痛示惩膺,反仳仳倪倪求相视漠然之国联出为援助乎!况美国早与日结,今日已显然吐露祖日之言论耶!

珏人身体失和,今日又形寒早睡。幽若、悦之俱来饭,饭罢即去。

夜饭后续写《地志讲义》,至十时半止,得二千言。

11 月 17 日(丙子　上弦)星期二

阴霾。上午六一,下午六二。65.5—47.9

上午入馆,无所事。下午未入,往访铁笙,谈至薄暮,偕赴王宝和饮酒。八时许毕,各饮六碗。铁笙已醉,乃扶之归。少坐辞出,乘车返家,抵门已十时矣。

国联理事会昨日下午开会,白里安致辞后,未开讨论即延会,改行秘密会议,形势已转,恐终于我不利耳。美国态度尤可恶,处处使刁,不负切实责任。时至今日,止有自奋求强,国际公论固靠不住也。溥仪复辟尚在酝酿中,前日登极说犹未征实,大约布置尚未就绪,而仪、伟之间犹有问题横亘焉。惟日军之攻黑省者仍未得逞,在国人视之,差强人意而已。惜孤军无援,难望久持耳。

11 月 18 日(丁丑)星期三

晴,时阴,薄暮冷。上午六〇,下午五八。58.8—51.4

依时入馆,处理杂事,并答复四川刘藜仙质疑两则。

息予、硕民过我,饭时同接晤之。因约子敦、虎如及圣陶于晚间五时在王宝和小饮。饭后闲谈,不觉至十时始各归。子敦谈中华工会冲突状,殊可笑,不识所谓工运者果何术以求胜利之实现也?

马占山仍力守,日已增援死扑,颇为马危。今日工会发起捐款援马,予亦输二元聊示赞助。无如远水近火,且政府不派援究亦无法助其立功也。自暴日侵入以来,能奋起力抗者乃不数平日名位赫奕之将领,偏让不见经传之校佐专美,亦可羞甚矣!

11 月 19 日(戊寅)星期四

晴阴兼施。上午五七,下午五八。63.5—46.6

上午入馆,校《郑成功》上半覆样。下午未入,偕珏人同出,购物数事,四时许乃归。夜续写《地志讲义》,十时止,得一千五百言。

国联形势欠佳,英、法且有屈伏之兆。日本力图挑起向俄作战,益坚日、美关系,且拉帝国主义之与国入毂。其计甚毒,马占山恐终支持不牢矣。溥仪事未见展开,想尚在作弄中。

11 月 20 日 (己卯) 星期五

晴和,傍晚微阴。上午六一,下午六三。68.9—49.5

依时入馆,处理常事。为息予借书四种,并写信与晴帆。祁陶甫来访,谈移时乃去。渠现在梅雪路办一保安养老所,眷住江阴街祥龄里一号,与为章比邻。约二十九日往访之。

今日为珏人三十九岁初度,晚间治馔家宴。暂置外务,尽情一乐,亦大快也。乱离得此,真堪破涕为笑耳。

马占山昨日失守龙江,退克山,日寇致死猛扑,故不支,然追兵卒为击退。卷土重来,正不必意外置之也。

11 月 21 日 (庚辰) 星期六

阴,下午雨,昼晦。上午六二,下午六四。63—56.3

依时入馆,校看书样多种。

散馆后,圣陶来访,因与偕出,赴豫丰泰,为聚餐之会。共到丏尊、雪村、愈之、仲云、东华、光燾、薰宇、予同、调孚、一岑及予等,凡十二人。食蟹饮酒。饮后开神州旅社四二七号房作憩息所,打牌者闲谈者分头进行。予与调孚、圣陶则十时即行,归家亦已十时半矣。

国联态度已远不若前,日本悍然声明不撤兵,且追袭我军之退往克山者,必欲消灭而后已。返视我政府,依然无办法,惟蒋中正有不日北上之说,大约又幻政争之局,未必能慨然向敌宣战也。

11 月 22 日 (辛巳) 星期日

午前见日,午后密云不雨。上午六四,下午六五。68—54.5

日本向国联强硬甚至,非但不听撤兵之劝告,抑且否认即时在东省止战。国联亦早软化,但言派员调查,竟忘却从前令日撤兵之决议矣。公理正义本非弱者所得享,其如国联自身之颜面何! 我国退让至于今日,舍奋起自救外,尚有何途之从出乎?

息予今早见过,同往公兴路家具店购得一书橱,货比我三年前做者高出不止一倍,而价止十九元,似甚便宜也。

尚公今日开恳亲会,珏人往赴之。同儿课业尚好,汉儿任会场照料,漱儿则表演《小蝴蝶》,胥过得去。甚慰。

下午换挂堂对,少顷出,闲步于福州路各书肆间,无所得。薄暮归,小饮焉。夜九时睡,至二时醒,遂不寐,直至翌晨五时始稍矇眬云。

11 月 23 日(壬午　小雪)星期一

晴暖。月色好。上午六四,下午六七。70.7—52.7

上午入馆,校夏曾佑《中国历史》。下午未往,在家理书箱,撤去无用之书甚多,积藏杂志亦一扫而空矣。陈年旧物,弃之实甚可惜,但无地相容,止得权衡轻重,不能不有所割爱耳。

夜小饮,稍振积疲,昨宵失寐,今日偏为剧劳,亦医家调剂之妙用也。果也,十时入睡,直至翌晨五时始醒。如此办法,若能屡试屡灵,则失眠真无足惧矣! 惜不任劳,两腿与腰俱酸楚不止而已。

11 月 24 日(癸未)星期二

晴和。月微朦。上午六四,下午六五。71.1—53.2

上午入馆,续校夏氏《史》。下午仍未入,在家理抽斗,又屏去杂件甚多,积年充塞,为之一空,极快! 夜仍小饮,惟仅饮一杯,真不感酒意也。

连宵不得好睡，不敢写作，随便逗儿为乐耳。

同儿谨厚有馀，太欠机警，今晨大触予怒，竟施夏楚。但事后甚悔之也。

国事真不堪问，惟有气闷干愤而已。日本已准备攻锦州，必欲将东三省全占入手，使我军撤至山海关以西而后已。军权当局竟熟视而弗问，一若任其自然变化者，是亡沈之续耳，宜昨日中央举行第四次代表大会乃举张学良为中央监察委员也。夫复何言！

11 月 25 日 (甲申　望) 星期三

晴，月色好。夜半风作。上午六四，下午六九。73.2—51.3

依时入馆，校毕第八批夏氏《史》校样。待明日复看一遍即可送出。

散馆归，息予在寓候我，因与小饮，谈至八时许乃去。

顾维钧代外长，不日视事，对国联将有对案提出。日本依然蛮横，正准备攻新民西进，锦州恐不免被击也。广东四全代表会因否认汪等沪会不能彻底反蒋而决裂，离城到港者颇众。国事如此，内争仍亟，来日大难，真不知葬身何所耳。

11 月 26 日 (乙酉) 星期四

阴，细雨。东北风作。上午六四，下午六二。

依时入馆，看完夏氏《史》第八批，接校第九批。

乃乾书来，知已迁居法租界白尔部路五十五号，其地在霞飞路北，蒲石路南，光陆汽车公司对门。距晴帆住所甚近。予所作《禁书总录序》，渠甚满意也。

傍晚无憀,独出小饮于王宝和,八时乃返。

新民已为日陷,锦州危急。国联亟待下台,对日本撤兵事不问矣,真可笑。

11 月 27 日(丙戌)星期五

阴雨,转冷。五十七。52.7—46.2

依时入馆,校夏氏《史》第九批、第十批。

写信与陶甫,说后日不能往访之故。

夜在家小饮,饮后略坐即睡。

天津昨晚又扰乱,谣言华南亦将有日本浪人捣乱事。今日且有上海暴动说。但传说从南京来,恐当局欲弭民众运动,故为此说以为将来禁约之地耳。可叹! 可恨!

11 月 28 日(丁亥)星期六

阴霾,有酿雪意。上午五二,下午五四。50.9—41.0

依时入馆,校毕诸样,略为部署杂事。今年已届五年结束例假之时,故存假多者每不至,部中人极寥寥也。予亦存假,鉴此状况,转不便停息在家矣。

夜谢息予约,仍在家小饮。一则道远宴归殊不便,一则时局紧张,深夜从日侨密集之区出入亦颇惴惴也。

日寇仍在天津肆虐,虽王树常屈伏甚至,竟不能少回寇意。毗连日租界地带已为寇兵占据矣。一让再让,乃有此果,军阀之本领亦可知矣。而日寇之西攻锦州者已抵饶阳河,盖左右胁取,其意常在北平也。

幽若夜来,明日当返苏省亲,即止宿予家。

11 月 29 日(戊子)星期日

晴寒。上午五二,下午五一。53.1—32.7

阅报,攻锦州之寇突然撤退沈阳,而从南满路抽调增援天津之寇亦止于大连,天津仍混沌,但已缓和。盖寇背美、日密约,美忽改变一昨之态,反唇讥其侵锦也。我国之命悬于人手如此,尚何言哉!

十时出,过访晴帆及乃乾。在晴帆所午饭,而乃乾则两访均未遇耳。午后徜徉书林,憩足于本馆发行所及渭水坊西泠印社。四时许便归,仍在家小饮。

幽若今晨九时许乘特别快车归苏,须一星期后始来。予托其带钱还翼之代送之礼及津贴丁公公之款。

11 月 30 日(己丑)星期一

晨寒,有霜雾,午后暖。上午四九,下午五六。63.1—34.2

依时入馆,处杂务。知昌群、博文诸公俱被辞,经宇、振铎亦被催销假,颇有示意回绝之概也。同人中不负责任者固不能谓绝无,而馆方待人终嫌稍酷,难免使人气结耳。

报载日方撤兵已征实,天津亦和缓。惟本市昨晚特别戒严,至不能通行,则意可知矣。今晚形势如何? 恐仍不免照例也。日本浪人固不恤一逞,而日政府方面究不利为此无谓之举以横挑英、美耳。予知其终为谣言也。

夜小饮,仍未作事。一则神经衰弱,不能搦管;一则心绪不宁,殊难安坐也。

组青于今日搬出,盖伊营业送货不便,还以住租界为宜也。

12 月 1 日（庚寅）星期二

晴,晨大雾。上午五四,下午五八。64.4—41.2

依时入馆,处杂务。写信与振铎、颉刚、乃乾。

接怀之信,知宝山县长赵恩钜已调任太仓,渠位恐动摇,托设法。予因作书与乃乾转托胡惠生道地。

燕大所出《读史年表》由颉刚交景山书社寄到,甚好。

锦珊来,谓济群顷自郑州来,明日或来看我。谈至傍晚去。

夜仍小饮,饮后结算上月用账。

12 月 2 日（辛卯）星期三

阴雨。上午五六,下午五八。57.4—52.3

依时入馆,处杂事。散馆时圣陶过我,因同赴新中国书局,出席董监会。六时半会毕,七时晚餐。餐半,家人来招,谓济群在家候予谈。遂辞归,晤之。知顷自郑州来,明日即行,将到巩县任军用电械修整厂主任也。谈江西军事及近日中央状况甚悉。九时许别去,恐戒严不能行路耳。

开明讲义须展缓,闻之甚松,否则又将榨逼从事矣。

振铎前赠之《文学史讲义》顷须自用,因于今日全部交由调孚邮平。想不日当可到达也。

上海报纸真混沌,各家对上海现状俱含胡。《时报》谓已解严,而《时事新报》竟有凭有据地确说今日日浪人必冲入内地暴动也。本地消息且然,况它处乎!

12 月 3 日 (壬辰　下弦) 星期四

阴晴兼行。上午下午俱五六。50.2—47.7

依时入馆,校第十一批夏氏《中国历史》。

外交已成屈伏势,自顾维钧登台而直接交涉之呼声乃大炽。民间爱国运动已届弩末之境,日人居留民大会且将在上海召集,反谋对我。局面极不好,不知何以善后也?

夜小饮,饮后略坐即睡。以连日不安眠,多梦,殊不敢捉笔涉想耳。

12 月 4 日 (癸巳) 星期五

晴。有霜。上午五一,下午五五。53.6—40.1

依时入馆,续校昨稿。

陶甫来访,散馆后因与俱归。坐谈移时乃行。

夜仍小饮,睡仍不安。

国事日见不振,各校学生又将有所举动。但恐当局成算已成,此次运动终不免有流血之祸耳。

12 月 5 日 (甲午) 星期六

晴,浓霜,下午暖。上午四九,下午五五。61.3—32.4

依时入馆,校覆样一批。

小穀书来,约往安亭昆嘉青三县共立乡村师范学校演讲。予以此事最为乏味,且亦无语足为彼校同学告者,因即作复却之。不识能见听不再来纠缠否?

傍晚赴虹口大旅社八十二号聚餐会,到调孚、克标、光焘、愈之、雪村、东华、予同、径三、丐尊及周、汪二君与青崖、仲云。仲云未饭即行，愈之亦食竟便去。东华、青崖、光焘及周君打牌，而予同、径三则招粤妓为乐。予与调孚坐至九时三刻行，归家已十时十分矣。

幽若自苏来，宿予家，明日返周家嘴路舟山路寓次。

是夜失寐，自十二时半至翌晨五时许始合眼，痛楚甚矣！

12 月 6 日（乙未）星期日

晴不甚畅，夜深雨。上午五四，下午六二。67.1—45.5

晨看报，知民气又激昂，政府颇为难。国联已为日本所屈，本不足信赖，设强硬以赴之，暴日初不至此也。及今改图，犹有桑榆之获，预计我伸彼绌，或者交涉上反有转机耳。

饭后晴帆来，予以代购之张天方《考古学》译本交之，并为补得《后四声猿》之缺页一张。少选，与之同出，徜徉于福州路南京路各书肆。晴帆略有所获，而予则空手而返。五时许抵家，知圣陶及剑秋俱来看我，错失未晤，至怅！入夜仍小饮，饮后略坐即睡，偿昨宵之失。幸安眠，直至明晨五时始醒。

写信寄翼之，告幽若安抵此间，今日已返寓次矣。

12 月 7 日（丙申）星期一

阴雨。上午六〇，下午六二。59.1—54.1

依时入馆，理杂事。当局通告，明年一月起，支薪办法，明定为七日及廿一日，不再称借。

昌群书来，谓将汇款来还同仁储蓄会。下午四时款到，即持付该会交割清讫。当取回担保状，明日将寄昌群销此公案也。

写信致乃乾、剑秋与怀之，并接道始信。

夜仍小饮。饮后仍不敢撰文，闲看架上《草诀》，至近十时就卧。睡至十二时许为蚊所扰，竟醒。遂通宵迄未合眼，默数钟摆振动之声，挨听一二三四五六句报时声，苦极！未待明，即霍然起矣。

12月8日（丁酉　大雪）星期二

阴雨，浓雾，大润类夏令。上午六二，下午六四。63.3—54.9

上午勉强入馆。复昌群，告以款已交割清楚。下午未往。二时许出，至发行所取款百元备借与闻太太。又过文明书局购得戴文进五尺《赤壁赋》中堂及刘石庵四尺字屏与王小梅尺幅山水屏（亦四尺）以归。本拟即为张挂，以体惫未得行。

夜小饮，并看《七修类稿》。

昨夜接续失寐，竟至待旦，疾深矣。如不即复，将毅然摆脱约稿，即所许馆中《高中历史》亦当撤去也。

是夜九时就寝，睡尚酣，至一时醒，旋复入睡。迨翌晨六时始醒云。

写信寄昌群，将昨日取回之保单送请核销。

12月9日（戊戌　十一朔　月建庚子）星期三

雨止，仍阴，但转寒收燥。上午六〇，下午五八。59.9—49.5

依时入馆，处杂事并看《三朝北盟会编》三卷。散馆后往访鞠侯，以所托代取之款八十元面交之。渠方病伤寒，多日未到馆矣，故走候焉。五时许归，仍小饮。

接怀之函，知赵公已将离宝，渠事须俟新任到时再发表。

乃乾书来，约星期日上午即往，在彼便饭。

是夜通宵未合眼,万念攒心,几欲自杀,痛苦极矣!

闻太太饭后来,取款百元去,备与云斋娶妇购物之用。

12 月 10 日(己亥)星期四

阴晴兼作。上午五五,下午五六。54.9—45.1

上午勉入馆,实在神思恍惚,未能作事也。下午未往,只索在家张画拂尘,欲以劳作纾吾脑。夜写信备寄圣陶,决意回绝再编讲义。以前所缴之稿,情甘作废。投笔后,脸已烘热如灼,就寝后幸得睡,惟不甚安耳。珏人为此操心,又手剥桂圆裹松仁授予,谓吞之当有效也。以前尝见效,今或仍得奏功矣。

12 月 11 日(庚子)星期五

阴霾,夜北风狂号。上午五八,下午五六。63.5—50.2

依时入馆,勉强坐治杂事。寄圣陶书,彼于下午即来视予,谓云彬肯接编,闻之极慰。谈至六时,去赴仲云约。予本亦被邀,以怕多话引起不眠,遂托圣陶顺谢之。

接昌群书,即复之。彼谓终日消磨在图书馆中,则亦甚为得计也。

夜小饮后就寝,尚可入睡,惟为风声撼窗所惊,时时醒来耳。

12 月 12 日(辛丑)星期六

大风,曾见微雪,顿转严寒。上午四七,下午四四。(忽复无报告)

上午照常入馆,下午畏风未往。

道始写信来,谓徐小姐实习医院事已与丁惠康说妥。当即转告调孚。并即时复谢道始。

下午四时许,剑秋来,悉其办事处已移至北四川路克明里,是距离甚近矣。谈至晚,取酒对酌,至八时许乃辞去。夜睡尚好,居然有连续至四小时者。大幸! 大幸! 不识能否即日平复如常耳。

12 月 13 日(壬寅)星期日

晴,寒甚,滴水成冻。上午四〇,下午三五。35.6—20

晨看报讫,时事纠纷愈甚,雅不欲记。十一时,云彬来访,谈接编讲义事。移时去,予亦驱车径造乃乾,为振铎还其书款四十五元。因留午饭,谈至下午四时三刻始归。

夜看《七修类稿》,九时许就寝,睡尚好,惟逊于昨。

12 月 14 日(癸卯)星期一

晴,较昨和。夜犹暖。微雨。上午三七,下午四二。48.2—21.2

依时入馆,处理常事。

接觉明寄件及颉刚书函。颉刚属将著述论文开单送伊,将提交冯芝生绍介于清华大学。盛情万分可感,而予病体只能苟安,奈何! 将复书谢之,暂弗应也。

夜睡至十二时醒,又不寐,直至翌晨五时半始再合眼,苦痛极矣!

12 月 15 日(甲辰)星期二

晴,较暖于昨。上午四四,下午四九。50.9—37.4

依时入馆,处理常事。

复颉刚信,备言病苦状。为今之计,非惟不能发奋进取,即较为改进之生活亦无能几及,止有苟安现状而已。故承介清华事即谢请缓提。

国事真不堪问,东北之交涉尚无办法,而法于广西又见进兵入占之告矣。如此,直促列强重布瓜分之局耳。言念及之,不禁气逆,岂中国民族即此消沉乎! 痛愤之至!

夜睡尚好,以同儿不爽,时见啼闹,故多少受其影响也。

12 月 16 日（乙巳）星期三

晴和。上午四四,下午四七。45.5—29.1

依时入馆,惟下午未往,适幽若来,因打牌六圈。夜饭后,幽若去。

夜睡尚好,惟同儿仍时闹,不无牵动耳。

蒋中正已辞职,国府主席由林森代,行政院长由陈铭枢代。政争固告一段落,而此后设施,经纬万端,纠纷正不可预知也。中国事向重对内而怯于对外,此次变动,正可取证。

12 月 17 日（丙午　上弦）星期四

晴,浓霜。上午四二,下午四七。51.1—23.7

依时入馆,看《人文》近出之九期。

圣五来谈,询近世中国对外战争之史料。予允开书目与之,将于明日查开送去。

夜小饮,饮后闲翻架书,至九时许就寝。睡尚好,惟仍多梦。

下午伏案写字,两颊升火如焚,眼遂眊视,昏而不真。呜呼! 年不过四旬,已老境日臻如此,奈何! 幸夜睡尚好,惟仍有梦也。

12 月 18 日 (丁未) 星期五

阴,转暖,入晚雨。上午四七,下午五二。55.9—35.4

依时入馆,处常事外,并看样书两种备重版。

馆之南邻宝通里饭后不戒于火,幸无风,且救火车速至,未酿大祸,仅焚去楼房一间耳。上海人稠屋比,最可怕者即是火烛,故近处火警每闻而生怖也。

近世中国对外战役之文献已查,开三纸送圣五,圣五函谢,似甚能满意。

南京学生示威益壮烈,昨日党部施压,已酿流血惨案,落水溺水死者已不乏人云。学生此次示威,本为反对疲软外交,谓因蒋去而骤然中止,似坐实蒋方诬言受人指使之有由;若只问外交合否,不问任何人俱须对之示威,促起自奋,则此诬不攻自破矣。究竟如何,宜看今后之事实。

12 月 19 日 (戊申) 星期六

阴雨,入晚还燥。上午四八,下午五一。47.3—41.9

依时入馆,处常事外,晤禅生。达人约明午饭其家,道始书约明晚在晴帆所候谈,炼百约后晚在其家叙谈。如此,又须连日在外宴饮矣。

报载南京示威学生已为军警武力胁解回籍,于昨日清晨包围中大分批押登舟车。想见摧抑甚至,其凶暴当不堪闻问也。慨自十六年屠杀青年以后,学生被压不得出头者于今五载,今再重压,以便利政府对外之屈伏,则从此不振,恐三十年不易恢复元气耳。

潘儿往访修妹,知安甫病日增而生计日窘,澄儿在彼形容枯槁,几不能说。闻之极难过,陡增心事矣。

岳生央予担保,向信用储蓄会借五十元,不便却之,只得签单以应。

12 月 20 日（己酉）星期日

晴和,午后尤暖。上午四八,下午五一。52—34.3

晨起看报讫,过访圣陶,将《开明讲义》之全目交给之,俾与云彬接编参用。谈至十二时,赴达人饭约。同席有福崇、皖峰、禅生及其兴国同乡数人,食蒸鱼甚美。饭后三时,归,晤怀之。四时许,怀之去。五时半,乘车访道始于晴帆所。少坐同出,小饮于石路北首之知味观。肴味极好,价亦相当。八时许散出,复偕访钱君尧年于江苏旅社。谈至十时,各归。夜睡尚适。

日攻锦州已决,终恐不免一战。但默察当局态度,殆已接洽就绪,甘心拱让,止求对内维持权威耳。可叹可痛,至不能言,且亦不忍言也!

12 月 21 日（庚戌）星期一

晴和。上午四八,下午五〇。50.5—34.3

依时入馆,校《中国历史》第十二批排样。

傍晚六时访予同,少坐觉敷亦至,因偕过启秀坊炼百寓所,赴其宴谈之约,同坐仍为心南、颂久、寿白、幼希、南陔、致觉、觉敷、予同、炼百及予十人。所差只振铎缺席耳。谈至十时,散归。

夜睡尚好,能渐忘,或可复如常也。

写信与道始,告来青阁书价折让办法。

12 月 22 日 (辛亥) 星期二

晴和。上午四九,下午五三。54.5—41.9

依时入馆,续校昨日未完之排样。

觉明为予寄《文献丛编》增刊《清三藩史料》第一辑来。但《延平户官杨英从征实录》则未之见,想尚未购得也。

今夕俗称冬至夜,傍晚祀先。送神后,合家饮福。

睡好,大约可日即安复矣。

12 月 23 日 (壬子 冬至) 星期三

阴霾。上午五〇,下午五二。50—36.7

上午入馆,将昨日未毕之样校毕,送出版科。

下午未往。三时至发行所支款二百八十元,顺道购得案头日历纸一组,即归。五时过圣陶,托还开明前支之三百元,并将草收一纸交之,托掉换正式股票。云彬、晓先及开明同仁付丙然俱在。予编残之地理将属丙然续下,故面谈一切焉。少顷,同至新雅晚酌,又纵谭至九时三刻而归,精神又过于奋兴,一时后即醒,遂至于晓云。恨体之不济如此,终身其从是了乎!

12 月 24 日 (癸丑) 星期四

晴,晨有浓霜。上午四六,下午四八。43.5—30.0

上午入馆理事,下午未往。

夜小饮,饮后看章氏《訄书》。九时许就睡,尚好。

还开明之款,今日得其收条。股票亦已换到矣。

立斋稿一篇由息予介绍,今日交由愈之审核。如可,当收登

《东方》也。

12 月 25 日（甲寅　望）**星期五**

晴寒。上午四二,下午四五。45.7—25.7

上午依时入馆理事。下午未往,看夏燮《明通鉴义例》,知成祖诡诈及清时《纲目三编》之善,苦不得整部浏览随时笔记得失也。脱无它务相牵,许专力看书,将分期勒限,预定书目,仔细阅看之。

夜小饮,饮后坐至九时半就寝。

五年来馆中例假,截至今日止,结账矣。如有馀多,亦只能奉送。予计尚存十四班,当然在拱手之列。

12 月 26 日（乙卯）**星期六**

阴霾,近暮雨,彻旦。上午四四,下午五一。56.7—25.7

依时入馆理事。散馆后圣陶来,谈至六时,同赴广西路聚丰园川菜馆聚餐。到丏尊、雪村、六逸、东华、予同、愈之、克标、淦卿、调孚、光焘、青崖、仲云及予等二人凡十四人。狼吞虎咽,客气全消,极有味,且菜肴亦远较粤菜为佳也。八时许即散归。幽若适来,因与谈。既而听播音协会播送之苏滩《别弟》,颇合悦耳与载刺两条件,十时许就寝,取故宫文献馆所新刊之《三藩史料》催眠,不久即入睡,甚酣。三时醒,少顷复睡,数周来无此酣适也。

厂中工会起争夺,昨日下午五时械斗。今晨又斗,主要人后大椿、王昌源均受重伤云。我辈本无拳无勇,实无由作左右袒,止有听其变化而已。可叹! 可叹!

12 月 27 日 (丙辰) 星期日

阴,雨止,转寒。上午五〇,下午四九。44.2—39.2

晨看报,所见诸象只有嫉妒与争夺,实不好兴理睬及之矣。

午后,圣陶挈至善来,约同往宁波旅沪同乡会参观国画展览会。予以珏人及潏、清、汉三儿赴元芳路吃喜酒,家中乏人照应,未克从。少坐,圣父子便去。据圣言,昨晚亦失眠。

接翼之信,即复之。幽若有话附告,因促成其事。

傍晚五时,赴元芳路,在东熙华德路福兴园吃喜酒。九时许,偕珏人及三儿同归。十时后乃睡。

12 月 28 日 (丁巳) 星期一

阴霾。上午四七,下午四八。47.8—36.0

上午入馆理事。下午未往。与幽若、珏人及清儿打牌八圈。傍晚云彬来,借王桐龄《中国史》四巨册去,备续编讲义参考之需。入夜仍小饮。九时许寝。

复儿感冒,微有咳嗽,颇哼嘈。中夜为起授饮,凌晨又为呼觉。

党争已稍平,孙科等为与吴敬恒斗气来沪,亦已返京,今日准出席选任国府主席及五院长矣。结果如何不可知。冯玉祥亦起程来京,外表似真有团结之象也。惟日兵大举攻锦州已露骨动员,一若与南京合作有桴鼓之应,相映成趣者,甚可怜也!

12 月 29 日 (戊午) 星期二

雨间微雪,午后止,转冷。上午四八,下午四五。(错杂无记)

依时入馆理事,看蓬子《第一回巡礼》,于上海生活颇有一部描画处。

昨日一中全会四次大会已选任林森为国府主席;孙科为行政院长,陈铭枢副之;张继为立法院长,覃振副之;伍朝枢为司法院长,居正副之;戴传贤仍为考试院长,刘芦隐副之;于右任仍为监察院长,丁惟汾副之。胡汉民、汪兆铭、蒋中正为中政会常委。中执会常委则胡、汪、蒋三人外于于右任、叶楚伧、顾孟馀、居正、孙科、陈果夫等,凡九人。叶楚伧任该会秘书长。地盘分割,大略已定,吾人只有静待看打炮戏耳。惟据吴敬恒自言,则时局仍不外"和平分赃,统一作恶"八字而已,不识个中人能一息此言否?

幽若今日傍晚去,约卅一日来度岁。

夜仍小饮。复儿较昨稍松。

12 月 30 日(己未)星期三

阴,下午有雪,不大。上午下午均四五。38.8—33.8

依时入馆理事。今年工作为最后之一日,下午三时后职工纷纷散矣,循常例也。夜小饮,饮后算一年来用账。仅据本月所记,一切有名开支外,烟酒车力等占十五元馀,是诚太觉浪费矣。今后当首节此项费用,俾其它可较稍宽也。

写信与觉明,请停买《延平户官杨英从征实录》,以此间亦有寄售处也。

夜十时就寝,以复儿不爽时时哭呼故,又失寐。直至四时后始渐矇眬云。体气不振至于如此,其难乎为人矣!

乃乾过我,适予夜饮,谈至七时去。约元旦后一日宴予于皇宫饭店。

12 月 31 日（庚申）星期四

晴和。上午四四，下午四六。41.4—27.9

今日起放年假，须明正五日始开馆。

报载日兵已攻陷沟帮子，锦州驻兵，张学良已下令开始撤退，头批已抵滦州。是失地之责纯由不抵抗，边防长官之谓何！反顾南京，方分配部长诸要职，新贵之弹冠者且欣欣然走马入都也。锦州问题，竟有主张暂不讨论者，呜呼！是诚何心哉！

夜九时就寝，幸得睡。或午后独出阅市之故耳。

幽若傍晚来，在予家度岁。

收信表

日期	人名	地址	事由	备考
1 月 6 日	吕济群	南京交通兵团	贺年并告近状。	
1 月 8 日	顾颉刚	苏州悬桥巷	告将赴宁少住即归平。	
1 月 13 日	章君畴	奉化县政府	复谓坐待数日颇失望。	
1 月 14 日	王翼之	苏州河沿街 29	告安抵苏州，阻水，未能到校。	
1 月 16 日	郑梦九	馀姚县政府	复谓雪窦之游亦未果行。	
1 月 17 日	吴勖初	苏州西白塔子巷 68	复谢慰其丧婿。	
1 月 24 日	章君畴	奉化县政府	春后雪窦极好，仍邀往游。	
1 月 29 日	王幽若	苏州河沿街 29	告慧若病状，剖治后已渐见起色。	

续表

日期	人名	地址	事由	备考
1 月 29 日	向觉明	北平北海图书馆	复告款已收到。	
2 月 4 日	章君畴	本埠贵州路中国饭店	告今晨抵沪。	
2 月 8 日	王翼之	苏州河沿街 29	告慧若病仍重,怀之将来沪。	
2 月 17 日	章君畴	奉化县政府	复告留沪事冗未晤,并赴苏接眷。	
2 月 25 日	郭绍虞	北平成府蒋家胡同四号	寄赠《文品汇钞》并转分诸友。	
3 月 5 日	王翼之	斜塘小学校	复告家庭问题已展开。	
3 月 18 日	李青崖	吴淞中国公学	力挽任中古史教授。	
3 月 20 日	王翼之	斜塘小学校	复告暂不搬眷到乡。	
3 月 18 日	章子玉	兰溪县政府	复告天人患乳疖。	
3 月 21 日	冯世五	北平景山书社	复告仍在社中,唯星三到星期住颉所。	
3 月 21 日	王志成	本市蓬莱路	复允开明减版税。	
3 月 31 日	章子玉	兰溪县政府	告减政及家人多病。	
3 月 31 日	陈望道	本市狄思威路	复促着手著书。	
3 月 31 日	章君畴	奉化县政府	邀游雪窦寺。	
3 月 31 日	中华职教社	本市华龙路	约加入春游队赴无锡。	
4 月 9 日	王怀之	宝山县政府	告已接替察员事。	
4 月 10 日	顾颉刚	石家庄旅次	告往豫北冀南考察古迹。	

续表

日期	人名	地址	事由	备考
4月13日	王翼之	斜塘小学校	复告近状。	
4月18日	章君畴	奉化县政府	复告近状。	
4月21日	孙伯南	本市张园采芝里	告在陆家训蒙。	
4月23日	王翼之	苏州河沿街29	告仁丈赴茅山进香,慧若已出院。	
5月2日	顾颉刚	河南灵宝	告到西安考古,并转信与振铎。	
5月2日	又	又 开封	告旅况,并托转信与予同、圣陶。	
5月2日	孙伯南	本市张园底	复待予等往访。	
5月4日	邱晴帆	宝山县政府	询曲会情形。	
5月5日	王翼之	苏州河沿街29	请代撰匾文及题跋,并言未得前复。	
5月6日	冯世五	北平蒋家胡同3	托查乒乓公司寄货未。	
5月8日	陈乃乾	本市南洋中学	约十日往饭并同游龙华。	
5月12日	章子玉	南京旅次	告到京访旧友鬯叙。	
5月12日	吕济群	南京交通兵团	告月终到沪与王碧霞女士订婚。	
5月16日	顾颉刚	济南旅次	告游踪,并托转信与圣陶。	
5月27日	邱晴帆	宝山县政府	告将迁入新居,并托询陆巧生教曲。	
5月28日	章子玉	兰溪县政府	告奉母到彼甚安,唯三女吐血殊剧。	

续表

日期	人名	地址	事由	备考
6 月 2 日	张建初	苏州大儒小学	告容川设奠追悼。	
6 月 6 日	王翼之	斜塘小学校	告近状忙迫并道谢。	
6 月 6 日	吕济群	南京交通兵团	告安抵都下并道谢。	
6 月 8 日	郑梦九	徐州东门外后仓巷八号	告已谢事家居。	
6 月 11 日	邱晴帆	宝山县政府	送《通鉴纂要》四十八本与我。	
6 月 15 日	向觉明	北平图书馆	复告款已到,并略谈近况。	
6 月 17 日	顾颉刚	北平成府蒋家胡同三号	告回平后状况,并复前信。	
6 月 18 日	郑梦九	徐州后仓巷八号	复前信,并告飞卿将出谋事。	
6 月 19 日	章君畴	奉化县政府	告铨叙资格,就商一切。	
6 月 19 日	又	又	再商前事。	
6 月 24 日	又	又	再申论前事。	
6 月 27 日	仲弟	本市宝昌路协平里十号	复约明日往游,并言下星六弟妇来。	
6 月 30 日	吴勖初	苏州西白塔子巷 68	托询《史通通释》有无售本。	
6 月 30 日	又	又	托询北大在沪招考是否严格。	
7 月 1 日	王翼之	又　河沿街廿九	复又代送蓉初母吊礼。	

日期	人名	地址	事由	备考
7月5日	仲弟	本市法租界	告新迁略事,果格路四明医院对门元和号内。	
7月6日	周勖成	苏州带城桥下塘17号	寄清儿报名费收据并女中章程。	
7月6日	冯世五	北平景山书社	告《史料旬刊》已出至三十期。	
7月7日	章君畴	奉化县政府	复告仲川代探铨叙部近事。	
7月9日	王翼之	苏州河沿街29	复告前信俱到,已转知清儿。	
7月13日	又	又	托代为报名,因其生欲考蚕桑也。	
7月16日	周允言	又　女子中学	复告清儿成绩过差,不能为力。	
7月16日	王芝九	南阳棉兰	告到校接事状况,并道侨况(息转来)。	
7月16日	钱君匋	本市塘山路五号	托转问寿白有无实习医院可介绍。	
7月18日	宋云彬	开明书店役转来	问《史记·诸侯王年表》地名数事。	
7月20日	王怀之	宝山县政府	托向新任说项。	
7月21日	顾颉刚	北平成府蒋家胡同卅号	复告近状,并托钞寄曩作《鸡鸣诗别解》。	
7月22日	邱晴帆	宝山县政府	复告即将交卸,并约廿六日过彼一谈。	

续表

日期	人名	地址	事由	备考
7 月 24 日	王翼之	苏州河沿街 29	复告前发挂号信已到，其父腹泻甚剧。	
7 月 24 日	陈乃乾	本市南洋中学	复告怀之事已托惠生矣，并属作文介绍清剧集。	
7 月 25 日	顾寿白	莫干山滴翠轩	复告无医院可介实习。	
7 月 25 日	冯世五	北平景山书社	寄《史料旬刊》发票，并告以后陆续寄。	
7 月 27 日	章子玉	兰溪县政府	告其三女病笃，极伤心。	
7 月 29 日	陈乃乾	本市惠中四三八号	告小住旅社，约往谈。	
7 月 30 日	章子玉	兰溪县政府	告其三女于廿三未刻逝世。	
8 月 2 日	王翼之	苏州河沿街廿九号	复告其父稍痊，悦夫人已产一女，并近状。	
8 月 4 日	向觉明	北平图书馆	寄书三种来，书于翌日挂号递到。	
8 月 4 日	陈乃乾	本市南洋中学	复告晴帆事可商，怀之事已稳定。	
8 月 6 日	又	又	复告晴帆事在厅，插足恐不能，当别谋。	
8 月 11 日	景山书社	北平景山东街 17	报告一月至六月营业状况。	
8 月 12 日	邱晴帆	本市霞飞路宝康里廿	托向乃乾转为设法。	

续表

日期	人名	地址	事由	备考
8月14日	谭禅生	又　两路特党部	寄书报论衡社章请同意。	
8月15日	叶圣陶	又　开明书店	催请即作"中国史之重要时代"一文。	
8月15日	王翼之	苏州河沿街廿九号	告明日当乘早车莅沪。	
8月19日	叶圣陶	本市开明书店	告望道望予能于明年春季交书。	
8月22日	邱晴帆	又　宝康里廿	复已见过乃乾,无确切办法,仍托追询。	
8月23日	王翼之	苏州河沿街29	告安抵家门,并告学潮近情,并道谢招待。	
8月27日	贺昌群	天津女子师范学院	告已安抵津门并游平赋归矣。	
8月31日	向觉明	北平图书馆	复告尚有款存,并告西垂木简(大△见)。	
8月31日	陈乃乾	本市南洋中学	复告邱事胡惠生未确复。	
8月31日	邱晴帆	又　宝康里20	告近状,并再询乃乾处有无下落。	
9月1日	吕济群	南昌中山路东口	告出发后近状。	
9月3日	邱晴帆	本市宝康里20	复告道始行期,并约日内北来看我。	
9月8日	向觉明	北平图书馆	托转辞职书及报稿于东方。	

续表

日期	人名	地址	事由	备考
9 月 14 日	韦息予	本市祥茂里	托代查上海户口数俾便编入书中。	
9 月 14 日	贺昌群	天津女师学院	托代还同仁储款,及告近状。	
9 月 17 日	刘虎如	北平北长街金宅	告抵平,并托金君编书事。	
9 月 22 日	郑振铎	北平成府蒋家胡同	告抵平后情形,现暂住绍虞所。	
9 月 22 日	王翼之	苏州河沿街 29	告近状及教育界危象。	
9 月 22 日	叶圣陶	本市开明书店	托转鞠侯信,并促为《中学生》撰文。	
9 月 29 日	王芝九	苏岛培善学校	复告忙迫,但平安也。	
10 月 1 日	孙道始	本市爱文义路	复告退稿事,已转何君矣。	
10 月 2 日	孙伯南	本市张园陆宅	告明年馆事不联,托别觅馆地。	
10 月 4 日	王翼之	苏州河沿街 29	告其妇已产一女,但产后殊不佳。	
10 月 7 日	王翼之	苏州河沿街 29	再告其夫人病状已渐痊,其女又误吞玻丸。	
10 月 9 日	郑振铎	北平燕大	告北平情形,并询予意见。	
10 月 26 日	王翼之	苏州河沿街 29	复告近状,琪吞玻丸仍未泄出。	

日期	人名	地址	事由	备考
10月27日	邱晴帆	本市霞飞路宝康里廿	约十一月一日下午见访。	
10月27日	尤植仁	本市新闸路麦特赫司脱路椿寿里六	送刻印润格与予。	
10月28日	陈乃乾	本市南洋中学	请代撰《禁书总录序》。	
11月5日	计硕民	嘉善县中	谢赠《太平史》。	
11月5日	陈乃乾	本市南洋中学	复申前请,约十五日前交卷。	
11月9日	仲弟	又　八仙桥恩派亚后面格枭格路四明医院对门永源坊三层过街楼	约初二往饭。	
11月9日	邱晴帆	又　霞飞路宝康里廿号	托代购张△《币制史》等。	
11月11日	王翼之	苏州河沿街廿九	复允代送赵孟韬父吊礼,并告近状。	
11月13日	刘虎如	北平北长街金宅	托询稿费,谓将南归。	
11月16日	顾颉刚	又　成府蒋家胡同三	复我前信,并询近状。	
11月23日	邱晴帆	本市霞飞路	复告道始搬家未悉。	
11月26日	陈乃乾	本市白尔部路五五	告迁居,并谢作序。	
12月1日	又	又	道未晤歉,并约下星期再往。	
12月1日	郑振铎	北平成府前吉祥胡同六号	托检寄《文学史讲义》。	

续表

日期	人名	地址	事由	备考
12 月 1 日	邱晴帆	本市霞飞路	托补《清人杂剧》缺页。	
12 月 1 日	王怀之	宝山县公安第一分局	托道地,因赵县长他调也。	
12 月 3 日	郑振铎	北平成府前吉祥胡同六号	托催稿费,并扣四十五元还乃乾。	
12 月 3 日	陈乃乾	本市白尔部路 55	复已为怀之道地矣。	
12 月 5 日	管小觳	安亭三县乡师	请往演讲。	
12 月 7 日	孙道始	本市同孚路长丰里十一	复前托,并告移居后在杨树浦路八十七号申新纺线第九厂办事。	
12 月 7 日	贺昌群	杭州西湖净慈寺前 67	告将汇百元来(本晚到),托还同仁储蓄会。	
12 月 9 日	王怀之	宝山县公安第一分局	复告赵已行,明日新任将来。	
12 月 9 日	陈乃乾	本市白尔部路 55	复请星期上午往饭。	
12 月 11 日	贺昌群	杭州净慈寺前 67	复告近状,并约游超山。	
12 月 12 日	孙道始	本市同孚路长丰里十一	告徐小姐实习事已说妥。	
12 月 13 日	王怀之	宝山公安第一分局	告新任已到,秘书科长发表,彼事未动。	
12 月 14 日	顾颉刚	北平成府蒋家胡同 3	抄景山书账,并嘱开著作单备介绍于清华。	

续表

日期	人名	地址	事由	备考
12月19日	孙道始	本市同孚路长丰里十一	约后晚在晴帆所叙晤。	
12月27日	王翼之	斜塘小学校	寄赵氏谢帖，并告教费积欠不了。	

发信表

日期	人名	地址	事由	备考
1月1日	顾颉刚	杭州马坡巷7	复代收各信当于开馆后转苏。	
1月7日	顾颉刚	苏州悬桥巷	转信一件，并问是否来此。	
1月7日	黎青主	本埠法租界格罗希路125弄5	谢送钢画。	
1月7日	章君畴	奉化县政府	复告奉游未成之故，乞谅。	
1月7日	郑梦九	馀姚县政府	复告奉游未成。	
1月7日	吴文祺	厦门集美学校	复告近状。	
1月8日	顾颉刚	南京铜井巷	告昨有信去，由军需署蒋崇年转。	
1月8日	吕济群	南京交通兵团	复告近状。	
1月9日	吴勘初	苏州西白塔子巷68	慰问其丧长婿。	
1月16日	王翼之	斜塘小学校	复告近状。	
1月16日	章君畴	奉化县政府	复道歉忱，并望过沪时一晤。	

续表

日期	人名	地址	事由	备考
1 月 19 日	向觉明	北平图书馆	汇稿费与复前信,由本馆分庄科汇。	
2 月 2 日	王幽若	苏州河沿街 29	复问慧若病状,并邀新春来游。	
2 月 9 日	章君畴	奉化县政府	告过访不值,道迟谒歉。	
2 月 5 日	向觉明	北平图书馆	复告近状,并论北平学界。	
2 月 10 日	王翼之	苏州河沿街 29	复请怀之带物。	
2 月 27 日	郭绍虞	北平成府蒋家胡同十	复谢赠书。	
2 月 28 日	王翼之	苏州河沿街 29	询前书究到未。	
3 月 13 日	又	斜塘小学校	复赞居乡仍须顾及老人。	
3 月 13 日	邱晴帆	宝山县政府	托为怀之位置。	
3 月 13 日	章子玉	兰溪县政府	同上。	
3 月 14 日	景山书社	北平景山东街	复告书已收到,并再购书。	
3 月 14 日	顾颉刚	北平成府蒋家胡同 3	告近状,并托知照景山买书。	
3 月 19 日	王志成	本市蓬莱路	转寄开明信件。	
3 月 18 日	李青崖	吴淞中国公学	辞不就中古史教授。	
3 月 28 日	陈望道	祥茂里三十七号	答拟撰《中国之史书与史家》一书。	
3 月 30 日	邱晴帆	宝山县政府	托为怀之界事。	

续表

日期	人名	地址	事由	备考
3月31日	章子玉	兰溪县政府	复慰其夫人小姐病。	
3月31日	王怀之	苏州河沿街	托代雇舟俾入乡扫墓。	
3月31日	王翼之	斜塘小学校	约春假在苏晤谈。	
3月31日	中华职教社	本市华龙路	复不能加入春游队。	
4月9日	王仁斋	苏州河沿街29	告安归,并报怀之已接事。	
4月9日	王翼之	斜塘小学校	同上。	
4月9日	章君畴	奉化县政府	复当择期往游,届时再告。	
4月24日	孙伯南	本市张园采芝里	复告圣陶住址,并约下月三日往谒。	
4月24日	王翼之	苏州河沿街	复慰慧若妹出院。	
4月24日	顾颉刚	济南齐鲁大学转	复谈近事,并属有所得即告。	
5月4日	邱晴帆	宝山县政府	告昨日不能奉访,并约入曲会。	
5月4日	曹铁笙	又	告下星期日不能游宝山。	
5月5日	王翼之	苏州河沿街29	寄代撰跋语,并请查前信。	
5月8日	顾颉刚	北平成府蒋家胡同三号	复告近状,附世五信中。	
5月8日	冯世五	又	复告乒乓公司已寄出(挂号)。	

日期	人名	地址	事由	备考
5 月 8 日	陈乃乾	本市南洋中学	复十日无暇,改约十七日往谈。	
5 月 15 日	陶希圣	南京中大法学院	属将存彼之稿寄予同。	
5 月 27 日	又	又	重申前议。	
5 月 28 日	邱晴帆	宝山县政府	复告曲师事已妥洽矣。	
5 月 29 日	章子玉	兰溪县政府	复慰问其太夫人及三女。	
6 月 3 日	张建初	苏州大儒小学	托代赙容川二元。	
6 月 3 日	向觉明	北平图书馆	汇十元去还垫款,馀数存彼处。	
6 月 8 日	张剑秋	本市财政局	约示期同饮方壶。	
6 月 8 日	王翼之	斜塘小学校	复告近况。	
6 月 8 日	吕济群	南京交通兵团	复告近况并道劳。	
6 月 9 日	郑梦九	徐州东外后仓巷 8	复告近况。	
6 月 12 日	邱晴帆	本市法租界宝康里	复谢赠书,并以《太平史》还赠之(托陆巧生带去)。	
6 月 16 日	张剑秋	本市打浦坊廿四号	请示期约地相见。	
6 月 16 日	仲弟	本市贝勒路协平里十号	嘱详复近状。	
6 月 16 日	向觉明	北平图书馆	复谈近事,并谢暂不买书。	
6 月 16 日	冯世五	北平景山书社	告《同治朝夷务始末》已到,并询他事。	

续表

日期	人名	地址	事由	备考
6月19日	章君畴	奉化县政府	复谈铨叙资格事。	
6月24日	又	又	再复论中公近事。	
6月24日	张剑秋	本市北京路十七号	约下星期不能迎候。	
6月23日	曹铁笙	宝山县政府	声明星期之约不能践。	
6月29日	章君畴	奉化县政府	复告经农离中公。	
6月29日	吕济群	南昌中山路东口	复慰一切。	
6月29日	顾颉刚	北平成府蒋家胡同3	复告近状。	
6月30日	吴勘初	苏州西白塔子巷68	复告文瑞楼有影印原刻《通释》。	
7月1日	又	又	复告北大情形已睽隔，考试当严。	
6月30日	王翼之	苏州河沿街29	托代送蓉初母吊礼。	
7月6日	又	又	托转清儿函，并托送考一切。	
7月6日	清儿	又	晨夜两次嘱咐考事。	
7月6日	计硕民	苏州卫前街64	托代转允言信。	
7月6日	周允言	又	托为清儿照拂。	
7月7日	冯世五	北平景山书社	复托再询定购《旬刊》。	
7月15日	王翼之	苏州河沿街29	复谢招待清儿，并寄还报名文件等。	
7月17日	钱君匋	本市塘山路五号	复谢赐联，并答转托寿白事。	

续表

日期	人名	地址	事由	备考
7 月 17 日	计硕民	苏州卫前街 64	复谢转书允言,并再托转书。	
7 月 17 日	周允言	硕民转	复谢有意裁成,当然以不勉强为是。	
7 月 18 日	顾寿白	莫干山商务三楼	托为君匋友人介绍实习医院。	
7 月 18 日	宋云彬	托调孚转	复告阿甄即东阿郓城。	
7 月 20 日	邱晴帆	宝山县政府	慰问失官。	
7 月 21 日	又	又	复申慰问,并属为怀之谋蝉联。	
7 月 21 日	王怀之	又	复告已向多方面说项矣。	
7 月 21 日	陈乃乾	本市南洋中学图书馆	请为怀之向赵恩钜说项。	
7 月 21 日	孙道始	本市戈登路达德里 1034	请为怀之向钱尧年说项。廿四日退回,谓已移家矣。	
7 月 22 日	王芝九	南洋棉兰	复问起居状。	
7 月 24 日	陈乃乾	本市南洋中学	复谢道地,并寄介绍文去。	
7 月 25 日	王翼之	苏州河沿街 29	复慰其父疾。	
7 月 27 日	顾颉刚	北平成府蒋家胡同三号	复寄钞得囊记一则,并嘱转信与世五。	
7 月 27 日	冯世五	附颉刚挂号信中	复告《史料旬刊》三十册俱到,谢之。	

日期	人名	地址	事由	备考
7月27日	章子玉	兰溪县政府	复慰其三女病痛。	
7月29日	邱晴帆	本市霞飞路宝康里20	告明日当至惠中会,乃乾约伊共赴。	
7月29日	钱君匋	本市塘山路澄衷学校	告寿白书来,无相当医院可介。	
7月29日	周颂久	青岛中山路廿四号新民饭店18	复告此间近状。	
7月29日	周予同	普陀朝阳洞	同上。	
7月29日	顾寿白	莫干山滴翠轩	同上。	
7月31日	顾颉刚	北平成府蒋家胡同3	挂号寄读者一文与之。	
8月2日	陈乃乾	本市南洋中学	托再为晴帆设法。	
8月3日	章子玉	兰溪县政府	唁其季女。	
8月3日	王翼之	苏州河沿街廿九号	复昨信,并再问其父病。	
8月6日	陈乃乾	本市南洋中学	复谢迭次溽劳。	
8月6日	邱晴帆	又　霞飞路宝康里廿	寄乃乾原信与之。	
8月6日	向觉明	北平图书馆	复谢书已寄到,并询蒂欠若干。	
8月15日	邱晴帆	本市宝康里廿号	复已托乃乾并属亲往一谈。	
8月15日	陈乃乾	又　南洋中学	托为晴帆道地。	
8月18日	叶圣陶	又　开明书店	询望道见过何事,并告鞠侯允撰文。	

续表

日 期	人名	地址	事由	备考
8 月 20 日	邱晴帆	本市霞飞路宝康里廿	询近状,并问前信到未。	
8 月 24 日	又	又	复暂不即写信与乃乾。	
8 月 24 日	王翼之	苏州河沿街廿九号	复慰其子外症,并道歉疏待。	
9 月 1 日	邱晴帆	本市宝康里廿	复寄乃乾原信,并约来小酌。	
9 月 3 日	顾颉刚	北平成府蒋家胡同	为亮寰弟乞作,师大保证人由本人带去。	
9 月 7 日	向觉明	北平图书馆	复上月廿一日函。	
9 月 7 日	贺昌群	天津省女师院	复上月廿七函。	
9 月 7 日	邱晴帆	本市宝康里	复三日函,并约即北来一谈。	
9 月 14 日	韦息予	又　祥茂里	复奉《统计月报》及《地学杂志》请查。	
9 月 15 日	贺昌群	天津女师院	复同仁储会事当遵办。	
9 月 16 日	向觉明	北平图书馆	汇款廿六元及寄定报单等与之。	
9 月 18 日	刘虎如	北平北长街金宅	复约金君编一书。	
9 月 23 日	郑振铎	北平成府蒋家胡同四号	复告近状,并问彼中近况。	
9 月 29 日	孙道始	本市爱文义路	告何朴斋稿已退还,乞谅。	

日期	人名	地址	事由	备考
10月5日	王翼之	苏州河沿街廿九	复慰问其妇产后病状。	
10月8日	王芝九	苏岛培善学校	复寄《宋元经济史》。	
10月8日	王翼之	苏州河沿街29	复慰一切。	
10月14日	郑振铎	北平燕大	复告近状,并致对日愤慨之大略。	
10月19日	王翼之	苏州河沿街廿九	再询近状,并告其姊在此候信。	
10月26日	王幽若	本市周家嘴路	转翼之信。	
10月28日	邱晴帆	本市霞飞路	复约准下月一日下午在家恭候。	
10月29日	陈乃乾	又　南洋中学	复不能即下笔,稍迟当报命。	
11月6日	王翼之	苏州河沿街29	托于十七日代送赵孟韬父吊礼二元。	
11月9日	孙伯南	本市张园采芝里	告昨日不能赴凌氏喜筵之故。	
11月14日	刘虎如	北平北长街	告稿费已询柏丞,谓已早汇出。	
11月16日	陈乃乾	本市南洋中学	寄《禁书总录序》。	
11月16日	顾颉刚	北平成府蒋家胡同3	复告近状,并托买《读史年表》。	
11月16日	向觉明	又　国立北平图书馆	询前书到未,并托买《延平从征实录》。	
11月16日	孙道始	本市爱文义路	介绍调孚妹怀玉女士入肺病疗养院实习。	

续表

日期	人名	地址	事由	备考
11 月 20 日	邱晴帆	又　霞飞路	托代向道始转介徐女士（因道始已移住，退）。	
11 月 25 日	陈乃乾	本市南洋中学	托查《毛西河集》中之《黄梨洲墓志》。	
11 月 27 日	祁陶甫	又　江阴街祥发里一	告后日不能往访之故。	
12 月 1 日	郑振铎	北平成府前吉祥胡同六号	告近状，并谈馆事。	
12 月 1 日	顾颉刚	附铎信中	告《读史年表》已收到。	
12 月 1 日	陈乃乾	本市白尔部路五五	复托代致《测海楼目》，并托为怀之道地。	
12 月 5 日	管小毅	安亭三县职师	辞谢讲演。	
12 月 6 日	王翼之	苏州河沿街 29	告幽若已安抵此间，并谢赐物。	
12 月 7 日	陈乃乾	本市白尔部路 55	复谢为怀之设法，并约十三往访。	
12 月 7 日	王怀之	苏州宝山公安局	复告已为道地，并属时常通信。	
12 月 7 日	张剑秋	本市北京路十七号	昨日未晤甚歉，约十二晚来叙。	
12 月 8 日	贺昌群	杭州西湖净慈寺前 67	复告款到已交割清楚矣。	
12 月 11 日	又	又	复慰一切，并告予近状。	

续表

日期	人名	地址	事由	备考
12月12日	孙道始	本市同孚路长丰里十一	复谢为徐女士介绍医院。	
12月15日	顾颉刚	北平成府蒋家胡同三号	复告病状，并辞谢介绍，免贻误。	
12月21日	孙道始	本市同孚路	告来青阁折让书价办法。	
12月27日	王翼之	苏州河沿街29	复谢代劳，并告幽若、悦之状。	
12月27日	向觉明	北平图书馆	告《延平实录》此间已到，请停买。	

收支一览表

月	日	收入要目	收入数额	月	日	支出要目	支出数额
1	1	上年转存	67.70	1	2	高长兴酒	3.20
1	1	取存	25.00	1	3	两日车力	0.40
1	7	本月上半薪	70.00	1	4	羊肉面2	0.40
1	21	本月下半薪及升	82.00	1	6	青萍园及车	4.65
1	30	借珏人	40.00	1	7	家用	50.00
				1	7	还珏人	5.00
				1	7	绍酒	0.90
				1	8	羊肉面2	0.40
				1	8	邮票	1.00

续表

月	日	收入要目	收入数额	月	日	支出要目	支出数额
				1	9	世界酒家	3.86
				1	10	出外车力	0.20
				1	12	赙震平父	2.00
				1	15	赙梓生母	2.00
				1	18	牛奶一月	5.60
				1	18	点心、车力	0.60
				1	18	补前绍酒	1.00
				1	21	信用储蓄	6.00
				1	21	家用珏用	60.00
				1	21	发还潜存	30.00
				1	22	中有天公局	2.00
				1	28	绍酒、添菜	1.50
				1	28	清儿校捐	0.50
				1	30	闻太太支清本利	76.00
				1	31	结现杂用（两儿定额在内）	8.19
		共收	284.70			共支	264.40
			264.40				
		一月应存	20.30				
2	1	上月转存	20.30	2	5	汉、漱学费	20.00
2	7	本月上半薪	70.00	2	7	家用	50.00

续表

月	日	收入要目	收入数额	月	日	支出要目	支出数额
2	7	借珏人	10.00	2	7	补送子玉生子	4.00
2	9	《南北朝》稿二批	100.00	2	7	补请子玉	1.00
2	9	《中学生》稿费	15.00	2	7	补上月《申报》	1.00
2	14	十九年分俱乐	2.67	2	7	补套鞋一双	1.00
2	21	本月下半及升	82.00	2	7	还讫来青阁	117.00
2	21	借予同	30.00	2	9	还珏人	10.00
				2	9	补公饯圣	2.60
				2	15	牛奶一月	5.00
				2	15	绍酒	2.00
				2	21	家用珏用	60.00
				2	21	信用储款	6.00
				2	23	旅宁结用	23.50
				2	26	请同人	7.00
				2	28	点心及漱诊	0.60
				2	28	结见杂用	4.27
		共收	329.97			共支	314.97
			314.97				
		二月应存	15.00				
3	1	上月转存	15.00	3	1	上月报费	1.00

续表

月	日	收入要目	收入数额	月	日	支出要目	支出数额
3	7	本月上半薪	70.00	3	1	冠生园吃	1.25
3	21	本月下半薪及升	82.00	3	5	为潘装灯	1.00
				3	7	还予同	30.00
				3	7	家用	40.00
				3	11	车力	0.25
				3	12	理发	0.60
				3	12	北万馨点	0.60
				3	14	王宝和	1.80
				3	16	赙星斋	2.00
				3	16	邮票	1.00
				3	16	点心及车力	0.40
				3	20	时事月报	0.25
				3	21	家用及珏用	60.00
				3	21	乡亲来用	5.00
				3	21	信用储款	6.00
				3	21	北万馨吃	3.00
				3	21	同皮鞋	2.60
				3	24	公宴陈达夫	3.00
				3	31	结见杂用	7.25
		共收	167.00			共支	167.00
			167.00				

月	日	收入要目	收入数额	月	日	支出要目	支出数额
		三月收支相抵	0.00				
4	2	《中学生》稿费	30.00	4	2	还菜钱	10.00
4	7	本月上半薪	70.00	4	7	家用	50.00
4	21	本月下半及升工等	82.00	4	7	找清菜钱	3.00
				4	7	还上月家用	10.00
				4	7	上月报费	1.30
				4	7	输雀及添菜	1.00
				4	7	结清扫墓用	1.20
				4	7	舟资及饭食	4.45
				4	7	往来火车等	4.25
				4	7	给镛、锡	2.00
				4	7	在苏输雀	2.00
				4	7	贺又之取媳	1.00
				4	7	赙△△丧亲	1.60
				4	7	请剑秋	1.10
				4	10	上海大地图	1.12
				4	12	还怀之代锭	1.00
				4	12	又三果三牲等	0.40
				4	16	理发	0.60
				4	20	《会典图》	8.00

续表

月	日	收入要目	收入数额	月	日	支出要目	支出数额
				4	21	送书力	0.40
				4	21	家用珏用	60.00
				4	21	信用储蓄	6.00
				4	21	扣红及欠资	0.03
				4	25	点心	0.20
				4	26	绍酒一瓶	0.45
				4	30	本月报费	1.20
				4	30	结见杂耗	4.30
		共收	182.00			共支	176.60
			176.00				
		四月应存	5.40				
5	1	上月转存	5.40	5	1	还怀之车费	1.20
5	6	开明股息	39.19	5	2	购牙刷等	1.62
5	7	本月上半部薪	70.00	5	3	访伯师车	0.40
5	10	伯师还	1.80	5	4	代伯师买书	1.80
5	10	雀入	0.40	5	6	交珏人息金	39.19
5	21	本月下半薪及升	82.00	5	7	家用	50.00
				5	7	皮夹子	1.26
				5	7	点心	0.20
				5	7	补 3 日北万馨	3.52

月	日	收入要目	收入数额	月	日	支出要目	支出数额
				5	7	馆役节赏	2.00
				5	8	邮票	1.00
				5	8	出外车力	0.30
				5	12	新雅茶及车	1.00
				5	16	工会会费等	2.36
				5	16	牙膏二匣	0.36
				5	16	茶叶五斤	4.00
				5	17	访乃乾车力	0.30
				5	19	绍酒及添菜	1.00
				5	21	家用及珏用	60.00
				5	21	信用储蓄	6.00
				5	24	濬儿照相	3.00
				5	24	游静安寺车	0.50
				5	24	理发(补前)	1.00
				5	25	请翼酒菜	3.00
				5	30	姚达人借	1.00
				5	31	鞋子、草帽	4.10
		共收	198.79			共支	190.11
			190.11				
		五月应存	8.68				
6	1	上月转存	8.68	6	1	访邱车力	0.20

续表

月	日	收入要目	收入数额	月	日	支出要目	支出数额
6	2	《南北朝》稿找	92.00	6	1	达人又借	4.00
6	2	《明成祖》稿第一	100.00	6	1	交珏人制衣	50.00
6	4	达人还	5.00	6	1	新中国股款	100.00
6	6	本月上半薪	70.00	6	2	上月报费	1.20
6	12	上年红利	84.13	6	3	汇觉明	10.00
6	20	本月下半薪及升	82.00	6	5	还圣陶公饯芝九	12.50
6	22	取本馆存	50.00	6	8	北万馨小饮	1.40
6	28	又取	50.00	6	8	车力	0.15
				6	8	家用	50.00
				6	12	提付特储	16.83
				6	12	还讫来青阁	24.00
				6	12	《支那年表》先付	15.00
				6	12	珏人制衣	20.00
				6	12	出外车力	0.20
				6	12	昆剧组月费	1.00
				6	14	同草帽一顶	0.50
				6	14	车力	0.20
				6	14	绍酒	0.20
				6	19	贴丁公公	6.00

续表

月	日	收入要目	收入数额	月	日	支出要目	支出数额
				6	19	还剑秋代建	2.00
				6	19	假铎所请客	15.00
				6	20	绍酒	0.45
				6	20	家用及珏用	60.00
				6	20	信用储蓄	6.00
				6	20	汉、漱定额	2.00
				6	20	《支那年表》找清	1.80
				6	21	北万馨吃	1.80
				6	21	儿食及车力	1.00
				6	22	蚊虫香四匣	1.00
				6	22	高长兴吃	2.60
				6	22	车力	0.20
				6	24	电灯	2.16
				6	26	新雅茶饭	2.00
				6	29	医院用	100.00
		共收	541.81			共支	511.39
			511.39				
		六月应存	30.42				
7	1	上月转存	30.42	7	1	上月报费	1.20
7	1	珏还电灯	2.16	7	1	结见上月杂	9.08
7	1	本月上半部分	70.00	7	2	汽车等	1.80

月	日	收入要目	收入数额	月	日	支出要目	支出数额
7	21	本月下半及升	82.00	7	2	北万馨请文祺	7.40
				7	2	电料	1.80
				7	4	赴清泉宴车	0.30
				7	4	垫付晓息	34.00
				7	4	唁伯□父	2.00
				7	7	家用	50.00
				7	10	赴昌群宴车	0.20
				7	10	公送昌群	2.00
				7	11	新雅茶	3.00
				7	12	诸儿饮冰	1.00
				7	13	请剑酒菜	4.00
				7	13	还翼代报名	1.00
				7	13	又 代赙陶	1.00
				7	13	邮票	1.00
				7	16	松月楼聚餐	3.20
				7	16	游豫往返车	0.50
				7	20	新雅往返车	0.20
				7	21	家用珏用	60.00
				7	21	信用储蓄会	6.00
				7	22	请晓、云、岩三公	3.00
				7	26	访晴帆车力	0.40

月	日	收入要目	收入数额	月	日	支出要目	支出数额
				7	30	访乃乾车力	0.40
				7	30	昆曲组会费	1.00
				7	31	本月《申报》等费	1.20
		共收	184.58			共支	196.68
							184.58
						七月应不敷	12.10
8	5	借珏人	5.00	8	1	上月不敷	12.10
8	7	本月上半薪之一部	70.00	8	1	游公园车力	0.15
8	15	东方稿费	60.00	8	1	输雀	2.00
8	19	抵还定额	2.00	8	2	访晴、始车力	0.50
8	21	本月下半及升	82.00	8	2	保利他民	5.25
8	21	补普加津贴	2.24	8	2	儿食	0.60
8	22	致觉还我	5.00	8	5	请昌群	5.00
8	22	上月八日开明讲义预支	300.00	8	5	出返车力	0.10
				8	6	邮票	1.00
				8	7	家用	50.00
				8	7	还珏人	5.00
				8	7	理发	0.40
				8	7	出外车力	0.20
				8	9	访邱、曹车力	0.40

续表

月	日	收入要目	收入数额	月	日	支出要目	支出数额
				8	13	大瓶保利他民	8.55
				8	18	借与致觉	5.00
				8	19	汉、漱、润学费	25.20
				8	19	预存购卡费等	6.80
				8	21	家用珏用	60.00
				8	21	信用储蓄	6.00
				8	21	《芥子园画传》	0.65
				8	21	同、复衣及汗衫	6.00
				8	22	豫丰泰小饮	3.50
				8	24	补22公宴光焘	2.25
				8	26	给剑堮	1.00
				8	28	公饯铎、希、达	2.60
				8	29	国语教育会费	1.00
				8	29	请硕民	1.40
				8	29	补贴上月八日储本馆	270.00
				8	31	本月报费	1.20
				8	31	揭见输雀及车力	12.00
		共收	526.24	8	31	共支	515.85
			515.85				
		八月结存	10.39				
9	1	上月转存	10.39	9	1	上月昆曲会费	1.00

月	日	收入要目	收入数额	月	日	支出要目	支出数额
9	3	借珏人	10.00	9	3	保利他民	8.55
9	7	本月上半部分薪	70.00	9	3	明贤墨迹等	6.30
9	21	本月下半及升	84.24	9	7	家用	50.00
9	23	又借珏人	10.00	9	7	还珏人	10.00
9	30	东方稿费	14.00	9	8	直贡呢鞋	2.20
				9	8	儿饵	0.40
				9	9	《太平史》等十册	3.50
				9	13	添菜及酒	1.45
				9	13	清看电影	0.20
				9	13	儿饵及茶	0.45
				9	15	两日车力	0.50
				9	21	水灾赈捐	4.82
				9	21	家用珏用	60.00
				9	21	信用储款	6.00
				9	21	馆役节赏	2.00
				9	23	还来青阁账	18.00
				9	25	昆曲组会费	1.00
				9	26	输雀	0.40
				9	26	知味观饭	4.00
				9	30	绍酒、添菜等	13.36

月	日	收入要目	收入数额	月	日	支出要目	支出数额
		共收	198.63			共支	184.13
			184.13				
		九月应存	14.50				
10	1	上月结存	14.50	10	1	香烟等	1.00
10	5	八、九两月加薪并升	32.00	10	5	交珏人备制衣	30.00
10	7	本月上半薪	80.00	10	5	上月报费(补)	1.20
10	20	《中学生》稿费	14.00	10	5	徐大房点心(补)	0.30
10	21	本月下半薪及升	90.24	10	7	家用	50.00
10	26	《中学生》稿费	15.00	10	8	存入本馆	30.00
				10	8	补昨请铁笙	1.00
				10	8	邮票	1.00
				10	14	《书目答问补正》	1.52
				10	14	儿饵	0.30
				10	16	大蟹请客	2.00
				10	16	补昨添菜	1.00
				10	21	家用珏用	60.00
				10	21	信用储蓄	6.00
				10	23	《联话》等书	2.32

月	日	收入要目	收入数额	月	日	支出要目	支出数额
				10	26	还珏人及添补	25. 00
				10	26	添菜及牙浆	0. 60
				10	27	同绒线便帽	5. 00
				10	29	本月牛乳	6. 00
				10	31	绍酒及点心一个月	11. 50
		共收	245. 74			共支	235. 74
			235. 74				
		十月应存	10. 00				
11	1	上月转存	10. 00	11	1	上月报费	1. 20
11	7	本月上半部分薪	80. 00	11	1	请晴、铁酒肴	4. 00
11	9	校改《百科》酬	97. 00	11	4	补晋民父吊礼	2. 00
11	21	本月下半及升工	90. 24	11	7	家用	50. 00
				11	7	匠工先付	10. 00
				11	8	同人聚餐	5. 00
				11	9	公送越然礼	2. 85
				11	11	仲弟寿礼	4. 00
				11	11	赏佣妇	1. 00
				11	11	赴仲车	0. 90
				11	11	司必扶领	5. 00
				11	12	木匠水作酒资	2. 00

续表

月	日	收入要目	收入数额	月	日	支出要目	支出数额
				11	12	搭棚补漏等	
				11	12	并重造木灶	57.00
				11	12	前后粉刷找讫	
				11	14	赙任夫人	2.00
				11	17	与铁王宝和饮	2.00
				11	18	援马占山捐款	2.00
				11	18	五芳斋点	0.44
				11	19	添置各项	8.00
				11	19	又卫生衫	2.00
				11	19	还翼代赙赵	2.00
				11	19	贴丁公公	6.00
				11	21	家用珏用	60.00
				11	21	信用储蓄	6.00
				11	21	工会费下半年	2.36
				11	21	复兴园菜一席	8.00
				11	26	王宝和酒点	1.20
				11	26	《古今滑稽联话》	0.72
				11	26	儿饵	0.45
				11	26	花笺	0.40
				11	30	牛乳	6.00
				11	30	新闻报	1.00

续表

月	日	收入要目	收入数额	月	日	支出要目	支出数额
				11	30	酒、点、车力等	10.72
		共收	277.24			共支	267.24
			267.24				
		十一月应存	10.00				
12	1	上月转存	10.00	12	1	续保火险	10.67
12	7	本月上半薪	80.00	12	5	聚餐	5.00
12	8	支取本馆储	100.00	12	7	家用	50.00
12	21	本月下半及升	90.24	12	8	字画九件	9.02
12	23	支取本馆储	280.00	12	11	邮票	1.00
12	30	预支下月上半薪	85.00	12	12	添菜请剑秋	1.35
				12	13	访乃乾车	0.50
				12	13	补九日借与闻太太	100.00
				12	19	明年日记	0.64
				12	19	添暖锅一个	1.00
				12	20	出访道始车	0.60
				12	21	家用珏用	60.00
				12	21	馆役节赏	2.00
				12	23	还讫开明	300.00
				12	23	明年日历纸	0.50

续表

月	日	收入要目	收入数额	月	日	支出要目	支出数额
				12	26	聚丰园聚餐	2.00
				12	28	黄岩蜜桔	1.00
				12	30	预付下月上半家用	60.00
				12	31	酒、点、烟、车力等	15.46
		共收	645.24			共支	620.74
			620.74				
		十二月应存	24.50				

收支统计表

月次	收入数额	支出数额	揭存数额
1 月	284.70	264.40	20.30
2 月	329.97	314.97	15.00
3 月	167.00	167.00	0.00
4 月	182.00	176.60	5.40
5 月	198.79	190.11	8.68
6 月	541.81	511.39	30.42
上半年合计	1704.27	1624.47	79.80
7 月	184.58	196.68	-12.10
8 月	526.24	515.85	10.39

续表

月次	收入数额	支出数额	揭存数额
9 月	198.63	184.13	14.50
10 月	245.74	235.74	10.00
11 月	277.24	267.24	10.00
12 月	645.24	620.74	24.50
下半年合计	2077.67	2020.38	57.29
本年总计	3781.94	3644.85	137.09